公司诉讼类型化专题24讲

(三)

公司大数据实证分析
与
裁判规则评述

李建伟 / 著

On the Classification of
Company Litigation

法律出版社 LAW PRESS·CHINA | 北京

图书在版编目(CIP)数据

公司诉讼类型化专题24讲：公司大数据实证分析与裁判规则评述. 三/李建伟著. -- 北京：法律出版社，2023

ISBN 978-7-5197-8048-7

Ⅰ.①公… Ⅱ.①李… Ⅲ.①公司-经济纠纷-民事诉讼-研究-中国 Ⅳ.①D925.104

中国国家版本馆CIP数据核字（2023）第111710号

公司诉讼类型化专题24讲(三)
——公司大数据实证分析与裁判规则评述
GONGSI SUSONG LEIXINGHUA ZHUANTI 24 JIANG (SAN)
—GONGSI DASHUJU SHIZHENG FENXI YU CAIPAN GUIZE PINGSHU

李建伟 著

策划编辑 似 玉
责任编辑 似 玉
装帧设计 汪奇峰

出版发行 法律出版社		开本 710毫米×1000毫米 1/16	
编辑统筹 法律应用出版分社		印张 24.25　字数 413千	
责任校对 朱海波		版本 2023年7月第1版	
责任印制 刘晓伟		印次 2023年7月第1次印刷	
经　　销 新华书店		印刷 北京金康利印刷有限公司	

地址：北京市丰台区莲花池西里7号(100073)
网址：www.lawpress.com.cn
投稿邮箱：info@lawpress.com.cn
举报盗版邮箱：jbwq@lawpress.com.cn
版权所有·侵权必究

销售电话：010-83938349
客服电话：010-83938350
咨询电话：010-63939796

书号：ISBN 978-7-5197-8048-7　　　　　　　　定价：98.00元

凡购买本社图书，如有印装错误，我社负责退换。电话：010-83938349

代前言

同案同判类案类判的一条路径：
从法条到裁判的商事法律解释与利益衡量

一、对实现同案同判、类案类判路径的追问

连续三卷本的基于大数据背景下的商事案例类型化计划的出版，旨在求得法律规范的规范性、精确化解释，并辅之以法律的漏洞补充，求得同案同判类案类判的正果，至少求一窥同案同判、类案类判的可行性路径。这套三卷本研究的具体方法，是以同案同判、类案类判为路径展开的，即类型化的案例比较过程既要求确定被比较案例类型之间的一致要素，又应确定这些案例类型之间的不同之处，并秉持"对实质上相同的案例同等对待，对实质上不同的案例不同对待"这一原则进行权衡比较。这就是《公司诉讼类型化专题24讲》第一卷、第二卷前言中所反复论证的核心观点。一通忙碌下来回头看，似乎还是难逃理想丰满、现实骨感的巢臼。近年来我在司法实务、法律规范解释与法理拓展之间的转换中深刻地意识到，无论是司法机关对案件事实的认定抑或法律的解释及其适用都存在较大的恣意空间，我国商法规范的未成体系性、条文模糊性、规范体系的缺失性等现实状况更是将法律解释中利益衡量的恣意性引向更大的危险空间。各地各级法院对相同的商法条文作出差异并非小可的法律解释，似已是司空见惯，该种解释差异性背后凸显的核心命题即如何从方法论的层面来解决法院在法律解释中所体现的衡量恣意。

二、一则案例的启示

万千道理铺陈总不敌一个活生生的例证。下文以笔者曾参与专家论证的某有限公司股权回购纠纷为例,试以该例揭示背后的裁判观念要旨。

1. 案情简介

原告(某有限公司股东甲某)持有被告某有限公司将近10%的股权,对应出资额数百万元,原为被告公司的常务副总裁、董事,2020年年中,被告单方免去原告的所有管理职务,此后也一直未通知原告参加股东会。甲某沉默一年多后提诉,直指被告公司在2017~2021年度连续五年盈利,但连续五年未向包括原告在内的所有股东分配利润;加之其后被告公司不通知原告参加股东会,导致原告无从了解股东会决议,遑论对股东会决议投反对票;原告作为持股不足1/4的小股东,按照公司章程规定无权提议召开临时股东会,亦没有机会在股东会上对公司利润分配问题发表反对意见;截至2022年12月31日,被告仍未召开股东会决定对2021年度利润进行分配,应视为2021年度利润未进行分配。基于此,原告认为被告上述行为严重侵害小股东权益,根据《公司法》第74条的规定,于2023年初书面通知被告要求回购原告持有的全部股权,并与原告协商股权回购价格。被告收到通知后数日后回函要求与原告协商,后经双方多次协商,虽被告公司明确表示同意回购原告持有的股权,但双方对回购价格未达成一致意见,最终酿诉。

2. 案例评述

本案所涉及的核心问题是:有限公司连续多年不作出分配利润决议的,异议股东回购请求权如何得到保护?

为维护公司的经营自治并兼顾保障中小股东的退出权,《公司法》第74条规定,在三种情形下有限公司的异议股东可以请求公司强制回购其股权,其中第一种情形即为"公司连续五年不向股东分配利润,而公司该五年连续盈利,并且符合本法规定的分配利润条件的"。但是,这一规定在司法实践中的适用还面临若干难题亟须进一步解释,相关裁判规则也亟须统一。实务中最常见的难题是,有些有限公司在大股东操纵下,要么长期不召开股东会,要么股东会不存在分配股利的提案,此时相应地也不存在"不分配利润决议",甚至股东会通过的是不具有可执行性的"利润分配决议"。此时在适用本款规定时,司法机关应该立足于有效保障异议股东的回购请求权,唯此方符合法律文义和立法目的。法律条文对于调整对象不可能事无巨细地进行一一规定,此时合立法目的的法律解释方法尤为重要。对此,本书结合若干司法案例尝试做一解读。

(1)适用要件分析中对形式与实质要件的准确把握。从上引《公司法》第74条规定的法律文义看,本条本款规定的"异议股东"虽被表述为"对股东会该项决议投反对票的股东",但是应解读为系针对公司经营规范的一般情况(立法设计期待或者预设公司对相关事项一般都会通过股东会决议的方式作出)持有反对意见的股东。其所意谓的是,对于实践中公司不作有关分配股利与否之决议的,法院仍应该认定这种长期盈利却不分配利润的事实状态也是同样客观存在的。此时,一方面不能因为"未形成不分配利润的股东会决议"就否定"公司连续五年不向股东分配利润,而公司该五年连续盈利,并且符合本法规定的分配利润条件的"这一客观事实的存在,另一方面更不能因为"未形成不分配利润的股东会决议"就否定异议股东的客观存在以及对其权利进行救济的必要性。

质言之,在公司连续五年盈利却不分配利润时异议,股东回购请求权的司法适用中不能将"公司连续五年不向股东分配利润,而公司该五年连续盈利,并且符合本法规定的分配利润条件的"和"对股东会该项决议投反对票的股东"一同视作严格的适用要件。本款规定中异议股东回购请求权的关键在于前者情形是否客观发生,而后者主要是为了将行使股权回购请求权的主体限定在异议股东范畴。对此,一方面,不能以"未形成不分配利润的股东会决议"为由断然否定"公司连续五年不向股东分配利润,而公司该五年连续盈利,且符合本法规定的分配利润条件的"情形的发生,另一方面更不能僵化地将"存在股东会决议"作为本款适用的前提。正常情况下,公司作出不分配利润的决议时要求股东投反对票以表明其异议股东身份自无疑问,然而在公司不存在不分配利润的股东会决议时亦不能否定异议股东的存在,此时仍有必要为异议股东的权利提供司法保障。总之,"对股东会该项决议投反对票的股东"这一立法表达是异议股东的一种常见的或者说简便的识别、判断方式,但不能因公司不存在相关决议就限制异议股东依法行使回购请求权,否则就完全背离了立法本义。

裁判文书网上可以搜索到不少类案。"上海建维工贸有限公司诉上海尊蓝山餐饮有限公司股份收购请求权纠纷案"[上海市第二中级人民法院民事裁定书(2010)沪二民四(商)终字第1406号],审理法院认为,在大股东和公司不合作的情况下,虽未实际召开股东会,但已满足"连续五年不分配利润"和"连续五年盈利"的回购条件,可以认定公司回购股权的条件成就。又如"李家滨诉济南东方管道设备有限公司请求公司收购股份纠纷案"[山东省济南市中级人民法院民事判决书(2014)济商终字第57号],二审法院认为,小股东在公司其他股东不提议召开临时股东会、公司又不按照法律规定及章程召开股东会的情况下,其无权提议召开临时股东会,亦没有机会在公司股东会上对公司分红问题提出异议,但在本案诉讼前,已以书面函件形式向公司表达了自己对分红及退股问题的意愿,据此法院判决支持该小股东的股权回购请求。最高人民法院也曾在另案[最高人民法院民事裁定书(2014)民申字第2154号]中指出,公司股东"未被通知参加股东会,无从了解股东会决议,并针对股东会决议投反对票",进而认定公司股东有权请求公司以公平价格收购其股权。由此可见,实践中司法机关也会追溯《公司法》第74条的立法本意,认为只要具备公司连续五年盈利且该五年未分配盈余的前提,股东明确提出反对意见,无论是否召开股东会议,股东皆得行使异议股东股权回购请求权。

还有一种情况,实践中公司也可能会作出"暂缓分配的利润分配决议"等股东会决议,但却始终未有真实的利润分配意思及事实。该类利润分配决议显然并非公司法规定的"利润分配决议",股东也无法直接依据该"暂缓分配的利润分配决议"请求公司分配;至于是否分配、何时分配等仍需新的公司决议,此时新决议应当同样符合"公司连续五年不向股东分配利润,而公司该五年连续盈利,并且符合本法规定的分配利润条件的"情形,异议股东同样有权行使回购请求权。

实践中还有一种避法行为需要警惕,即有些有限公司作出了分配利润的股东会决议,但历时数年仍不付诸实施,等到有异议股东提出回购之诉后立即向股东们交付数年前某次决议原定的某年度利润额,意图阻止"连续五年"不分配利润这一要件的构成;甚至在异议股东果断退回该利润额后,仍然再次交付,公司(及其背后大股东)的避法心态跃然纸上。对此,应该参照《最高人民法院关于适用〈中华人民共和国公司法〉若干问题的规定(五)》第4条规定,即分配利润的股东会或者股东大会决议作出后,公司应当在决议载明的时间内完成利润分配。决议没载明时间的,以公司章程规定的为准。决议、章程中均未规定时间或者时间超过一年的,公司应当自决议作出之日起一年内完成利润分配。据此,超过一年未实施的分配利润决议,视同未作出分配利润的决议或者作出不分配利润的决议。

总而言之,判断是否满足公司长期盈利却未分配利润这一要件,司法机关宜作客观的、实质的把握,不拘泥于第74条表述的一般情形假设下的诸形式要件,更不能因形式要件的障碍而否定异议股东回购请求权的主张。

(2)在妥当的利益衡量基础上实现各方主体的利益平衡,实现立法目的。司法机关在适用《公司法》第74条规定救济中小股东退出权益时不应过分僵化理解法律文义,关键要看公司事实上是否存在"连续五年未向股东分配利润,而公司该五年连续盈利,并且符合本法规定的分配利润条件的"这一实质内容。尤其需要考虑到"公司是否召开股东会并作出不分配公司利润的股东会决议"或者"利润分配决议是否规范"等事项均取决于作为股权回购请求权义务主体一方的公司(实则处于控股股东的控制之下),而"公司"显然是股权回购请求权的权利人(异议股东)的相对方,其与异议股东之间存在强烈的利益冲突。此类情况下司法机关要结合本款立法目的("保障中小股东退出公司的权益")来作出判定。如《山东省高级人民法院关于审理公司纠纷案件若干问题的意见(试行)》(2007年)第81条规定:"具有《公司法》第七十五条第一款(一)项之情形,如果公司连续五年未召开股东会对分配利润进行决议的,持有公司不足十分之一表决权的股东可以请求公司按照合理的价格收购其股权。"这一做法颇值肯定,即在公司出现"公司连续五年不向股东分配利润,而公司该五年连续盈利,并且符合本法规定的分配利润条件的"情形时,考虑到第74条旨在保护异议股东的合法权利,此时无须将"公司存在不分配利润的股东会决议"作为异议股东行使回购请求权的适用前提。应该看到,有限公司作为封闭性公司,中小股东退出难是一个世界性的难题,各国公司立法及司法都致力于确立并践行包括保障中小股东退出权益在内的少数股东权益保护体系。《公司法》第74条规定的异议股东的股权回购请求权就是这一体系的重要一环。从利益衡量的角度来看,在公司决策出现争议时并不允许中小股东直接提起诉讼解散公司,但却允许异议股东选择退出公司,这是对中小股东利益与公司(及其背后的大股东)利益的巧妙平衡。司法机关在上述制度背景下理解并适用异议中小股东的股权回购请求权,方能坚守初心,实现立法目的。

(3)坚守优化营商环境的裁判理念,助力对中小投资者的司法保护。公司连续5年盈利、符合分红条件却未分配的,司法助力异议股东实现回购请求权,也是司法机关践行优化营商环境的重要举措。国务院2019年发布的《优化营商环境条例》第16条强调应当对中小投资者权益加大保护力度,即"国家加大中小投资者权益保护力度,完善中小投资者权益保护机制,保障中小投资者的知情权、参与权,提升中小投资者维护合法权益的便利度。"相似的,《最高人民法院关于为改善营商环境提供司法保障的若干意见》第 3 条的规定进一步明确了要加强中小股东保护的诸多举措。强调加强中小股东保护、推动完善公司治理结构。可见中小投资者保护是优化营商环境中的重要一环。保护中小投资者也是坚持平等保护理念的应有之义。对此,我国司法机关应严格依照《公司法》及司法解释的相关规定,及时、公正审理涉中小投资者权益保护案件,依法加强股东权利保护,平衡各方利益,促进公司治理规范化,保护中小投资者合法权益与提升我国保护中小股东权益的国际形象,增强全社会的投资信心。

三、若干思考

回到题目上来,上则案例从多个方面印证与回应了我近年来进行商事案例类型化研究过程中对司法裁判理念的一些片段思考。

一是商法思维的独特性呼唤更加灵活能动的裁判方法与路径,实现从"法条主义司法"向"能动主义司法"的嬗变。商法思维在法律解释、法律事实与法律规范的确定、利益衡量与价值取向等方面都颇具独特性,由复杂多变的商事交易模式带来的商事案件法律关系更为错综复杂,几乎不可能仅仅限定于某一种典型法律关系,纠纷牵涉的商事主体更加广泛多元,商事权利义务的内容更加多元,商事关系利益主体间的利益冲突更加综合化,隐蔽性的交易、对冲式的安排、市值的实时变动等等,不一而足。这些因素往往多重迭加,导致法院在裁判过程中难以拘泥于法律规范的文义,此时采取综合权衡多方利益、考察多重交易要素才是更为允当的裁判方法。在上则案例的分析中我们便是强调,判断是否满足"公司长期盈利却未分配利润"这一要件,司法机关宜作客观的、实质的把握,不应拘泥于《公司法》第 74 条之文义表述中的诸形式要件,更不能因形式要件的障碍而否定异议股东之回购请求权的主张。这也是"司法能动主义"在司法领域的反映——该种能动主义司法区别于传统司法的法条主义路线,强调不因循先例和遵从成文法的字面含义进行司法解释的理念及行动。

二是能动主义司法的裁判具有公共政策导向,但其基本逻辑仍是对实质正义的相机追求,契合从"形式正义"到"实质正义"的转变,最终求得相对合理的公平正义。商事司法应当回应商业社会的迅即变化,自不待言,而商业社会的迅即变化又与公共政策的改变密切相关。有的观点即指出,公共政策转向可能会造成法院面临无"法"可用的情况,此时再僵硬地采行法条主义者的司法观,就会造成实质上的不正义。从上则案例的情况来看,在公司连续5年盈利、符合分红条件却未分配的客观事实证成的前提下,法院理当助力异议股东实现回购请求权,方能有助于维护异议股东的合法权益,并实现商事裁判的实质正义。顺便来说,这也是从司法机关的立场践行优化营商环境的重要举措,符合党中央、国务院与最高司法机关所呼吁的为改善营商环境提供司法保障的政策要求,是宜商环境国际化、市场化、法治化之政策性要求在商事司法之中的真切体现。商事领域的裁判应当关注此种政策性要求的影响,实际上这种影响也已经体现在诸多方面,例如近年来愈来愈多的商事裁判(尤其金融领域的商事裁判)借助于多条通道使得"违反行政规章"的合同归于无效,对此我亦提出违反行政规章的商事合同可以被判无效,但需要受到某种统一的严格程序规制,这也是真正实现法律公平正义的妥当途径。

三是法院在处理商事纠纷时应当警惕利益衡量的恣意性,在"司法机械主义"与"司法后果主义"之间寻求平衡。前者表现为司法刻板、缺乏灵活性,法官不能根据案件具体情况在法律允许的范围内有所变通,导致对案件的处理偏离实质正义。近年来有不少商事领域的案例都体现了办案人员的认知与社会一般民众的认知之间存在很大的偏差,以至于司法机关被指责为对案件的处理带有机械司法的特征。后者是指司法中法院论证关注的是不同裁判方式所带来的可能后果,通过评判不同的后果来选择裁决结论,其多仅适用于疑难案件。过分强调司法后果主义也存在法院裁量权滥用、轻视法律构成等潜在的危险。故而,裁判者的宿命在于,要始终面临于二者之间如何求得妥当的利益衡量之拷问——既要对法律条文作灵活的且具适应性的(基于商业伦理、社会正义与政策/政治正确而生的)解释,又要承担微奥的论证说理义务,并选择妥当的优势利益选择机制,最终落脚到同案同判、类案类判的结果测量。

权作第三卷前言。

目 录

第一章　封闭公司控股股东的违信责任裁判研究 …………………… 1

一、引言 ……………………………………………………………………… 2

二、控股股东法律规制现状及问题 ……………………………………… 3
 (一) 封闭公司内部治理的问题梳理 ……………………………… 3
 (二) 对控股股东的法律规制的缺位 ……………………………… 5

三、控股股东违信责任裁判的实证分析 ………………………………… 8
 (一) 实证样本 ……………………………………………………… 8
 (二) 法院的认定路径 ……………………………………………… 11
 (三)《公司法》第 20 条第 1 款的规范局限 ……………………… 18

四、控股股东信义义务的再梳理 ………………………………………… 19
 (一) 道德属性的削弱 ……………………………………………… 20
 (二) 程序正义的加强 ……………………………………………… 24
 (三) 功能主义视角下的信义义务 ………………………………… 25

五、《公司法》第 20 条第 1 款适用规则的完善 ………………………… 30
 (一) 控股股东信义义务规则的体系化 …………………………… 30
 (二) 实际控制人信义义务的完善 ………………………………… 33
 (三) 举证责任的重新分配 ………………………………………… 34
 (四) 救济渠道的扩展 ……………………………………………… 36

六、结论 ……………………………………………………………………… 37

附录:构成股东滥用权利案件实证样本 ································ 38

第二章　股东表决权拘束协议的违约救济 ·························· 52

一、引言 ·· 53

二、违约救济的前提:表决权拘束协议有效 ·························· 54
 (一)表决权拘束协议效力的第一考量:契约法规则 ············ 54
 (二)表决权拘束协议效力的第二考量:组织法规则 ············ 55
 (三)司法裁判对于契约法过度倚重的现象分析 ················ 58

三、违约救济诸方案的合理性分析 ·································· 59
 (一)损害赔偿的契约法救济逻辑及不足 ······················ 59
 (二)实际履行的组织法适用障碍及其克服 ···················· 64

四、适用实际履行的前提:表决权拘束协议的组织法效力 ············ 72
 (一)全体股东协议:表决权拘束协议组织法效力的前提 ········ 72
 (二)部分股东的表决权拘束协议不具有组织法效力 ············ 75
 (三)协议的组织法效力受到公司类型的影响 ·················· 76
 (四)公司参与签署不是表决权拘束协议的组织法效力要件 ······ 77
 (五)第三人利益保护不应是实际履行的障碍 ·················· 77

五、表决权拘束协议违约救济路径的类型构造 ······················ 78
 (一)类型化的逻辑 ·· 78
 (二)类型化的展开 ·· 79

六、表决权拘束协议规范体系的立法完善 ···························· 83
 (一)理念层面:表决权拘束协议的双重属性论 ················ 83
 (二)修订要点:公司法典完善表决权拘束协议规则 ············ 83

七、结论 ·· 85

附录:样本案例相关裁判文书案号索引 ······························ 86

第三章　上市公司股权代持协议的效力实证研究 ·················· 88

一、引言 ·· 88

二、上市公司股权代持协议的结构性特征 ………………………… 89
 (一)两类公司的股权代持区分之意义 ……………………… 89
 (二)上市公司股权代持协议的基本类型 …………………… 91
 (三)法律关系的双层结构 …………………………………… 93

三、上市公司股权代持协议效力的司法认定现状及问题 ………… 94
 (一)理论争议:四种学说主张 ……………………………… 94
 (二)立法疏漏:治理逻辑难以落实 ………………………… 97
 (三)裁判实证:法律关系的定性纠结 ……………………… 97
 (四)问题梳理:股权代持协议的效力如何认定 …………… 99

四、比较法的经验的考察与借鉴 …………………………………… 99
 (一)两大法系的代表性国家、地区 ………………………… 99
 (二)启示与借鉴 …………………………………………… 103

五、股权代持协议效力认定的解释论 …………………………… 104
 (一)股权代持协议效力认定的比例原则 ………………… 104
 (二)效力认定标准之一:是否破坏金融市场的公共秩序(社会
  公共利益论) ……………………………………………… 109
 (三)效力认定标准之二:是否损害广大非特定投资者利益 ……… 112

六、股权代持协议效力的立法完善 ……………………………… 119
 (一)确定代持的合规标准 ………………………………… 120
 (二)分类监管模式 ………………………………………… 120
 (三)完善配套的信息披露规则 …………………………… 121

七、结论 …………………………………………………………… 122

附录:样本案例相关裁判文书案号索引 ………………………… 123

第四章 股权代持协议无效的法律后果实证 …………………… 124

一、引言 …………………………………………………………… 125

二、股权代持协议无效后的规制困境 …………………………… 126
 (一)协议无效认定的双重逻辑 …………………………… 126
 (二)协议无效后处理的规范供给 ………………………… 128

(三)协议无效后的司法裁量困境 ………………………………… 131

三、股权代持协议无效的后果之一:股权归属 ……………………… 133
 (一)股权归属的组织法逻辑 ………………………………………… 133
 (二)行为法逻辑下无效后果的规范适用 ………………………… 136
 (三)组织法逻辑下无效后果的限缩解释 ………………………… 138

四、股权协议无效的后果之二:投资款返还 ………………………… 140
 (一)不法原因给付的法理逻辑 …………………………………… 141
 (二)投资款返还的法释义学构造:作为例外规则的考量因素 … 144
 (三)符合资本维持的返还方式:以名义股东个人责任财产而非
   公司资产 ……………………………………………………… 145

五、股权协议无效的后果之三:投资损益分担 ……………………… 145
 (一)比例原则适用的正当性 ……………………………………… 146
 (二)比例分担的法释义学结构及其裁判方法 …………………… 149

六、结论 …………………………………………………………………… 150

附录一:案例相关裁判文书案号索引 ………………………………… 152

附录二:样本案例详情 …………………………………………………… 153

第五章 对赌协议的商事审判思维研究
——兼论《九民纪要》规范得失 …………………………… 161

一、引言 …………………………………………………………………… 162

二、对赌协议的商事性分析 …………………………………………… 163
 (一)对赌协议的内涵展开 ………………………………………… 163
 (二)对赌协议的法律关系 ………………………………………… 165
 (三)对赌协议的合同性质 ………………………………………… 167

三、对赌协议的商事审判思维变迁 …………………………………… 169
 (一)商事审判思维 ………………………………………………… 169
 (二)若干典型案例的裁决思路观察 ……………………………… 170
 (三)《九民纪要》颁布后对赌案件的审判思维进化 …………… 178
 (四)对赌协议的商事审判思维之多维分析 ……………………… 181

四、对赌协议可履行性判断路径的形成与困境 …………………… 185
　　(一)对赌协议可履行性判断路径的形成 …………………… 185
　　(二)债权人保护逻辑下可履行性判断规则的不足:基于资本维持
　　　　原则的反思 ………………………………………………… 187
　　(三)回购型对赌可履行性判断存在的困境 ………………… 194
　　(四)现金补偿型对赌可履行性判断存在的困境 …………… 198
五、可履行性判断规范的系统性优化:一般标准与具体规则 …… 201
　　(一)利益衡量视角下对赌协议可履行性的判断:"大分配"框架 …… 201
　　(二)一般标准:偿债能力测试框架下的可履行性判断 …… 205
　　(三)具体规则:对赌协议履行的财源约束体系 …………… 211
六、结论 …………………………………………………………… 213
附录:案例相关裁判文书案号索引 ……………………………… 214

第六章　公司决议无效之诉的原告范围厘定 …………………… 216

一、引言 …………………………………………………………… 217
二、公司决议无效之诉原告范围的规范依据 …………………… 218
　　(一)《民事诉讼法》第122条:诉的利益原则 …………… 218
　　(二)《公司法》第22条第1款的解释论 ………………… 221
　　(三)《公司法解释四》第1条:基于内外区分性原则 …… 223
三、公司决议无效之诉原告范围的争议问题 …………………… 231
　　(一)争议产生原因 …………………………………………… 231
　　(二)酌定原告群体的争议 …………………………………… 236
四、决议无效之诉原告的实证分析 ……………………………… 245
　　(一)案例统计概况 …………………………………………… 245
　　(二)原告的类型化分析 ……………………………………… 249
五、决议无效之诉原告资格认定的新标准构造 ………………… 258
　　(一)原告资格认定的新标准 ………………………………… 258
　　(二)新标准的实证检验 ……………………………………… 261
　　(三)规范表达 ………………………………………………… 264

六、结论 ·· 265
　附录：案例相关裁判文书案号索引 ·································· 266

第七章　有限公司优先认缴权的侵害救济实证研究 ············ 270

一、引言 ·· 270
二、理论回顾与救济现状反思 ·· 271
　（一）优先认缴权的概念及其立法价值 ··························· 271
　（二）优先认缴权受侵害的表现形式 ······························ 272
　（三）侵害优先认缴权救济之不足 ································· 274
三、裁判经验的实证分析及发现 ····································· 274
　（一）样本案例 ·· 274
　（二）"同案不同判"的问题展开 ·································· 277
四、优先认缴权侵害救济制度的体系构建 ·························· 284
　（一）构建停止侵害的救济方式 ··································· 284
　（二）构建赔偿损失的救济方式 ··································· 287
　（三）完善恢复原状的救济方式 ··································· 291
　（四）现有制度完善的方向 ·· 293
五、结论 ·· 294
　附录：样本案例的主要民事判决书索引 ·························· 295

第八章　公司机会认定实证研究：方法与标准 ··················· 298

一、引言 ·· 299
二、公司机会规则的基础理论 ·· 300
　（一）义务主体范围 ·· 300
　（二）公司机会规则与竞业禁止规则之辨析 ···················· 301
　（三）忠实义务的本质 ·· 303
　（四）公司机会的性质 ·· 304
三、公司机会规则司法认定存在的问题：规范分析与实证
　　检验 ·· 307

(一)公司机会规则在规范层面存在的两个问题:立法模式与
  认定标准 ………………………………………………………… 307
(二)公司机会规则与竞业禁止规则混淆情况的实证研究 ……… 308
(三)公司机会认定思路的实证研究 ……………………………… 310
(四)公司机会认定标准的实证研究 ……………………………… 313

四、公司机会认定的比较法经验 …………………………………… 314
(一)美国 …………………………………………………………… 314
(二)英国 …………………………………………………………… 322
(三)德国 …………………………………………………………… 324
(四)比较法经验的总结与借鉴 …………………………………… 325

五、公司机会司法认定之立法完善 ………………………………… 328
(一)立法形式和认定思路的完善 ………………………………… 328
(二)公司机会认定标准所涉及的各方利益 ……………………… 328
(三)公司机会约定认定标准的构建 ……………………………… 331
(四)公司机会法定认定标准的构建 ……………………………… 338

六、结论 ……………………………………………………………… 347

附录一:采用两步法的案件中单项认定标准统计表 …………… 348

附录二:采用一步法的案件中单项认定标准统计表 …………… 354

附录三:有关公司机会认定标准的案件数量统计表 …………… 367

附录四:美国法院认定公司机会所采思路统计表 ……………… 367

第一章

封闭公司控股股东的违信责任裁判研究[*]

【本章导读】 在普遍的高度集中的股权结构背景下,强调封闭公司的控股股东、实际控制人不得滥用权利,且对公司、其他股东、公司债权人承担信义义务及其违信责任,具有重大的法治价值。《公司法》第20条第1款确立的禁止权利滥用规则,在司法实践中发挥着规制控股股东行为的一般性条款作用,为封闭公司的股东压制提供了有效的司法救济。关于控股股东、实际控制人的信义义务构建,应该看到信义义务在公司治理中更强调商业效率导向而非道德荣誉,忠实义务的标准被大大降低,并需要根据公司治理实践对一些典型行为进行类型化规制,勤勉义务则视控股股东所处的实际地位而设置不同的测试标准。同时,对控股股东、实际控制人的滥用影响力操纵公司管理层的行为,需要施加双方的连带责任,可以有效地抑制二者之间的勾连窜合。在司法审查规则上,商业判断规则与完全公平规则的引入为法院提供了可供遵循的操作路径,平衡原、被告之间的举证责任分配。实证研究发现,通过扩展与第20条第1款相联系的其他司法救济手段,可以为受压制股东编织起严密的救济网络。

【本章关键词】 封闭公司 控股股东 信义义务 违信责任 实证研究

---

[*] 本章的合作者是黄乐虎。同时感谢汪馨悦等同学参与的后期讨论与提出的修改意见。黄乐虎,法学硕士,任职中共昆明市委办公室综合一处。

一、引言

公司法文本在治理结构的设计中并未将公司的经营管理权授予包括控股股东、实际控制人在内的股东。实际上,在股权高度集中的各类公司中,控股股东及实际控制人享有实际经营管理职权的错位治理现象非常普遍。《公司法》对于控股股东及实际控制人的相关规制条文过于抽象,缺乏共识,难以发挥规制控股股东不当行为并救济少数股东的法律功能。《公司法》第20条第1款确立的禁止股东滥用权利规则,是规制控股股东的一般性条款,同时还应该将"股东"扩张解释为包括实际控制人。[1]

关于《公司法》第20条第1款是否确立了股东的信义义务存在分歧,此外承认股东具有信义义务的部分共识中还存在控股股东应否对少数股东承担信义义务的分歧。肯定说认为该条确立了股东对公司、债权人以及其他股东(尤其是多数股东对少数股东)的信义义务[2],可作为规制股东压制行为的一般性条款。[3][4] 其主要从保护公司及其他股东的利益[5]、信义关系[6][7]等方面论证。否定说则认为我国作为成文法国家,在法无明文规定的情况下,不存在任何依据证明我国法律规定控制股东具有信义义务[8],控股股东并不必然产生某种义务[9],少数股东也无须额外进行保护。[10] 同时为了规制控股股东,建议采用程序性审查规则对《公司法》第20条、第21条进行功能上的完善[11],或将控股股东与实际控制人履行董事职责的行为纳入董事的法律责任规制范围。[12]

---

[1] 参见李建伟:《公司法学》(第5版),中国人民大学出版社2022年版,第360页。
[2] 参见李建伟,前揭书,第360页。
[3] 参见李建伟:《股东压制的公司法救济:英国经验与中国实践》,载《环球法律评论》2019年第3期。
[4] 参见叶敏:《公司控制人的法律分析》,中国政法大学出版社2015年版,第122页。
[5] 参见朱慈蕴:《资本多数决原则与控制股东的诚信义务》,载《法学研究》2004年第4期;王建文:《论我国构建控制股东信义义务的依据与路径》,载《比较法研究》2020年第1期。
[6] 参见习龙生:《控制股东的义务和责任研究》,法律出版社2006年版,第94页。
[7] 参见张学文:《封闭式公司中的股东信义义务:原理与规则》,载《中外法学》2010年第2期。
[8] 参见朱大明:《美国公司法视角下控制股东信义义务的本义与移植的可行性》,载《比较法研究》2017年第5期。
[9] 参见王继远:《控制股东对公司和股东的信义义务》,法律出版社2010年版,第138页。
[10] 参见贾翱、付春杰:《中小股东法律保护正当性辨析》,载《当代法学》2009年第2期。
[11] 参见靳羽:《美国控制股东信义义务:本原厘定与移植回应》,载《比较法研究》2021年第1期。
[12] 参见刘斌:《重塑董事范畴:从形式主义迈向实质主义》,载《比较法研究》2021年第5期。

然而理论探讨都要回归实践,否则都是纸上谈兵。笔者立足于对控股股东违反信义义务承担的违信责任裁判的实证研究,认为若我国《公司法》采纳英美法将信义义务科以控股股东,则现行公司法的裁判供给不足[1],其构建路径尚需深入研究。需结合理论学说与立法规范,寻找规律性共识,完善我国公司法上控股股东信义义务体系及违信责任。

二、控股股东法律规制现状及问题

优良的公司法多契合司法实践,并可为公司治理提供良好的范式与周全的保护,同时实践的发展也推动着立法的完善。公司治理的制度调整需要从实务现状出发,从中发现制度与现实之间的落差并做出回应。

(一)封闭公司内部治理的问题梳理

我国《公司法》将公司划分为有限责任公司和股份有限公司两种形态,并基于此预设形成差异化的治理规范,但该种类型划分与我国公司发展实践并不契合。截至2020年,我国约90%的公司形式企业中,有限责任公司共3647万家,占比约为89%,其中中小企业又占绝对多数;股份有限公司共41万家,占比约为1%。[2]

实践中,有限责任公司和股份有限公司的实质差异减弱,我国公司呈现出其他类型分化的特征。首先,有限责任公司封闭性削弱。有限责任公司中,除了股权集中模式的中小企业外,也有两权分离程度较高的大型国有有限责任公司;符合条件的有限责任公司可在区域性股权市场进行股权转让与融资;职工持股、隐名持股等行为可以规避有限责任公司股东人数法定上限[3]。其次,股份有限公司中也具有封闭性的类别划分。随着实践的发展,证监会通过一系列监管规则事实上创设了非上市公众公司这一公司类型[4],进而与上市公众公司以及封闭股份有限公司形成三足鼎立的格局。因此依照公司股票是否公开发行、股票是

---

[1] 参见傅穹、虞雅曌:《我国控制股东信义义务的司法续造》,载《上海政法学院学报(法治论丛)》2021年第3期。

[2] 参见钱玉林:《我国〈公司法〉体系的重构——一种解释论的观点》,载《政治与法律》2021年第2期。

[3] 参见刘斌:《公司类型的差序规制与重构要素》,载《当代法学》2021年第2期。

[4] 参见刘沛佩:《非上市公众公司概念拷问下的公司形态改革》,载《安徽大学学报(哲学社会科学版)》2015年第2期。

否能够自由转让的标准[1],而将公司划分为封闭公司(close corporation)与公众公司(public corporation)的分类标准更能够反映不同种类公司间的实质差异。我国的封闭股份有限公司与有限责任公司因其自身的封闭性在本质上也更为接近,基于此,笔者将两者统称为封闭公司,对其控股股东治理问题进行考察。

1.事实上的合伙人治理模式

公司与合伙是两种截然不同的企业组织形式,治理方式不可相提并论,但实际上在封闭公司尤其中小型封闭公司,公司治理模式更接近于合伙企业。

封闭公司治理存在以下特点:(1)两权未分离。两权分离是指股东虽然拥有最高的决策权,但是这种权力并不直接作用于公司,公司的经营管理被授权给董事会。[2] 封闭公司的管理往往表现为强烈的股东控制,股东在公司中担任董事、经理等要职,干涉乃至直接参与公司的经营。(2)管理程序的非程式化。封闭公司股东人数规模较小,且股东之间往往存在亲密的人身关系。在实践中,绝大多数的公司事务都没有依照法定程序开展,而是通过非正式的私下方式解决。[3] (3)股东协议治理盛行。我国股东协议的组织法效力仍未有定论,但实践中,封闭公司以协议取代决议和章程的现象十分常见。依据协议,封闭公司的股东可以自由安排治理结构。股东通过协议决定公司各项事务,与合伙人通过协议直接决定合伙事务并无二致。

由此可见,在封闭公司中,股东通过各种方式直接管理公司,这与合伙具有高度相似性。在合伙人治理模式下,主要是控股股东对公司事务直接进行决策和管理,亲自管理公司。首先,控股股东可以凭借表决权优势直接决定公司事务,也即凭借其持有的股份左右甚至直接决定公司重大经营事项的决议结果。其次,多数公司采用按照持股比例分配董事会成员数额的做法,控股股东可以通过其影响力控制董事会,从而董事成为控股股东代理人。[4] 最后,封闭公司中控股股东在公司中担任董事、经理等要职,直接亲自参与公司的经营。当委托人与受托人身份合一时,就没有股东与高级管理人员(以下简称高管)代理问题。进一步探究,多数股东反而成为少数股东的受托人,封闭公司治理的突出矛盾就

---

[1] 参见李建伟:《公司组织形态重构与公司法结构性改革》,载《财经法学》2015年第5期。
[2] 参见施天涛:《公司法论》(第四版),法律出版社2018年版,第9页。
[3] 参见李建伟,前揭书,第289页。
[4] 参见叶林:《公司治理制度:理念、规则与实践》,中国人民大学出版社2021年版,第218页。

转化为多数股东与少数股东的代理成本问题。[1]

2. 股东压制的盛行

封闭公司内部治理主要矛盾多体现在控股股东与非控股股东之间的利益冲突,表现为:股东压制。这通常是指多数股东利用其有利地位通过操纵公司的股利派发、人事任免、薪酬政策等手段排挤、欺压其他股东,使后者不能正常参与经营管理或不能获得相应的投资回报。但控股股东基于其控股地位,通过资本多数决支配公司的经营决策的行为在形式上具有合法性。这给禁止股东压制行为的规范体系建构造成了极大困难:定义过于宽泛则阻碍股东正常行使权利,过于狭小则救济无法周延。

就其结果而言,股东压制是"严重的复合性股东权侵害"[2]。除了引致少数股东遭受不公平待遇外,股东压制往往给公司的长远发展带来一系列消极后果:公司股东派系斗争、公司人合性危机、经营管理的僵持与人才流失、公司对外的形象受损等。严重者甚至会导致公司走向解散、破产的不归之途。对于违背实质公平正义的情形,法律理应提供救济,同时兼顾公司日常经营,"当少数派受到压迫和排挤的时候给予保护,但同时又要尊重公司自治,尽量减少对公司的司法干预,保护多数派经营公司的商事效率"[3]。并且,少数股东所能选择的救济途径需尽可能地灵活,以应对股东压制手段的隐蔽性与侵害的复合性。

(二)对控股股东的法律规制的缺位

现行《公司法》关于控股股东的明文规定,只有第21条第1款及第216条第2、4项,缺乏规制控股股东行为的一般性条款。

《公司法》第216条第2项对于控股股东是从形式上的出资或持股比例与实质上对股东(大)会的决议产生重大影响进行概念界定。[4] 从形式要件来看,表决权大小是股东能否取得公司控制权的关键。但无表决权股份、限制表决权股份的出现,使得部分股东表决权受到限制,并打破二者之间的正相关关系。同时,随着资本市场的发展,创始股东在公司经营中发挥着决定性的作用,一些机构或个人在创业公司中所持有的股权或者股份可能超过公司的创始股东,但却

---

[1] 参见李建伟,前揭书,第289页。
[2] 李建伟:《司法解散公司事由的实证研究》,载《法学研究》2017年第4期。
[3] 朱锦清:《公司法学》(修订本),清华大学出版社2019年版,第419页。
[4] 参见王建文,前揭文。

并不享有公司的控制权。[1] 可见,出资或持股比例并不能准确地反映不同股东在公司中的地位差异,应以"实际控制权"标准对具有控制地位的股东进行分类与界定。公司法上"控制"的认定标准,也应着重关注是否能够对公司的经营管理具有实质的"支配影响力"或者"重大影响力"。[2] 但是,鉴于《公司法》对"控股股东"的界定,加上实践中封闭公司控股股东仍大多凭借持股数量取得控制权,笔者主要采用"控股股东"概念,同时借用"控制股东""多数股东"概念一并指代以形式或实质对公司的经营管理产生支配性的影响力的股东。

《公司法》第21条第1款是将控股股东与其他具有公司实际控制权的主体一并进行规制,且适用情形限于关联交易。关于本条的体系地位,有学者认为该条款与第20条第1款股东权利的滥用互相独立存在,股东滥用权利的前提是其合法行使权利。[3] 另有学者认为前者是后者的一个亚种,后者是前者的上位概念。[4] 无论采取哪种学说,第21条仅限于不正当关联交易情形,难以对控股股东的行为进行全面的覆盖。

《公司法》规制缺位的原因可能在于立法者无法预测在公司实践中控股股东会演变成实际的控制者,对股东平等原则的固守以及立法模式上的路径依赖带来的混乱。[5] 这就使得我国《公司法》在面对控股股东实际管理公司时出现了空白地带,以至于控股股东可以通过股东会资本多数决和对董事的选任来干涉公司的经营管理,但同时不负有特殊的义务与责任,从而导致控股股东损害公司与少数股东利益的事件频繁发生。

在实践中,为了填补我国《公司法》在面对控股股东实际管理公司时出现的空白,法官通常以《公司法》第20条第1款作为认定控股股东滥用权利的裁判依据。即使可以将第20条第1款定位为股东压制救济的一般性条款[6],基于该条款的性质,也难以实现完整的规范供给。首先,《公司法》第20条第1款作为一般性规范存在抽象性。法院在认定股东行为是否构成第20条第1款的滥用股东权利时,主要从两个方面进行考察:形式上是否违反法定或者约定的程序要

---

[1] 参见王建文,前揭文。
[2] 参见李建伟:《界定关联人的几个关键词:基于比较分析的逻辑实证》,载《社会科学战线》2011年第5期。
[3] 参见刘建功:《〈公司法〉第20条的适用空间》,载《法律适用》2008年第Z1期。
[4] 参见朱大明:《控制股东法律规制的路径与法理》,清华大学出版社2018年版,第150页。
[5] 参见赵旭东:《公司治理中的控股股东及其法律规制》,载《法学研究》2020年第4期。
[6] 参见李建伟,前揭文,2019。

求;实质上是否超越了权利内在的边界。[1] 对形式标准的违反可以较为清晰地从事实中归纳出来,但实质标准非常模糊,需要结合具体案情进行分析。其次,该条款是不完全法条,缺少构成要件或法律效果,故不能成为当事人的请求权基础。有法院认为,第 20 条第 1 款与第 2、3 款之间是原则性规定与具体规定的关系。[2] 第 1 款的前半段为禁止权利滥用的原则性规定,后半段为法人人格否认的原则性规定,第 2、3 款则分别为第 1 款的前、后半段的具体法律效果。最后,该条款无法援引其他规范完善其内涵。《公司法》第 20 条第 1 款的禁止权利滥用规则与证券监管规则中控股股东所负有的诚信义务都是模糊性的法律术语。《民法典》第 132 条同样规定了禁止权利滥用规则,在具体适用上,该规则存在识别标准混乱、难以证成权利滥用行为不法性、缺少个案具体规范与法律后果的问题。[3] 依据最高人民法院《关于适用〈中华人民共和国民法典〉总则编若干问题的解释》(以下简称《民法典》总则编司法解释》)第 3 条,法院可以根据权利行使的对象、目的、时间、方式、造成当事人之间利益失衡的程度等因素作出认定,但其具体适用标准依然有待观察后续的司法实践状况。从另一个角度来看,权利滥用行为的僵化标准也会严重阻碍制度的适用,禁止权利滥用必须是富有弹性的法律条文,才能为后续的法律解释工作提供充足的空间。

实际控制人同样会对公司治理产生重大影响,无论哪种类型的实际控制人都可以通过各式手段支配公司,使得董事及董事会沦为其手中的"提线木偶"。[4]《公司法》对"实际控制人"的主要规制手段指向其与公司的关联担保、不正当关联交易。相比于证券法规定将实际控制人的监管作为公司成功上市的重要条件并强化了其承担的法定责任[5],我国《公司法》对实际控制人的监管也不完善。《公司法》第 216 条关于实际控制人的定义重点落在了实际支配行为,但具体的判断标准、义务的范围、责任要件等都未明确。除了投资、协议,实际控制人借以支配公司的其他安排还可能包括章程规定、法律规定(如国有股)、法院指令、亲属关系等。[6] 在不与公司或者有关股东形成直接的法律关系如投资关系时,即

---

[1] 参见叶林,前揭书,第 231 页。
[2] 参见湖北省武汉市武昌区人民法院民事判决书,(2016)鄂 0106 民初 6551 号。
[3] 参见彭诚信:《论禁止权利滥用原则的法律适用》,载《中国法学》2018 年第 3 期。
[4] 参见刘斌:《重塑董事范畴:从形式主义迈向实质主义》,载《比较法研究》2021 年第 5 期。
[5] 参见郑彧:《论实际控制人的法律责任:公法的路径依赖与私法的理念再生》,载《财经法学》2021 年第 3 期。
[6] 参见邓峰:《普通公司法》,中国人民大学出版社 2009 年版,第 171 页。

使利益受损,公司或者股东也很难直接将责任穿透到实际控制人身上。

对此有学者提出,作为兜底性概念,实际控制人涵盖了域外的事实董事与影子董事两种制度,并涵盖了一些无法用董事这一概念进行概括的主体,例如不参与日常经营管理,只行使最终决策权的终极性控制者。[1] 有学者将其视为我国公司法上关于影子董事制度的基本法律依据与框架。[2] 也有学者主张通过扩张公司法上的董事范畴,通过引入事实董事与影子董事,当实际控制人事实上行使董事职权时对其施加信义义务。[3] 从宏观方向上来看,学者普遍赞同将信义义务的扩张适用到实际控制人身上,只是在具体路径上存在分歧。

封闭公司的控股股东与实际控制人存在相同的特征,即对公司内部的控制权与对公司外部的代表权的分离。通过控制权与代表权的脱钩,控股股东与实际控制人一边享受着对公司事务的掌控,一边通过身份上的隐蔽性规避管理层所负有的信义义务。如果抛开我国公司法上关于实际控制人不得是公司股东的规定,二者的本质是高度重合的,只是获得对公司的控制权的手段不同。只加强对控股股东的规制,而忽视对实际控制人的规制,仍难以实现对少数股东利益的周全保护,甚至可能因监管套利而出现实际控制人泛滥的现象。

三、控股股东违信责任裁判的实证分析

在实践中,法官通常以《公司法》第 20 条第 1 款填补控股股东实际管理公司时出现的空白,将其作为认定控股股东滥用权利的裁判依据。基于司法实践,拟用案例实证研究的方法一窥其运行的实情,并以此为基础进行进一步的理论分析。

(一) 实证样本

样本案例来源于北大法宝数据库,检索条件为"裁判依据:《中华人民共和国公司法》第二十条第一款",时间限定在 2006 年至 2021 年,筛选标准有三项:第一,剔除公众公司作为涉诉公司的案例;第二,剔除损害债权人利益案件,部分案例涉及的股东与公司债权人之间的纠纷不在讨论范围之内;第三,排除与股东间纠纷无关的案例。依据以上标准,并排除重复案件、违反民事诉讼程序被驳回的案件等其他案件后,最终得到本文的 247 例样本案例。其中,法院最终认定股

---

[1] 参见叶敏,前揭书,第 174 页。
[2] 参见邓峰,前揭书,第 170~172 页。
[3] 参见刘斌:《重塑董事范畴:从形式主义迈向实质主义》,载《比较法研究》2021 年第 5 期。

东构成滥用权利行为的共188件,占比约为76%;认定为不构成的共59件,占比约为24%。

1. 案由

图1-1可以在一定程度上反映《公司法》第20条第1款的适用场景。第一类损害公司利益责任纠纷案件占比最大,共113件,占比约为45.7%。其原因可能在于,公司的利益与股东的利益休戚相关,滥用权利的股东直接将公司财产挪作私用进而导致其他股东利益受损。但由于公司独立人格的阻断,滥权股东的行为直接针对的往往是公司,股东在起诉时只能选择提起股东代位之诉或者以公司名义起诉,故而在案由上显示为公司利益责任纠纷。

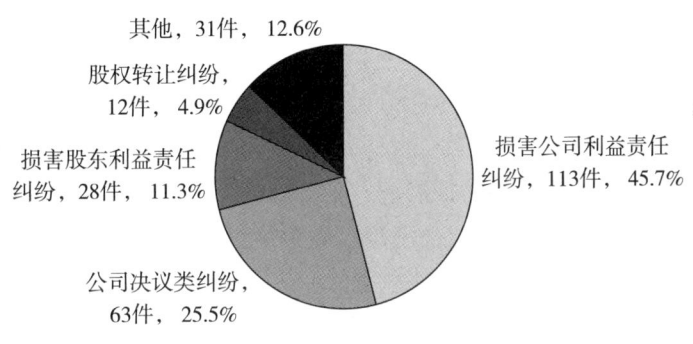

图1-1 案由分布

第二类是公司决议类纠纷,共63件,占比约为25.5%,其下包括公司决议效力确认、决议无效、公司决议撤销等多种亚类型。股东实现对公司事务的管理最直接且最主要的方式,是通过股东会对公司重大事项作出决策。许多股东之间的冲突也是在股东会决议时显现或爆发。

第三类是损害股东利益责任纠纷,共28件,占比约为11.3%,约为损害公司利益责任纠纷案件的1/4。第三类较少的原因在于,很大部分的股东利益受损案件被公司利益责任纠纷案件覆盖,且股东滥权基本以公司为相对人,较少出现直接指向其他股东的现象。再者,即使股东之间存在某种直接法律关系,比如合同或侵权关系,也可以适用民事责任进行规制与救济,而无须适用《公司法》的特别规定。

第四类是股权转让纠纷,共12件,占比约为4.9%。其中的部分案件是公司持有的其他公司股权在对外转让过程中,个别股东未经股东会决议等法定、章程程序,直接决定对外转让或者以不公正价格转让。还有部分案件是股东进行股权转让时,用公司财产支付股权转让价款。

剩下的案由对应的判决还有31件,占比约为12.6%,案由类型分布分散,其中包括与公司有关纠纷7件、股东资格确认纠纷5件、公司关联交易纠纷2件、增资纠纷2件、公司盈余分配纠纷2件、公司证照返还纠纷2件、公司解散纠纷2件、股东出资义务纠纷1件、股权确认纠纷1件、确认合同无效纠纷3件、确认出资协议无效1件、债权转让合同纠纷1件、企业借贷纠纷1件、追偿权纠纷1件。这在一定程度上反映出股东滥权行为的复杂性、模糊性。值得注意的是,整个样本中只出现了2件公司解散纠纷,可见在面对公司内部治理出现重大分歧矛盾时,股东最终选择司法解散的还是极少数。

2.滥权股东的持股情况

图1-2显示,持股比例不足50%的股东也会成为滥权并承担责任的主体。这一现象可以解释为:第一,股东与公司管理人员虽在法律层面以两种不同的身份出现,但在封闭公司中往往合二为一,此时股东即使持股比例未达50%,依然可以对公司事务形成支配性的控制权;第二,部分公司的股东人数较多且持股相对分散,此时无须持股达半数以上已足以成为持股比例最高的股东,进而对公司股东会的表决事项产生实质性的影响。

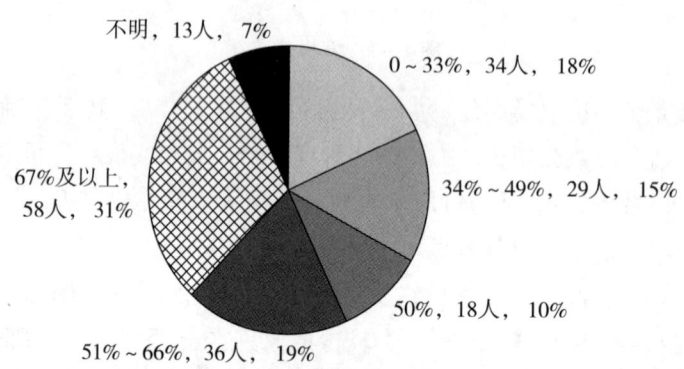

图1-2 滥权股东的持股比例

3.滥权股东的任职情况

构成滥权行为的案例共189例,其中有151例存在自然人股东,这151例中有84例案件出现股东同时担任公司职务的情形。存在兼任情况时凡是出现的职务均进行统计,其中法定代表人47人次,董事长、执行董事27人次,董事10人次,总经理、经理20人次,监事11人次。另有虽然不担任上述职位但涉案公司事务属于其职务分管的事项的职务 6 人次。至于兼任职务者的持股比例分布,50% 以下 32 例,50% 及以上 49 例,持股比例不明的 3 例(见图 1-3)。

在 151 例自然人股东案件中,剔除自然人股东持股比例不明的 14 例,余下的 137 例只有 25 例自然人股东持股比例低于 50% 且未担任公司职务,其中 22 例是股东明显违反法律规定、章程约定,在程序上未经股东会决议或者董事会决议随意处置公司资产,损害公司财产的案件。可见,持股比例较低对股东实施滥权行为影响不大。在绝大多数情况下,滥权股东是通过其兼任的职务来实施对公司事务的管控,进而损害公司、其他股东利益的。因此,《公司法》第 20 条第 1 款规制的对象,不仅包括狭义上的控股股东,还包括持股比例较低,但在特定公司事务中能够以其特殊身份对该事务产生实质性影响的股东。

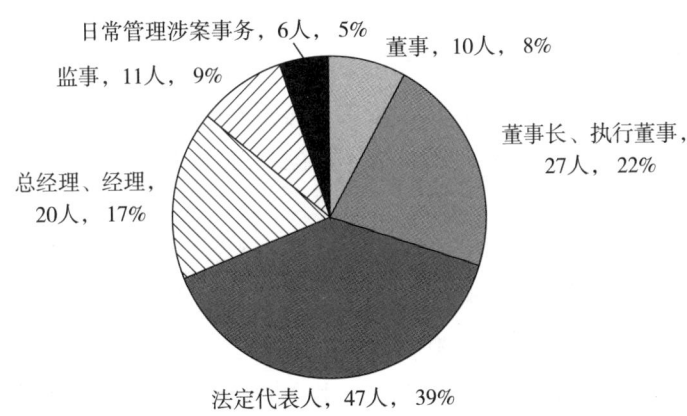

图 1-3 滥权自然人股东的任职情况

(二)法院的认定路径

1. 以侵权责任构成要件为框架

《公司法》第 20 条第 1 款的抽象表达并没有提供滥用权利的明确判断标准与适用方法,法院在司法实践中往往采取侵权行为的认定标准来分析股东的行为[1],但在构成要件上持有不同的看法。王某固诉北京筑诚鼎业建筑装饰工程有限公司损害股东利益责任纠纷案的二审法院提出,股东滥用股东权利损害其他股东利益的行为是一种侵权行为,应当依照原《侵权责任法》的规定评价该行为,即依据违法行为、损害结果、因果关系、主观过错四个侵权行为的构成要件来

---

[1] 参见傅穹,前揭文。

分析。[1] 宜宾巨浪电力开发有限公司诉周某柱、周某勇损害公司利益责任纠纷案中法院提出，股东损害公司利益责任纠纷的构成要件包括被告身份为"股东"的主体要件、"滥用股东权利"的行为要件以及"给公司造成损失"的结果要件。[2] 勐腊县中山房地产开发有限责任公司诉霍某损害公司利益责任纠纷案中法院认为，构成要件应当包括损害结果要件，违反法律、行政法规或者公司章程的行为要件，以及违法行为与损害事实之间的因果关系要件。[3]

在适用侵权责任构成要件的分析框架下，虽然各个法院在具体适用要件的表述上有些出入，但这种差异实际上是法院根据个案的案情有针对性地提出的审查要点。如在宜宾巨浪电力开发有限公司诉周某柱、周某勇损害公司利益责任纠纷案中，法院没有提到主观过错要件与因果关系要件。这是因为该案股东将公司的征地款借回给股东个人使用，导致公司受损，主观过错与因果关系明显，故而不需要额外论证。又如在勐腊县中山房地产开发有限责任公司诉霍某损害公司利益责任纠纷案中，判决论证的关键点在于被告股东的行为系原告公司的授权行为，不符合行为要件的特征，因此法院实际上是认为在行为要件的条件未满足时，无须考虑主观过错要件。

关于主观过错是否属于《公司法》第20条第1款的损害赔偿责任要件，学界尚存争议。[4] 从司法实践经验看，行为人是否具有主观过错应当根据其客观行为进行推论。如果权利人有权利但其行权目的是损害他人利益[5]，除非其主动承认，否则法院只能根据其行为来认定其目的；如果行为人过失滥用权利，法院亦只能通过行使权利行为的失当与行为造成的利益损害后果来推定行为人的主观过失。换言之，承认《公司法》第20条第1款的构成要件包括主观过错的最重要作用可能在于，行为人可能以主观上无过错作为抗辩理由拒不承担责任。股东可以主张其已尽合理的勤勉义务，对公司、股东的利益造成的损失是超出其理性认知能力之外的。因此，有的法院在具体适用中未明确提及主观过错要件，并非认为其不重要，而是将其包含在了对行为要件和损害结果要件的认定中。

总体来说，在侵权责任构成要件的框架下，《公司法》第20条第1款的认定

---

[1] 参见湖南省张家界市中级人民法院民事判决书，(2017)湘08民终384号。
[2] 参见四川省宜宾市中级人民法院民事判决书，(2018)川15民初9号。
[3] 参见云南省勐腊县人民法院民事判决书，(2017)云2823民初299号。
[4] 参见朱大明，前揭书，第124~125页。
[5] 参见朱庆育：《民法总论》（第2版），北京大学出版社2016年版，第526~528页。

采取了四要件的逻辑结构：主观过错、滥用权利行为、损害后果、因果关系。然而侵权责任与禁止权利滥用之间的关系究竟为何，仍存在巨大争议。[1] 对于具有明显不法特征的行为，侵权责任的构成要件能够为法官找到分析案情的切入点，法院能较为明确地认定股东行为构成权利滥用。对于行为人合法享有权利[2]，即行为人所实施的行为应当具有初步的权利外观时，若这种权利外观可以被轻易揭开尚有可规制的路径，但是当这种权利外观强到一定程度并需要考虑权力行使的边界问题时，侵权责任构成要件模式不能很好地为法官提供具体的操作方法，权力外观的可信度较高的行为则既难以被认定为侵权行为，亦难以被认定为滥用权利行为。

2. 构成"滥用股东权利"

股东滥用权利的情形十分复杂，从样本案例来看，法院裁判认定构成滥权行为主要遵循以下路径：首先判断股东的行为是否违反法律、行政法规规定或者章程约定。若是，多直接认定为构成滥用股东权利；若否，再进行实质性审查，判断股东是否滥用表决权或者存在其他滥用股东权利的行为。下面逐一进行讨论：

(1) 股东行为违反法律、行政法规规定或章程约定。由于此类行为权利外观相对薄弱甚至不具备权利外观，因此法院在认定此类案件时并无多大障碍。这类情形主要违反了《公司法》关于公司治理、公司独立财产等规范，典型表现包括股东未经股东会决议直接使用公司财产为自己提供担保、股东长期占用公司资金、股东未经股东会决议径直以公司财产偿还股东个人债务等；或者违反了公司章程关于公司经营事务的约定而行使股东权利，如表决比例未达章程约定比例；或者违反了其他法律的效力性强制性规范，如与外人恶意串通导致公司参与的合同无效。在法院认定股东构成权利滥用的188例样本案件中，法院因此类事由而认定的共计138例，占比约73%。如有法院明确指出，结合《公司法》第20条第1、2款的规定，所谓"滥用"即违反法律、行政法规规定和公司章程的约定而行使权利。并进而在该案中提出，股东正当行使表决权是保证公司决策机制正当运行的前提，也是判断公司决策是否正当的依据，所谓"正当"，是指符合《公司法》规定及公司章程的约定。[3]

---

[1] 参见彭诚信，前揭文。
[2] 参见刘权：《权利滥用、权力边界与比例原则——从〈民法典〉第132条切入》，载《法制与社会发展》2021年第3期。
[3] 参见湖北省武汉市汉阳区人民法院民事判决书，(2019) 鄂0105民初884号。

(2) 实质性审查。是否进行实质审查,法院存在不同的立场。股东的行为在程序上符合法律、章程的,法院会认可股东行为的合法性,尽量避免对已作出的商业决定做"事后诸葛亮"式的审查。部分法院会拒绝对其进行实质审查的理由是:尊重公司自治是公司法的基本原则之一,股东通过股东会决议是对公司行使股东自治权的具体体现,只要不存在决议不成立、撤销、无效的事由,司法机关原则上不介入公司内部事务[1]。在部分案件中法院支持实质审查,如在周某君诉峨眉山市锦琳投资有限责任公司公司决议效力确认纠纷案中,二审法院通过实质审查认为公司决议实为控股股东通过股东会决议将全体股东一致决事项转变为多数决事项,在该公司的股东构成和持股比例下,必将导致控股股东对公司事务的完全掌控,因而支持了原告的诉求[2]。可见,在是否应当对股东行为依据进行实质审查这一问题上,法院的立场在两端徘徊:既担心过分干涉公司自治,损害公司效率,又唯恐救济不周,导致控股股东无视少数股东利益的滥权。但无论如何,法院作出是或否的决定,最终都基于个案中对控股股东利益、少数股东利益、公司利益三者的衡量。因此,当股东行为并不具有明显的不法性时,法院依然可能实质审查。

样本显示,因未能通过实质审查而认定股东滥权的案例有50例,占比约27%。其依据的事由多样,比如股东无正当理由拒不出席股东会,导致出席股东持股比例无法满足章定的出席要求,无法形成决议[3],或者股东篡夺公司商业机会,利用股东地位谋取本属于公司开发的项目[4],或者通过不正当关联交易免除关联公司所欠款项的巨额利息[5],不一而足。由于事由多样,难以进行类型化统计,高度依赖个案的实质性审查的具体内容。若从整体上看,法院审查的重点有二:一是关联交易中的交易价格是否公平;二是股东实施行为是否基于合理商业目的。如武穴市迅达医化有限公司诉湖北迅达药业股份有限公司公司关联交易损害责任纠纷案[6],由于双方对关联交易是否损害公司利益争执不下,法院不得不就被告提交的有关商品交易价格的历史材料进行审查,最终认为其

---

[1] 参见广东省恩平市人民法院民事判决书,(2019)粤0785民初1691号;上海市第二中级人民法院民事判决书,(2010)沪二中民四(商)终字第436号。
[2] 参见四川省乐山市中级人民法院民事判决书,(2018)川11民终906号。
[3] 参见浙江省杭州市淳安县人民法院民事判决书,(2008)淳民二初字第829号。
[4] 参见陕西省西安市中级人民法院民事判决书,(2019)陕01民初1265号。
[5] 参见四川省峨边彝族自治县人民法院民事判决书,(2018)川1132民初311号。
[6] 参见湖北省高级人民法院民事判决书,(2018)鄂民再61号。

中一段时间被告交易涉案商品的价格低于市场同期价格,因而认为被告的行为构成了对公司利益的损害。[1] 又如上海成瑞投资有限公司诉内蒙古珠江投资有限公司公司决议效力确认纠纷案,二审法院则认为多数股东未能举证证明该决议具有正当的商业目的并且是实现该商业目的的唯一途径,因此其恶意利用多数决的行为构成滥用股东权利。[2] 就本案而言,若从反面观之,如多数股东成功证明其行为具有正当商业目的,且除了实施该行为之外没有别的能够实现同样商业目的的其他手段,即使该决议损害了少数股东的利益,其行为也具有正当性,不构成滥用权利。据此,何为正当商业目的、何为唯一途径,需要依赖具体案件中被告的举证情况进行个案衡量。

3. 不构成"滥用股东权利"

认定股东不构成滥用权利的有 59 例,有 54 例的法院认定事由几乎全部为证据不足,仅有 5 例是基于其他原因认定。举证难这一问题成为原告希望通过《公司法》第 20 条第 1 款获得司法救济的首要难题。通过实证研究主要存在以下几种情形:

(1)原告未能证明被告股东存在滥用权利行为。在上述原告证据不足的 54 例中,有 35 例是因为原告未能举证证明被告股东有滥用权利的行为,包括其中涉及关联交易的 5 例。在涉关联交易的案例中,法官通常认为,被告股东虽在涉案公司同时担任董事、其他管理职务,但不能据此直接认定该股东所实施的关联交易为滥用股东权利的行为。在佛山市顺德区南华投资有限公司与佛山市顺德区港华燃气有限公司等公司决议效力确认纠纷上诉案[3]中,被告法人股东委派人员担任公司董事,原告股东主张被告股东通过该董事操纵董事会,通过董事会决议达成关联交易,损害原告股东的利益,法院则认为,对于涉案董事会决议,被告股东派出的董事在公司董事会中有着对涉诉事项独立判断与发表意见、进行表决的权利。在此,法院严格区分了股东在股东会层面的表决与董事在董事会层面的表决,不能仅因董事为控股股东委派,就认为其投票行为代表控股股东利益,进而将董事的履职行为延伸到其背后的控股股东身上。同样地,在海南海钢集团有限公司与中国冶金矿业总公司损害股东利益责任纠纷上诉案中[4],法院

---

[1] 参见湖北省高级人民法院民事判决书,(2018)鄂民再 61 号。
[2] 参见内蒙古自治区鄂尔多斯市中级人民法院民事判决书,(2019)内 06 民终 2207 号。
[3] 参见广东省佛山市中级人民法院民事判决书,(2017)粤 06 民终 12697 号。
[4] 参见最高人民法院民事判决书,(2013)民二终字第 43 号。

也认为仅凭母子公司董事长为同一人的事实,不足以认定该董事长的投票行为系控股股东通过董事长操纵公司。其余的30例样本案例,均属被告股东通过正常程序行权,由于法院按照一般侵权的举证责任进行分配,原告不能提供充足证据时,法院直接认定被告股东的行为不构成滥用权利。

(2)原告未能证明损害结果。此类案例在样本中有15例。一方面,原告未能证明发生了实际的损失结果,"实际"是指公司已实际遭受到的利益损失。利益不仅指物权、知识产权等公司的固有利益,还包括债权性利益,前者确认存在现实的损失即可,后者要求达到已遭受损失的程度。债权性利益属于金钱给付或可转化为金钱给付的债权,金钱之债的债务人暂遇经济困难而无资力给付的,仅导致履行迟延并无给付不能,只有当债务人确定没有可供执行的财产或者遗产后,或者在确定破产分配方案或重整清偿之后仍然未完全受偿的金钱本息债权,才能认定为具备已然性,就此方能认定公司利益损失,进而明确损失具体数额。[1]另一方面,法院严格区分股东利益受损与公司利益受损两种不同的情形。正鑫企业股份有限公司等诉金浪企业股份有限公司等股东滥用股东权利赔偿纠纷案[2],法院明确指出,若被告股东实施的滥权行为损害的是公司利益,赔偿的对象应当是公司而非股东。这意味着当被告股东行为直接指向公司,股东只能通过派生诉讼请求法院判令被告向公司进行赔偿,若原告股东提起股东直接诉讼,很可能因未能证明股东直接利益受损而不予支持。

(3)原告未能证明因果关系。此类案例在样本中有4例。循侵权责任的构成要件逻辑,如原告不能证明损害是由被告股东行为所造成的,法院不会认定被告股东行为构成滥用股东权利。如在安顺市西秀区一磊石材有限公司与杨某祥损害公司利益责任纠纷案中,法院认为,虽然根据《股权转让协议书》,公司在经营过程中产生亏损,但原告未能举证证明该亏损是由被告股东的行为所造成,因而驳回了原告的上诉。[3]

(4)其他原因。剩下的5例,法院认为被告股东不构成滥用股东权利的原因可分为三类:一是禁反言。原告在事前曾就涉诉公司事务与被告股东达成一致,后无正当理由又反悔。由于原告自身前后矛盾的行为,且被告股东被诉行为是经过原告协商同意的,也不存在违法情形,因此法院对原告的诉求不予支持,

---

[1] 参见四川省内江市中级人民法院民事判决书,(2020)川10民终899号。
[2] 参见广东省广州市中级人民法院民事判决书,(2012)穗中法民四终字第11号。
[3] 参见贵州省安顺市中级人民法院民事判决书,(2021)黔04民终2196号。

不认为被告股东滥用权利。二是司法谦抑。涉诉股东会决议的召集程序、表决方式、决议内容符合法律、行政法规规定及章程约定,法院尊重公司自治,不介入公司内部的商业决策与治理,内部的管理问题交由公司内部人员自行解决。三是被告股东的行为符合公司整体利益。如罗某文与陈某忠损害股东利益责任纠纷案[1],公司通过了增资决议,原告作为少数股东未购买新增股权,在增资后持股比例被稀释。法院经过审理认为,作出增资决议的股东会程序合法,而且本次增资对公司长远发展有其客观必要性,公司多数股东行使表决权并不必然构成滥用权利。

4. 对受损公司、股东的救济路径

从图 1-4 可见,法院提供的救济方式中,首先损害赔偿或返还财产占比过半。当法院认定被告股东构成《公司法》第 20 条第 1 款滥用权利时,会依据《公司法》第 20 条第 2 款、第 21 条第 2 款等判令被告向利益受到损害的公司或其他股东赔偿损失。

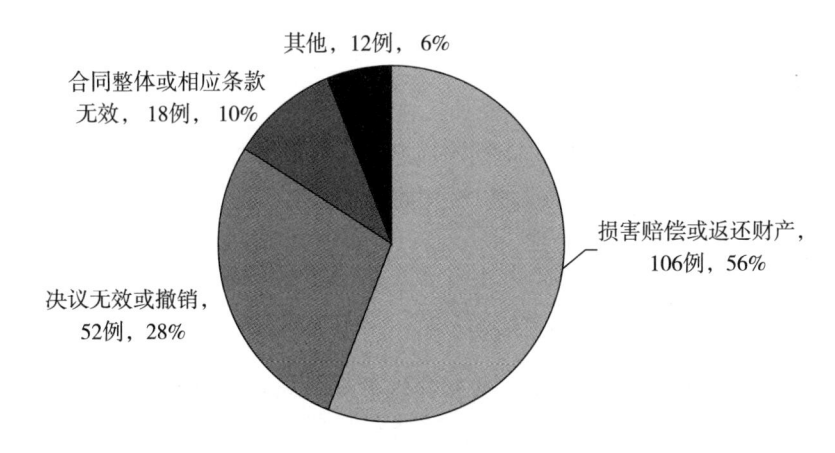

图 1-4 样本案例司法救济方式分析

其次,决议无效或撤销的占比较高。股东会决议是股东参与公司管理唯一手段,不少股东滥权行为都与股东会决议直接相关,比如通过股东会决议强行收购或转让其他股东的股权,利用股东会形成增资决议稀释其他股东的持股比例等。决议本身会成为被告股东实施下一步损害公司、股东利益行为的凭据,故而原告股东针对决议提起效力瑕疵之诉占比较高。

---

[1] 参见湖北省武汉市汉阳区人民法院民事判决书,(2019)鄂 0105 民初 884 号。

再次,合同整体或相应条款无效。当法院认为股东实施滥权行为违反了法律规定时,便依照《民法典》第 153 条第 1 款判决被告股东签订的合同整体或相应条款无效。

最后,"其他"项下包含的情形比较复杂:判决公司解散的案件 1 例、确认股东抽逃出资的案件 3 例、股东在抽逃出资范围内承担补充清偿责任的 1 例、解除合同的 1 例、派发股利并支付相应利息的 1 例、确认股东资格的 2 例、移交公司印章的 1 例、判令被告股东配合公司办理证照的 1 例、确认财产归公司所有并配合公司办理许可证及变更高压供用电合同的 1 例。

总之,法院采取的救济方式可谓"有限制的突破"[1],在总体上以损害赔偿作为主要救济方式,但在个别案件中,法官也会根据案件具体情况,判令被告履行特定义务。

(三)《公司法》第 20 条第 1 款的规范局限

实证样本表明,《公司法》第 20 条第 1 款在裁判实践中的适用存在四个方面的问题。

1. 裁判规则不统一

股东通过担任公司管理职务而涉入公司各项事务,此时其行为具有高度的"伪装性"。从外观上看,封闭公司中由于"两权分离"不存在(或者程度不高)直接由股东径行实施经营管理事项。当其形式上符合要求时,法院在决定是否进行实质审查时态度不一致。由于法官缺少具体的法律依据,即使决定实质审查,审查要点的设置也不够科学,高度依赖法官在个案中的主观判断,法官也难以突破成文法的限制对控股股东行为进行大胆认定。如能够通过类型化明确股东滥用权利行为构成要件,并提供具有可操作性的审查规则,那么对控股股东的规范有效性将得到实质性提升。

2. 规范对象不完整

《公司法》第 20 条第 1 款以全体股东为规制对象,但实际运用时难以直接规制法人股东。[2] 法人股东通常会委派自然人到公司担任管理职务,该受委派人作为公司的受托人担任公司职位,应从公司利益出发而做决策、行事,但同时亦受到法人股东辖制。一旦出现利益冲突情形,其首先是为委派股东利益行事而

---

[1] 参见楼秋然,前揭文。
[2] 参见傅穹、虞雅曌:《控股股东滥用权利规制的司法观察及漏洞填补》,载《社会科学战线》2022 年第 1 期。

忽视公司的利益,此时若受委派人作为公司管理人行使职权在程序上无瑕疵,法院不愿轻易对其职务行为进行穿透,进而追究背后指示股东的责任。

3. 举证责任分配不合理

在举证责任的分配上,法院明确表示由原告股东承担一般侵权构成要件的举证责任[1],但该做法对于少数股东至为不利。在公司正常经营的情况下,控股股东操控着公司的实际运营,少数股东尚且难以对公司经营管理做到全面了解,在遭受排挤时,其知情权更加难以获得有效保障,容易面临举证不能的困境。这一问题也引起了一些法官的注意,如有判决指出,原告股东作为公司少数股东,穷尽全部法律手段仍然难以举证证明公司的财产情况,可参照举证责任倒置规则,对原告的赔偿诉求予以支持[2]。理论界也有学者提出,可将股东不得滥用权利视为法定责任,采用举证责任倒置,由被告负责举证,除非少数股东具备举证能力,才按照一般侵权责任原理来进行追究[3]。

4. 救济渠道不均衡

司法解散与异议股东股份回购是受压制股东退出公司的重要救济渠道,但其在司法实践中存在缺位。根据样本,仅有1例判决司法解散公司,未见到异议股东股份回购的救济方式。这无疑增加了受压制股东脱身的难度,可能导致其长期遭受利益损失。在原有公司治理结构不变的情况下,控股股东完全可以在今后故技重施甚至变本加厉,实施更加隐蔽的压制行为,受压制股东后续依然面临着利益受损的窘境。虽然部分法院会在个案中根据原告诉求判决被告履行特定的义务,但总体来看依然只是极少数。股东压制行为的多样性与复合性使少数股东难以通过损害赔偿、决议无效等救济方式被有效救济,亟须更多元的救济渠道以有效地解决问题。因此,在封闭公司的语境下,《公司法》第 20 条第 1 款还不能为公司及受压制股东提供充分、周全的救济,其适用空间和适用规则有待进一步完善。

四、控股股东信义义务的再梳理

囿于《公司法》第 20 条第 1 款过于原则化的表述,该条款在司法实践过程中

---

[1] 参见四川省宜宾市中级人民法院民事判决书,(2018)川 15 民初 9 号。
[2] 参见江苏省南通市中级人民法院民事判决书,(2015)通中商终字第 00396 号。
[3] 参见朱大明、[日]行冈睦彦:《控制股东滥用影响力的法律规制——以中日公司法的比较为视角》,载《清华法学》2019 年第 2 期。

存在局限性。第 20 条属于救济股东权益的一般性条款,而英美公司法上一般性的股东救济方案植根于信义义务理论。因此,欲弥补第 20 条的局限性,可研析英美公司法上的信义义务理论,对其进行合理解释后,借鉴其中有益的部分对我国法律进行完善。

(一)道德属性的削弱

信义义务在公司法上沿着信托关系受托人义务到董事、高管义务类比受托人义务,再到控股股东义务类比董事、高管义务的路径不断扩张。[1] 从其历史起源与后续发展来看,信义义务是一项极富道德韵味的义务。然而,随着商事实践的发展,这种道德属性不断削弱,并最终转变为对交易公平性的追求。

1. 传统信义义务的道德属性

从历史起源来看,信托制度的创设最早是以规避法律为目的,高度依赖当事人之间的相互信任与受托人的自律,具有鲜明的道德属性。信义义务最初是为了规制用益制度中的受信人侵吞、损害信托财产行为,法官根据衡平法理念将受信人的某些特定行为认定为非法,为不受普通法保护的利益提供保障。[2]

信托的雏形"用益"制度源于英国封建时代的土地制度。在英国的封建时代,土地转移需要支付高额赋税以及满足带有人身性的附加条件,并且在 1540 年以前土地保有人无法遗赠土地。当时实行嫡长子继承制,若嫡长子为成年人,则在继承土地时需向领主缴纳大额土地继承金;若嫡长子未成年,根据普通法,其无权保有土地,土地由领主代为占有。为了逃税以及规避法律,土地保有人(委托人)会委托一位信任的成年人(受托人),将土地转移至受托人名下,约定生前收益归自己所有,死后则按照保有人的意愿在子女间进行分配。此外,进行海上探险的人们由于活动的高风险性,以及教徒为了规避封建领主设置的向教会捐赠土地的禁止,也会通过用益制度让他人代为持有土地。[3] 后来,用益制度发展为信托。

早期的普通法否定用益制度,受益人在受托人背信弃义、谋取私利时无法获得救济,故而委托人所选取的受托人往往是其高度信赖的对象。此时信义义务蕴含着鲜明的利他主义精神,受托人应当避免使自己处于委托人利益的对立面,

---

[1] 参见吴民许:《控制股东义务基础的比较法研究》,载《河北法学》2007 年第 12 期。

[2] 参见徐化耿:《信义义务研究》,清华大学出版社 2021 年版,第 16~18 页。

[3] 参见徐化耿,前揭书,第 16~17 页。

一旦受托人与受益人之间发生利益冲突,受托人必须为了受益人的最大利益行动。

2.信义义务在公司法领域的扩张

在社会分工细化和专业领域独立的背景下,公司出现两权分离。公司股东与董事、高管之间围绕管理权发生纠纷,成为公司治理的重要问题。对于董事与公司间的关系,英美法系国家通过类比的方法将其视为信义关系,通过解释和适用信托法理对董事施加忠实义务与合理勤勉义务来解决公司治理问题。其后,董事对公司所负的信义义务被制定法吸收,成为成文法规范[1],信义义务原本所具有的道德属性逐渐削弱。

控股股东对公司与少数股东承担信义义务则是在一系列判例中确立起来的。最早的判例可追溯到1919年的Southern. Pac. Co. v. Bogert案,美国联邦最高法院大法官布兰代斯认为,多数股东享有控制权,但当其行使控制权时,他就在自己与少数股东、公司之间设立了信义关系。多数股东享有并行使着对共同财产的控制,正是这一事实而非某种行使这种控制的特定方式创立了信义义务。[2] 后美国公司法逐渐发展出马萨诸塞州规则和特拉华州规则两套广为人知的控制股东信义义务规则体系。在两州成文法都没有法定股东压制救济条款的情况下,基于司法实践以及公司治理实践建立信义义务规则。[3] 马萨诸塞州将合伙人的信义义务类推到封闭公司控股股东身上[4],主要由三条规则构成,包括Donahue v. Rodd Electrotype Co.案中确立的平等机会规则、Wilkes v. Springside Nursing Home, Inc.案中的可反驳的合法商业目标规则以及合理期待规则。特拉华州则将董事信义义务延伸到控股股东身上,并用两类适用于所有类型公司的商业判断规则(business judgment rule)与完全公平规则(entire fairness rule)对控股股东是否违反信义义务进行审查,而非单独为封闭公司控股股东设置信义义务。[5] 但马萨诸塞州的控制股东信义义务规则并没有成为多

---

[1] 参见郭富青:《我国公司法移植信义义务模式反思》,载《学术论坛》2021年第5期。

[2] See Southern. Pac. Co. v. Bogert, 250 U.S. 483 (1919).

[3] See Mary Siegel, *Fiduciary Duty Myths in Close Corporate Law*, 29 Del. J. Corp. L. 377, p.18.

[4] See Donahue v. Rodd, 328 N.E. 2d 505, 511 (Mass. 1975).

[5] See Nixon v. Blackwell, 626 A. 2d at 1366.

数规则。[1] 随着实践发展，控制股东信义义务的内涵已从道德信义理论转变为商业导向的善意与公平交易观念。[2]

3. 利他精神的弱化

忠实义务是信义义务的核心内容，其一方面要求受信人以受益人的利益最大化为行事目标，另一方面要求受信人避免使自己与受益人处于利益冲突之中。[3] 在唯一利益要求下，即使受益人利益没有受损，若受信人从中获益，也会被认为违反了信义义务。随着学说与判例的发展，在委托人授权、受益人同意与法院事前批准等情境中，受信人的行为虽不符合唯一利益标准但是符合受益人的最大利益时，也不会被认为违反了忠实义务。可见，忠实义务对于利益冲突的态度，由绝对禁止转为相对禁止，其本身从禁止性规则转变为默认规则。[4]

在控股股东所负有的信义义务中，利他主义精神也被进一步弱化。其一，控股股东的忠实义务对象是公司与少数股东，而公司与少数股东的利益未必完全一致。一般认为，在 Wilkes v. Springside Nursing Home, Inc.[5] 案中，马萨诸塞州法院确立了可反驳的合法商业目的规则（rebuttable "legitimate business purpose" test），即控股股东对少数股东存在不平等对待时，控股股东可以证明该行为是为了实现合法的商业目的，少数股东也可通过证明客观存在伤害更小的手段来进行反驳。其二，封闭公司中控股股东的利益与公司利益往往高度混同。若受信人自益行为并不涉及受益人获益，则信义义务的适用较为简单。但在封闭公司中，其受信人的自利行为可能促进公司的发展，从而有利于受益人，而这是唯一利益标准所不允许的。此时，若严格适用唯一利益标准则会使得控股股东不能按照他们认为正确适当的方式管理公司事务，并导致经营效率降低。其三，控股股东作为投资者，其加入公司本就带着个人经济目标，要求控股股东以他人利益作为唯一利益或最大利益目标，显然与投资者的正常理性相违背并打击投资者的积极性。因此，封闭公司控股股东所负有的忠实义务，应当是在利益冲突情形中，不得为个人利益而损害公司或者其他股东利益，而不是要求控股股

---

[1] See Mary Siegel, *Fiduciary Duty Myths in Close Corporate Law*, 29 Del. J. Corp. L. 377, p. 1-22.

[2] See Lawrence E. Mitchell, *The Death of Fiduciary Duty in Close Corporations*, University of Pennsylvania Law Review, Vol. 138, No. 6, p. 1675-1731 (Jun., 1990).

[3] 参见[美]塔玛·弗兰科：《信义法原理》，肖宇译，法律出版社2021年版，第107页。

[4] 参见[美]塔玛·弗兰科，前揭书，第152页。

[5] See Wilkes v. Springside Nursing Home, Inc., 353 N. E. 2d 657 (Mass. 1976).

东绝对忠实于公司或其他股东。[1]

传统信义义务更偏向于商事活动行为准则的一种道德信念,而如今司法裁判将经济效率的重要性置于信义义务所倡导的无私行为之上,[2]且传统具体问题具体分析的做法降低了判决的可预测性与连贯性,法院为了寻求更大确定性和连贯性转向适用更加明确的评估标准,将考察的重点从受益人的最大利益转移到受托人的失职行为,赋予公司受托人更大的自由以追求自身利益。此时忠实义务所赖以存在的利他主义基础被商事交易的经济效率所取代。是故,从严格意义上的信义义务来看,公司法上关于控制股东对少数股东所负的"信义义务"实际上是信义义务在高速扩张中的一种误用。[3] 控制股东的信义义务已为公平交易义务所取代[4],如美国法学会颁布的《公司治理原则:分析与建议》中,第五部分以"公平交易义务"取代了"忠实义务",其中第三章的标题则为"控股股东的公平交易义务"[5];《英国2006年公司法》规定了不公平损害制度,学界认为该制度主要规制对象为控制股东,控制股东对小股东负有平等交易义务[6]。

信义义务在封闭公司领域的这种转变,恰恰符合商事领域特殊需要。区别于民事领域中民事关系的偶发性与地域性,商事关系具有经常性和扩张性特征,其发生的频率较高,且相关主体之间通常并不熟悉。[7] 进言之,商事活动中的交易具有较高流转性和流动性,各方主体利益诉求较为多元且彼此互相交织、渗透,有时趋同,有时冲突。因此,商法需要充分运用利益衡量规则来处理利益冲突,实现市场公平。从维护交易稳定性的角度出发,这种规则需要保持稳定与连贯;从衡量多元主体利益的角度出发,这种规则需要对弱势群体提供足够灵活的

---

[1] 参见傅穹:《公司利益理念下控制股东诚信义务的本土治理与重构》,载《学术论坛》2021年第4期。
[2] See Lawrence E. Mitchell, *The Death of Fiduciary Duty in Close Corporations*, University of Pennsylvania Law Review, Vol. 138, No. 6, p.1675－1731 (Jun., 1990).
[3] 参见范世乾:《控制股东滥用控制权行为的法律规制:中国公司法相关制度的构建》,法律出版社2010年版,第45~47页。
[4] 参见靳羽:《美国控制股东信义义务:本原厘定与移植回应》,载《比较法研究》2021年第1期。
[5] 参见许传玺:《公司治理原则:分析与建议》(上卷),楼建波等译,法律出版社2006年版,第241页、第378页。
[6] 参见[英]保罗·戴维斯、[英]莎拉·沃辛顿:《现代公司法原理》(第9版下册),罗培新等译,法律出版社2016年版,第697页。
[7] 参见王斐民:《民法、商法、经济法视野中的诚实信用原则》,载《首都师范大学学报(社会科学版)》2010年第4期。

救济。信义义务在封闭公司领域的转变正是为了迎合这样的需求。

(二)程序正义的加强

封闭公司控股股东信义义务降低了忠实义务的标准,淡化了控股股东作为受信人所负有的信义义务中的道德属性。此时可以借鉴特拉华州规则从程序正义角度对控股股东信义义务规则进行完善,确保控股股东在利益冲突中不损害受益人(公司与少数股东)利益。

1. 司法审查规则的选择

举证责任的分配很大程度上取决于法院对股东行为的审查规则。采形式审查时,被告举证责任较轻,被告股东所实施的商业行为符合形式要求和商业判断规则时被推定合法;采实质审查时,原告举证责任较轻,被告需要承担交易公平合法的举证责任。

特拉华州法院根据自我交易对公司和其他股东重要程度的不同,将自我交易区分为经营性交易和所有权益性交易,再根据交易类型确定适用何种审查规则。

经营性交易主要指日常经营、商业性的交易,主要影响股东作为投资者的利益。[1] 在 Sinclair Oil Corp. v. Levien 案中,特拉华州最高法院确立了门槛规则。法院将控制股东所涉交易区分为排他性交易与利益共享型交易:若与公司进行交易的相对方与受益人都只有控制股东,同时有排斥中小股东并损害公司利益的可能性时,此交易会被认定为排他性交易,法院采用完全公平规则进行审查;若控制股东操纵交易,但并不排斥少数股东参与利益的分配,则此交易会被认定为利益共享型交易,此时法院采用商业判断规则进行审查。[2]

所有权益性交易主要指直接与股东作为公司所有者相联系的公司行为,如公司的合并、公司股份发行及回购等。[3] 在 Weinberger v. UOP, Inc.[4] 案中,特拉华州法院摒弃了门槛规则,认为在公司合并时控制股东的控制地位足以触发完全公平规则的适用,应由控制股东证明公司合并行为的公平性。其后,在 Kahn v. M & F Worldwide Corp. 案中,法院确立了双重程序规则:在逐出式合并(指在公司合并时,控制股东以不公平的价格强行驱逐少数股东)中,仅在满足

---

[1] 参见习龙生,前揭书,第 137~138 页。
[2] See Sinclair Oil Corp. v. Levien, 280 A.2d 71, 92 (Del. Sup. 1971).
[3] 参见习龙生,前揭书,第 137~138 页。
[4] See Weinberger v. UOP, Inc., 457 A.2d 701.

一定条件时对自我交易的审查适用商业判断规则,而非完全公平规则。[1]

可见,特拉华州法院的审查规则可以合理安排和平衡控制股东与非控制股东的诉讼负担,同时避免法院陷入无休止的实质审查中。

2. 交易公平的认定

选择适用实质审查后为确保其审查效果,特拉华州在 Weinberger v. UOP, Inc. 案中提出完全平等规则。该规则是法院审理"决策者与决策本身具有重大利害关系"类型案件的"最高审查标准"。[2] 当控制股东在自我交易中可能损害到公司利益时,他们必须充分证明达到了完全公平标准。该种公平包含两个基本方面:公平交易,包含交易的时间、发起方式、交易架构、具体协商过程、向董事披露的经过、如何获得董事和股东的批准;公平价格,包括交易的资产、市场价值、收入、交易的未来预期,以及其他影响公司股票价值的因素。[3] 需要说明的是,自我交易并不仅仅指与公司签订协议,还包括逐出式合并、通过董事会将自己任命为总裁、制定较低的股息支付方案的同时利用利润与分配之前的差额获取高于市场水平的总裁薪资。[4]

这一规则意味着对于控股股东自我交易行为的审查重点从结果前移到了决策过程,通过对交易各项要素的整体考虑可以更为全面地把握交易的公平性。

(三)功能主义视角下的信义义务

《公司法》第20条第1款是有限责任公司股东压制的一般性救济基础,对于是否可将其作为我国《公司法》控股股东信义义务条款存在不同见解,尚需在本土化视角下对信义义务及控股股东关系进行深入研究。

1. 事实上的信义关系

(1)信义关系中的受信人权力结构。在司法实践中,信义义务的适用以信义关系的认定为前提。法官通常采取类推的方法,将需要定性的关系与已知的各类信义关系进行对比,将类似于信托关系特征的法律关系解释为信义关系并

---

[1] 当且仅当满足以下条件时,对自我交易的审查适用商业判断规则:(1)这项交易得到了特殊委员会与少数股东的多数同意。(2)这一特殊委员会是独立的。(3)并且被授权自由选择其顾问,且可以直接拒绝该交易。(4)在为该自我交易协商出一个公平价格的过程中该委员会尽到了勤勉义务。(5)少数股东的表决是在具有充分的资讯,并且不存在胁迫的情形下完成的。See Kahn v. M & F Worldwide Corp., 88 A.3d 635, 645 (Del. Sup. 2014).

[2] 参见靳羽,前揭文。

[3] See Weinberger v. UOP, Inc., 457 A.2d 701.

[4] 参见周淳、肖宇:《封闭公司控股股东对小股东信义义务的重新审视——以控股股东义务指向与边界为视角》,载《社会科学研究》2016年第1期。

适用信义义务。[1] 因此,确定某一主体是否对另一主体负有信义义务,首先需要界定双方是否构成信义关系。

信义关系本身缺少统一、明确的定义。学者对信义关系的定义尚且存在分歧[2],包括信赖理论、合同理论、不平等理论、权力和自由裁量理论、脆弱性理论等诸多观点。[3] 法官同样对此意见不一:有的试图对其给出概括性的定义;有的则根据当事人的合同约定确定其定义;有的认为信义关系只能由法律规定,法院无权创设;有的则考虑社会利益进行判断。[4] 从本质上看,信义关系中受信人对受益人的利益具有自由裁量权,可代替受益人行使来自受益人法律人格的法律行为能力,并且还拥有替受益人作出决定的自由。[5] 因此,信义关系中存在三个结构属性:一是不平等性。受信人处于支配地位,受益人处于从属地位。二是依赖性。受益人需要依赖受信人以实现自身的某些目的。三是脆弱性。这是由依赖性所导致的必然结果。受信人所面临的利益受损的风险可以通过激励、监督等各种机制进行控制,但无法彻底消除[6],正因如此,法律才需要对受信人施加信义义务来加强对委托人与受益人的保护。

(2)控股股东与公司及少数股东的信义关系。在我国的封闭公司中,控股股东与公司、少数股东之间所形成的是一种"事实上的信义关系"。[7] 对封闭公司本身而言,控股股东可以通过资本多数决或直接以经营者身份管理公司事务,进而支配公司财产。当控股股东成为公司事务的实际决定者时,公司的法律人格便是由控股股东在操纵,而公司本身也很难甚至无法对控股股东作出有效反制。此时控股股东的行为无疑会对公司以及少数股东的利益产生重大的实质性影响。对于少数股东而言,在合伙式治理模式下,封闭公司的股东之间的关系实质上与合伙人并无太大差异。在此种关系下,一旦控股股东滥用其在公司事务上的自由裁量权,其他股东投入公司的资产必然受损,公司内部合伙式信赖基础也会被破坏。

---

[1] 参见徐化耿:《论私法中的信任机制——基于信义义务与诚实信用的例证分析》,载《法学家》2017年第4期。
[2] 参见[美]安德鲁·S.戈尔德、[美]保罗·B.米勒编著:《信义法的法理基础》,林少伟、赵吟译,法律出版社2020年版,第100页。
[3] 参见范世乾:《信义义务的概念》,载《湖北大学学报(哲学社会科学版)》2012年第1期。
[4] 参见[美]塔玛·弗兰科,前揭书,第9页。
[5] 参见[美]安德鲁·S.戈尔德、[美]保罗·B.米勒,前揭书,第78~80页。
[6] 参见[美]安德鲁·S.戈尔德、[美]保罗·B.米勒,前揭书,第82页。
[7] 参见习龙生,前揭书,第94页。

从经济成本角度,公司与少数股东难以事先对控股股东的各项行动事无巨细地进行约定,构建事后监督机制的成本也十分高昂。信义义务对合同合意不充分进行规则补充的预防功能,可以节省在合同立约过程中为确保规则详尽明确而需要支付的高昂成本。[1] 信义义务的设置能够有效降低控股股东滥用裁量权的风险,故而控股股东作为受信人理应对公司及少数股东承担信义义务。

(3)委任理论解释路径之反思。我国1993年《公司法》在第59条第1款规定董事、监事、经理要"忠实履行职务",并在第60条、第61条、第62条分别对挪用资金、竞业禁止、自我交易、泄露公司秘密等与忠实义务相关的利益冲突行为进行了规定。2005年《公司法》依旧未使用信义义务概念,直接规定了董事、监事和高管的忠实义务和勤勉义务,明确信义义务由忠实义务与勤勉义务两类规则构成。我国《公司法》对于董事信义义务虽然在立法模式上采取英美法上的信义义务规则,但其解释理论却采用大陆法系的委任理论。[2]

两种理论存在极大差异。信托理论的出发点在于受信人与受益人之间的不对等关系,重点为规制受信人滥用自由裁量权、给受益人利益造成损害的风险,对受信人施加高标准的信义义务并以禁止利益冲突的忠实义务为核心。委任理论中,委托人与受托人之间处于平等关系,受托人的核心义务是勤勉义务或者是善管义务。《日本商法典》在1950年进行修订时才引入忠实义务,在此之前董事只负有善管义务。[3] 忠实义务是由善管义务衍生出来的,委任关系中的受托人既然受人之托自然忠人之事,处理委任事项时应追求委任人利益最大化。[4] 日本从委任理论推导出董事对公司的善管义务,其后再引入忠实义务作为善管义务的附属。此外,德国法上的诚实义务与英美法上的忠实义务内涵相当,最初源于民法诚实信用原则,后发展出独立的诚实义务作为组织法的一般原则,而避免从诚实信用原则角度论述。[5] 《德国股份法》在规定董事信义义务时,首先要求董事对公司负有正常、有良知的经理那样的义务,然后才是对公司和股东承担

---

[1] 参见[美]弗兰克·伊斯特布鲁克、[美]丹尼尔·费希尔:《公司法的经济结构》,罗培新、张建伟译,北京大学出版社2014年版,第103~104页。
[2] 参见汪青松:《中国公司法董事信义义务制度评析——以英美公司法相关理论与实践为视角》,载《东北大学学报(社会科学版)》2008年第5期。
[3] 参见[日]神田秀树:《公司法的精神》,朱大明译,法律出版社2016年版,第78页。
[4] 参见[日]神田秀树,前揭书,第78页。
[5] 参见楼建波、姜雪莲:《信义义务的法理研究——建伦大陆法系国家信托法与其他法律中信义义务规则的互动》,载《社会科学》2017年第1期。

诚实义务。[1] 可见忠实义务并非大陆法系公司法上信义义务的核心规则。我国则先引入忠实义务，后引入勤勉义务，并将二者并列。可见，我国《公司法》上的信义义务应当与英美法系国家更加贴近，以委任理论进行解释反而是舍近求远。更重要的是，控股股东与公司、其他股东之间根本不存在委任关系，基于委任关系来解读信义义务容易回归到片面强调股东平等原则的老路。以事实上的信义关系来对控股股东与少数股东之间的关系进行解读，更加贴合现实情况。

2. 移植论的再思考

当前反对采用控股股东信义义务的重要观点之一是，控股股东信义义务根植于其特殊的本土实践，贸然移植会造成"水土不服"。在移植控制股东信义义务时也需要明确其特殊性，立足于本土，更好地发挥其作用。

第一，美国法上的控制股东信义义务由于各州商事实践与司法实践差异而各有出入，虽以马萨诸塞州规则与特拉华州规则为代表，但二者仍存在差异。首先，美国法上并没有一个被各州普遍接受的封闭公司的定义。特拉华州的成文公司法对封闭公司有着明确的规定[2]，马萨诸塞州并没有封闭公司的成文法规定，且两州都没有股东压制条款。[3] 马萨诸塞州法院在面对 Donahue 案时创设普通法上的封闭公司概念[4]，并基于该种公司类型在组织形式和内部治理上的特殊性，适用合伙规则对其股东科以特别的信义义务。特拉华州有着适用于所有类型公司的监督规则，可以通过该规则来判定股东是否违反信义义务，法院不会单独为封闭公司股东提供特殊的救济途径。其次，马萨诸塞州是任何股东对其他股东与公司负有信义义务，而特拉华州只有控制股东负有信义义务，其也只对公司而不对其他股东负有信义义务。特拉华州公司法采用董事会中心主义，并构建了董事的信义义务规则。当控制股东实际上是作为公司经营者而非所有者对公司事务进行决策或控制，控股股东承担董事所承担的信义义务，在某种程度上可以看作该州董事信义义务的延伸。[5] 立足于本土对裁判供给的需求，应

---

[1] 参见郭富青，前揭文。

[2] DE ST TI 8 § 342 West's Delaware Code Annotated Title 8. Corporations.

[3] See Mary Siegel, *Fiduciary Duty Myths in Close Corporate Law*, 29 Del. J. Corp. L. 377, p.18.

[4] 在 Donahue 案中，法院创设了该州普通法上的封闭公司定义：(1)股东规模小；(2)没有公司股份交易的市场；(3)多数股东实质参与公司的管理、指导与运营。See Donahue v. Rodd, 328 N.E.2d 505, 511 (Mass. 1975).

[5] 参见朱大明，前揭文。

当借鉴马萨诸塞州的路径让股东对公司及其他股东负担信义义务。

第二,信义义务体系对于大陆法系国家而言存在过于灵活和不确定的问题。因事而设的信义义务体系虽然可以更好应对商业的高速发展,但其构建依赖于衡平法传统,在可被依据的一般性原则很少的情况下,司法从业者需要从庞杂的体系中寻找合适的先例。美国各州具备相应的司法条件,但我国作为成文法国家,判例不具有法律效力,需要的是具有高度确定性和操作层面一致性的制度。[1] 因此,如果认为《公司法》第 20 条第 1 款确立了控股股东对其他股东及公司的信义义务,则需要考虑如何立足于本土的公司治理实践来设置信义义务规则,以更好地发挥规制控股股东滥权行为的作用。

3. 功能主义的借鉴价值

若仅从形式上来看,我国现行法律规范已经构建起"原则—规则"双层架构对控股股东进行法律约束。其一是通过股东平等原则与禁止权利滥用原则,对控股股东滥权行为进行制约;其二是通过《公司法》第 20 条与第 21 条分别规制控股股东的一般侵权行为与不公平关联交易行为。在救济方式上,实体法与程序法提供了损害赔偿、行为保全与禁令等多种救济方式,但从实际运行效果来看却不尽如人意。

控制股东信义义务规则所应当提供的不仅是具体的裁判标准,还有其程序性规则对交易场景的还原功能。商业决策本身的复杂性对司法裁判提出了较高要求。如对控股股东关联交易公平性的认定;对公司或其他股东利益造成损害的认定;交易的不公平性与决策者本身的关联性认定等,这些都是法官在进行判断时需要考量的因素。但我国《公司法》在决策程序上向来以决议为认知中心,而对商事交易中的决策过程重视不足。[2] 并且,传统的民法理论对决议中意思的形成过程与机理缺少进一步的追问[3],法官在进行审查时自然也不会深究整个商业决策形成的过程,而往往聚焦于交易价格是否符合市价,甚至将其作为唯一判断标准。[4] 这在某种程度上使得控股股东只要保证交易的价

---

[1] 参见翁小川:《受压迫股东的救济路径研究:股东受信义务与法定压迫救济制度》,载《比较法研究》2021 年第 4 期。

[2] 参见潘林:《优先股与普通股的利益分配——基于信义义务的制度方法》,载《法学研究》2019 年第 3 期。

[3] 参见汪青松:《信任机制演进下的金融交易异变与法律调整进路——基于信息哲学发展和信息技术进步的视角》,载《法学评论》2019 年第 5 期。

[4] 参见靳羽,前揭文。

格,即可让法官忽略交易背后其他可能的不公平,难以实现规则本应对交易的还原功能。

为解决该问题可借鉴特拉华州规则体系所确立的一系列审查规则。在对交易价格进行审查的同时,对交易决策本身的公平性进行审查,包括交易的时机、交易的发起、交易的架构等各项因素。这种程序性规则的设置也通过将举证责任分配给控股股东,从而减轻公司或者少数股东的诉讼负担。实际上,我国《公司法》第16条第3款有关利害关系股东回避的规定具有类似的功能,《全国法院民商事审判工作会议纪要》(以下简称《九民纪要》)进一步明确该程序在关联担保效力认定中的重要性。但是最高人民法院《关于适用〈中华人民共和国公司法〉若干问题的规定(五)》第1条又规定,即使被告以关联交易已经经过信息披露、股东会或股东大会同意等法律、行政法规或公司章程规定的程序为由进行抗辩,法院依然可以进行实质审查。这无疑使得交易决策的程序在商事决策与司法审查中的重要性大打折扣。片面强调实质公平而否认程序正义的同时,又无法提供相应的审查方式,最终不利于实现交易审查的实质公平。尊重程序性规则背后的程序正义理念,秉持司法谦抑精神,才能更加清晰地为司法介入与商业决策划定界限。

综上,控股股东与公司、其他股东之间由于事实上的信义关系而使得前者对后者负有信义义务,但对其理解不应当仅聚焦于具体的裁判标准,具体行为规则的体系构建需要结合本土的司法实践与公司治理现状,还需关注如何通过程序性规则的设置与审查规则的完善,确保交易的公平性与举证责任的合理分配。

五、《公司法》第20条第1款适用规则的完善

将《公司法》第20条第1款定位于封闭公司控股股东信义义务规则,根据实证研究结果与理论梳理,明确控股股东信义义务的具体行为规则、审查规则,并完善相应的诉讼救济制度。

(一)控股股东信义义务规则的体系化

1. 忠实义务之类型化

在样本案例中,控制股东违背信义义务的情形可以类型化为(见图1-5):

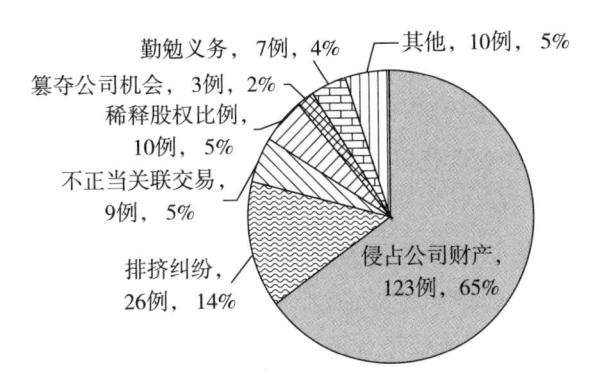

图1-5 构成滥用股东权利法行为分析

（1）侵占公司财产。样本显示，控股股东侵占公司资产的判决占比将近一半，就行为表现而言，侵占公司资产包括占用公司大额资金拒不返还、以公司财产清偿股东个人债务、以公司资金为股东个人债务提供担保、未经正当程序以分红为名分配公司资产、出租或转让公司主要资产等。抽逃出资也可归入其中，因为股东抽逃出资的行为实质上是侵占属于公司所有的财产。[1]

（2）排斥少数股东参与公司管理。在有限公司等封闭公司中，股东之间分取股利的形式并不体现为分红，多数股东与少数股东往往都在公司任职，以任职薪酬、劳务薪水等变相形式分配。对于少数股东而言，参加公司经营管理并获得高管薪酬或薪水收入，就是其投资公司的主要预期。一旦股东之间陷入矛盾与争执，控股股东就可能启动排挤策略，通过不选举少数股东为董事、高管来达到排除少数股东参与分红的机会，降低后者的监督能力。

（3）不正当关联交易。从表现形式看，不正当关联交易包括购销商品或者其他资产、公司重大项目或资产的转移等。根据《公司法》第21条，控制股东、实际控制人等实施关联交易并不必然违法，只有利用关联关系损害公司利益时才为法律禁止。同时，控股股东拥有着公司重大事项的最终决定权，其实施不正当的关联交易对公司的不利影响更大，司法审查标准也应当更加严格。

（4）稀释少数股东的股权比例。如果控股股东拥有资金上的优势且少数股东处于劣势，控股股东可以采用多种方式通过增资扩股来稀释后者的股权比例。经典形式表现为，控股股东为公司融资提供贷款后，又促使公司向所有

---

[1] 参见樊云慧：《从"抽逃出资"到"侵占公司财产"：一个概念的厘清——以公司注册资本登记制度改革为切入点》，载《法商研究》2014年第1期。

股东以特定价格出售公司股权的要约,迫使少数股东被动参加增资扩股,否则其股权比例将被稀释。另一种策略为,控股股东利用少数股东知情权不足(如不了解公司真实财务状况与公司发展前景)、不能参加股东会、陷入资金短缺的窘境等机会,使少数股东在限定的期限内丧失参与增资扩股保持原有持股比例的机会。

(5)篡夺公司机会。禁止篡夺公司机会作为一项忠实义务,原本适用于董事、高管,但在股权集中型公司中,控股股东往往直接操纵公司事务,或者通过董事、高管将自己的控制权延伸到公司具体事务的决策上,从而完成公司机会的篡夺。

除此之外,还有其他诸多无视或者损害公司、其他股东利益的行为。比如长期不向少数股东分配股利、剥夺少数股东知情权等。这些行为或者策略可能是单独发生的,但并非常态。

2. 勤勉义务之类型化

控股股东勤勉义务之违反:一是在行使表决权的场合;二是在控制权转让场合。在实证样本中,股东违反了勤勉义务的有7例,其中5例均属股东同时具有董事身份,法院在判决时将董事的勤勉义务不加区别地适用在股东身上,其余2例属于真正意义上的股东勤勉义务纠纷案。这2例均与股东会决议有关,其中1例是股东滥用表决权,股东随意否定自己同意通过的股东会决议,导致公司因为经营策略改变而遭受损失,且该股东执意将自己持有的部分股权转让给与公司其他股东存在重大矛盾的第三人;[1]另1例是股东无正当理由拒不出席股东会,因为参加股东所持表决权比例不能满足章程要求,导致股东会无法形成决议。[2]

勤勉义务要求受信人不仅需要具备处理好受托事务的能力,并且需要其积极行使该项能力完成受托事务,因而属于积极义务。当受信人的行为可能给受益人造成损害时,受信人的行为应当符合一个理性的谨慎人在同等情况下的行为以避免损害的发生。[3]但是,勤勉义务的具体内涵却很模糊,评价受信人在处理事务中的表现合格与否是非常困难的,且过于明确、严格的勤勉义务与受信

---

[1] 参见广西壮族自治区玉林市容县人民法院民事判决书,(2013)容民初字第14号。
[2] 参见浙江省杭州市淳安县人民法院民事判决书,(2008)淳民二初字第829号。
[3] 参见陈鸣:《董事信义义务转化的法律构造——以美国判例法为研究中心》,载《比较法研究》2017年第5期。

人在受托事务上的自由裁量权内涵甚至是相冲突的。在此意义上,勤勉义务的立法规范只能就受信人的履行义务的行为提出原则性要求,受信人是否履行了勤勉义务,需要法院在个案中结合具体情况判断。对于控股股东勤勉义务的认定,法院区分不同情况:(1)在封闭公司中,通过股东会决议对公司事务进行控制的控股股东实际上已经具有与公司的董事、高管等相似的管理者地位,要求其承担与董事、高管相同的勤勉义务无可厚非。(2)控股股东通过任免公司董事、高管来间接控制公司事务的,由于被选任的董事、高管很大程度上受到控股股东的支配,在选任时控股股东也应当承担与公司董事、高管相似的勤勉义务。(3)在控制权转让时,控股股东应当对控制权转让是否会损害公司与其他股东利益、受让人是否是敌意收购等情况慎重对待,此情形下勤勉义务标准应当低于董事、高管所负的勤勉义务,只需要其表现出通常的谨慎即可,毕竟控股股东并非专业经营人士,董事所负的勤勉义务因其专业性而更高。

(二)实际控制人信义义务的完善

通过明确控股股东信义义务的行为规则,可以对控股股东直接控制公司损害公司或其他股东利益的行为进行规制。然而仍有遗漏需要填补,即实际控制人直接操纵公司经营或通过手中的控制权影响甚至指使董事作出商业决策,损害公司、股东及债权人利益。

实际控制人虽与控股股东属于两类完全不同的主体,但实际控制人对公司事务的最终决策权丝毫不弱于控股股东。封闭公司的实际控制人可谓"非股东的控股股东",实际控制人虽在形式上不直接持有公司股份、不具备股东身份,但实际行使着控股股东、董事才能行使的权利,故而有人提出控制股东的概念应当延伸到通过间接持股、基于控制协议、拥有投票权等能够在事实上行使股东权利的主体。[1]

实际控制人主要以两种方式支配公司:第一,通过投资关系、协议关系等安排直接参与公司经营,在事实上执行公司董事职务;第二,通过控制公司的财务、人事、业务等,对公司董事、高管施加影响,支配其行为。就前一种情况而言,实际控制人只对协议相对方负有合同法上的义务,协议相对方尚可以追究其违约责任,但受损的其他主体则无从提起针对实际控制人的诉讼。就后一种情况而

---

[1] 参见袁梓旋:《论"诚信"路径下公司控制股东信义义务的扩张》,载《内蒙古社会科学》2020年第1期。

言,《公司法》目前缺乏对控股股东、实际控制人滥用影响力的行为的相关规制。使用《公司法》第21条将其纳入为关联交易也需要满足公司利益受损的条件,否则当股东利益受到控股股东、实际控制人滥用影响力行为的直接损害时,受损股东无法依据第21条提起股东直接诉讼。虽然理论上,当实际控制人损害公司、股东、债权人利益的时候,受害者可以提起侵权之诉,但是其面临四重障碍:一是侵权人难以确定;二是公司受实际控制人控制缺少起诉的动力;三是举证责任分配不利于受害者;四是一般侵权规则不足以遏制实际控制人实施滥用权利行为的冲动。[1] 所以现有救济路径不能完整保护受害者的利益。实际控制人虽无董事之名而有董事之实,已然与董事、高管无异,为了给股东与公司提供更为完善的救济,实际控制人应基于其控制地位承担信义义务。

实证样本发现,股东完全可以通过其对董事的影响来实现对公司重大决策的影响,但法院对决议作出主体进行明确区分,不愿将公司董事的行为归责于其背后的实控人。《刑法》规定上市公司的控股股东、实际控制人指使直接负责的主管人员或者其他直接责任人员即公司董事、监事或者高管实施欺诈发行证券、违规披露或不披露罪的,都负有与被指使者同等的刑事责任,这显示出控股股东、实际控制人与管理层的行为的同质性。[2] 对于受控股股东、实际控制人影响而作出损害公司利益行为的董事,事后自然可以追究其违信责任,但其背后的控股股东、实际控制人才是最终获益者,如不能穿透到其身将使真正的责任人逃避法律规制。因此,当公司的控股股东、实际控制人滥用其影响力,指示董事、高管从事损害公司、股东、债权人利益的行为,给后者造成损失的,应当与该董事、高管承担连带责任。

(三)举证责任的重新分配

信义义务是高度灵活的体系,即使对典型的违反忠实义务行为进行类型化,并设置原则性的勤勉义务标准,仍需要辅之以一定的审查规则为法院在认定违信责任的过程中提供可操作性较强的路径,并平衡原、被告之间的举证负担。

1.具体审查规则的引入

在违信责任的认定上,英美法系发展出了两条审查规则:一为商业判断规则;二为完全公平规则。

---

[1] 参见叶敏,前揭书,第187页。
[2] 参见刘斌,前揭文。

美国法上的商业判断规则要求董事：（1）善意决策，与决定事项无利益冲突；（2）决策前收集合理的信息，充分了解与决策相关事实，表现出普通的谨慎之人在类似的地位与相同的环境之下所具有的注意程度；（3）合理相信其行为方式符合公司最大利益。[1] 这一标准具有双重性质：在诉讼程序上，它重新分配了原被告之间的举证责任，原则上推定董事尽到了勤勉义务，需要由原告举证证明董事实施了重大过失行为，或者不是为了公司利益最大化而实施的善意行为。在实体上，如董事满足上述要求，根据合理信息以及自己的理性判断作出的决策即使导致公司利益受损，董事也无须对此承担责任。我国公司法没有引入商业判断规则，导致了司法审查的进退失据。[2] 一方面，对勤勉义务人施加过高的信义义务或严苛的事后追责标准，可能损害勤勉义务人的履职积极性与创造性；另一方面，若标准过于宽松，容易导致勤勉义务人在履职过程中滥用权利。通过商业判断规则将较重的举证责任分配给原告，可以降低勤勉义务人因正常商业风险而被认定为违信的概率，也意味着勤勉义务人在履职的过程中必须尽可能收集各方关于交易的资料，并基于真实完整的资料理性地作出商业决策。

完全公平规则是基于对商业决策过程的整体还原，使得法院能够以更加贴近决策当时情境的方式去分析控股股东的自我交易行为本身，而不是仅仅关注交易的价格以及最终的结果，通过对程序正义的尊崇保障交易的实质公平。《〈民法典〉总则编司法解释》第3条提出，法院可以根据权利行使的时间、目的、对象、方式、利益失衡程度等多重因素对滥用民事权利进行认定。因此，对控股股东在利益冲突场景中所实施的行为进行审查，应当尽可能还原控股股东在该场景中作决策的整个流程，而非仅仅着眼于结果。当原告证明了控股股东的行为可能损害公司利益后，控股股东需要就其行为作出的动因、时间、场合、方式、披露及批准等审批程序、行为结果等各方面内容作出综合性的说明。

2. 程序性规则的设置

程序性规则的作用在于确定法院究竟应该采取商业判断规则还是完全公平

---

[1]《美国示范商业公司法》（1984年）第8.30条规定，作为一个董事，包括其作为一个委员会的成员应当如此履行其义务：（1）以善意的方式；（2）应当以普通谨慎之人，处于类似的职位、在相似的环境中，能够做到的那种注意处理事务；（3）按照一种他合理地相信符合公司最佳利益的方式。

[2] 参见徐晓松、徐东：《我国〈公司法〉中信义义务的制度缺陷》，载《天津师范大学学报（社会科学版）》2015年第1期。

规则来审查控股股东的行为。由于两项审查规则下原告的举证责任不尽相同,程序性规则的设置将对诉讼的举证责任分配产生巨大影响。特拉华州法院通过门槛规则、双重程序规则对不同类型的案件进行分流并适用不同的审查规则。对封闭公司而言,适用于日常经营性交易的门槛规则显然在适用上更加广泛,双重程序规则所要求的特殊委员会对于一般的封闭公司而言成本过高,但双重程序规则实质上构成了对涉诉行为的决策环节的还原,这种对交易过程本身的程序正义的尊重值得借鉴。因此在诉讼中,法院应当先行审查控股股东行为是否涉及利益冲突,若不涉及,则适用商业判断规则;若涉及,可要求控股股东先证明涉诉行为是否经过信息披露、股东会批准等法定或章程规定的程序。如果股东证明已获批准,则法院应当对该涉诉行为进行形式审查,除非原告能够证明所经过的程序存在瑕疵或者另有证据证明被告实施了滥用权利行为造成了损害。如果不能证明,则法院进行实质性审查,要求被告举证证明交易价格与交易本身的公平性,后者需要涉及交易的发起、架构、谈判过程、决策结果等内容,从而对交易的具体场景进行尽可能真实的还原,尽可能真实地回到交易当时的环境中。

(四)救济渠道的扩展

《公司法》为受害股东提供的其他众多救济手段如异议股东股份回购请求权、司法解散公司等,在司法实践中甚为罕见。这可能导致受压制股东无法通过诉讼获得最终救济。借鉴英美法系为受害股东提供买出(buy-out)、司法解散等救济方式,我国《公司法》至少有以下三类诉讼可与第20条第1款联动:

一是强制分红之诉。《公司法》第37条规定,股东会的职权包括审议批准公司的利润分配方案,控股股东操纵股东会通过不分配或不公平分配利润的股东会决议,可以归属于股东压制行为。当公司自治因为股东的滥权行为遭到破坏,股东会机制失灵时,适时的司法介入可以为受损害股东提供救济。最高人民法院《关于适用〈中华人民共和国公司法〉若干问题的规定(四)》(以下简称《公司法解释四》)第15条规定,若股东"滥用股东权利导致公司不分配利润,给其他股东造成损失",其他股东可向法院提起强制分红之诉。在此种情形下,受损害股东无须先提起决议无效或撤销之诉,而是可直接依据该条提起抽象利润分配请求权。[1] 这一规定在司法实践中的核心在于"股东滥用股东权利"的认定,

---

[1] 参见杜万华主编,最高人民法院民事审判第二庭编著:《最高人民法院公司法司法解释(四)理解与适用》,人民法院出版社2017年版,第331页。

从而指向了《公司法》第 20 条第 1 款,为违反第 20 条第 1 款提供了新的救济机制。

二是异议股东股权回购之诉。《公司法》第 74 条为有限公司的异议股东提供了退出公司的救济渠道。股东之间出现重大矛盾时双方依然捆绑在一起,容易激化矛盾[1],这便彰显了异议股东回购之诉的价值,但在司法实践中极少有股东援用。究其原因是该规定的适用情形过于狭窄,适用条件过于苛严,是否可以考虑扩大该规定的适用事由,降低适用条件(如第 74 条第 1 款第 1 项的"五年"期间要求降低为三年等),值得进一步研究。

三是司法解散之诉。当公司内部出现严重股东压制,导致公司无法正常运营,出现重大经营困难时,对于没有存续价值的公司,法院即使不判决其解散,其也会在之后的商业竞争中被淘汰。司法解散的存在会影响控股股东与其他股东之间的博弈态度,使控股股东心存忌惮,确保其他股东有讨价还价的余地。[2] 将控股股东滥用权利实施股东压制的行为列入司法解散的事由,可以发挥司法解散的威吓功能。[3]

综上,以第 20 条第 1 款的实质内涵为控股股东信义义务的出发点,可以通过建构忠实义务与勤勉义务并列的信义义务体系对控股股东滥用股东权利的行为进行全面规制,并在此基础上规制实际控制人滥用影响力行为。同时借鉴商业判断规则和完全公平规则、门槛规则,为司法审查提供可操作性的路径,以此在程序上合理分配原被告举证责任。在救济路径的选择上,可将强制分红之诉、异议股东股份回购之诉、司法解散之诉与第 20 条第 1 款连接,完善受害股东的救济体系。

六、结论

封闭公司的控股股东利用其控制地位并滥用权利压制其他股东时,受压制股东往往因为公司的封闭性难以脱身而长期遭受压制。从文义上看,《公司法》第 20 条第 1 款确立《公司法》上的禁止权利滥用规则,在司法实践中此规范发挥着调整控股股东行为的一般性条款作用。为更有效地给封闭公司中被压制的股东提供司法救济,第 20 条第 1 款可以被进一步解释为确立了控股股东的信义义

---

[1] 参见杨靖、张敏:《股东之间利益冲突与退出公司机制的反思》,载《法律适用》2012 年第 2 期。
[2] 参见李建伟,前揭文,2019。
[3] 参见张学文:《有限责任公司股东压制问题研究》,法律出版社 2011 年版,第 161 页。

务。这种信义义务来源于控股股东与公司、其他股东之间形成的事实上的信义关系。在信义义务的体系构建上,信义义务在公司治理中更强调商业效率导向而非道德荣誉,忠实义务的标准被大大降低,并需要根据公司治理实践对一些典型行为进行类型化规制,勤勉义务则视控股股东所处的实际地位而设置不同的测试标准。同时,对控股股东的信义义务的要求也适用于实际控制人,而且对控股股东、实际控制人滥用影响力操纵公司管理层的行为施加连带责任,相当于在其与管理层之间插入一把"无影之剑",可以有效地抑制二者沆瀣一气。在司法审查规则上,商业判断规则与完全公平规则的引入为法院提供了可供遵循的操作路径,平衡原、被告之间的举证责任分配。最后,通过扩展与第 20 条第 1 款相联系的其他司法救济手段,可以为受压制股东编织起一张更具有张力的严密的救济网络。

附录:构成股东滥用权利案件实证样本

序号	案号	案由
1	江苏省高级人民法院民事判决书,(2007)苏民三终字第 0146 号	确认董事会决议、出资协议无效纠纷
2	浙江省杭州市淳安县人民法院民事判决书,(2008)淳民二初字第 829 号	公司决议撤销纠纷
3	北京市海淀区人民法院民事判决书,(2008)海民初字第 10313 号	股东会决议撤销纠纷
4	上海市第二中级人民法院民事判决书,(2008)沪二中民五(商)初字第 23 号	股东滥用股东权益赔偿纠纷
5	浙江省缙云县人民法院民事判决书,(2009)丽缙商初字第 987 号	公司增资纠纷
6	浙江省嘉兴市中级人民法院民事判决书,(2009)浙嘉商外初字第 1 号	公司利益赔偿纠纷
7	湖南省娄底市娄星区人民法院民事判决书,(2011)娄星民二初字第 626 号	股东资格确认纠纷

续表

序号	案号	案由
8	浙江省嘉兴市中级人民法院民事判决书,(2011)浙嘉商终字第185号	公司决议效力纠纷
9	山东省烟台市福山区人民法院民事判决书,(2012)福商初字第73号	企业借贷纠纷
10	上海市虹口区人民法院民事判决书,(2012)虹民二(商)初字第823号	公司利益责任纠纷
11	安徽省霍邱县人民法院民事判决书,(2012)霍民二初字第00306号	损害股东利益责任纠纷
12	北京市平谷区人民法院民事判决书,(2012)平民初字第5070号	公司决议效力确认纠纷
13	浙江省舟山市中级人民法院民事判决书,(2012)浙舟民终字第87号	损害公司利益责任纠纷
14	湖南省郴州市中级人民法院民事判决书,(2013)郴民二终字第32号	与公司有关的纠纷
15	湖北省孝感市孝南区人民法院民事判决书,(2013)鄂孝南民初字第02248号	公司利益责任纠纷
16	广西壮族自治区玉林市容县人民法院民事判决书,(2013)容民初字第14号	股东决议效力纠纷
17	广东省广州市天河区人民法院民事判决书,(2013)穗天法民二初字第3864号	损害公司利益责任纠纷
18	广东省广州市越秀区人民法院民事判决书,(2013)穗越法民二初字第884号	损害公司利益责任纠纷
19	上海市徐汇区人民法院民事判决书,(2013)徐民二(商)初字第1843号	公司利益责任纠纷
20	北京市朝阳区人民法院民事判决书,(2014)朝民(商)初字第42743号	公司利益责任纠纷
21	广东省东莞市第二人民法院民事判决书,(2014)东二法民二初字第705号	损害公司利益责任纠纷

续表

序号	案号	案由
22	北京市第二中级人民法院民事判决书,(2014)二中民(商)终字第11391号	决议效力确认纠纷
23	广西壮族自治区融水苗族自治县人民法院民事判决书,(2014)融水民二初字第246号	公司利益责任纠纷
24	天津市武清区人民法院民事判决书,(2014)武民二初字第5485号	损害股东权益责任纠纷
25	广西壮族自治区来宾市兴宾区人民法院民事判决书,(2014)兴民初字第2228号	损害公司利益责任纠纷
26	上海市长宁区人民法院民事判决书,(2014)长民二(商)初字第1807号	公司利益责任纠纷
27	浙江省杭州市中级人民法院民事判决书,(2014)浙杭商终字第1404号	追偿权纠纷
28	新疆生产建设兵团第(农)八师中级人民法院民事判决书,(2015)兵八民二终字第190号	公司决议纠纷
29	新疆生产建设兵团第(农)八师中级人民法院民事判决书,(2015)兵八民二终字第87号	公司利益责任纠纷
30	北京市昌平区人民法院民事判决书,(2015)昌民(商)初字第14856号	损害公司利益责任纠纷
31	广东省佛山市顺德区人民法院民事判决书,(2015)佛顺法民二初字第200号	公司利益纠纷
32	广西壮族自治区高级人民法院民事判决书,(2015)桂民申字第774号	股权转让纠纷
33	上海市虹口区人民法院民事判决书,(2015)虹民二(商)初字第838号	公司利益责任纠纷
34	上海市第二中级人民法院民事判决书,(2015)沪二中民四(商)再终字第3号	股东会决议效力纠纷

续表

序号	案号	案由
35	河南省济源市中级人民法院民事判决书,(2015)济中民一终字第170号	股东资格确认纠纷
36	最高人民法院民事判决书,(2015)民提字第69号	股权转让纠纷
37	安徽省潜山县人民法院民事判决书,(2015)年潜民一初字第00719号	公司决议效力确认纠纷
38	广东省深圳市中级人民法院民事判决书,(2015)深中法商终字第600号	损害公司利益责任纠纷
39	湖南省湘潭市中级人民法院民事判决书,(2015)潭中民三终字第475号	公司决议纠纷
40	江苏省南通市中级人民法院民事判决书,(2015)通中商终字第00396号	损害股东利益责任纠纷
41	浙江省慈溪市人民法院民事判决书,(2015)甬慈商初字第2688号	公司决议撤销纠纷
42	湖北省巴东县人民法院民事判决书,(2016)鄂2823民初2140号	公司利益纠纷
43	北京市昌平区人民法院民事判决书,(2016)京0114民初15975号	公司利益责任纠纷
44	北京市第三中级人民法院民事判决书,(2016)京03民终1470号	损害公司利益责任纠纷
45	山东省济南市市中区人民法院民事判决书,(2016)鲁0103民初196号	股东资格确认纠纷
46	福建省莆田市涵江区人民法院民事判决书,(2016)闽0303民初3440号	公司决议效力确认纠纷
47	内蒙古自治区赤峰市红山区人民法院民事判决书,(2016)内0402民初5206号	公司利益责任纠纷
48	贵州省遵义市中级人民法院民事判决书,(2016)黔03民初105号	损害公司利益责任纠纷

续表

序号	案号	案由
49	江苏省南京市秦淮区人民法院民事判决书,(2016)苏0104民初8660号	公司证照返还纠纷
50	江苏省常州市中级人民法院民事判决书,(2016)苏04民初279号	损害公司利益责任纠纷、损害股东利益责任纠纷
51	湖南省永州市中级人民法院民事判决书,(2016)湘11民终2453号	损害股东利益纠纷
52	湖南省永顺县人民法院民事判决书,(2016)湘3127民初790号	损害股东利益责任纠纷
53	湖南省高级人民法院民事判决书,(2016)湘民终140号	损害公司利益责任纠纷
54	重庆市沙坪坝区人民法院民事判决书,(2016)渝0106民初7392号	公司决议效力确认纠纷
55	河南省南阳市中级人民法院民事判决书,(2016)豫13民终2330号	损害股东利益责任纠纷
56	广东省广州市荔湾区人民法院民事判决书,(2016)粤0103民初3128号	损害公司利益责任纠纷
57	广东省广州市中级人民法院民事判决书,(2016)粤01民终6787号	公司利益责任纠纷
58	云南省昆明市西山区人民法院民事判决书,(2016)云0112民初7633号	股权转让纠纷
59	四川省凉山彝族自治州中级人民法院民事判决书,(2017)川34民初4号	股权转让纠纷
60	甘肃省嘉峪关市中级人民法院民事判决书,(2017)甘02民终128号	损害股东利益责任纠纷
61	江西省上高县人民法院民事判决书,(2017)赣0923民初1863号	公司利益责任纠纷
62	广西壮族自治区柳州市柳北区人民法院民事判决书,(2017)桂0205民初2963号	公司决议纠纷

续表

序号	案号	案由
63	上海市长宁区人民法院民事判决书,(2017)沪0105民初23501号	损害公司利益责任纠纷
64	上海市闵行区人民法院民事判决书,(2017)沪0112民初18978号	公司利益责任纠纷
65	上海市浦东新区人民法院民事判决书,(2017)沪0115民初85541号	公司决议纠纷
66	上海市崇明区人民法院民事判决书,(2017)沪0151民初2721号	损害公司利益责任纠纷
67	吉林省吉林市中级人民法院民事判决书,(2017)吉02民初309号	损害公司利益责任纠纷
68	河北省邯郸市峰峰矿区人民法院民事判决书,(2017)冀0406民初1178号	公司利益责任纠纷
69	天津市宝坻区人民法院民事判决书,(2017)津0115民初1559号	公司决议撤销纠纷
70	天津市第一中级人民法院民事判决书,(2017)津01民终1043号	确认合同无效纠纷
71	北京市西城区人民法院民事判决书,(2017)京0102民初16307号	损害公司利益责任纠纷
72	北京市朝阳区人民法院民事判决书,(2017)京0105民初46439号	公司利益责任纠纷
73	北京市密云区人民法院民事判决书,(2017)京0118民初1328号	公司利益责任纠纷
74	山东省青州市人民法院民事判决书,(2017)鲁0781民初2167号	公司决议无效纠纷
75	福建省厦门市集美区人民法院民事判决书,(2017)闽0211民初1611号	损害公司利益责任纠纷
76	福建省高级人民法院民事裁定书,(2017)闽民申971号	损害公司利益责任纠纷

续表

序号	案号	案由
77	贵州省贵阳市观山湖区人民法院民事判决书，(2017)黔0115民初3953号	确认合同无效纠纷
78	青海省高级人民法院民事判决书，(2017)青民再44号	股权转让纠纷
79	江苏省南京市中级人民法院民事判决书，(2017)苏01民终1342号	公司决议纠纷
80	江苏省高级人民法院民事裁定书，(2015)苏审二民申字第00218号	损害股东利益责任纠纷
81	江苏省苏州市工业园区人民法院民事判决书，(2017)苏0591民初2002号	损害股东利益责任纠纷
82	重庆市江北区人民法院民事判决书，(2017)渝0105民初14454号	损害公司利益责任纠纷
83	广东省中山市第一人民法院民事判决书，(2017)粤2071民初18868号	损害股东利益责任纠纷
84	广东省中山市第一人民法院民事判决书，(2017)粤2071民初22140号	损害公司利益责任纠纷
85	广东省中山市第二人民法院民事判决书，(2017)粤2072民初8585号	损害公司利益责任纠纷
86	广东省高级人民法院民事判决书，(2017)粤民初22号	损害公司利益责任纠纷
87	云南省嵩明县人民法院民事判决书，(2017)云0127民初2361号	公司决议纠纷
88	四川省威远县人民法院民事判决书，(2018)川1024民初1051号	损害股东利益责任纠纷
89	四川省峨边彝族自治县人民法院民事判决书，(2018)川1132民初311号	公司决议效力确认纠纷
90	四川省乐山市中级人民法院民事判决书，(2018)川11民终906号	公司决议效力确认纠纷
91	四川省宜宾市中级人民法院民事判决书，(2018)川15民初9号	损害公司利益责任纠纷

续表

序号	案号	案由
92	湖北省高级人民法院民事判决书,(2018)鄂民再61号	关联交易损害责任纠纷
93	甘肃省天水市麦积区人民法院民事判决书,(2018)甘0503民初1808号	公司决议效力确认纠纷
94	广西壮族自治区桂林市灵川县人民法院民事判决书,(2018)桂0323民初1722号	股权转让纠纷
95	广西壮族自治区桂林市中级人民法院民事判决书,(2018)桂03民终212号	损害公司利益责任纠纷
96	上海市宝山区人民法院民事判决书,(2018)沪0113民初1993号	损害公司利益责任纠纷
97	上海市青浦区(县)人民法院民事判决书,(2018)沪0118民初17687号	损害公司利益责任纠纷
98	河北省唐山市丰南区人民法院民事判决书,(2018)冀0207民初3561号	损害公司利益责任纠纷
99	天津市南开区人民法院民事判决书,(2018)津0104民初11670号	盈余分配纠纷
100	天津市武清区人民法院民事判决书,(2018)津0114民初3558号	公司决议撤销纠纷
101	北京市西城区人民法院民事判决书,(2018)京0102民初36202号	损害股东利益责任纠纷
102	北京市大兴区人民法院民事判决书,(2018)京0115民初20083号	损害公司利益责任纠纷
103	福建省长汀县人民法院民事判决书,(2018)闽0821民初622号	公司证照返还纠纷
104	贵州省赫章县人民法院民事判决书,(2018)黔0527民初3251号	公司决议效力确认纠纷
105	陕西省西安市中级人民法院民事判决书,(2018)陕01民初1382号	损害公司利益责任纠纷

续表

序号	案号	案由
106	江苏省南京市雨花台区人民法院民事判决书,(2018)苏0114民初5980号	与公司有关的纠纷
107	江苏省张家港市人民法院民事判决书,(2018)苏0582民初188号	公司决议效力确认纠纷
108	安徽省安庆市宜秀区人民法院民事判决书,(2018)皖0811民初1005号	损害公司利益责任纠纷
109	安徽省泾县人民法院民事判决书,(2018)皖1823民初166号	公司决议纠纷
110	湖南省攸县人民法院民事判决书,(2018)湘0223民初19884号	与公司有关的纠纷
111	湖南省岳阳市中级人民法院民事判决书,(2018)湘06民初79号	损害股东利益责任纠纷
112	河南省郑州市高新技术产业开发区人民法院民事判决书,(2018)豫0191民初9175号	损害公司利益责任纠纷
113	广东省广州市越秀区人民法院民事判决书,(2018)粤0104民初380号	损害公司利益责任纠纷
114	广东省广州市天河区人民法院民事判决书,(2018)粤0106民初11840号	损害公司利益责任纠纷
115	广东省广州市天河区人民法院民事判决书,(2018)粤0106民初1874号	与公司有关的纠纷
116	广东省韶关市浈江区人民法院民事判决书,(2018)粤0204民初1843号	损害股东利益责任纠纷
117	广东省中山市第二人民法院民事判决书,(2018)粤2072民初15921号	损害公司利益责任纠纷
118	广东省中山市第二人民法院民事判决书,(2018)粤2072民初4257号	损害公司利益责任纠纷
119	浙江省金华市婺城区人民法院民事判决书,(2018)浙0702民初11209号	股东出资纠纷

续表

序号	案号	案由
120	四川省绵阳市涪城区人民法院民事判决书,(2019)川0703民初10171号	公司决议纠纷
121	四川省巴中市中级人民法院民事判决书,(2019)川19民终1198号	股权转让纠纷
122	湖北省黄石市中级人民法院民事判决书,(2019)鄂02民终989号	损害公司利益责任纠纷
123	湖北省宜昌市伍家岗区人民法院民事判决书,(2019)鄂0503民初43号	公司决议效力确认纠纷
124	湖北省黄梅县人民法院民事判决书,(2019)鄂1127民初689号	损害公司利益责任纠纷
125	江西省上高县人民法院民事判决书,(2019)赣0923民初96号	损害公司利益责任纠纷
126	广西壮族自治区玉林市中级人民法院民事判决书,(2019)桂09民终1948号	损害公司利益责任纠纷
127	上海市普陀区人民法院民事判决书,(2019)沪0107民初12434号	损害公司利益责任纠纷
128	上海市杨浦区人民法院民事判决书,(2019)沪0110民初12189号	损害公司利益责任纠纷
129	上海市杨浦区人民法院民事判决书,(2019)沪0110民初3098号	损害公司利益责任纠纷
130	上海市第一中级人民法院民事判决书,(2019)沪01民终6865号	公司决议效力确认纠纷
131	北京市第一中级人民法院民事判决书,(2019)京01民终3825号	公司决议效力确认纠纷
132	山东省青岛市城阳区人民法院民事判决书,(2019)鲁0214民初5677号	损害公司利益责任纠纷
133	福建省龙岩市中级人民法院民事判决书,(2019)闽08民终1320号	公司决议效力确认纠纷

续表

序号	案号	案由
134	内蒙古自治区包头市东河区人民法院民事判决书，（2019）内 0202 民初 1416 号	损害股东利益责任纠纷
135	内蒙古自治区鄂尔多斯市中级人民法院民事判决书，（2019）内 06 民终 2207 号	公司决议效力确认纠纷
136	江苏省苏州市相城区人民法院民事判决书，（2019）苏 0507 民初 2221 号	损害公司利益责任纠纷
137	江苏省苏州市相城区人民法院民事判决书，（2019）苏 0507 民初 3431 号	损害公司利益责任纠纷
138	江苏省镇江市经济开发区人民法院民事判决书，（2019）苏 1191 民初 3570 号	公司决议效力确认纠纷
139	安徽省芜湖县人民法院民事判决书，（2019）皖 0221 民初 1034 号	损害公司利益责任纠纷
140	安徽省蚌埠市中级人民法院民事判决书，（2019）皖 03 民终 1812 号	损害股东利益责任纠纷
141	安徽省安庆市宜秀区人民法院民事判决书，（2019）皖 0811 民初 1400 号	公司决议效力确认纠纷
142	安徽省霍邱县人民法院民事判决书，（2019）皖 1522 民初 1340 号	公司决议效力确认纠纷
143	湖南省保靖县人民法院民事判决书，（2019）湘 3125 民初 1368 号	损害公司利益责任纠纷
144	新疆维吾尔自治区克拉玛依市克拉玛依区人民法院民事判决书，（2019）新 0203 民初 1599 号	公司决议撤销纠纷
145	重庆市合川区人民法院民事判决书，（2019）渝 0117 民初 2399 号	损害股东利益责任纠纷
146	广东省广州市番禺区市人民法院民事判决书，（2019）粤 0113 民初 12107 号	损害公司利益责任纠纷
147	广东省广州市中级人民法院民事判决书，（2019）粤 01 民终 14801 号	损害公司利益责任纠纷

续表

序号	案号	案由
148	广东省仁化县人民法院民事判决书,(2019)粤0224民初1107号	公司决议撤销纠纷
149	浙江省宁波市鄞州区人民法院民事判决书,(2019)浙0212民初5856号	损害公司利益责任纠纷
150	最高人民法院民事裁定书,(2019)最高法民申6534号	损害公司利益责任纠纷
151	四川省成都市锦江区人民法院民事判决书,(2020)川0104民初7974号	公司决议纠纷
152	四川省峨边彝族自治县人民法院民事判决书,(2020)川1132民初701号	公司决议撤销纠纷
153	广西壮族自治区南宁市中级人民法院民事判决书,(2020)桂01民终4548号	公司决议纠纷
154	黑龙江省齐齐哈尔市龙沙区人民法院民事判决书,(2020)黑0202民初2842号	股东资格确认纠纷
155	上海市虹口区人民法院民事判决书,(2020)沪0109民初20103号	公司决议效力确认纠纷
156	上海市松江区人民法院民事判决书,(2020)沪0117民初4149号	损害公司利益责任纠纷
157	上海市青浦区(县)人民法院民事判决书,(2020)沪0118民初6255号	损害公司利益责任纠纷
158	上海市高级人民法院民事判决书,(2020)沪民再1号	损害公司利益责任纠纷
159	北京市第二中级人民法院民事判决书,(2020)京02民初123号	确认合同无效纠纷
160	山东省淄博市张店区人民法院民事判决书,(2020)鲁0303民初5441号	股权转让纠纷
161	内蒙古自治区镶黄旗人民法院民事判决书,(2020)内2528民初311号	损害公司利益责任纠纷

续表

序号	案号	案由
162	海南省第二中级人民法院民事判决书,(2020)琼97民终1119号	股权转让纠纷
163	陕西省西安市长安区人民法院民事判决书,(2020)陕0116民初10544号	公司决议效力确认纠纷
164	陕西省安康市白河县人民法院民事判决书,(2020)陕0929民初839号	损害公司利益责任纠纷
165	陕西省高级人民法院民事判决书,(2020)陕民终921号	损害公司利益责任纠纷
166	江苏省泰州市中级人民法院民事判决书,(2020)苏12民终1675号	公司决议纠纷
167	湖南省长沙市中级人民法院民事判决书,(2020)湘01民终6805号	股东资格确认纠纷
168	湖南省津市市人民法院民事判决书,(2020)湘0781民初1014号	与公司有关的纠纷
169	新疆维吾尔自治区克拉玛依市中级人民法院民事判决书,(2020)新02民终343号	股权转让纠纷
170	新疆维吾尔自治区高级人民法院民事裁定书,(2020)新民申1521号	公司决议效力确认纠纷
171	重庆市第二中级人民法院民事判决书,(2020)渝02民终2618号	损害公司利益责任纠纷
172	河南省驻马店市中级人民法院民事判决书,(2020)豫17民终2051号	损害公司利益责任纠纷
173	河南省高级人民法院民事裁定书,(2020)豫民申6700号	损害公司利益责任纠纷
174	广东省东莞市第二人民法院民事判决书,(2020)粤1972民初4146号	损害公司利益责任纠纷
175	广东省东莞市中级人民法院民事判决书,(2020)粤19民终7500号	损害公司利益责任纠纷

续表

序号	案号	案由
176	浙江省杭州市西湖区人民法院民事判决书,(2020)浙0106民初2935号	损害公司利益责任纠纷
177	四川省绵阳市中级人民法院民事判决书,(2021)川07民终1470号	公司解散纠纷
178	江西省新余市分宜县人民法院民事判决书,(2021)赣0521民初571号	损害公司利益责任纠纷
179	黑龙江省宁安市人民法院民事判决书,(2021)黑1084民初251号	损害公司利益纠纷
180	上海市嘉定区人民法院民事判决书,(2021)沪0114民初20314号	损害公司利益责任纠纷
181	上海市青浦区人民法院民事判决书,(2021)沪0118民初2892号	损害公司利益责任纠纷
182	上海市奉贤区人民法院民事判决书,(2021)沪0120民初9536号	公司决议纠纷
183	河北省鹿泉市人民法院民事判决书,(2021)冀0110民初264号	与公司有关的纠纷
184	辽宁省沈阳市中级人民法院民事判决书,(2021)辽01民终17854号	债权转让合同纠纷
185	湖南省益阳市中级人民法院民事判决书,(2021)湘09民再9号	损害股东利益责任纠纷
186	广东省信宜市人民法院民事判决书,(2021)粤0983民初1478号	公司决议纠纷
187	广东省中山市第一人民法院民事判决书,(2021)粤2071民初11751号	损害公司利益责任纠纷
188	云南省曲靖市麒麟区人民法院民事判决书,(2021)云0302民初2213号	公司决议效力确认纠纷

第二章

股东表决权拘束协议的违约救济*

【**本章导读**】 表决权拘束协议通过集合当事人的表决权,以达到扩大缔约方对公司控制力的效果,广泛适用于公司治理实践。当事人期待合同的可救济性,如对方当事人违约时守约方无法获得充分救济,则合同目的难以实现。因合同客体的特殊性,表决权拘束协议兼具组织法与契约法的双重属性,不得违反组织法与契约法的强制性规定,这是违约救济的前提条件。研究发现,既有的违约救济方案均有妥当性失衡的问题:损害赔偿的救济方式存在对守约方救济不充分与损失金额难以计算的难题,实际履行的救济方案任意适用也会产生不公,因为协议通常仅在当事人间有效,不能对之外的公司、其他非缔约股东产生拘束力。合理的救济方案是,基于表决权拘束协议的双重属性以及股东会召开与否、决议是否已经作出三重因素,对违约救济方案作三层次的类型化区分:协议不具有组织法效力的,只能适用损害赔偿,具有组织法效力的,得(同时)适用实际履行。具有组织法效力的协议适用实际履行的,根据阶段性进行情景化,股东未投票、决议未作出的,守约方可申请行为保全。股东已投票、尚在计票阶段的,得请求公司改票;股东已投票、决议已作出的,守约方得请求撤销在先决议,并诉请违约方在下一次股东会上依约投票以形成新决议。最后,建议新修订公司法对股东协议作出整体性规范,肯定表决权拘束协议的效力,规制其对公司治理的介入

---

* 本章的合作者是赵炳昊、廖婧文。同时感谢林树荣同学参与的后期讨论。赵炳昊,法学博士,中国政法大学民商经济法学院副教授;廖婧文,法学硕士,任职于北京金杜律师事务所。

路径。

【本章关键词】 表决权拘束协议　违约救济　组织法　损害赔偿　实际履行

一、引言

全部或者一部分股东之间达成的就一定事项以某种特定方式联合行使表决权的合同,就是表决权拘束协议[1](voting agreement, pooling agreement, voting pool agreement),它是股东协议项下的子概念。[2] 表决权拘束协议能够增加股东对公司决策的影响力,甚或取得控制权[3],故而也有助于破解公司僵局,被广泛应用于各国、地区的商事实践。从效力的场域看,表决权拘束协议不仅关涉缔约股东,也会直接影响公司决议,进而波及其他主体如公司、非缔约股东、公司债权人等,因此对其的法律评价横跨契约法与组织法两个场域。在英国,一个世纪之前就开展了对表决权拘束协议的研究[4],在美国也大抵如此,且至今颇受关注[5],我国台湾地区学者近年来颇多关注[6],我国的研究正方兴未艾。[7] 公

---

[1] See Thomas K. Reece, Ryan C. L., Baylis, David, *The Law and Practice of Shareholders' Agreements*, LexisNexis, p.23 (4th ed. 2014);[美]罗伯特·W.汉密尔顿:《美国公司法》(第5版),齐东祥组织翻译,法律出版社2008年版,第208页;施天涛:《公司法论》(第3版),法律出版社2014年版,第347页。

[2] 参见蒋学跃:《证券市场一致行动协议问题探讨》,载《证券市场导报》2019年第9期。

[3] See Ricks, Val, *Strategic Shareholder and Member Voting Agreements under Texas Business Entity Law*, Baylor Law Review, Vol. 68, No. 2, p.336 (2016).

[4] See Thomas K. Reece, Ryan C. L., Baylis, David, *The Law and Practice of Shareholders' Agreements*, LexisNexis, p.23 (4th ed. 2014).

[5] See Cassisa Paul V., *Enforcement of Shareholder Voting Pool Agreements: A Proposed Amendment to the Louisiana Business Corporation Law*, Loyola Law Review, Vol. 6, No. 1 (1951); Duggins, James Nathan, *Corporations-Specific Enforcement of Shareholder Agreements*, North Carolina Law Review, Vol. 45(1), p.228 (1966); Wang, William K. S., *Pooling agreements under the new California general corporation law*, Ucla Law Review, Vol. 23, No. 6, p. 1171 (1976); Kruger, Stephen, *Corporate Pooling Agreements and Restriction-of-Directors Agreements*, Anglo-American Law Review, Vol. 10, No. 2, p.73 (1981); Ricks, Val, *Strategic Shareholder and Member Voting Agreements under Texas Business Entity Law*, Baylor Law Review, Vol. 68, No. 2, p. 336 (2016), *etc.*

[6] 参见曾宛如主编:《股东协议——论表决权拘束契约及表决权信托》,台北,元照出版有限公司2021年版。

[7] 参见梁上上:《表决权拘束协议:在双重结构中生成与展开》,载《法商研究》2004年第6期。

司法对股东协议的介入存在阶段性特征,其中对表决权拘束协议是在救济阶段介入。[1] 表决权拘束协议的最终落脚点是违约救济,当事人期待合同有效以及可救济,唯此才能实现合同目的,否则违约无法被阻却[2],公司治理也会受到影响。但反思既有的规范与理论,在法律规范上,《民法典》合同编、《公司法》并无特设特别的规则;在理论上,表决权拘束协议违约救济层面的特殊面向也未获得应有学术关注,理论学说尚为单薄。

鉴于此,首先需要明确,表决权拘束协议的违约救济前提即协议效力获得肯定评价,这类合同的效力评价需要引入组织法与契约法的交叉逻辑,并从组织法、契约法的双重视角逐次分析诸种违约救济手段之于表决权拘束协议的合理性,核心是辨明实际履行适用的法理逻辑。本章的中心,是在解释论层面上,根据表决权拘束协议的属性与股东会召开、决议作出与否的时点,对其救济措施进行类型化构造,以使违约救济方案更具科学性,并与现行规范体系融贯。最后,在立法论层面提出了优化规范表决权拘束协议的立法方案。

二、违约救济的前提:表决权拘束协议有效

表决权拘束协议的本质是契约,因此首先受到契约法的规制。进言之,表决权拘束协议如遭背约,守约方获得违约救济的正当性前提是表决权拘束协议有效,能够拘束签约当事人。同时不容忽视的是,表决权拘束协议通过聚集表决权影响股东投票、作用于股东会决议,进而对公司治理产生深刻影响,因此也受到组织法的规制。因此,对表决权拘束协议的效力考察应当结合契约法与组织法规则展开。

(一)表决权拘束协议效力的第一考量:契约法规则

1. 表决权拘束协议的契约本质

美、英等国将股东表决权协议的性质归为债务合同。[3] 一般认为,合同的成立要件有三:有缔约人作为主体;意思表示一致;标的及数量确定。[4] 从契约

---

[1] 参见陈克:《对赌协议履行不能的定性与后续问题——股东协议视角的回应》,载《多层次资本市场研究》2022年第2期。

[2] 参见董新义:《有限责任公司股东表决权协议研究》,载赵万一主编:《合同法视野下公司法与金融法的适用》,法律出版社2017年版,第30页。

[3] 参见苗壮:《美国公司法:制度与判例》,法律出版社2007年版,第202页;林少伟:《英国现代公司法》,中国法制出版社2015年版,第126~127页。

[4] 参见崔建远:《合同法学》,法律出版社2015年版,第30页。

法的视角审视,表决权拘束协议的成立要件与一般的合同并无二致,一般情况下表决权拘束协议能够满足缔约主体、意思表示两要件,有学者从表决权的属性、产生及行使的角度证成其可以成为合同客体,并无争议。[1] 据此,表决权拘束协议可视为股东间关于投票权行使所达成的无名合同,适用《民法典》合同编"通则"分编的一般规定。

2. 合同效力规则的检验

《民法典》第143条规定了合同的生效要件。[2] 具体到表决权拘束协议的生效,其对于当事人缔约能力、意思表示真实的要求与一般合同无异,唯要重点关注的是其是否违反法律或社会公共利益。首先,不违反合同法上的强制性规定是此处不违反法律的应有之义;其次,不能违反公司法上的强制性规定,也是此处不违反法律的应有之义。由此,贯穿契约法与组织法的桥梁得以搭建,实现了契约法与组织法的联动。

(二) 表决权拘束协议效力的第二考量:组织法规则

表决权拘束协议不能仅仅立足于拘束股东之间的权利[3],它是契约法与组织法交叉的产物,因而也不能违反组织法层面的规定。

1. 关涉组织法规范

表决权连接公司所有权与经营权,表决权拘束协议当事人依约在股东会上表决影响决议结果,进而影响公司治理的运行,因而受到公司法规范。[4] 有学者认为,由于涉及公司治理,公司制度本旨应当贯穿表决权拘束协议的始终。[5] 也有学者认为,依据区分原则公司法不能介入合同效力的认定。但不可否认的是,股东间的合意效果一旦影响组织关系的稳定性,就进入公司组织法的射程。[6] 组织法因素对于表决权拘束协议效力的影响体现在两个方面:一方面,《民法典》第153条将组织法规则引入契约法,协议不能违反组织法的强制性规

---

[1] 参见陈洁:《股东表决协议的法律问题》,载《法学杂志》2008年第4期;王真真:《股东表决权拘束协议的效力及其救济》,载《商业研究》2021年第2期。

[2] 参见韩世远:《合同法学》,高等教育出版社2010年版,第83~85页。

[3] 参见吴高臣:《有限责任公司股东协议研究》,载《首都师范大学学报(社会科学版)》2015年第6期;楼秋然:《有限责任公司中的股东协议效力问题研究——基于合同法与组织法交叉视阈下的效力区隔与整合》,载《河南财经政法大学学报》2019年第2期。

[4] 参见张学文:《股东协议制度初论》,载《法商研究》2010年第6期;李潇洋:《组织框架下表决权拘束协议的体系规制》,载《法学论坛》2020年第3期;吴高臣,前揭文;楼秋然,前揭文。

[5] 参见陈克,前揭文。

[6] 参见陈克,前揭文。

定;另一方面,协议效力的认定可以借助组织法的深层逻辑辅助判断。

2. 不得违反组织法的强制性规定

在英国,表决权拘束协议不能与公司章程、普通法及公司成文法相违背,也不能对少数股东利益造成不公平的影响。[1] 在美国,表决权拘束协议的效力是个案判断的利益衡量结果。股东协议原则上是有效的,但不能对组织法的强制性规定造成侵害,未签约股东以及债权人等的利益也需要被保护。[2] 根据《民法典》第153条,违反法律强制性规定的合同无效,如前文所述,此处的"法律"包括契约法与组织法,公司法上的强制性规定包含在前述条款的射程,表决权拘束协议不能触碰组织法的红线。比如,《公司法》第20条第1款规定股东不能滥用股东权利损害其他股东或者公司的利益,又如,《〈民法典〉总则编司法解释》第3条第3款规定,权利滥用行为不产生相应的法律效力。综合来说,表决权拘束协议不得违反的组织法强制性规定可以划分为三类。

(1)不违反涉公司治理结构的强制规定。诸如公司机关的权限划分等涉公司治理的规定通常为公司法的强制性规定。[3] 以美国实践为例,股东表决权拘束协议如涉及对股东权限范围以外的议案表决事项则会受到效力上的质疑[4],因为协议的内容不能影响公司治理结构。例如,在1934年McQuade v. Stoneham案中,McQuade、Stoneham(公司大股东)及另外一个股东在表决权拘束协议中约定,只有各方一致同意,才能对公司董事、经理、员工报酬等进行调整,后公司将作为公司董事及财务经理的原告McQuade解雇。[5] 纽约州上诉法院(New York Court of Appeals)认为案涉协议无效,原因在于其对公司董事会的法定职权造成了侵犯,限制了董事会对公司的经营权。[6] 在后续的裁判中,法院通常会考量表决权拘束协议对董事会职权、公司治理结构侵犯的程度,避免裁判的机械、僵化。在1936年Clark v. Dodge案中,Clark(持股25%)与Dodge

---

[1] See Thomas K. Reece, Ryan C. L., Baylis, David, *The Law and Practice of Shareholders' Agreements*, LexisNexis, p.23 (4th ed. 2014).

[2] See George D. H., *Stockholders' Agreements in the Closely Held Corporation*, The Yale Law Journal, Vol. 5, p.1045 (1950).

[3] 参见吴高臣,前揭文。

[4] 参见梁上上:《论股东表决权——以公司控制权争夺为中心展开》,法律出版社2005年版,第291页。

[5] 263 N.Y. p.323, 189 N.E. 234 (1934).

[6] 263 N.Y. p.326-27, 189 N.E. 234 (1934).

为公司的全部股东,二人约定公司总经理由 Clark 担任,并约定了在董事会职权范围内的利润分配等事项。纽约州法院认为协议仅轻微地侵犯了董事会的职权范围,更核心的考量应该是表决权拘束协议是否会对少数股东或债权人等造成侵害,若否,则即使协议轻微违反董事会执行公司业务的要求,也不足以否定协议的效力。[1] 总之,美国的经验表明在判断效力时,需要将组织法规则纳入考量范围,但若协议对于组织法仅构成轻微违反,则不能仅因此而否定表决权拘束协议的效力。

(2)不违反涉董事信义义务的规定。一般认为,董事信义义务的规则为强制性规范。[2] 例如,即便部分股东同时是董事,表决权拘束协议的内容也不能约定董事会的表决,[3] 这是因为董事对全体股东承担信义义务而不是仅为特定股东谋求利益。[4] 根据我国《公司法》第 147 条,董事对公司负有忠实义务、勤勉义务,若股东事先约定了董事会上表决权的一致行使,则有悖于董事的信义义务。董事在董事会表决时应贯彻公司利益,而不应事先受到拘束。

(3)不违反涉排除表决权的规定。例如,公司为其股东、实际控制人提供担保时,根据我国《公司法》第 16 条,该股东、受实际控制人支配的股东没有表决权,因而若针对上述事项与决议存在利害关系的股东与其他股东订立了表决权拘束协议,约定以存在利害关系的股东的意见为准,则协议无效。

此外,还需要结合公司类型及违反程度综合判断表决权拘束协议的效力。一方面,公司类型是股东协议具有组织法效力的重要考量因素。比如,不同于公众公司股东众多、股权分散,存在集体行动困境,故而需要赋予公司治理结构以强制性,封闭公司的治理结构中股东需要更多自由的空间,[5] 故而封闭公司的股东协议的权限范围可能更为宽泛,甚至可以构成对强制性规范的适当替代。另一方面,前述美国经验也表明,若协议对于组织法仅构成轻微违反,不应仅因此等违反而否定表决权拘束协议的效力。可见,公司类型以及表决权拘束协议

---

[1] 269 N.Y. 410 (1936).
[2] 参见罗培新:《公司法强制性与任意性边界之厘定:一个法理分析框架》,载《中国法学》2007 年第 4 期。
[3] 参见何昕:《表决权拘束协议的初步研究——兼评"华电公司公司决议撤销纠纷案"》,载《金融法苑》2018 年第 3 期。
[4] See Cassisa Paul V., *Enforcement of Shareholder Voting Pool Agreements: A Proposed Amendment to the Louisiana Business Corporation Law*, Loyola Law Review, Vol. 6, No. 1, p.60 (1951).
[5] 参见楼秋然,前揭文。

的具体事项内容对组织法上强制性规定的违反程度也会不同程度上影响协议的效力,需要法院在审判中根据个案情况作出认定。

3.组织法逻辑的深层考量

表决权拘束协议尽管只是股东间就如何行使所持表决权的约定,但其不仅涉及签约股东,还将直接影响股东会决议的通过。由于组织性契约的牵连性、团体性本质,其外部性更强,任何局部的契约行为,均可能影响某一团体圈内、外的相关主体。[1] 但是无论如何,股东不能通过缔结表决权拘束协议的方式逾越公司治理的边界。[2] 公司组织法领域内允许契约的存在,但是该契约在传统合同概念中的"意思自治""自己决定"等要素将受到更多拘束。甚至有学者谓为"公司法上契约行为的本质是不自由"。[3] 总之,表决权拘束协议的效力认定需要充分认识到其受到组织法深层逻辑的影响,缔约人的契约自由受到一定限制。

(三)司法裁判对于契约法过度倚重的现象分析

表决权拘束协议的本质是合同,司法审判实践倚重契约法无可厚非,但问题在于,法院完全忽视组织法规则而进行裁判,与表决权拘束协议效力的双重法律属性不合。从我们收集的案例来看,法院审查并认定表决权拘束协议效力时,都是从契约法立场判断表决权拘束协议的效力,说理部分涉及当事人意思表示真实、内容不违反合同法等,但都未提及组织法的因素。[4] 在一则非常特殊的案例中,某电力有限公司与其第一、第二大股东胡某(也是公司法定代表人)、张某一起签订了两份一致行动人协议,约定张某所持股份在该公司上市前与胡某保持一致,一审、二审、再审法院都依据合同生效要件认定了案涉协议的效力。[5] 本案事实的特殊性在于公司是表决权拘束协议的一方签约人,但三级法院仍然无视表决权拘束协议所涉及的组织法因素,未从组织法的角度审视与证成公司

---

[1] 参见蒋大兴:《公司法中的合同空间——从契约法到组织法的逻辑》,载《法学》2017年第4期。

[2] 参见王真真,前揭文。

[3] 参见蒋大兴,前揭文。

[4] 参见北京市通州区人民法院民事判决书,(2018)京0112民初24863号;北京市通州区人民法院民事判决书,(2020)京0112民申22号;广东省佛山市南海区人民法院民事判决书,(2016)粤0605民初14824号;福建省厦门市湖里区人民法院民事判决书,(2019)闽0206民初6434号。

[5] 参见江西省新余市渝水区人民法院民事判决书,(2015)渝民初字第02693号;江西省新余市中级人民法院民事判决书,(2016)赣05民终12号;江西省高级人民法院民事裁定书,(2017)赣民申367号。

能否以及何以成为该合同主体。事实上，公司要借助决议才能形成自己的意思，在公司意思尚未形成时却以其名义参与股东间的协议，存在逻辑矛盾[1]，也即有违组织法的逻辑。

也有个别判决在判断表决权拘束协议效力时提及"未侵害公司及其他股东的合法权益"，但遗憾的是未展开说理，无从探知法官的推理、演绎过程。在郭某与某股份有限公司决议撤销纠纷案中，原告郭某、第三人郭某某、古某以及案外人郭X某签订了一致行动协议书[2]，案涉争议发生在董事会表决上，原告主张第三人郭某某、古某违反协议，未就表决事项达成一致即投票表决，法院认定了协议效力，认为违约方应对守约方承担违约责任[3] 本案的疑问在于，表决权拘束协议不能违反组织法上的强制性规定，案涉协议存在于一家股份有限公司中，约定的是董事会投票的一致行动，与董事应承担的信义义务赫然有违，但法院对此视而不见，单纯从契约法的角度裁处。笔者认为，关于表决权拘束协议的效力认定需要兼顾契约法、组织法的规定，尤其要考量组织法的深层逻辑，不能违反组织法上的强制性规定。

三、违约救济诸方案的合理性分析

根据《民法典》第577条，继续履行、采取补救措施、赔偿损失等构成违约责任方式。表决权拘束协议违约救济的核心问题是违约股东在股东会上的投票影响决议效力时，法院陷入两难境地：究竟给予金钱损害赔偿，还是（兼而）强制实际履行协议更为妥当？[4]这一困境正是发轫于表决权拘束协议的双重法律属性。

（一）损害赔偿的契约法救济逻辑及不足

损害赔偿系基于表决权拘束协议有效，由违约方向守约方支付损害赔偿金或违约金（预先约定的损害赔偿金）。这一违约责任方式适用于表决权拘束协议时面临着特殊的法理问题。

---

[1] 参见周游：《公司法语境下决议与协议之界分》，载《政法论坛》2019年第5期。
[2] 具体内容为：各方同意应充分协商至取得一致意见，以各方共同名义向股东大会、董事会提出议案，或进行表决。
[3] 参见重庆市荣昌区人民法院民事判决书，(2020)渝0153民初396号；重庆市第五中级人民法院民事裁定书，(2020)渝05民终4398号。
[4] See Duggins, James Nathan, *Corporations-Specific Enforcement of Shareholder Agreements*, North Carolina Law Review, Vol. 45(1), p.228 (1966).

1. 损害赔偿方案的法理逻辑

首先,表决权拘束协议仅在缔约人之间具有债权效力,不当然具有组织法上的效力。德国学者认为,股东表决协议仅具有债法性质的效力,股东违反约定的投票表决为有效,违约方仅承担损害赔偿责任[1],股东可以自由投票,股东的投票自由不能被任何协议限制。[2] 英国法仅在合同法范围内考量股东协议,不同于公司章程,股东协议仅在直接当事方之间创设义务,无法成为公司章程,对新股东或不同意的股东而言没有约束力。[3] 类似地,俄罗斯法上,股东协议仅在缔约当事人之间有效。[4] 我国台湾地区"公司法"未规定违反表决权拘束协议的救济,有学者认为股东协议是当事人间的债权契约,对于公司等第三人无拘束力,仅能基于债务不履行对违反协议的表决行为请求损害赔偿。[5]

其次,背约投票是否足以对公司决议产生否定性效力评价?对此,域外学者多持否定观点。德国学者认为,股东会决议不会因投票违反股东间的表决权拘束协议而无效、被撤销或被变更。[6] 在德国、法国,司法介入使股东会决议无效、变更的理由仅在于决议违反了公司法或者公司章程[7],股东违反协议的投票行为并非对公司法、公司章程的违反,因而不能否认公司决议的效力,只能采

---

[1] 参见[德]托马斯·莱塞尔、[德]吕迪格·法伊尔:《德国资合公司法》(第3版),高旭军等译,法律出版社2005年版,第252页;[德]格茨·怀克、[德]克里斯蒂娜·温德比西勒:《德国公司法》(第21版),殷盛译,法律出版社2010年版,第547页。

[2] See Mock, Sebastian, *Germany*, in International Handbook on Shareholders' Agreements: Regulations, practice and comparative analysis, p. 300 (Mock, Sebastian, Csach, Kristian, Havel, Bohumil eds., 2018); Roos, Carl Martin, *Comparative Notes on Shareholders' Voting Agreements*, Stockholm Institute for Scandinavian Law, p. 180.

[3] See Gomstian, Suren, *The Enforcement of Shareholder Agreements under English and Russian Law*, Journal of Comparative Law, Vol. 7, No. 1, p. 127 (2012).

[4] See Gomstian, Suren, *The Enforcement of Shareholder Agreements under English and Russian Law*, Journal of Comparative Law, Vol. 7, No. 1, p. 120 (2012).

[5] 参见黄铭杰:《"股东"平等原则 vs. "股份"平等原则——初探股东平等原则复权之必要性及可能性》,载《月旦民商法》2011年第31期;郭大维:《股东协议与公司治理——公司法制下契约自由之范围与界限》,载曾宛如编:《股东协议——论表决权拘束契约及表决权信托》,台北,元照出版有限公司2021年版,第46~47页。

[6] See Mock, Sebastian, *Germany*, in International Handbook on Shareholders' Agreements: Regulations, practice and comparative analysis, p. 300 (Mock, Sebastian, Csach, Kristian, Havel, Bohumil eds., 2018); Roos, Carl Martin, *Comparative Notes on Shareholders' Voting Agreements*, Stockholm Institute for Scandinavian Law, p. 180.

[7] See Roos, Carl Martin, *Comparative Notes on Shareholders' Voting Agreements*, Stockholm Institute for Scandinavian Law, p. 184.

用损害赔偿救济。英国将股东协议定位于合同性质,意味着其不会对公司决议产生影响[1],也即股东会决议作出后,表决权拘束协议的实际履行是不可行的。这一观点在 Thomas Abercromby Welton v. Joseph John Saffery[2]案中戴维勋爵(Lord Davey)的附带意见和 Inland Revenue Commissioners v. Bibby & Sons Ltd.[3]案中麦克米伦勋爵(Lord Macmillan)的论证支持。麦克米伦勋爵认为,股东可能会受到合同的约束以特定的方式投票,但公司与此种限制无关,公司必须接受股东的投票并根据股东的投票作出决议。[4] 这一立场充分意识到并区分了表决权拘束协议的效力(在缔约股东之间有效)与组织法效力(对公司有效),恪守表决权拘束协议仅在缔约当事人之间有效、不能对公司决议产生影响。在俄罗斯法上,表决权拘束协议在执行阶段被认为是没有效力的,根据《股份有限公司法》第49条,如股东会决议是在违反法律、公司章程的情况下通过的,效力得被异议,但违反股东协议约定的义务不能成为推翻股东会决议的法律依据;具体履行义务(法院指示以特定方式投票)也是不可行的;在决议已经通过的情况下,唯一可用的补救措施是诉诸债权法,即要求损害赔偿或违约金[5]。我国两岸都有学者认同此类观点,认为表决权拘束协议不能撼动组织法上的表决结果,因而守约方不得主张一方违反协议行使的表决权无效,或者因决议有瑕疵主张撤销,也不得请求法院强制违约股东按照约定投票[6],因为表决权体现的是股东意志,股东在对自身行为后果有认识的情况下有权选择在股东会上以异于约定方式行权,表决权的行使不因违反股东间的协议而无效,仅会导致违约责任的产生。[7]

总之,如若固守损害赔偿的法理逻辑,则对于表决权拘束协议的救济方案仅在协议当事人间进行权利、义务的再分配,也即局限于契约法层面的救济。

---

[1] See Gomstian, Suren, *The Enforcement of Shareholder Agreements under English and Russian Law*, Journal of Comparative Law, Vol. 7, No. 1, p. 127 (2012).

[2] [1897] A.C. 299, 331.

[3] [1945] 1 All E.R. 667, 670-1.

[4] See Gomstian, Suren, *The Enforcement of Shareholder Agreements under English and Russian Law*, Journal of Comparative Law, Vol. 7, No. 1, p. 131 (2012).

[5] See Gomstian, Suren, *The Enforcement of Shareholder Agreements under English and Russian Law*, Journal of Comparative Law, Vol. 7, No. 1, p. 119 (2012).

[6] 参见黄铭杰,前揭文;郭大维,前揭文。

[7] 参见陈洁,前揭文。

2. 损害赔偿的实践样态:仅有契约法层面的规范调整

司法实践中,表决权拘束协议的违约损害赔偿又分为损害赔偿金与违约金两种方式。从现有的案例来看,这两种损害赔偿方式都存在规范适用上的难题。

(1)损害赔偿金的金额计算难题。在前引郭某与某股份有限公司决议撤销纠纷案中,原告郭某、第三人古某、第三人郭某某以及案外人郭X某签订了一致行动协议书,同意各方以一致意见提出议案或表决。后原告郭某主张第三人郭某某、古某违反协议,未就表决事项达成一致即投票表决。法院认为出席董事会的董事(含第三人郭某某、古某等)对董事会决议均投了同意票,已达全体董事过半数,不能因原告不认可提议而直接否定第三人郭某某、古某作为董事行使表决权的效力,且本案审查的是决议是否违反法律、行政法规或者公司章程,第三人违反一致行动协议应承担对守约方的违约责任,故而认定表决方式合法有效。[1] 从本案法院的论述说理可以推知,违约责任指向赔偿损失,但并未更进一步认定赔偿金额。

在穆某、宋某与冯某合同纠纷案中,一致行动人协议约定了任何一方股东违约应赔偿另一方因此遭受的损失,后来在股东大会审议某议案时,两原告投反对票,被告投同意票,最终该议案获得半数以上股东同意通过。法院认为应当肯定当事人退出协议的权利,因退出方退出给另一方造成的损失可由退出方按协议约定赔偿,原告的诉请在法律上或者事实上不能履行,也不适用强制履行[2],但法院同样没有确定具体的赔偿金额。

(2)违约金及其酌调。在任某与刘某合同纠纷案中,任某、刘某分别持有某物流有限公司50%、10%的股权,双方签署一致行动协议约定刘某在股东会会议行使表决权时与任某的意思表示保持一致,刘某将在股东会投票权全权委托给任某,由任某按照自己意志行权,后二人又签署合作协议及补充协议。经鉴定,案涉公司涉及任免监事的股东会决议中任某的签名非其本人书写,因此法院认为在任某未参加股东会、未行使表决权的情况下,结合对监事的《任免通知》系由刘某签发的事实,刘某违反了行使表决权时与任某保持一致的约定。关于违约责任的承担,补充协议约定了4000万元的违约金,法院予以支持。[3] 再审

---

[1] 参见重庆市荣昌区人民法院民事判决书,(2020)渝0153民初396号;重庆市第五中级人民法院民事裁定书,(2020)渝05民终4398号。

[2] 参见浙江省杭州市西湖区人民法院民事判决书,(2018)浙0106民初3961号。

[3] 参见北京市通州区人民法院民事判决书,(2018)京0112民初24863号。

法院对违约方声称违约金过高时所需衡量的因素展开了说理[1],并认为双方当事人先后签订了三份协议,其中补充协议约定任何一方违约需向另一方支付违约金4000万元,双方承担的违约责任相同,缔约地位均衡,且并非格式条款,加之申请人未提交证据证明违约金较损失过高,故维持原判。[2] 尽管本案法院支持了当事人约定的巨额违约金且未予调整,但这亦属于法院对各因素综合衡量后的结果,不能排除经衡量后认为当事人约定的金额不适当、进而予以调整的可能。

在穆某、宋某等与冯某合同纠纷案中,法院认为违约方应赔偿守约方损失,但未给出损失的具体计算方法,在判项中也未涉及对于损失金额的认定。在涉及违约方向守约方支付违约金的案件中,各方当事人事先对于违约金的金额有清晰、明确的约定,不过根据《民法典》第585条第2款,若违约金的金额与实际损失存在出入,不论与损失相比过低还是过高,在当事人请求的前提下,裁判者可予以调整。鉴于违约表决权的行为给守约当事人造成的损失不易计算,若当事人事先约定违约金金额,即便有被法院依当事人申请酌调的可能,相对而言也能够更好地适应守约方的心理预期,弥补其遭受的损失。

3. 损害赔偿救济的不充分性

金钱损害赔偿难以实现股东缔约目的,也难以弥补守约股东因丧失公司控制权引致的损失。[3] 例如,股东就"董事指定权"签订表决权拘束协议的目的在于通过指定董事人选,使该人选参与经营管理事务,若因他方当事人违约使该董事候选人落选,守约方的实际损失是被排除在经营管理之外的,背后可能是公司控制权的丧失[4],或者可能使计划中的多数股东变成少数股东,并导致该协议旨在确保的控制权的丧失。[5] 相比之下,最充分的救济还是协议的实际履行。再者,当事人签订表决权拘束协议时所追求的也未必是获得违约金钱赔偿。

如未约定违约金,守约方的损失数额难以计算,损害赔偿金的适用较为

---

[1] 具体应当以实际损失为基准,根据公平原则和诚实信用原则,综合衡量合同履行程度、当事人过错、当事人缔约地位、是否使用格式合同或条款等因素确定。
[2] 参见北京市通州区人民法院民事判决书,(2020)京0112民申22号。
[3] 参见罗芳:《股东协议制度研究》,中国政法大学出版社2014年版,第236~237页。
[4] 参见董新义,前揭文;Wright II., Tilden P., *Shareholder Pooling Agreements-Validity, Legality and Enforcement*, Arkansas Law Review, Vol. 24, No. 4, p.517 (1971)。
[5] See Wright II., Tilden P., *Shareholder Pooling Agreements-Validity, Legality and Enforcement*, Arkansas Law Review, Vol. 24, No. 4, p.517 (1971).

困难。[1] 如守约方未能选任出期望的董事人选,进而导致在公司后续的经营、决策过程中丧失话语权,公司的经营偏离其预期,这种损失难以计算,难以用金钱量化。即便事先约定了违约金,却存在被法院酌减的可能,可见违约金的功用也是有限的。

关于损害赔偿金的救济功能的局限性其实是一项共识。有美国学者认为,损害赔偿会导致缔约方通过支付连法院都无法充分评估的金额的方式"逃脱"协议的拘束。[2] 德国学者也意识到通常缺乏清晰、可确定的金额。[3] 在俄罗斯,由于守约方仅能在债权法上主张损害赔偿或违约金,学者亦认为此救济方式可能也是不充分的,损害赔偿可能涉及需要证明损害金额的实际困难,法院支持的违约金通常低于违约金条款约定的金额。[4] 我国台湾地区有学者认为,以企业并购为例,强制执行救济路径的缺失容易催生协议一方当事人的任意违约,将使并购行为处于不安定的状态。[5] 加之违反协议造成的损害通常不易计算,因此可以考虑在一定条件下赋予表决权拘束协议执行力,使特定情形下,股东能够被强制按照协议约定投票。[6]

综上,损害赔偿的救济方案仅在表决权拘束协议当事人间进行权利、义务的再分配,属于契约法层面的救济。该救济方式不会影响公司决议的效力,不影响其他非缔约股东的权利,不涉及组织法。对于守约方而言,金钱损害赔偿无法充分弥补其对于公司控制权的丧失,以及公司经营与其期望背道而驰所带来的损失,就此而言显非理想的救济手段。

(二)实际履行的组织法适用障碍及其克服

实际履行(继续履行、强制履行)是债务人不履行合同义务,或履行不符合

---

[1] 参见王真真,前揭文;梁上上,前揭文;Thomas K. Reece, Ryan C. L., Baylis, David, *The Law and Practice of Shareholders' Agreements*, LexisNexis, p.200 (4th ed. 2014)。

[2] See Cassisa Paul V., *Enforcement of Shareholder Voting Pool Agreements: A Proposed Amendment to the Lousisiana Business Corporation Law*, Loyola Law Review, Vol. 6, No. 1, p.61 (1951)。

[3] See Mock, Sebastian, *Germany*, in International Handbook on Shareholders' Agreements: Regulations, practice and comparative analysis, p.300 (Mock, Sebastian, Csach, Kristian, Havel, Bohumil eds., 2018)。

[4] See Gomstian, Suren, *The Enforcement of Shareholder Agreements under English and Russian Law*, Journal of Comparative Law, Vol. 7, No. 1, p.119 (2012)。

[5] 参见黄铭杰,前揭文。

[6] 参见郭大维,前揭文。

约定时,债权人请求法律强制其依约履行义务。从具体的救济方式上看,公司股东会尚未召开,采行为保全的救济方式不涉及对组织法上决议效力的否定评价,但能够实现组织法层面的救济;股东会已召开、决议已作出的,能否启动实际履行的救济是契约法与组织法正面交锋的战场,因为如是,意味着前次股东会所作决议要被撤销,决议的稳定性将受到冲击。

1. 实际履行的逻辑优势:救济的充分性与合目的性

合同法将"继续履行"位居违约责任承担方式之首,相较于其他方式,其能够为当事人合同目的的达成增益,最具救济功效,因此法律采此种位序选择。[1] 支持者通常认为,表决权异于一般的人格权和身份权,是独立于股东身份的权利且已经客体化,因此表决权可以强制履行。[2] 具言之:

(1)实际履行可以充分保护守约方的利益,确保缔约目的实现。如前所述,签订表决权拘束协议的当事人尤其领投人的缔约目的旨在追求组织法层面上的利益,即以协议为工具放大表决权、扩张控制力,进而影响公司治理,这决定了唯有实际履行才能充分救济守约方的合同利益。

(2)当事人不享有任意解除权,实际履行不得被限制适用。表决权拘束协议的缔约方是否享有任意解除权?这值得讨论,涉及表决权拘束协议的本质是否为委托合同的争论。就结果而言,若享有,实际履行之适用无讨论空间。司法实践中的裁判立场并不一致。在胡某与刘某合同纠纷案中,法院强调当事人不得擅自变更或者解除合同。[3] 而在前引穆某、宋某(原告)与冯某(被告)合同纠纷案中,三方当事人签订了一致行动人协议,后被告向两原告发送"解除函"通知解除协议,法院认为各缔约方相互信任、协商一致是协议的基础;应允许缔约方在无法达成一致意见时表达个人意愿,一致行动人不能一致行动意味着协议失去应有的价值,故而应当肯定当事人退出协议的权利,只是违约方应当赔偿给守约方带来的损失,所以原告的诉请在法律上或者事实上不能履行,也不适用强制履行。[4] 理论研讨中也分为两派观点。支持者认为,表决权拘束协议的本质乃是委托合同,实质内容是跟投股东将其股东会的表决权授予领投股东的委

---

[1] 参见李卫国、何兆磊:《"继续履行"违约责任承担方式的逻辑和具体适用》,载《法律适用》2015年第4期。
[2] 参见梁上上,前揭文。
[3] 参见云南省个旧市人民法院民事判决书,(2020)云2501民初1514号。
[4] 参见浙江省杭州市西湖区人民法院民事判决书,(2018)浙0106民初3961号。

托合同。《民法典》第933条规定了委托合同双方的任意解除权,依照《民法典》第467条第1款规定,"本法或者其他法律没有明文规定的合同,适用本编通则的规定,并可以参照适用本编或者其他法律最相类似合同的规定",据此表决权拘束协议得参照委托合同的规定,故而双方当事人皆享有任意解除权。反对者则认为,《民法典》第136条第2款规定,非依法律规定或非经对方同意,不得擅自解除合同。根据立法本意,任意解除权被严格限制,仅在《民法典》合同编分则中规定了不定期继续性合同以及服务合同中存在任意解除权,目的分别为避免当事人永久受到以持续履行债务为内容的合同拘束以及对于特别信任关系的维护[1],并未在《民法典》合同编总则中设置原则性的规定。[2] 表决权拘束协议既为无名合同,自然不适用任意解除权的规定。笔者也认为当事人不享有任意解除权,实际履行不得被限制适用。

2. 实际履行的三种实证路径

比较各国司法经验及我国法院裁判实践的做法,实际履行的具体路径可以分为三类:一是股东会召开前,守约方申请法院禁令或者行为保全;二是股东会召开后、决议作出前,守约方申请公司在计票阶段直接改票;三是决议作出后,守约方诉请法院撤销在先决议并重新召开会议投票,判决背约方依约投票以形成新决议,或者不再次召开股东会,直接根据法院判决重新计票。下文以此展开讨论。

(1)禁令或者行为保全:避免否定决议的效力

禁令(injunction)属于实际履行的一种类型,主要在预期违约的场合下适用。所以这里先要讨论预期违约在表决权拘束协议上的适用,如股东会尚未召开,一方当事人出现预期违约的情形,即明确表示或者以自己的行为表明将不依约投票,符合《民法典》第578条的规定,守约方可以要求其在其后的股东会上依约投票。需要进一步探讨的是,表决权拘束协议约定的义务属于非金钱债务,是否存在《民法典》第580条规定的排除实际履行三类抗辩事由?结论是不存在,即并不存在排除事由或抗辩事由。因决议尚未作出,不存在对组织法上决议效力的否定,也就不存在组织法上的障碍,也即不存在法律上的不能;违约股东依约投票即可,故而也不存在事实上的不能;表决权已经客体化,对于受协议拘

---

[1] 参见朱虎:《分合之间:民法典中的合同任意解除权》,载《中外法学》2020年第4期。
[2] 参见佛山市中级人民法院民事判决书,(2013)佛中法民一终字第928号。

束的股东而言依约投票不存在人身上的不能;守约方如诉诸法院,法院经审理后强制违约股东依约投票并无明显增加履行费用。反之,若已经发生了实际违约行为,由于股东会决议已作出,否定原决议可能存在组织法上的阻碍,也即可能出现法律上的不能以至于无法强制履行表决权拘束协议。总之,对守约方适用实际履行救济,需要充分考虑组织法上关于公司决议瑕疵的规定。

在比较法上,禁令被普遍适用在表决权拘束协议违约救济。例如,英国的 Puddephatt v. Leith[1]案,法院发出具有约束力的禁令,依据股东协议要求被告按照原告的指示投票,因为在之前股东会上被告投票已经违背了原告的指示,且被告坚持他在接下来的会议上拥有自主投票的权利。[2] 类似地,在 Greenwell v. Porter 案中[3],法院同样发出了禁令,因为股东在股东会之前威胁将以违反其表决权拘束协议合同义务的方式投票。[4] 我国也有学者主张,若股东行使表决权之前即可判断出其将违约,预期违约可被适用,也即若股东会尚未召开,违约股东尚未投票,可以强制其依据约定投票[5],依据是《民法典》第 578 条。据此,为捍卫合法权益、避免生效裁判无法获得执行及损失的扩大,当事人可申请法院依法责令对方(不)作出一定行为,即行为保全。[6]《民事诉讼法》第 103 条第 1 款、第 104 条分别规定了诉讼中、诉讼前的行为保全,如股东会召开在即、情况紧急,守约股东可考虑采取诉讼前行为保全的方式,使法院责令预期违约方按照约定投票,或禁止其不按约定投票,以尽快获得救济,避免决议作出后法院的判决因组织法上的障碍难以执行。

(2)公司在计票阶段直接改票:以协议具有组织法效力为前提

表决权拘束协议当事人将争议诉诸司法机构后,司法介入争议,包括事前的预防和事后的争议解决[7],是为公力救济。如由公司在股东会上直接更改违约方股东投票并据此计算表决结果,则属公司的私力救济。在张某、周某与某有限

---

[1] [1916] 1 Ch. 200, 202.
[2] See Gomstian, Suren, *The Enforcement of Shareholder Agreements under English and Russian Law*, Journal of Comparative Law, Vol. 7, No. 1, p.130 –131 (2012).
[3] [1902] 1 Ch. 530, 531 –2.
[4] See Gomstian, Suren, *The Enforcement of Shareholder Agreements under English and Russian Law*, Journal of Comparative Law, Vol. 7, No. 1, p.130 –131 (2012).
[5] 参见梁上上,前揭书,第 304 页、第 312 页。
[6] 参见张卫平:《民事诉讼法》(第 3 版),中国人民大学出版社 2015 年版,第 219 页。
[7] 参见许德风:《组织规则的本质与界限——以成员合同与商事组织的关系为重点》,载《法学研究》2011 年第 3 期;Born Gary B., *International Commercial Arbitration*, p.1029 (2nd ed. 2014)。

公司决议撤销纠纷案中,根据由股东张某、胡某与公司一起签署的两份表决权拘束协议,公司将张某违约所投的反对票直接计为同意票,并由此宣布通过了股东会决议。法院认为,因两份协议已明确了张某、胡某之间的行动合意性,在胡某对各项议案均投同意票的情况下,张某投反对票的行为是对约定的违反,公司直接改张某的反对票为赞成票的行为符合协议约定,不予支持张某、周某提出的即使协议有效也只能追究张某的违约责任的主张,故而不予支持张某、周某要求撤销股东会决议的请求。[1] 公司直接按照表决权拘束协议改票的做法并不多见,本案的特殊之处在于:其一,公司本身参与了协议签订,是协议主体;其二,该协议经过了公司董事会会议通过。前文述及,在法理上,公司不宜为表决权拘束协议的当事人,但在公司已经深切涉入协议(作为签约主体,且协议已经过董事会会议通过)的背景下,公司能否据表决权拘束协议而直接改票?对此,学界存在两种声音。赞同者认为,考虑到董事会已经通过了协议,公司可以直接改票。[2] 否定者主张,多数国家允许股东申请强制执行表决权拘束协议,但并不代表允许公司私力救济,原因是:公权力机关——法院会先通过司法监督审查表决权拘束协议的效力,尔后判断能否强制执行,公司直接改票的举动反而可能导致协议效力存在争议时决议的撤销;[3] 若协议一方当事人控制公司,公司单方面改票会侵犯非缔约股东的权利;[4] 股东会的职权源于组织规则的授权,作为公司机关来执行不具有组织性质的股东间协议,构成职权滥用。[5] 笔者认为,公司可否直接改票的答案不是简单的是或否,需要区分不同适用情形,当表决权拘束协议具有组织法上的效力,可以拘束公司时,公司得改票,在公司决议的层面直接贯彻表决权拘束协议的约定,顺带将争议"扼杀在摇篮里"。究竟何时表决权拘束协议具有组织法上的效力、为何此时公司得改票,对此后文将展开分析。这里需要指出,经董事会会议通过表决权拘束协议这一情节不能构成公司改票的根据,由董事会会议通过表决权拘束协议可能会导致董事会反向操控股东的表决权,操控公司权力机关。[6]

---

[1] 参见江西省新余市中级人民法院民事判决书,(2016)赣05民终12号;江西省高级人民法院民事裁定书,(2017)赣民申367号。
[2] 参见许中缘:《论〈公司法〉第42条但书条款的规范解释》,载《现代法学》2021年第2期。
[3] 参见蒋学跃,前揭文;李潇洋,前揭文。
[4] 参见蒋学跃,前揭文。
[5] 参见李潇洋,前揭文。
[6] 参见何昕,前揭文。

(3)撤销在先决议且股东重新依约投票形成新决议:尊重公司程式

《美国示范商业公司法》第7.31条(b)项明确规定,该项下的表决权拘束协议可以实际履行。[1] 传统上衡平法院拒绝实际履行表决权拘束协议,然而后来的案例显示,法院对于实际履行有逐步加深的偏好。[2] Ringling Bros. Barnum & Bailey Combined v. Ringling[3]是法院处理表决权拘束协议的典型案件,特拉华州法院通过解释认为表决权拘束协议有被实际履行的空间。本案中,Ringling(持315股)、Haley(持315股)以及North(持370股)是目标公司Ringling Bros. Barnum & Bailey Combined Shows, Inc.的股东,Ringling与Haley签订协议约定共同行使投票权以对抗North所持较多股份的优势,以期实现对公司的控制:双方约定在行使表决权之前应当互相磋商,并依照磋商结果一致行使表决权,如无法达成共识,则将争议提交仲裁员(arbitrator)决定,仲裁员对于投票方式的决定均能约束双方当事人。1946年股东会召开前,Ringling与Haley对于董事选举无法达成一致,Ringling将争议提交仲裁员。仲裁员裁决双方应表决将股东会延后60日召开,但Haley没有遵守裁决,在延后股东会的表决中投了反对票,导致该次股东会仍进行董事选举,且Haley支持了North提名的董事人员,使得Ringling提名的董事未获选任,Ringling未能实现与Haley签订表决权拘束协议的目的,因此Ringling提起撤销该次董事选举之诉。[4] 特拉华州衡平法院认为,系争表决权协议合法且未违反公共政策,其中关于仲裁的约定是赋予仲裁员默示且不可撤回的代理权,因此Haley的投票无效,且命令该表决应重新举行,Haley与Ringling需要依照仲裁员的仲裁行使表决权。[5] 此处法院即通过撤销在先决议且股东重新依约投票形成新决议的方式,尊重公司决议的正当程序。需要指出,这一判决似乎混淆了表决权拘束协议契约法层面与组织法层面的效力。表决权拘束协议作为契约,对缔约当事人有效,在其间创设权利、义务,当事人受协议约束应依约行权,在当事人违反约定行权且股东会决议已经作出时,协

---

[1] MBCA § 7.31.

[2] See Duggins, James Nathan, *Corporations-Specific Enforcement of Shareholder Agreements*, North Carolina Law Review, Vol. 45(1), p.230 (1966).

[3] See Ringling Bros. Barnum & Bailey Combined Shows v. Ringling, 29 Del. Ch. 318, 49 A.2d 603 (1946), reversing 29 Del. Ch. 318, 49 A.2d 603 (Ch. 1946).

[4] See Duggins, James Nathan, *Corporations-Specific Enforcement of Shareholder Agreements*, North Carolina Law Review, Vol. 45(1), p.232 (1966).

[5] 53 A. 2d p.445 (Del. 1947).

议的实际履行需要撤销原决议,而撤销的依据在于表决权拘束协议对公司组织体有效,具有组织法上的效力。但此案中目标公司有三个股东,表决权拘束协议仅存于两股东之间,该种部分股东协议如何能突破合同的相对性,进而拘束公司、其他股东?

受美国法的影响,我国台湾地区有学者建议可考虑参考美国法增加违约救济,在适当的情况下对表决权拘束协议的执行力予以肯认,使法院能够强制股东依照协议的约定投票。[1] 事实上,美国以相当审慎的态度对待表决权拘束协议的实际履行,协议由全体股东一致同意通常是实际履行的一个条件[2],即使上述案件中特拉华州衡平法院认为协议可被履行,但由于存在非协议股东,特拉华州最高法院最终未予支持,仅对违约投票股东的表决不予计算(后文展开)。我国有学者认为,对于违反表决权拘束协议的投票,在先决议的效力会受到影响,议案需经由股东会重新表决[3],但必须将在先决议撤销后,再由股东重新投票表决作出新的决议,该种流程方才符合组织法的程序性。

(4)撤销在先决议且公司重新计票:以高效化解纠纷为导向

有观点认为,在实际履行时,无须另行召开股东会,公司只需按照生效裁判文书重新计算投票结果,股东违约投票行为所导致的负面影响即可以被消除。[4] 在比较法上,韩国存在公司决议变更之诉,法院有权直接对内容违反章程或显失公平的股东会决议予以变更。对此,不少学者认为法院不宜直接变更决议,因为要尊重股东的自治权,而且法官多不具备专业的经营、商业知识,对于决议应仅进行合法性非合理性审查。[5] 赞同者则认为,股东会不用再次召开,由公司依照法院判决重新计票的做法是可行的,因为:①法院判决公司重新计票的依据在于股东之间的约定,不涉及商业判断,法院有能力作此种判决;②避免了股东会的再次举行,可以更加高效地解决纠纷,毕竟重新召开一次股东会可能是一件费时、费力的事情。

---

[1] 参见郭大维,前揭文。
[2] See Roos, Carl Martin, *Comparative Notes on Shareholders' Voting Agreements*, Stockholm Institute for Scandinavian Law, p.186.
[3] 参见梁上上,前揭文。
[4] 参见张东平、陈信良:《浅析股东表决权拘束协议的强制履行》,载《中国律师》2021年第12期。
[5] 参见侯东德:《股东大会决议的契约解释》,载《理论与改革》2007年第6期。

第二章 股东表决权拘束协议的违约救济

(5) 关于另类救济手段探讨：对违约投票不予计算

公司治理实践中，表决权拘束协议的违约救济还有对违约投票不予计算等做法，这些做法面临法理上存在逻辑缺陷的诘难。前述 Ringling Bros. Barnum & Bailey Combined v. Ringling 案，后上诉至特拉华州最高法院。特拉华州最高法院认为下级法院所持该协议赋予仲裁员默示及不可撤销的代理权的见解错误，因为仲裁员并未因协议而有权行使违约股东的表决权，因此对于 Haley 的违约，不能强制其履行该表决权拘束协议。且另一股东 North 并非协议当事人，于该次股东会中亦无任何错误，因此特拉华州衡平法院命令重新选举的判决并不适当，最适当的处理方法是将违反仲裁员指示的表决权排除在外，即对违约股东的投票不予计算。[1] 此举对于非协议当事人的 North 股东无疑是重大利好，尤其是当 North 为多数股东时。因为参与协议的股东表决票不予计算，而在剩下的表决票中 North 的表决票可以直接影响决议是否通过，在此意义上实现了"一股独尊"。由此推而论之，如果违约方是多数股东，可能会出现少数股东决定股东会决议的情形。质言之，违约当事人的表决不被算入可能导致的后果是，原本游离于协议之外的少数股东转而变为持有相对较多表决权的多数股东。[2] 特拉华州最高法院的判决结果充分考虑了实际履行表决权拘束协议对非协议股东的影响，也可被解释为法院不愿强迫当事人困于他们不想继续维系的关系中[3]，但判决结果似乎与当事人订立表决权拘束协议的初衷相违背，因而受到了批评：忽视协议所体现的各方意图，以及混淆此类合同的潜在当事人可获得的违约救济而妨碍表决权拘束协议的使用。更致命的是，此种救济方式无法给予守约方充分的救济，反而会产生多种不确定性，甚至产生完全相反的救济结果。具言之，守约方的合同意图既可能达成，也可能无法达成，不利于救济结果的可预见性，影响当事人的合理预期。司法为当事人提供的救济路径需要具有确定性、可预测性，使得当事人能够清晰预测他方违约时己方所能获得的救济。在对违约方投票不予计算的场合，救济结果会受到决议事项所需的通过比例、违约方所持股份（股权）比例、协议外股东表决情况等至少三重因素的影响。这三重因素互相作用，会产生高度复杂且不一致的救济结果，使得当事人无法预测其利用表决

---

[1] 29 Del. Ch. 610, 624, 53 A.2d 441, 448 (Sup. Ct. 1947).

[2] See Bainbridge, Stephen M., Corporate Law, p.493 (3rd ed. 2015).

[3] See Duggins, James Nathan, *Corporations-Specific Enforcement of Shareholder Agreements*, North Carolina Law Review, Vol. 45(1), p.232 (1966).

权拘束协议这一控制公司的工具所欲达成的组织法上的目的——通过扩大在股东会中的表决权以获得公司控制权,能否实现。

3. 实际履行适用的实质难题:对公司决议效力的影响

实际履行的救济方式落实的难点在于,违约行为发生时股东会决议已经作出,一旦适用实际履行将对股东会决议效力产生较大影响。[1] 质言之,实际履行表决权拘束协议的本质是,撤销决议且要求违约方按照协议约定投票,这已然超出了契约法的调整范围,进入组织法的规范领域。[2] 是故,不能忽视组织法的适用逻辑,毕竟否定公司决议效力需要符合组织法规则。毕竟,部分股东之间的表决权拘束协议被违反,并不构成公司法上公司决议的瑕疵事由。再退一步,就是从契约法层面上讲,表决权拘束协议仅在缔约当事人之间有效,但其事实上的组织法后果对缔约当事人之外的公司、其他非缔约股东已经产生拘束力。总之,在对表决权拘束协议违约救济途径予以类型化时,应当关注组织法规则与契约法规则的互动影响,在尊重商事组织体的正当程序的基础之上,结合公司决议的形成阶段对当事人的诉求展开可行性分析与论证。

四、适用实际履行的前提:表决权拘束协议的组织法效力

上述讨论清楚展现了两个基本的判断:一则,无论以何种方式落实实际履行的救济手段,表决权拘束协议都会深刻地影响公司决议的形成;二则,实际履行的适用意味着表决权拘束协议直接约束了公司乃至其他非缔约股东,而这必须以协议具有组织法上的效力为前提。问题是,表决权拘束协议如何以及为什么具有组织法上的效力?这一提问,也是从组织法视角研究表决权拘束协议的基本课题。

(一)全体股东协议:表决权拘束协议组织法效力的前提

首先要明确,表决权拘束协议具有组织法上的效力,意思就是指协议得约束公司。[3] 或者说,当表决权拘束协议具有组织法效力时,自然得拘束公司。《美国示范商业公司法》第7.32条规定,股东协议对公司发生效力的前提是全体股东同意,因为此种情况下股东协议形同章程,消解了契约与组织的界限——股东

---

[1] 参见郭大维,前揭文。
[2] 参见王真真,前揭文。
[3] 参见刘昶,前揭文。

间的法律关系进入了公司内部秩序。[1] 在前述美国的 Clark v. Dodge 案中,公司的全部两位股东达成协议约定总经理由其中一名股东担任,法院认为由于全体股东均签署了协议,在公司债权人利益不受影响的前提下,没有理由禁止股东们通过彼此签订的有效契约以控制董事的权力行使。[2] 在英国,股东协议具有对外效力的例外情形是——私人公司(private limited companies)中全体股东一致同意的股东协议(the unanimous shareholder agreements),股东通过一致同意拘束公司,使小型公司股东能够在不召开股东会议的情形下作出决定,当然在拥有大量股东的上市公司中达成全体股东一致同意的股东协议是不可能的。判例法将全体股东一致同意的股东协议等同于股东会决议[3],《英国 2006 年公司法》将全体股东一致同意的股东协议转化为公司章程。[4] 一致同意指所有享有投票权的股东均同意,而不论所涉事项提交股东会表决或者在书面决议程序下需要满足的表决权水平。[5] 在德国,例外的情况下——所有股东均是协议当事人,股东有权依据协议质疑决议的效力。[6] 在 1987 年某个案例中,股东会罢免了某人的经营人资格,此前全体股东约定该人担任公司经营人并无期限约束,德国联邦最高法院支持了该人撤销决议的诉讼请求,有学理观点认同该案判决,主张全体股东事先订立的协议对公司有约束力,公司决议违背协议的可被撤销。但也有反对观点认为若股东协议未载入章程并公示,则只在股东间有效,无法拘束公司。[7] 可见,全体股东签署的表决权拘束协议具有组织法效力,在英美德均有实践与学说支持。

在我国有限公司法的语境下,《公司法》第 37 条规定了若股东书面一致同意,则不以召开股东会为必要,有人认为这等于承认了全体股东协议在功能上替

---

[1] 参见蒋学跃,前揭文。

[2] 269 N.Y. 410, 199N. E. 641 (1936).

[3] See Gomstian, Suren, *The Enforcement of Shareholder Agreements under English and Russian Law*, Journal of Comparative Law, Vol. 7, No. 1, p.127 (2012).

[4] See Zakrzewski, Rafal, *England and Wales*, in International Handbook on Shareholders' Agreements: Regulations, practice and comparative analysis, p.246, 271–272 (Mock, Sebastian, Csach, Kristian, Havel, Bohumil eds., 2018);参见[英]保罗·戴维斯、[英]莎拉·沃辛顿:《现代公司法原理》(第 9 版上册),罗培新等译,法律出版社 2016 年版,第 381 页。

[5] 参见[英]保罗·戴维斯、[英]莎拉·沃辛顿,前揭书,第 429 页。

[6] See Mock, Sebastian, *Germany*, in International Handbook on Shareholders' Agreements: Regulations, practice and comparative analysis, p.300 (Mock, Sebastian, Csach, Kristian, Havel, Bohumil eds., 2018).

[7] 参见许德风,前揭文。

代了股东会决议。其实,这是一个误解,第37条的法教义学的真正解读应该是,经全体股东一致同意,可以豁免决议的程式化适用,且最终通过了一个全体股东一致决的决议。质言之,第37条规定的是一种股东一致决的决议而不是全体股东协议,这是质的不同。众所周知,决议作为组织法上的民事法律行为,其意思形成的要求是多数决但并不排斥一致决。[1] 事实上很多公司的绝大多数决议都是一致决通过的,这很正常,但这并不意味着可将一致决决议混同为全体股东协议。当然,《公司法》关于有限公司治理的规定确还有其他条文涉及关于"全体股东另行约定"的除外情形,如第34条规定全体股东另有约定的,股东分红、优先认缴出资可以不与法律规定的出资比例挂钩,第41条规定有限公司召开股东会可以不受提前15日通知全体股东的法定要求限制等。这两个条款的规定足以表明,全体股东协议能够拘束公司,具有组织法上的效力。

在审判实践中,尽管存在法院不认可股东协议的组织法效力的情形,认为股东协议仅能拘束当事人[2],但也有法院支持全体股东协议的组织法效力。北京某投资集团有限公司(案涉公司的股东)诉曹某等公司利益纠纷再审案,提审法院最高人民法院认为,案涉《增资扩股协议书》约定在不违背章程的前提下,本协议具有最高法律效力,公司以及全体股东是协议主体、章定记载事项构成了协议的内容,因而其法律性质应为公司对章程相关内容的具体解释,虽冠以协议之名,但对其违反形同违反公司章程,故而构成决议的可撤销事由。[3] 本案最高人民法院通过全体股东协议构成对章程的解释、违反协议视同违反章程的路径,赋予了协议的组织法效力。另在某工业园发展有限公司与某技术有限公司公司决议撤销纠纷案中,前者主张撤销股东会决议,理由为案涉股东会按照实缴出资比例而非认缴出资比例行使表决权,侵害了其股东权益,审理法院则认为,全体股东协议约定了股东按照实缴出资行使表决权的情形,系公司所有股东一致的意思表示,故而不支持原告的诉请,二审维持原判。[4] 这表明一审、二审法院都认可全体股东协议的组织法效力。

从学理解释上看,在全体股东都是协议主体的场合下,考虑到股东为公司组

---

[1] 参见吴飞飞:《决议行为归属与团体法"私法评价体系"构建研究》,载《政治与法律》2016年第6期。

[2] 参见厦门市中级人民法院民事判决书,(2007)厦民终字第2330号;上海市第一中级人民法院民事判决书,(2010)沪一中民四(商)终字第69号。

[3] 参见最高人民法院民事判决书,(2017)最高法民再172号。

[4] 参见北京市第一中级人民法院民事判决书,(2019)京01民终10125号。

织成员的因素,协议已然超越了当事人之间的合同,形同公司章程而具组织法上的效力,能够约束公司。该种组织法效力可从以下四个方面得到证成。第一,从合意基础上看,全体股东协议内含了对于每个股东的意志的尊重,属于全体股东真意的体现。第二,从程式要求上看,全体合意对程序可构成部分替代性。股东会决议的意义远不止最后支持或反对的表决结果,更在于其过程能够实现民主协商、促进程序正义,股东间对于提案事项可以进行充分的说明、质询、辩论,不同的观点可以有序碰撞。[1] 这正是组织法上程式价值的关键所在。更为重要的是,该种程序因素的正当性基础实际上仍源于当事人之合意,即组织法上的程序价值终究源于私人自治,组织体成员倘能自己行使权利以带来最佳效果,则没有必要将部分权利让渡给团体并受程序性规则束缚。故而在全体股东一致同意时,股东会决议的程式要求丧失了实质上的重要性。第三,全体股东协议的合意达成标准较公司决议的多数决通过标准更高,能够更充分地展现股东意思,以及体现公司意志。[2] 第四,从工具论的角度来看,在全体股东合意的背景下,股东协议与公司章程、决议都是通过不同的工具载体表达股东的意思,三者从本源上不具有天然的组织法效力优劣之分。质言之,全体股东协议并未减损股东会的程式价值,且超过了决议通过比例,因而不应僵化地固守公司程式,应适时地肯定其组织法效力。亦有学者指出,协议与决议的差别仅存于形式之上,二者都是股东团体之意思且协议体现了更充分的合意。[3]

(二)部分股东的表决权拘束协议不具有组织法效力

按照前文的界定,对于部分股东达成的表决权拘束协议,公司存在非缔约股东的,该协议不具有组织法上的效力,也即仅对缔约人有效,对公司、非缔约股东没有约束力。这是因为,若承认部分股东协议具有组织法效力,会不当将拘束力扩大至公司及非签约股东,这可能会损害非缔约主体(尤其是少数股东)的利益。即便签约股东所持表决权比例达到了所涉事项在股东会通过所需的比例,但由于欠缺股东会这一表达、协商的平台,非缔约股东的意见、理由无法获得展示,也即被排除在了股东协议的意思形成之外,形同该部分股东被排除在了议决

---

[1] 参见李志刚:《公司股东大会决议问题研究——团体法的视角》,中国法制出版社2012年版,第147页;周游,前揭文。
[2] 参见刘昶,前揭文。
[3] 参见姜宇:《公司权力配置的迷思与重构——以股东会和董事会分权为视角》,载《金融法苑》2021年第2期。

之外。在公司决议机制下,通过民主协商,在保证程序正义的前提下资本多数决方具有正当性,多数股东的意见得拘束少数股东。所以,即便只存在一个非缔约股东,部分股东协议也不得拘束公司与非缔约股东。

(三)协议的组织法效力受到公司类型的影响

不可忽视的是,公司类型可能会对表决权拘束协议具有的组织法效力产生影响。封闭公司、公众公司之区分是公司治理领域最具价值的类型化分类。在我国,封闭公司大体包括有限公司,发起设立的以及定向募集设立的股份有限公司[1],余者为公众公司,尤以上市公司最典型。封闭公司的股东人数相对较少,几乎不存在"两权分离",财产权利分层、多元利益分化、公司权力分解等相对简单,全体股东达成协议不仅可能而且常见。[2] 可以说,封闭公司多存在产生组织法效力的股东表决权拘束协议。反之,公众公司的股东表决权拘束协议较难产生组织法效力。公众公司大体对应我国的上市公司。[3] 上市公司监管领域存在信息披露的法律义务,因而公众公司的股东如签署表决权拘束协议就属于可以公开的事项。又由于公众公司股东众多,所涉利益面甚广,欲实现全体股东协议事实上不可能,所以可以说公众公司的股东表决权拘束协议断难有组织法效力。此外,否定上市公司的股东大会决议效力会对公司治理的稳定性带来显著影响和巨大冲击,也会波及、震动公司的股价,影响证券市场的安定性,负外部效应越发凸显。[4] 在此意义上,股东大会决议一旦作出,部分股东表决权拘束协议的违反成为否定公司决议效力的理由尤需谨慎,这意味着实际履行的救济方式的难以适用,守约股东只能转而寻求损害赔偿。举例言之,深圳市容大感光科技股份有限公司于2021年12月21日公告的《关于〈一致行动协议〉终止及部分股东重新签订〈一致行动协议书〉暨公司实际控制人变更的公告》,其中第7.1条约定了"该提议或表决自始无效"[5],若表决自始无效,该表决所涉组织法层面也即公司决议的效力可能受到影响,这不利于上市公司治理与资本市场的秩

---

〔1〕 参见朱锦清:《公司法学》(修订版),清华大学出版社2019年版,第15页。

〔2〕 参见陈群峰:《认真对待公司法:基于股东间协议的司法实践的考察》,载《中外法学》2013年第4期。

〔3〕 参见朱锦清,前揭书,第15~16页。

〔4〕 参见王真真,前揭文。

〔5〕 载巨潮资讯,http://www.cninfo.com.cn/new/disclosure/detail? stockCode = 300576&announcementId = 1211978974&orgId = 9900030080&announcementTime = 2021 − 12 − 21,最后访问日期:2022年11月30日。

序稳定。其背后所反映的是,股东协议有利于构建公司治理的私人秩序,公司的公开性直接决定了私人秩序的范围,而作为私人秩序的股东协议在封闭性公司更能寻得有效存在之根据。

(四) 公司参与签署不是表决权拘束协议的组织法效力要件

在上文提及的案件中,某电力有限公司与其第一、第二大股东胡某(也是公司法定代表人)、张某一起签订了两份一致行动人协议,约定张某所持股份在该公司上市前与胡某保持一致,一审、二审、再审法院都依据合同生效要件认定了案涉协议的效力。[1] 本案事实的特殊性在于公司是表决权拘束协议的一方签约人,但三级法院仍然无视表决权拘束协议所涉及的组织法因素,未从组织法的角度审视公司能否成为该合同主体,以及公司作为协议参与人会对协议的效力产生何种影响。笔者认为,公司参与签署不是表决权拘束协议产生组织法效力的必备要件。一则,公司要借助决议才能形成自己的意思,在公司意思尚未形成时却以其名义参与股东间的协议,存在逻辑矛盾,也即有违组织法的逻辑。二则,表决权拘束协议的标的应当是股东所持有的表决权,尽管该种约定会通过表决权影响股东会决议,进而影响公司的经营管理决策情况,但公司并不直接承担该协议中的权利义务关系,更遑论成为协议的当事人。三则,公司参与签署背后必当以存在管理层(董事或经理或法定代表人或实控人等)的决定为前提,赋予"公司参与"以组织法效力会导致上述管理层对股东事项的不当干预。

(五) 第三人利益保护不应是实际履行的障碍

有观点提出,需要考量撤销决议是否会影响第三人的利益,因为否定原决议的效力可能给公司经营带来负面影响、损害债权人等利益相关方利益,若造成损害,则不能实际履行。[2] 这无疑是一个重要的提醒,需要予以回应。我们的立场有三:

第一,由于部分股东表决权拘束协议不具有组织法效力,如有股东背约投票也不影响公司决议的效力,协议外的其他股东利益不因此而受到影响。[3] 所

---

[1] 参见江西省新余市渝水区人民法院民事判决书,(2015)渝民初字第02693号;江西省新余市中级人民法院民事判决书,(2016)赣05民终12号;江西省高级人民法院民事裁定书,(2017)赣民申367号。

[2] 参见梁上上,前揭文;梁上上,前揭书,第312页。

[3] 参见梁上上,前揭文。

以,此种情形下不存在第三人利益保护问题。

第二,实际履行表决权拘束协议如不涉及外部第三人利益,上述障碍也就不存在,此时实际履行的救济方式仅仅在缔约人之间考量履约有无障碍以及救济的有效性。例如,董事席位分配纯属公司内务,本质是公司控制权的分配,不涉及外部人利益,也几乎与交易安全无涉。一般而言,创业企业都起步于封闭公司,有学者实证研究表明,不同轮次的创业投资者、公司创始人构成创业企业的股东,推翻决议并重新按照董事选任条款选举董事于债权人并无损害,不会破坏团体秩序。[1] 前引郭某与某股份有限公司决议撤销纠纷案,尽管只涉及董事选任,无关乎外部第三人利益,但审理法院未认可实际履行的适用,本案裁判的合理性在于案涉表决权拘束协议不是全体股东签署的,因而不具有组织法上的效力。毕竟,违约救济方式适用要进行类型化与体系化的考量;决议已作出的前提下,唯在协议具有组织法上的效力时才得适用实际履行,进而才将实际履行协议是否会对外部第三人的效力产生影响纳入考量范围。

第三,即便决议内容涉及外部第三人,也不应对撤销股东会决议、实际履行表决权拘束协议构成法律障碍。根据《民法典》第 85 条、《公司法解释四》第 6 条等规定,公司决议被宣告无效、撤销的,不影响公司据该决议与善意相对人形成的民事法律关系,审判实践也是恪守这一规则的。[2] 既然公司与善意相对人之间的交易关系不受决议效力被否定的影响,第三人利益保护构成实际履行表决权拘束协议阻碍的顾虑可能是多余的。

五、表决权拘束协议违约救济路径的类型构造

(一)类型化的逻辑

上文的分析表明,表决权拘束协议的诸违约救济方案有各自运行的法理逻辑及其局限性,欲有效地化解此类纠纷,最佳方式并非推翻既有的规则体系,而是对表决权拘束协议违约纠纷进行类型化分析,并适用既有的规则体系对不同类型的违约行为予以差异化的规范评价,以做到具体问题具体分析。类型化分析的前提是确立妥适的区分标准。具体到表决权拘束协议违约救济,区分标准需要从表决权拘束协议的基本特性出发:一是组织法与契约法双重属性。表决

---

[1] 参见潘林:《创业投资合同与我国公司法制的适应性探讨》,载《证券市场导报》2013 年第 3 期。

[2] 参见杜万华主编,前揭书,第 169 页。

权拘束协议并非当然具有组织法效力,在规范评价上需要注意区分组织法效力发生的场域——对于不具有组织法效力的,仅适用契约法救济手段;反之,需要考虑双重属性叠加时的规范评价。二是投票完成与否、决议形成与否。此类型化分析标准的核心意涵在于区分股东的表决权行使与否,会议召开后违约方尚未行使投票权的,仅仅存在预期违约问题,尚不涉及组织法层面的决议撤销问题,要求背约方实际履行,为时未晚。会议召开且违约方的表决权已行使,如尚在计票阶段、决议尚未形成,仍有公司直接改票的空间。如决议已经形成,且背约投票行为事实上影响了股东会议决的结局,再适用实际履行则会涉及组织法层面的决议撤销、形成新决议的问题,此时需要考虑是否有足够的理由支撑决议被撤销。

综上,表决权拘束协议的法律属性辨识与投票权行使与否、决议形成与否的阶段性事实的有机结合,可以区分出两大类四种具体情形的类型化空间。第一类是表决权拘束协议不具有组织法效力的;第二类是具有组织法效力的。后者又分为三个阶段(情形):(1)背约方尚未行使表决权也即构成预期违约的;(2)背约方已经行权但协议尚未形成的;(3)背约方已经行权且协议已经形成的。

(二)类型化的展开

1. 表决权拘束协议不具有组织法效力的:只能适用损害赔偿

如果表决权拘束协议不具有组织法效力,即便损害赔偿的救济功能并不理想,此时也无适用实际履行救济方式的余地。这就是该协议不同于一般债务合同之处,也是其行为法、组织法的双重属性使然,无须赘述。

值得探讨的是,即便表决权拘束协议具有组织法效力,但若背约投票行为并未影响决议通过,此时自然也无须适用实际履行救济,则此时可否适用损害赔偿?依据违约损害赔偿原理,此时守约方不能举证自己受有损失,自然不能请求损害赔偿金,毕竟损害赔偿金的适用是以实际损害发生为前提的[1];协议约定有违约金条款的,则另当别论,毕竟违约金的适用并不以损害发生为前提[2],只是可能根据损害大小决定其金额的调减与否。

---

[1] 参见王利明:《合同法研究》(第2卷),中国人民大学出版社2003年版,第587页。
[2] 参见王利明,前揭书,第583~584页。

2. 表决权拘束协议具有组织法效力：实际履行方式的情景化

表决权拘束协议具有组织法效力，实际履行得以适用，但究竟如何适用，还需要结合背约方的违约行为所处的不同阶段而相应地情景化，以达到真正的救济功效。

(1) 背约方尚未行权暨预期违约的：适用行为保全

《民法典》第 578 条规定："当事人一方明确表示或者以自己的行为表明不履行合同义务的，对方可以在履行期限届满前请求其承担违约责任。"据此，表决权拘束协议的缔约股东一般会在股东会前磋商，若双方不能磋商达成一致，守约方得依据预期违约救济规则诉至法院要求采取行为保全。[1] 又或者一方股东明确表示其投票将违约的，守约方也可通过行为保全维护自己的利益。行为保全的问题在于，表决权作为股东权的重要内容，法定情形下如关联股东回避表决的才能实质限制或者剥夺，否则都允许股东掌控和决定表决权的行使方式。随之而来的疑问是，表决权拘束协议可否达到限制股东表决权的效果？[2] 对此见仁见智，但我们以为答案是肯定的，缘由有三：其一，表决权具有财产属性，作为合同客体，能被强制履行；其二，在表决权拘束协议有效的前提下，唯有实际履行方合缔约方的缔约目的；其三，行为保全在此阶段能够充分、高效地为守约方提供救济。具言之，由于此阶段股东尚未投票、决议尚未作出，请求实际履行并不涉及否定一项决议效力的问题，在组织法层面并无阻碍。故而，此时通过行为保全能使违约股东在即将召开的股东会上依约投票，进而形成公司决议，以确保达到实际履行协议的效果，实现契约法与组织法的贯通。关键还在于，若此时错失行为保全的良机，放任预期违约方在股东会上实施实际违约行为，势必滑入组织法上决议的效力泥沼之中，徒增问题的复杂性与救济的障碍性。

问题是，行为保全的救济路径在我国法上如何建构？我国《民事诉讼法》第 103 条第 1 款、第 104 条分别规定了诉中、诉前的行为保全。循法不禁止皆可为的法理，组织法领域的纠纷也并非不可以适用行为保全，具体涉及会议召开的禁止、股东表决权的禁止等。与之类似，预防性禁制令（美国）、定暂时状态假处分（如我国台湾地区）等也被普遍用以解决涉及公司的纠纷[3]，以阻止当事人违

---

[1] 参见王真真，前揭文；梁上上，前揭书，第 304 页。

[2] 参见王真真，前揭文。

[3] 参见陈彦晶：《公司决议行为保全构成要件的确定》，载《当代法学》2019 年第 5 期。

反协议投票。[1] 前述英国 Puddephatt v. Leith 案[2]、Greenwell v. Porter 案[3]均是法院在股东会召开前适用禁令的力证。但是,《民事诉讼法》仅规定行为保全的一般事项,较为抽象,如何适用于组织法还需进一步的规定。在预期违约情形下采取行为保全可能会对组织法上股东会的召开产生影响,公司召开股东会的时间、地点、主要议题等均需提前敲定,股东也要被提前通知,行为保全一经适用将打破股东会的正常进程。[4] 因而,需要尽量减轻在时间上产生的迟延,把对公司的影响降到最低。对此,可以借鉴知识产权法的做法[5],秉持审慎原则综合判断适用与否。[6]

(2)背约方已行权但决议尚未形成的:请求公司改票

前文已论及,公司在股东会上直接改变违约方的投票并形成决议的做法已有司法实践,学界赞同者有之,否定者亦有之。对于前文提及的第三点否定理由,即公司机关不应以源自组织规则的授权执行不具有组织性质的协议[7],这一理由值得赞同,但在表决权拘束协议由全体股东签订时,此种否定理由已不复存在,因为全体股东表决权拘束协议具有组织法上的效力,实与章程无异,因此公司机关可以凭借组织规则的授权执行具有组织性质的协议。对于前文提及的第二点否定理由,即公司改票可能在协议一方控制公司的情况下侵犯其他股东的权利,同样,在全体股东协议的情形下此种否定理由不复成立,因为合意制下自不存在对任何一方缔约人的侵犯。

需要重视的是前文提及的第一点否定理由,也即不同于法院的司法审查,公司直接改票不会对协议的效力进行认定,反而可能导致决议被撤销。[8] 的确,公司将违约股东在股东会上的投票按照协议约定直接变更后,若出现前文

---

[1] 参见蒋学跃,前揭文。
[2] [1916] 1 Ch. 200, 202.
[3] [1902] 1 Ch. 530, 531-2.
[4] 参见梁上上,前揭文。
[5] 最高人民法院《关于审查知识产权纠纷行为保全案件适用法律若干问题的规定》第 7 条规定,适用行为保全的考量因素包括:申请人的请求是否具有事实基础和法律依据;不采取行为保全是否会使申请人的合法权益受到难以弥补的损害,或者造成案件裁决难以执行等;不采取行为保全措施对申请人造成的损害是否超过采取行为保全措施对被申请人造成的损害;采取行为保全措施是否损害公共利益等。
[6] 参见王真真,前揭文。
[7] 参见李潇洋,前揭文。
[8] 参见蒋学跃,前揭文;李潇洋,前揭文。

分析的协议瑕疵情形——协议违反公司法上的强制性规定,确实可能导致决议被撤销的后果。如何看待这一现象？笔者认为其实不足为虑。一方面,封闭性公司中的全体股东协议本身可以起到适当突破甚至替代强制性规范的作用;另一方面,在全体股东协议的场合下,前已证成,不应机械、僵化地固守公司程式,应当从实质的角度将协议理解为具有组织法效力的工具,一旦公司受到约束,对于背约投票的,公司自应站出来纠正之。唯此场合下公司才得更改股东的投票,这样就不会造成公司改票范围的不当扩大,以防止权力滥用。

(3) 背约方已行权且决议形成的,请求法院撤销在先决议且判决违约方实际履约

公司决议一经作出,即为成立。[1] 在全体股东协议的现有语境下,可以将股东协议形同公司章程,背约投票就等于违反公司章程,守约方股东得援用《公司法》第22条第2款规定请求法院撤销该决议,因为公司决议在表决方式等程序上违反公司章程规定的,得被请求撤销。在先公司决议被撤销后,公司再次举行股东会表决时,违约股东应依约投票,也即承担实际履行之责任。

前文述及,此时实践中还有一种做法,就是法院判决撤销在先决议的同时重新计票,不再另行召开股东会会议。这种做法与上述的公司直接改票有异曲同工之处,甚至被视为一种高效化解纠纷的做法。尽管就结果而论,该种做法与公司再次举行会议的表决结果相同,但其可能忽视了公司自行召开股东会并进行表决的程序价值,略过了股东会议中股东交流意见、违约股东发表新意见、议决文件保存备份等流程,也有司法过度介入公司自治之嫌,不宜采纳。

综上所述,图2-1对表决权拘束协议的类型化救济路径的建构进行了可视化。

---

[1] 参见李建伟、王力一：《公司决议不成立之诉实证研究——〈公司法解释四〉出台前审判创新实践的价值发现》,载《经贸法律评论》2020年第3期。

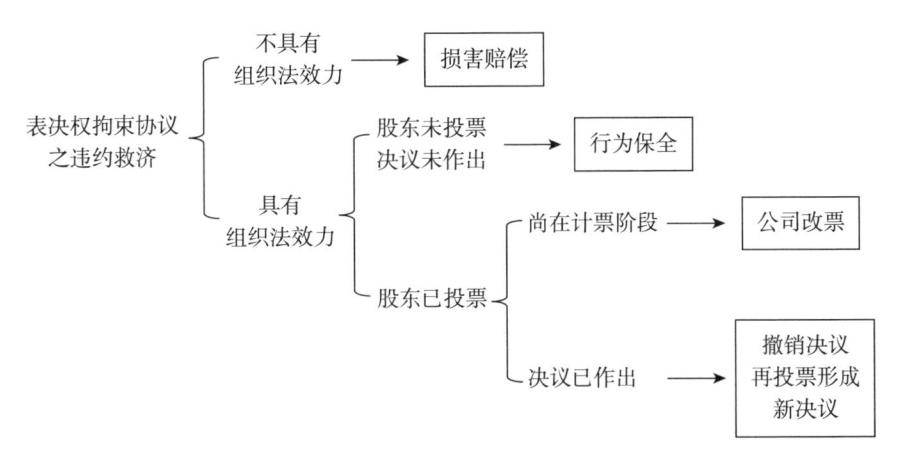

```
                    ┌─ 不具有组织法效力 ──→ [损害赔偿]
表决权拘束           │
协议之违约救济 ──────┤                    ┌─ 股东未投票决议未作出 ──→ [行为保全]
                    │                    │
                    └─ 具有组织法效力 ────┤                    ┌─ 尚在计票阶段 ──→ [公司改票]
                                         └─ 股东已投票 ──────┤
                                                              └─ 决议已作出 ──→ [撤销决议再投票形成新决议]
```

图 2-1 表决权拘束协议的类型化救济方式

六、表决权拘束协议规范体系的立法完善

(一)理念层面:表决权拘束协议的双重属性论

股东表决权拘束协议的本质是契约,归属合同法规范调整,同时其会通过影响股东在股东会上的投票进而影响公司决议,因而与组织法息息相关,该种协议自带契约法与组织法交叉的属性。双重属性作为制度理念贯穿表决权拘束协议的效力认定及违约救济的选择,这需要考量契约法与组织法规则的适用关系,尤其注重后者的特殊适用,其中最为核心的是表决权拘束协议之适用实际履行,要符合组织法的逻辑。

(二)修订要点:公司法典完善表决权拘束协议规则

不少域外公司法设置规范调整表决权拘束协议,及(或)其上位概念股东协议,如《美国示范商业公司法》《特拉华州普通公司法》、我国台湾地区"公司法"等。但在我国,"总体上现行《公司法》尚未形成股东协议的基本立场,因而运用《民法典》第153条'法律、行政法规的强制性规定'来解释和评价股东协议时,往往就缺乏依归,导致司法适用中存在困难。比如,股东协议的效力,实践中法院均是从个案中进行衡量和判断。有的法院认为如果股东长期遵守股东协议,那么该协议对公司也具有约束力。有的法院认为只要股东协议体现了各股东的真实意思且不与法律法规以及公司章程冲突,就应当与公司章程具备同样的法律效力。股东协议是在公司法定结构之外实际影响公司运作的一种隐性机制,《公司法》应当勾画股东协议的轮廓,理顺股东协议与公司章程及决议的关系、明确股东协议中意思表示的效力范围、设定股东协议的地位和基本原则"[1]。司法实践的困境说明,一方面,在契约法层面表决权拘束协议只能被定性为无名合同,合同法规范的适用终究存在一定的局限性[2];另一方面,在组织法层面存在完全的立法缺位。有学者对此发问,立法完善存在两种路径,究竟是修订合同法还是修订公司法?[3]我们认为当然是后一选择。《民法典》合同编并无专门规范表决权拘束协议的必要。既然表决权拘束协议属于无名合同,得准用合同编的一般规定即可,至于可否适用最相类似的典型合同的规定,那么则需要解释论上完成该协议是否属于委托合同的证成,比如前文论及的表决权拘束协议的缔约方是否享有任意解除权的问题,该问题可以通过类推解释获得结论,无须《民法典》专门规定。再则,表决权拘束协议并非日常生活中及市场经济生活中常见类型的合同,尚不能提升到需要《民法典》合同编分编"典型合同"单设一章予以规范的高度。事实上,表决权拘束协议适用法律的困境基本上来自组织法的规范供给缺位,这才导致回归合同法一般规则解决问题,但又不能得到妥适性解决,所以说表决权拘束协议的法律调整更需要的是组织法层面的规则。[4] 不论理念层面还是司法审判实践层面,匮乏的均是用组织法思维认识表决权拘束协议,以组织法思维为出发点解决协议所涉及的效力以及违约救济上的问题。因而在《民法典》特别规定表决权拘束协议必要性与重要性都不足。所以,应该立足于《公司法》及其司法解释层面完善表决权拘束协议的规定。基于股东协议在封闭公司实践中大量应用的实际制度需求,《公司法》不应视而不见,应该予以积极的回应,这也是立法对于中国特色问题的必要回应,凸显立法的中国问题意识。这个问题一时较章程更为灵活、更能贴合股东的多样化需求,有必要引入《公司法》。[5] 立法规范的设计,一方面要积极学习、吸取域外公司法丰富的立法成就与实践经验,另一方面要结合我国的实践情况,解决中国的问题。具体建议有三:

1. 表决权拘束协议的上位概念——股东协议尚未出现在《公司法》文本中,

---

[1] 刘贵祥:《从公司诉讼视角对公司法修改的几点思考》,载《中国政法大学学报》2022年第5期。

[2] 参见严励:《论无名合同及其法律适用》,载《云南大学学报(法学版)》2006年第1期。

[3] 参见周游,前揭文。

[4] 参见陈克:《对赌协议履行不能的定性与后续问题——股东协议视角的回应》,载《多层次资本市场研究》2022年第2期。

[5] 参见张学文:《股东协议制度初论》,载《法商研究》2010年第6期。

可以在《公司法》第一章设立一个条文,对股东协议作出一般性规定,肯定符合效力判断要件的股东协议对公司治理的意义以及认定协议的组织法效力标准。

2. 有关表决权拘束协议的具体规定安排在有限公司章节之下,同时在股份有限公司的章节中规定准用的条款。具体规定的内容突出其组织法效力内容及救济手段。

3. 在公司法典规定的基础上,通过发布公司法司法解释的方式对于表决权拘束协议效力及救济规则作进一步的细化规定。

上述规范的基本内容约略如下:就股东之间彼此的权利义务关系以及股东会职权范围内的事项,股东可以通过协议方式约定之;表决权拘束协议对表决权行使作出约定的,受拘束的股权(份)在表决时应保持一致;表决权拘束协议仅对缔约股东发生效力,但全体股东协议满足特定程式要求时可以拘束公司;违反约束公司的表决权协议的,如股东会尚未召开,守约方得申请行为保全,如已经召开且作出了决议,守约方有权利请求撤销该决议并要求违约股东在下一次投票时依约投票,否则公司得强制改票。

七、结论

契约法与组织法的双重考量始终贯穿股东表决权拘束协议的违约救济。表决权拘束协议有效是获得违约救济的前提。表决权拘束协议作为无名合同,需要适用契约法规则,检验表决权拘束协议是否符合合同法的效力规则,同时表决权拘束协议涉及组织法律关系,因而还需根据公司法规范进行效力审查。损害赔偿与实际履行是表决权拘束协议的主要救济方式。损害赔偿仅涉及契约法层面的救济,与组织法无涉,因而难以为守约方供给充分救济,守约方欲达到的对公司控制权的获得和影响公司治理的目的无法实现,且此种救济方式还存在具体赔偿数额难以计算的司法难题,即便事先约定有违约金,也可能被法院酌情调整。实际履行的救济方式直接作用于公司决议,能够实现对守约方的充分救济,但能否适用实际履行,首先要受到组织法的限制,也即区分协议是否具有组织法效力分别而论,这是对于表决权拘束协议能否适用实际履行受到组织法上因素的影响的第一轮考量。

1. 部分股东协议不具有组织法效力,仅具有契约法效力,只能采取损害赔偿的违约救济。

2. 全体股东协议且协议内容未逸出股东会职权范围的,具有组织法效力,但能否适用实际履行的救济手段,还需要考量违约行为所处的阶段,这是对于表决权拘束协议能否适用实际履行受到组织法上因素的影响的第二轮考量。具言之:

(1)先以股东行使表决权为基准,行权前,可以通过行为保全的方式强制违约股东在股东会上按照约定投票,最大限度地给予守约股东充分的救济,且不涉及对决议效力的否定,实现了契约法与组织法的契合。

(2)股东行权后,再以决议形成与否来区分考虑,这是对于表决权拘束协议能否适用实际履行受到组织法上因素的影响的第三轮考量。

其一,尚在计票阶段,决议未作出的,由于公司被约束,守约方可在决议形成阶段请求由公司出面直接改变违约股东的投票结果,比如将反对票记为赞成票,反之亦然。但不能采用对违约投票不予计算的救济路径,因为此举对守约方救济不充分且会衍生多种不确定性,甚至出现完全相反的效果——守约方的合同意图既可能达成,也可能无法达成,影响当事人的合理预期。此处的所谓公司受到约束,是指为保证股东会上股东的投票行为符合已经形同章程的股东协议的约定,故而对于背约的投票,公司有权利且负有职责予以纠正。

其二,决议已作出的,法院得依申请撤销在先决议,并要求违约股东在下一次的投票中依约投票,从而形成新的股东会决议,从而为守约方提供实现其缔约目的的终极救济方案。最后需要申明,对第三人利益的保护不应成为表决权拘束协议适用实际履行的阻碍。

总之,在解释论上,表决权拘束协议的违约救济方案构造需要根据具体的纠纷形态的组织因素强度而作类型化构造,此处的"组织因素强度"具体是指区分不同类型纠纷的组织法效力强度,以求具体问题具体分析,实现契约法与组织法的完美契合。

附录:样本案例相关裁判文书案号索引

1. 江西省新余市渝水区人民法院民事判决书,(2015)渝民初字第 02693 号。
2. 江西省新余市中级人民法院民事判决书,(2016)赣 05 民终 12 号。
3. 江西省高级人民法院民事裁定书,(2017)赣民申 367 号。
4. 北京市通州区人民法院民事判决书,(2018)京 0112 民初 24863 号。
5. 北京市通州区人民法院民事判决书,(2020)京 0112 民申 22 号。

6. 广东省佛山市南海区人民法院民事判决书,(2016)粤 0605 民初 14824 号。

7. 福建省厦门市湖里区人民法院民事判决书,(2019)闽 0206 民初 6434 号。

8. 重庆市荣昌区人民法院民事判决书,(2020)渝 0153 民初 396 号。

9. 重庆市第五中级人民法院民事裁定书,(2020)渝 05 民终 4398 号。

10. 浙江省杭州市西湖区人民法院民事判决书,(2018)浙 0106 民初 396 号。

11. 云南省个旧市人民法院民事判决书,(2020)云 2501 民初 1514 号。

12. 佛山市中级人民法院民事判决书,(2013)佛中法民一终字第 928 号。

13. 福建省厦门市中级人民法院民事判决书,(2007)厦民终字第 2330 号。

14. 上海市第一中级人民法院民事判决书,(2010)沪一中民四(商)终字第 69 号。

15. 最高人民法院民事判决书,(2017)最高法民再 172 号。

16. 北京市第一中级人民法院民事判决书,(2019)京 01 民终 10125 号。

第三章

上市公司股权代持协议的效力实证研究*

【本章导读】 与非上市公司相比,上市公司股权代持协议的效力认定规则有所不同。基于其公众性考量,维护证券市场的公共秩序与广大不特定投资者利益成为重要的法益考量目标。在法解释论上,股权代持协议是一个横跨组织法与契约法的问题,效力认定涉及多方利益主体,因而引入比例原则来限定否定其效力情形,尤为关键。在立法论上,应该明确上市公司股权代持协议的判定标准,又因证券市场交易的虚拟性与间接性,加之信息披露是上市公司股票发行的前置性审查要求,上市公司股权代持规则的完善需要以信息披露制度为基础,实行相应的类型化监管措施。

【本章关键词】 上市公司 股权代持 合同效力 信息披露 证券监管

一、引言

股权代持协议是实际出资人与名义股东之间达成的、约定由前者对于认购的公司股权进行出资,由后者作为公司公示的股东,并由双方合意分配或分担损益的一种无名合同。[1]借此协议,实际出资人与名义股东之间出现名实分离的

---

* 本章的合作者是王惟安。同时感谢何乐云、高玉贺等同学参与的讨论与提出的修改意见。王惟安,法学硕士,任职于恒安标准人寿有限公司。

[1] 参见周友苏:《新公司法论》,法律出版社2006年版,第229页。

一种法律关系。[1] 从实务经验来看,此类法律关系的关键挑战在于股权的归属:实际出资人与名义股东的请求"阴晴不定",在公司的股权价值溢价时,双方均竭力主张自己是公司的股东,反之,又坚决否定己方是股东以期规避投资风险。[2] 准确判断股权代持协议的效力,则是明确双方利益归属、合理解决纠纷的前提。

《公司法》对此未置一喙,最高人民法院《关于适用〈中华人民共和国公司法〉若干问题的规定(三)》(以下简称《公司法解释三》)仅对有限公司的股权代持协议效力进行了简单规定,依据之,有效为原则,无效为例外,但没有提及上市公司的股权代持协议效力的特殊性。但在实务中一个不争的事实是,同类的股权代持协议,在上市公司的背景下往往被判无效的更多。那么,上市公司股权代持协议的效力及附带的相关利害关系人的权益保护到底具有何种特殊性,亟须公司法理论界与司法实务界的合力研讨以求共识,否则,在"无法可依"与"无理可循"的背景下,各级法院的裁决极具挑战和不确定性。股权代持协议效力判定作为厘清代持法律关系的先决条件,对明确名义股东与实际出资人之间的权益分配,平衡互相冲突的多方利益而言具有基础性意义。

二、上市公司股权代持协议的结构性特征

(一)两类公司的股权代持区分之意义

股份有限公司依照其发行的股票是否公开上市交易,分为上市公司与非上市公司。[3] 当前无论是司法解释的规范对象还是理论关注点都是针对有限公司的股权代持,对于股份有限公司特别是上市公司则处于一种缺失与忽视的状态。如将有限公司、非上市股份有限公司统称为非上市公司(封闭公司),作为对应概念的就是上市公司,两类公司的股权代持关系有所不同。

一是由于公司的公众性程度不同,所涉及的外部关系内涵及其边界都是不同的。有限公司封闭性强,股权的流通性较弱,股权架构也相对稳定,注重股东内部的信任关系,股东人数通常较少,股东之间必须具有深刻的信任与了解方可

---

[1] 参见荣明潇:《股权代持行为效力的司法认定》,载《法律适用(司法案例)》2019年第2期。
[2] 参见王毓莹:《股权代持的权利架构——股权归属与处分效力的追问》,载《比较法研究》2020年第3期。
[3] 参见赵旭东主编:《公司法学》(第3版),高等教育出版社2015年版,第74页。

协同一致地对公司进行运行管理。[1] 所以,股权代持法律关系的处理必须注重公司、其他股东的意思。与之相对,上市公司系典型的资合公司,以投资者的出资作为公司信用基础,强调股权的自由转让,股票的流通性较强且交易数量大,股权代持法律关系的处理注重的是对于证券市场广大非特定投资主体的利益,甚至证券市场的公共秩序与交易秩序也是必须考量的法益。基于此实质性差异,有限公司股权代持协议效力的判断标准与考量因素,不能当然适用于上市公司。

二是负外部性的程度不同。上市公司的股权代持会导致实际出资人隐藏于名义股东身后,致使证券市场的投资者无法真实了解其身份信息,从而处于信息不对等的劣势地位,若股权代持协议产生法律纠纷,将会侵害广大非特定投资者的合法权益。在证券市场交易中,购买上市公司发行的股份系投资者与上市公司发起人共同就上市公司的设立或者经营达成的一种类似于投资的协议。在公司内部存在股权代持的情形下,广大非特定投资者与股东真实身份不确定、股权归属不明确的主体达成交易,这对于大多数只能依靠信息披露的投资交易主体是不公平的,显然与证券市场中广大非特定投资者的真实意思表示与行政监管目的表示相悖。非上市公司的股权代持关系更多建立在股东之间基于其信任关系而做出的真实意思表示行为,相较于上市公司其涉及的利益主体较少,名义股东与公司及其他股东之间也存在较为密切的联系,若发生股权代持纠纷,其影响范围也仅局限于公司其他股东、债权人而已,并不会涉及广大投资主体的利益。实务中,非上市公司内部的股权代持行为通常已被其他股东所知悉,甚至在公司治理运行过程中,股权代持双方已与其他股东形成了默契的安排。反观上市公司,不可能存在此种情形,因其投资主体人数众多且投资主体具有不特定性,故信息披露制度是证券市场中的投资者能够有效了解公司信息并依据此信息平等与其他主体进行协作的桥梁。[2]

三是监管力度不可同日而语。股权代持关系具有民商双重属性。[3] 上市公司的股权代持不仅要适用《公司法》、《民法典》合同编的相关规定,还需要遵

---

[1] 参见范健、王建文:《公司法》,法律出版社2015年版,第83页。
[2] 参见刘韶华:《有限责任公司隐名出资法律问题研究》,中国人民公安大学出版社2012年版,第119页。
[3] 参见钱玉林:《民法与商法适用关系的方法论诠释——以〈公司法〉司法解释(三)第24、25条为例》,载《法学》2017年第2期。

守《证券法》及证券监管机构的相关规定。因上市公司通过证券市场公开发行股票向非特定人融资而牵涉多方主体利益,证监会实行从严审查的监管政策,不仅要求市场交易秩序的公平公正,更要求市场交易行为的公开透明,如《证券法》第12条、《上市公司信息披露管理办法》第3条等均对上市公司股权代持行为进行了严格规范。

(二)上市公司股权代持协议的基本类型

1. 委托—代理型

通常由名义股东与实际出资人订立具有委托合同性质的股权代持协议,协议约定将名义股东登记于公司章程、股东名册、商事登记簿中,代实际出资人持有上市公司的股份,并根据实际出资人的授权行使其相应的股东权利,投资收益实际归实际出资人所有。[1] 有学者认为此类股权代持具有委托—代理的法律性质,股权代持协议项下的法律关系与隐名代理的内涵与外延具有高度的重合部分,故应当将其定性为具有委托代理性质的协议。[2] 根据《民法典》第162条规定,代理人依其代理职责实施的民事法律行为,其法律效果应由被代理人承受[3],将其代入上市公司股权代持协议的内部法律关系中,也可理解为名义股东依据实际出资人的授权以自己的名义所实施的民事法律行为产生的法律后果,由实际出资人承受。

2. 信托型

信托是以信任关系为基础,委托人将其财产转交于受托人,受托人以自己的名义,依照委托人的意愿与指示,为实现受益人的特定目的或维护受益人的利益,对其进行集中管理或处分的财产管理制度。[4] 代理与信托均以委托人与受托人之间的信任为前提,委托关系都是两者的根据,区别在于,信托制度可以实现财产权的自由转移,即纵使受托人违反了与委托人之间的约定,加以自己的意志而处分信托财产,除非存在法律规定的无效情形,都认定受托人的处分与管理行为系为受益人谋取利益的有效行为。[5] 根据《信托法》第33条规定,信托人

---

[1] 参见李丹丹、张辉:《论隐名出资中股东身份的法律辨析——兼评〈公司法解释(三)〉的相关规定》,载《经济研究导刊》2020年第36期。

[2] 参见王毓莹,前揭文。

[3] 《民法典》第162条规定:"代理人在代理权限内,以被代理人名义实施的民事法律行为,对被代理人发生效力。"

[4] 参见赵廉慧:《信托法解释论》,中国法制出版社2015年版,第43页。

[5] 参见刘迎霜:《股权代持协议的性质与法律效力》,载《法学家》2021年第3期。

对其所实施的信托事项具有保密义务,保密的内容包括但不限于委托人信息、受益人信息及信托事项的相关资料等。受托人的自由处分权利与保密义务的制度设置,使得监管部门对于代持信息的真实性无法得到确认,从而使其脱离监管。是故,证券监管部门对于上市公司信托型股权代持协议的效力持否定意见,法院也通常否认此种类型的代持协议效力,但也有法院肯定信托型股权代持协议的效力。如伟杰公司、天策公司营业信托纠纷案,法院认为双方系基于真实意思表示而达成合意签订的《信托代持协议》,经过确认双方对其内容的真实性并无异议,协议约定的内容也并未违反法律的强制性效力性规定,故应当认定其有效。[1]

3. 职工持股会型

职工持股制度是指公司内部员工基于其身份主体资格购买公司的部分股票,进而获得公司股权的制度。[2] 职工持股会是2000年前后部分国有企业公司化改制实践过程中形成的特殊形态,是专门为职工身股代持而设置于公司内部的组织,为职工代持股权并行使股东权利是其唯一的存在职能。1997年,民政部会同原国家工商行政管理局等曾发布联合声明,认为职工持股会若按照法定程序进行登记及公告,即取得社团法人资格。[3] 2001年国务院发布关于职工持股会的复函中表明,职工持股会不需要进行登记,其性质系公司内部的一个单独机构或组织。[4] 但随后针对上市公司,证监会明确发文否认工会、职工持股会代持股份行为的效力,认为代持会造成股东人数过多且股权关系过于冗杂,若根据其股权架构关系来找寻原始股东会耗费大量的时间与精力且实操难度过大。但在一段时期的实践中,公司为奖励董监高、优秀员工而实施股权激励计划,职工持股会、工会成为为职工代为持有公司股份的平台,有力地隔离了内部人员流动与组织机构变化对于股权结构的影响,万科集团、平安保险公司等在上市过程中都曾存在职工持股会代持的情形。

---

[1] 参见最高人民法院民事判决书,(2017)最高法民终529号。
[2] 参见裴亚洲、丁越:《上市公司员工持股计划中的利益冲突》,载《社会科学论坛》2014年第6期。
[3] 参见民政部、原外经贸部、原国家体改委、原国家工商行政管理局《关于外经贸试点企业内部职工持股会登记管理问题的暂行规定》(已失效)。
[4] 参见国务院办公厅《关于外经贸企业内部职工持股会法律地位问题的复函》(国办函〔2001〕25号)。

(三)法律关系的双层结构

股权代持协议涉及名义股东、实际出资人、上市公司、其他股东乃至公司债权人等多方利益主体,法律关系错综复杂。循组织法的逻辑,可将股权代持协议的法律关系分为内、外两层结构,根据案件具体事实的不同,进而做出区分认定与处理。可参照图3-1。

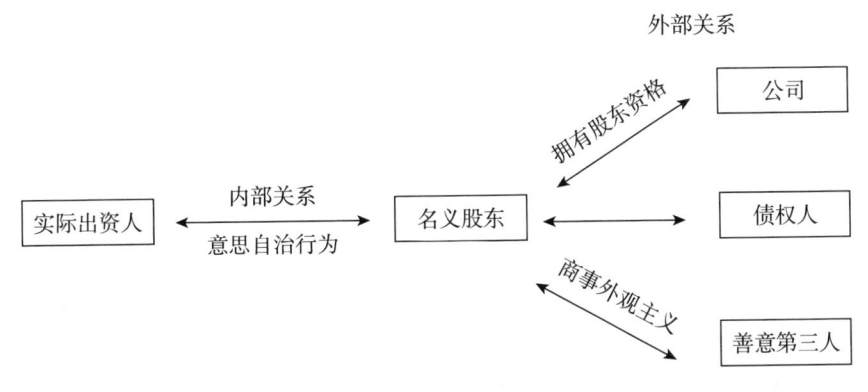

图3-1 股权代持协议的法律关系结构

1. 内部法律关系

内部关系是受股权代持协议直接约束的名义股东与实际出资人之间的法律关系。股权代持协议既然为合同行为,若不存在致使无效情形,自然尊重双方当事人的意思自治行为与合同自由行为[1]。同时,基于合同相对性,代持协议的权利义务仅约束合同订立人[2]。从内部关系看,若代持双方因股东资格确认、股权归属、损益分配等问题产生纠纷,并不涉及善意第三人、债权人、证券市场非特定投资者,也不涉及外部监管的,上市公司股权代持协议效力的认定与其他公司相比并无特别之处。

2. 外部法律关系

与有限公司相比,由于上市公司的资合性与公众性,股权代持协议涉及的外部关系更为纷繁复杂。

(1)与善意第三人之间的法律关系。股东名册是股东享有股东资格与股东权利的重要证明文件[3],名义股东其姓名登记于公司章程、股东名册等具有公

---

[1] 参见王毓莹,前揭文。
[2] 参见崔建远:《合同法》(第3版),北京大学出版社2016年版,第38页。
[3] 参见郑云瑞:《公司法学》(第2版),北京大学出版社2019年版,第63页。

示性的公司文件中,具备一定的权利外观,遑论登记在市场监管局的商事登记簿,第三人借此有理由相信名义股东系该公司股东的事实,基于该信任基础对名义股东作出的处分行为,第三人的利益理应受到保护。第三人是否知晓实际投资人的存在,乃是判断其是否主观善意、是否符合善意取得适用条件的因素。

(2)与名义股东债权人之间的法律关系。在司法实践中,债权人申请执行名义股东名下的代持股权纠纷频发。多数法院认为,实际出资人不能以其实体权利受侵害为由,排除对名义股东名下股权的执行行为,因为名义股东登记于股东名册、商事登记簿中,第三人有权且有理由主张信赖利益保护。[1]

(3)与公司及其他股东之间的法律关系。该层法律关系主要涉及有限公司的股东资格确认等问题,在目标公司之前如组织形态为有限公司,会存在这一类问题。如高某与某金属科技公司等股东资格确认案,法院认为该公司及其他股东对于涉案当事人之间存在代持协议的事实已经知晓,实际出资人参与公司的管理与决策,公司及其他股东也未提出反对意见,故实际出资人无须履行征得其他股东过半数同意等程序性义务,便可行使股东权利,但应当对股权代持协议的合法有效及实际出资人的行权基础与范围承担举证责任。[2] 反之,公司及其他股东对于股权代持关系不知情的,实际出资人主张股东权利将面临组织法上的障碍。

三、上市公司股权代持协议效力的司法认定现状及问题

(一)理论争议:四种学说主张

1. 有效说

该说认为上市公司的股权代持协议并无特殊性规则,遵循一般意义上的委托同效力规则。委托合同的效力也遵循契约自由原则,同样尊重当事人之间的意思自治行为。[3] 意思自治旨在保护民商事主体基于一定目的而实施行为时,不受公权力机关或他人干预。[4] 目前,《公司法》、公司法司法解释层面对于上市公司股权代持协议的效力认定未有特别规则,但针对与日俱增的上市公司

---

[1] 参见最高人民法院民事判决书,(2020)最高法民终844号;陕西省高级人民法院民事判决书,(2019)陕民终754号;山东省高级人民法院民事判决书,(2019)鲁民终1829号。

[2] 参见上海市第一中级人民法院民事判决书,(2019)沪01民终13146号。

[3] 参见徐伟功:《法律选择中的意思自治原则在我国的运用》,载《法学》2013年第9期。

[4] 参见王泽鉴:《民法概要》(第2版),北京大学出版社2011年版,第28页。

股权代持现象,证监会发布了一系列部门规章意图抑制,但严厉的监管之下似乎并未减少上市公司股权代持,反而激增了违规代持现象与种类。裁判实务中,部分法院认为上市公司股权代持协议的内容并未违反法律的强制性规定,证监会颁布的相关部门规章仅规定上市公司的股权架构应当清晰且不存在权属纠纷,属于管理性强制性规范,故不能因违反之认定代持协议无效。如井某国、陈某明股权转让权属纠纷案,法院认为,拟上市公司在进入上市流程前,股份公司内部的股东可以自由转让其所持有的股份,系合法有效的处分行为,该行为并未违反效力性强制性规定,故应当肯定其代持协议的效力。在公司上市后,若股权转让行为尚未履行完毕,法院就将登记于股东名册的转让股东认定为名义股东,受让方认定为实际出资人。[1] "若法律条文中释明了违反该条文将承担何种法律责任或违反该条文将致法律行为无效,该条文即效力性强制性规定;若仅阐明对某种行为或某种事项的明令禁止而未对该行为或事项的存在规定其应当承担的法律责任,该条文为管理性强制性规定。"[2] 证监会颁布的《上市公司信息披露管理办法》在效力层级上确属部门规章,不属于法律、行政法规层面的规范。有效说借此认为不能由此概括性否定上市公司股权代持协议的效力。

2. 无效说

该说主张,因上市公司股权代持协议较为复杂且涉及众多非特定投资者的利益,若疏于监管则会给该上市公司乃至证券资本市场带来巨大的危害与风险。[3] 司法实践中,多数法院认定上市公司股权代持协议无效的理由是上市公司股权代持侵害了社会公共利益、违背了公序良俗。如张某与王某青股权转让纠纷案,法院认为,上市公司的股东应当在登记机关依照法定程序予以登记且股东信息属于信息披露的重要内容之一,必须符合信息披露的真实准确与公开透明的监管要求,股东信息的不真实必然会导致董事、高管任职回避及关联交易的审查等工作无法深入进行,同时侵害了处于市场弱势地位的众多非特定市场投资者利益,损害证券市场之交易秩序、交易安全,造成证券市场的动荡。该案系争的《股权转让合同》损害了社会公共利益,根据《民法典》第153条,认定其系

---

[1] 参见最高人民法院民事判决书,(2018)最高法民终60号。
[2] 朱庆育:《"效力性"与"管理性"强制性规定之分类与解释》,载微信公众号"中国上海司法智库",https://mp.weixin.qq.com/s/hhrH7Tl0NfJhuqSrpcyEyg,最后访问日期:2022年2月28日。
[3] 参见《最高院—上市公司股权的隐名代持行为应属无效》,载微信公众号"法门囚徒",https://mp.weixin.qq.com/s/1DZeqbDSUKil7KsbD9yELw,最后访问日期:2022年2月28日。

争合同为无效。[1] 如李某与唐某确认合同效力纠纷案,法院认为发行人在公司上市的过程中,应当保持股权架构清晰并不存在其他确权纠纷,同时要求上市公司应当对其披露的公司相关信息的真实性负责,若股权代持协议是为了达到规避证券监督管理机构的监管等非法目的而订立,从而侵害了众多投资者的合法权利,则应当认定其《委托代持协议》无效。[2] 大部分学者支持该做法,并主张要降低上市公司股权代持现象的发生,否则将会对证券市场造成严重的破坏。[3]

3. 区分认定说

该说主张,对上市公司股权代持效力应根据客观存在原因与事实进行区分认定。与其他学说主张不同,区分认定说侧重于以代持事实为基础并结合代持行为成因予以综合判断[4],核心是意欲探索出效力判断标准的分界点,对上市公司股权代持协议效力的认定进行区分处理,依据是立法之初衷与意欲保护的法益。具体而言,因公司形态与发展阶段的不同,股权代持效力也有所不同,以公司上市为分界点,在分界点之前的股权代持行为可以类推适用有限公司关于股权代持协议效力的认定标准,若无法律规定的无效事由,认定其有效。在分界点之后的股权代持协议,有学者认为:"若是在二级市场上发生的代持行为且行为产生于公司成功上市后,同时满足该股东的持股比例并未超过百分之五或者代持行为已经进行了合理的披露,代持事实已为公众所知悉,固然也可以肯定上市公司股权代持的效力。"[5]若从订立代持协议的目的角度来分析,如股权代持行为系使用欺诈、虚假的意思表示或是恶意串通等方式规避证监会的监管,可以认定其无效。从股权代持协议的实现将造成的损害后果的角度来分析,若损害了证券市场中广大非特定投资者的利益或是破坏了证券市场的公共秩序,则应当认定其无效,反之若损害后果只及于双方当事人或公司内部其他股东,则不宜否定其效力。

4. 参照说

该说主张,公司形态并不是认定股权代持协议效力的重要考量因素,有限公

---

[1] 参见上海金融法院民事判决书,(2020)沪74民终474号。
[2] 参见深圳市中级人民法院民事判决书,(2019)粤03民终781号。
[3] 参见骆树楠、任超:《上市公司股权代持协议效力的司法考察与理论研究》,载《上海商学院学报》2020年第2期。
[4] 参见虞政平:《公司法案例教学》(第2版),人民法院出版社2018年版,第693页。
[5] 徐佳咏:《上市公司股权代持及其纠纷之处理》,载《中国政法大学学报》2019年第3期。

司、拟上市公司、上市公司认定股权代持协议效力的认定路径之间几乎相差无几,法院可以参照《公司法解释三》中关于有限责任公司股权代持的规定来进行裁判。问题是,法院不区分公司形态、代持协议的类型与性质进而作出参照适用有限公司股权代持相关规定的行为,一方面面临相关裁判规则扩张解释的质疑,另一方面某种意义上也体现了对证监会出台的相关部门规章的漠视,导致司法与监管之间的某种张力。倘若这种状态一直持续下去,甚至会激化审判机关与行政机关之间的矛盾。比如,最高人民法院对亚玛顿案作出终审判决后,实务中法院的裁判观点随着最高人民法院的裁判立场而转变,此点容后叙。

(二) 立法疏漏:治理逻辑难以落实

《公司法解释三》为有限公司股权代持的法律调整提供了规范依据,究竟能否同样适用于上市公司,尚需进一步讨论。从目前的法律法规的规范体系来看:第一,在拟上市过程中直至上市之后,对于上市公司内部存在股权代持协议的法律适用问题存在立法疏漏。《证券法》《上市公司信息披露管理办法》规定了上市公司负有如实披露信息的义务,包括对公司内部存在股权代持情况的披露义务,但上市过程中及后期的公司信息披露内容、方式存在模糊性,信息披露未能完全得到落实,这致使相应股权代持行为或协议的效力规范尚付阙如,上市公司股权代持纠纷亦难以在此阶段得到有效解决。第二,上市公司与有限公司不具有同质性,相关规范的准用是否有妥适性,需要考量。上市公司与有限公司在股票流通程度、涉及利益主体影响幅度以及股份交易等方面存在较大的甚至质的差异,若法院一味参照适用《公司法解释三》关于有限公司的规定以解决上市公司的股权代持纠纷,将面临立法意旨的诘问。第三,《公司法解释三》确立了一个较为复杂的逻辑结构,即股东身份与投资收益分离,进而产生内部效力与外部效力的区分,这客观上形成了投资权益与股东资格分离的状态,以便通过民法上的交易法规则来处理股权的财产权纠纷,而通过公司组织法规则处理股权的人身权纠纷。[1] 此种区分处理的路径有一定的难度,容易导致"同案不同判"的现象发生。

(三) 裁判实证:法律关系的定性纠结

通过检索中国裁判文书网、北大法宝等法律网站,截至2021年4月,我们找出了31例关于上市公司股权代持的判决书(见表3-1),其中约85%以上的案

---

[1] 参见蔡元庆:《股权二分论下的有限责任公司股权转让》,载《北方法学》2014年第1期。

例系由实际出资人提起的诉讼,大多数情形为名义股东不履行代持合同项下的内容,又或是名义股东的债权人提出执行异议,实际出资人认为自身权益受损,请求法院确认其股权归属或收益分配。

表3–1 上市公司股权代持纠纷的类型汇总

裁判案由	数量(件)	参数占比(%)
股权转让协议纠纷	5	16.1
股东确权纠纷	4	12.9
出资人权属分配纠纷	4	12.9
执行异议纠纷	5	16.1
与公司有关的诉讼	2	6.5
代持协议效力纠纷	11	35.5

从表3–1可知,占比最高的为名义股东与实际出资人之间的股权代持协议效力纠纷,具体类型包含委托合同纠纷、信托合同纠纷。原因在于,名义股东与实际出资人在订立股权代持协议之时能以多种名义签订合同,但协议的内容大多集中于名义股东代为持有实际出资人股权的事实与双方之间的权利义务范围,而对于代持协议的合同类型并未作出明确划分,但不少法院认定其为委托合同。[1] 各级法院对于股权代持协议的合同性质未形成统一认识。如天策公司诉伟杰公司营业信托纠纷案,法院认为,代持双方当事人已于协议中明确约定股权采取信托方式代持,且双方意思表示真实,约定内容并不违反法律的强制性规定,故应当认定该代持协议具有信托的法律性质。[2] 也有部分法院会突破双方签订的协议名称,根据协议内容约定的权利义务范围从而认定代持协议的法律性质。如山东日科化学股份有限公司与唐某某合同纠纷案,法院认为,代持双方当事人订立的《股权担保合同》名为担保合同,实为股权代持协议,又因该公司形态为上市公司,故应当适用《证券法》及证监会的监管规定予以处理。[3] 由于上市公司股权代持协议涉及多方法律关系,其法律性质的界定较为复杂,实务

---

[1] 如张某芳与李某、邹某乐委托合同纠纷案,法院认为,邹某乐代持张某芳股票的行为,具有委托的性质,故双方之间的股权代持协议应当属于委托合同。参见山东省济南市中级人民法院民事判决书,(2021)鲁01民终5678号。

[2] 参见最高人民法院民事裁定书,(2017)最高法民终529号。

[3] 参见山东省淄博市中级人民法院民事裁定书,(2017)鲁03民辖终121号。

中,多数法院将股权代持协议的法律性质认定为委托合同,适用原《合同法》或《民法典》合同编关于委托合同的规定以及《公司法解释三》的相关规定予以处理。

(四)问题梳理:股权代持协议的效力如何认定

股权代持协议的效力认定牵涉公司的组织形式、协议双方的契约合意、外部第三人的信赖保护等因素。是故,股权代持关系是一种兼具契约法与组织法属性的复合型法律关系。股权代持协议的效力判断不能禁锢在纯粹契约法的思维中,更为妥适的理解应基于契约法与组织法的联动框架展开。[1] 契约与组织的联动必然会增加股权代持协议效力判断背后利益衡量的复杂性。在组织法与契约法交叉的框架内,如何合理平衡名义股东与实际出资人之间的利益以及维护上市公司的利益,是理论与实务中亟待解决的关键问题。证监会对于上市公司发行股票予以从严监管,明确要求发行股票的拟上市公司内部必须股权架构清晰且不存在重大权属纠纷,如有违反,将导致诸多拟上市公司在上市过程中受阻或上市后受到巨额的行政处罚。虽然行政机关的监管规定与司法机关对于协议效力的认定之间尚有间距,但在证券市场施行高强度监管的背景下,多数法院也会有意识地借鉴行政监管规定,对于上市公司股权代持协议的效力予以严格认定。同时,上市公司股权代持协议效力认定一直面临立法的空白,使得股权代持行为及协议的效力认定莫衷一是。上市股权代持协议的效力是否需要按照公司形态、协议类型的不同进行区分认定?区分认定效力后,若协议无效该如何平衡各方利益,股权归属于谁;若协议有效,是否能以此协议对抗善意第三人及债权人?这些均是学界与司法界亟待解决的关键问题。

四、比较法的经验的考察与借鉴

(一)两大法系的代表性国家、地区

1. 美国法

美国资本市场中盛行以信托型股权代持形式进行交易,市场投资者将其购买的上市公司股份登记于证券经纪人名下,证券经纪人对其所持有的股份进行集中管理与交易,为投资者提供系统化、专业化的证券交易服务。在该信托法律

---

[1] 参见赖虹宇:《隐名出资的类型重释与规范构造——基于对契约法思维的反思》,载《现代法学》2022年第2期。

关系中,双方主体即为显名股东与实际出资人,上市公司的股份是信托财产,而双方之间基于信托关系所产生的法律关系受信托法及相关规定的调整。据《美国标准公司法》第 23 条规定,对于实际投资人以代持股份的方式对上市公司进行资本投入的,该公司应当对其具体的表现形式、程序的适用范围与适用标准、实际投资人和名义股东的相关信息与权限范围进行详尽的阐述。[1] 同时,《统一信托法》对信托法律关系的设立、变更以及信托主体之间的权利义务关系与纠纷的解决机制设有规定。当信托型股权代持出现纠纷时,审判机关在效力认定上具有统一的标准,亦有相关的法律基础及依据对其观点进行支撑。

对于非上市公司尤其是拟上市公司的股权代持,美国法未一味概括否认其股权代持行为的效力,而是通过建立高效且清晰的信息披露程序进行监督与管理。[2] 该程序的设置有利于公司内部对股东予以严格监管,不仅能够使得外部投资人充分了解公司内部信息,而且为证券监督管理机构履行其基本职权提供便捷。在美国法上,只要对被代持人存在的相关事实与被代持人的个人信息进行完备且符合法定程序的信息披露,且由证券监督管理机构将代持的情况进行调查核实与备案,法院通常会肯定股权代持协议的效力。证券监督管理机构对于调查与核实仅停留在形式程序上,并不触犯代持双方的实体利益,这旨在防止公权力机关行使其特定权利对证券市场进行参与和控制,破坏资本市场的完整性和流通性。而若代持双方当事人或是该拟上市公司未将代持信息如实告知证券监督管理机构,相关责任人就应当承担与损害程度、主观恶意性与行为辐射范围的大小相当的刑事或行政责任。[3] 因此,除却虚构不存在代持事实、隐瞒代持真实的情况,在上市的整个过程直至上市之后,美国法对于股权代持协议效力的认定均持肯定的意见。

2. 香港特区规定

香港特区《公司条例》第 28A 条有对名义股东的相关概念阐释,称其为"名义人",第 168 条肯定了名义人代持行为的效力,虽然对于代持双方的权责没有进行详细的说明与分配,但承认了名义股东可以代为持有受让人的股权。若上市公司内部出现了股权代持的情形,应将实际出资人的姓名等个人信息登记于

---

[1] 参见沈四宝编译:《最新美国标准公司法》,法律出版社 2006 年版,第 82 页。

[2] 参见高如星、王敏祥:《美国证券法》,法律出版社 2000 年版,第 126~127 页。

[3] 参见黄辉:《现代公司法比较研究:国际经验及对中国的启示》(第二版),清华大学出版社 2020 年版,第 90 页。

内部的股东名册,但对于将名义股东登记于股东名册中并不作强制性规定。上市公司股权代持被视为具有信托的法律性质,受托人应当出具具有公示效力的信托声明,声明其仅系代为持有他人的股权并公布实际出资人的基本信息,受托人与实际出资人订立的合同或协议将直接约束受托人的行为。该种权利配置结构完全符合香港信托法的相关规定,是顺应法律发展的合理结构体系。香港联交所出台的监管细则明确表示,公司应当在筹备以及运行上市的过程中对其股东的身份信息、代持情况等进行详细且清晰的信息披露,否则应承担相应的法律责任。该细则并没有明确否认上市公司或拟上市公司信息披露不实或违规的代持之效力,但可以推知其对于上市公司股权代持效力持肯定性观点。

3. 德国法

《德国商法典》集中规定了股权代持的法律适用问题,认定股权代持系具有商事性质并受商事法律约束的代理关系,其中第五章规定了"经理权"和"代办权",代办权的范围相较于经理权来说较为宽泛,不限定于特定法律行为而产生的特定法律关系[1]。《德国商法典》第54条(2)和(3)明确规定:"对于土地的出让和负担设定,对于票据债务的承担,对于借贷的继受,以及对于诉讼的实施,仅在向代办商特别地授予此种权限时,代办商始享有实施此种行为的权利。对于代办权的限制,禁止对抗善意第三人,只有第三人知道或者应当知道才会承担限制效力。"[2]股权代持关系并不在权限限制的范畴之内,故一般不否定股权代持协议的效力。代理权的权限范围取决于代理双方之间基于意思表示一致而达成的书面协议中约定的事务,且协议内容不能违反法律规定,若协议内容与法律相抵触则该协议应当认定为无效。与英美法不同的是,德国法更注重保障交易过程的安全性与交易秩序的稳定性。拟上市公司在上市的过程中直至上市后,都需要于固定时限内将股东信息及变更情况登记或备案于公司登记机关,并由公证机关进行公证。股东名册具有公示公信效力,可持登记证明对抗登记人,即外部善意相对人有权推定登记事实真实。该规定系商事外观主义的延伸,旨在保护不特定第三人的利益及维护交易安全与稳定。基于此,《德国股份法》第67条第2款规定:"在与公司的关系中,只有在股东登记簿上登记的人,才能成为公司的股东。"故,已公示股东为真正权利人,可充分行使股东权利,而股权代持关

---

[1] 参见《德国商法典》,杜景林、卢谌译,中国政法大学出版社2000年版,第24页。
[2] [德]C.W.卡纳里斯:《德国商法》,杨继译,法律出版社2006年版,第383页。

系中的实际出资人显名化据此被实质性禁止,降低了隐名股东显名化所带来的法律风险。但实际出资人仍可以依据《德国民法典》有关合同的相关规定寻求救济,并对代持关系中双方的权利义务关系进行规制与调整,承认实际投资人法律地位的同时赋予其异议权、处分资产的管理权与决策权。因此,民商分立的视角下,德国在尊重商事主体之间意思自治的基础上,将商事外观主义纳入考虑,即股权代持行为若是基于双方达成合意且意思表示真实即可认定为有效,但若以内部代持行为限制来对抗或侵害善意相对人的合法权益,德国法院将根据股东名册中记载的股东来追究法律责任。德国证券交易所并未对上市公司作出禁止代持的限制,若公司内部存在代持行为,必须如实填写申报材料进行信息披露,否则证券交易所将会追究该公司的法律责任并依法作出行政处罚,若犯罪数额与社会影响较大,也可能承担刑事责任。总体来说,德国上市公司股权代持方面体现出的最主要特点是坚持商事外观原则,在维护不特定第三人权益的前提下,对实际出资人的相关利益予以认可。

4. 日本法

日本学界总结了股权代持行为产生的原因,如为了达到公司法定人数(日本股份公司发起人最低人数限制为7人)、规避高额的遗产税与税收监管[1]等。虽然日本属于高集中性监管的证券市场监管体系,但《日本商法典》《日本民法典》并未对非上市公司与上市公司的股权代持行为作出明确的限制性规定,仅要求公司上市前对股东信息进行详尽披露并按照法定程序办理合规文件。

5. 韩国法

股份公司股权代持的相关问题规定在《韩国商法典》第三编第四章,将股权代持关系理解为代理关系,《韩国商法典》第322条第2款规定:"经他人承诺以自己名义认购股份的,应当与他人承担连带责任。"[2]同时,根据第377条规定,股东名册具有对抗公司及外部债权人的效力,即采登记对抗主义。韩国实行的是相对集中的证券监督管理体制,对非上市公司与上市公司在股权代持问题上并没有进行明确的区分,但韩国证券交易委员会未明令禁止上市公司的股权代持行为,在规范层面肯定了股权代持的有效性,仅设置了严格的信息披露与行业监管程序。同时,实际投资人若意欲"浮出水面",依照法定程序在公司登记机

---

[1] 参见何勤华:《20世纪日本法学》,商务印书馆2003年版,第127页。
[2] 《韩国商法》,吴日焕译,中国政法大学出版社1999年版,第68页。

关办理相关变更登记便可以产生股权变动的法律效果。

(二)启示与借鉴

依据我国《民法典》关于民事法律行为效力的有关规定及《公司法解释三》关于股权代持协议的相关规定,若股权代持协议不具备关于合同效力的阻却性事由,且不违背公序良俗原则,便可认定其有效。合理且合规化的信息披露制度是建立与维护证券市场的前提,"股权清晰"是我国证券市场中对拟上市公司及上市公司的股权架构的重要要求,若公司在上市过程中股权架构不清晰,证券监督管理机构将会以不予上市的结果反馈于拟上市公司。在此意义上,我国证券监督管理机构之所以概括性否定上市公司股权代持的做法,可能与信息披露运行机制和程序不完善息息相关。结合国情,我国证券市场形成与存在的时间较短,监督与规制证券市场的制度并不完备,信息披露制度尤其存在重大缺漏,导致公司在上市过程中为了满足自身利益而谎报信息,再加之违法违规披露所要承担的法律责任较轻,这也成为上市公司股权代持泛滥的诱导性因素。反观域外,一般并不概括否定上市公司的股权代持行为,证券市场以信用与利益最大化为优先考虑目标,建立了完备的证券市场监督管理机制,即以信息真实合法地披露为核心要义,在证券市场与法律法规之间产生矛盾之时,主张以公法为依托、私法为帮衬进行公法私法双轨制运行。[1] 比如,美国股票交易市场要求交易双方当事人要基于其自身的诚实信用来进行交易,而后续的证券市场的扩充与完善也必须以此要求为中心。[2] 美国以分层式监管来实现信息披露,不同的公司形态有着不同的监管与适用标准,证券监督管理机构对于上市公司的信息披露要求更高,若虚报信息或是违规披露,将会承担法律责任并承受数额极大的罚款;而对于拟上市阶段的公司,只要在合理的时间内进行真实且详尽的信息披露即可,尽量减少公权力机关对私权利的干预。我国证券市场相关的法规及细则均由证监会制定并颁布,属于完全的政府或公权力监管体系,政府完全监管固然具有规范、统一、力度强等优点,但是一概由政府监管是否会存在公权力过度介入或干预私权利的情形呢?所以我们建议可以借鉴域外资本市场完备的信息披露制度体系,以信托法律关系为依托(性质认定),认定上市公司股权代持协议

---

[1] See James D. Cox, Robert W. Hillam & Donald C. Langevooort, *securities regulation, cases and materials*, aspenpublishers 3rd 2001, p.798-799.

[2] 参见刘道远:《中国证券市场国际化改革的法律困境及其破解——以美国证券法制为镜鉴》,载《法商研究》2016年第4期。

的效力。一方面,使得名义股东与实际投资人之间的权利义务关系更为清晰与明确;另一方面,使得司法实践中为上市公司股权代持协议效力认定提供了充分的法律依据,明确了其法律性质,是民商法中意思自治的具体体现,也能更好地保护不特定第三人的权益。

但需要注意的是,信息披露也要合理化设置。司法实践中无法实现信息披露的,可以直接视为违规代持,纳入效力讨论范围,但事实上,没有办法披露的个人投资者存在代持情况的,大概率本身也并无披露意愿。实践中几乎不会存在真正意图不予披露而违规代持的情况。在商业实践中,股份有限公司在拟上市阶段为了吸引优秀高尖端人才与巩固既有管理层,通常会实施员工持股激励计划,例如持股比例较大的股东将自己的股份低价转让给董监高,使其以新股东身份入股,增加公司的注册资本、以曲线方式来进行股权激励计划等。但囿于证监会的相关监管规定及相关法律、部门规章等限制性规定,公司为了成功上市而不得不将公司内部存在代持行为进行隐瞒或虚报,长期如此便恶性循环,不利于证券市场健康稳定发展。因此,建立体系化、规范化的规制路径与解决机制,使其与证监会的监管规定与职权范围相配合,是解决上市公司股权代持问题之不二路径。

五、股权代持协议效力认定的解释论

(一)股权代持协议效力认定的比例原则

1.以比例原则为中心的法益衡量论

比例原则作为行政法中的黄金原则,包括适当性原则、必要性原则和均衡性原则三个子原则。其围绕着手段行为与主观目的之间的关系,认定公权力对个人行为的干预是否在应允范围之内,其本质要求系"禁止过度干预"。[1] 不同于传统的公、私法二元论观点否认比例原则在私法中的可适用性,当今学者认为:"比例原则的设立初衷系为了保护公民的私人权利不受侵犯,民法与行政法在比例原则的适用主体与内容上具有关联性,故适用比例原则来解决民商法中的纠纷,具有价值意义与现实意义。"[2]

具体到本章主题,比例原则项下的三个子原则对于上市公司股权代持协议的效力认定各具规范意义。适当性原则在于审查公权力机关对于民商事主体法

---

[1] 参见郑晓剑:《比例原则在民法上的适用及展开》,载《中国法学》2016年第2期。
[2] 郑晓剑,前揭文。

律行为的干预是否正当且符合公权力机关的目的性要求。必要性原则在于审查公权力机关对于民商事主体的私权利是否采取了最为有效且合理的干预手段，干预的限度是否为可选择范围之内的最轻手段。均衡性原则在于审查公权力机关对民商事主体的干预行为是否能使预期希望达到的治理效果与治理目的相匹配。具言之，其一，需要确认判定上市公司股权代持协议无效是否真正与我国金融监管的目的同向一致，进而具有侵犯私法自由的正当性，此为适当性原则的要求；其二，需要明确判定代持协议无效是达到我国金融监管目的的最轻之有效手段，此为必要性原则的要求；其三，需要衡量审判机关的手段是否与其预期目的相称，结合利益衡量理论，合理配置公权力与私权利之间的既定利益，此为均衡性原则的要求。以上三点是解决当前司法实践中对于该问题裁判不一的必要所在。利益衡量过程参见图3-2。

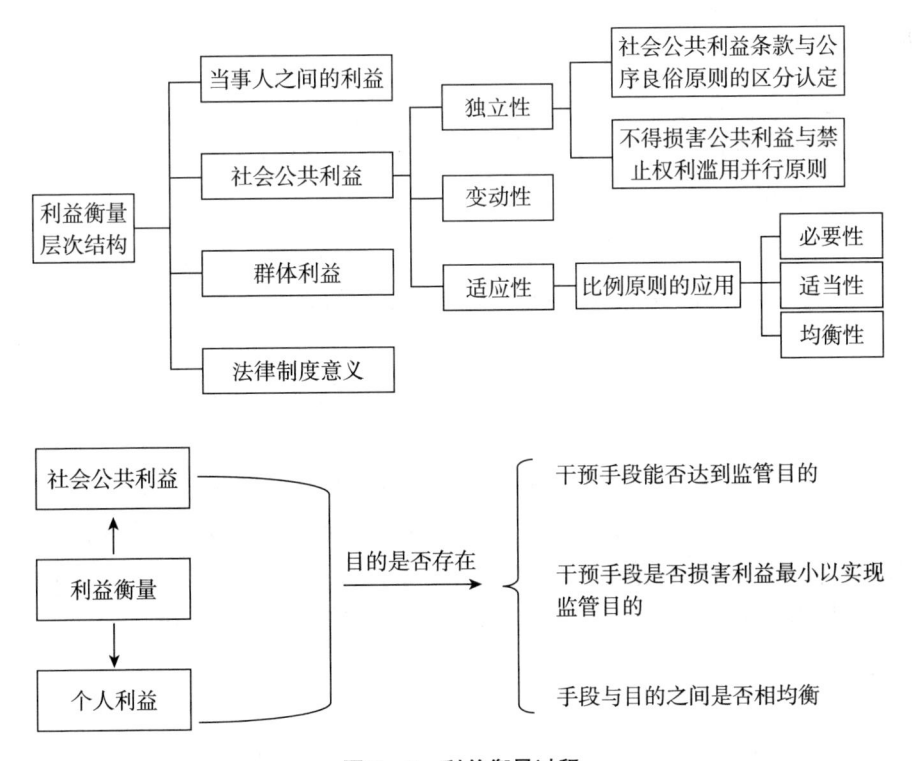

图3-2 利益衡量过程

2. 比例原则的具体适用

（1）适当性原则。此原则要求公权力干预手段具有合理的行权基础及必要关联性,侧重于对客观事实的认定。[1] 为了避免公司在上市过程中以股权代持之方式损害证券市场中广大非特定投资主体的投资利益,证监会要求发行人股权架构清晰稳定,实际控制人、控股股东及与其有利害关系的人的股权不能存在权利纠纷。[2] 该条款的监管目的系保护在证券市场中交易的广大非特定投资者利益与整个证券市场的稳定平衡,具有保护社会公共利益的特点。如江苏国际信托公司与中国农业银行合同纠纷案,法院认为,上市公司股权代持协议具有典型的商事合同的属性,审判机关在裁量时,应当考虑到当事人缔结合同的根本目的并结合商事经济思维,区别于民事合同的责任风险负担与规制治理路径。同时,要从协议的字面意思进行体系解释,找出法律法规、规章制度背后所要保护的法益与制定目的,并揭示当事人之间的真实意思表示,依照相关法律及部门规章的规定进行综合判断。[3] 在实践中,一部分法院使用社会公共利益原则、公序良俗原则来否认上市公司股权代持协议的效力,体现了审判机关在遇到私权利与公共利益互相冲突时后者。因此,无论是证券监管机构规范性文件的强制划一要求,抑或法院否认上市公司股权代持协议效力,均系为维护一定的金融市场秩序和不特定投资者的利益,基于上市公司的公司形态、性质、特点等因素综合考量的结果,正当合理且基于立法目的。

与之相对,部分法院深受民商审判思维逻辑"强制性规范效力二分法"影响,直接将代持协议认定为不违反法律、行政法规的效力性强制性规定而认定其有效的裁判进路,需要检讨之处在于:一方面未考虑到肯定其效力是否会侵害广大非特定投资者的利益,另一方面也未考虑到一味地适用"效力二分法"是否会架空证券监管机构的监管职权,使其颁布的部门规章事实上没有适用的空间。

(2)必要性原则。该原则强调以最小成本实现监管目的之干预手段,内含了三个预备条件:一是有多种替代手段;二是各种手段的有效性基本相同;三是采取最为适度且缓和的措施。[4] 此原则侧重于主观的价值判断,但产生的法律效果上依旧属于客观的事实判断,通过法律与生活上的经验判断事实问题,特别

---

[1] 参见姜昕:《比例原则研究——一个宪政的视角》,法律出版社2008年版,第38页。
[2] 《首次公开发行股票注册管理办法》第12条第2项第2段:"发行人的股份权属清晰,不存在导致控制权可能变更的重大权属纠纷,首次公开发行股票并在主板上市的,最近三年实际控制人没有发生变更;首次公开发行股票并在科创板、创业板上市的,最近二年实际控制人没有发生变更。"
[3] 参见最高人民法院民事判决书,(2017)最高法民终478号。
[4] 参见曾哲、雷雨薇:《比例原则的法律适用评析与重塑》,载《湖南社会科学》2018年第2期。

优先考量"公众利益"。[1] 具体来看,纵使证监会对证券市场的高强度监管具有重要性,但法院认定股权代持协议效力的法理基础需要更多法律价值的考量。因审判机关与监管机关的职权、组织形式、纠纷解决等因素的不同,二者行使公权力的效力也有所不同,审判机关所作的司法裁判相较于行政机关发布的规范性文件更具有权威性、公信力,更应当审慎为之。比如,我国法律不支持法院基于行政规章而作出裁判,就是司法权与行政权有效隔离的有力手段,否则司法权将被行政权所左右。法院有自己的裁判思维、原则、理念与逻辑,且结合具体案件事实来进行法律逻辑推导。如保培公司与雨润集团合同纠纷案,法院认为:"法院认定协议无效后,应当以全国人大及常委会制定的行政法规为依据,不得以地方性法规、部门规章为依据。同时在该案中,当事人签订的《股权代持协议》系基于双方的真实意思表示,故应当认定其有效,但是在继续履行的过程中,因股权代持协议违反了相关行政部门的监管规定,故属于法律或事实上的履行不能。"[2] 如有学者所言,上市公司股权代持协议的效力不必然影响证券市场稳定,其被限制或禁止的原因系我国现有的法律法规并未创设出规制上市公司股权代持的路径,且现有的监督管理机制不能承受代持所带来的客观预设风险性与不确定性。[3] 一方面,对于职工持股会、商业信托代持关系,可能无须通过协议效力的判断而大动干戈,通过完善信息披露制度即为已足,也即适当性条件即可予以阻隔。另一方面,针对其他有必要披露而未披露导致违规代持的,也需要论证司法裁判使得协议无效的必要性,如果施加行政处罚足以阻吓,且具有更高的有效性或者效率同等下的更小代价性,则适用后者是恰当的。问题在于,若是宣告协议无效的根本性原因在于代持带来的复杂关系扰乱监管且有害于不特定第三人的公平交易权,那么,宣布协议无效的主要作用类似于刑罚,在于事后威慑、惩戒,次要作用在于恢复有序状态。如是,针对前者较重的行政处罚(如罚款)足以满足上述功用,针对后者信息披露制度即可补足,何必还要宣布协议无效而过度侵害私人自治的权利?质言之,这就不满足必要性原则。所以,由法院宣告代持协议的无效,要么解释为行政处罚惩戒效力不足,要么解释为信息披露制度不足以恢复市场秩序。如前文所述,在美国法上,只要通过合理的信息披露,尽了如实报告义务,即可认定其合法。我国因信息披露制度的不完善与相关

---

[1] 参见姜昕,前揭文。
[2] 江苏省高级人民法院民事判决书,(2017)苏民终66号。
[3] 参见齐斌:《证券市场信息披露法律监管》,法律出版社2000年版,第253页。

立法的缺失,强监管便成为必然选项,但强监管是否会进一步带来司法介入私人自治空间的强势?值得深思。

(3)均衡性原则。该原则重在考量手段是否与目的相适应,首要目的系权衡目的和手段之间的所要保护的法益是否具有相当性,与前两个子原则的关键区别在于其不受预期目的的限制。如果通过手段侵犯的法益或者相对人承担的损失超过目的追求的法益,适用该原则可以直接否定具体行政行为的有效性与合法性[1],相较于前两个原则该原则更加依赖法官的自由裁量。具体到股权代持协议的效力判断,可以尝试从持股比例的大小区分认定对社会公共利益的影响程度。因监管部门要求上市公司股权清晰的限定主体系控股股东、实际控制人,法院在认定上市公司股权代持协议效力时,持股比例的大小也就应该是认定其是否侵害社会公共利益的一个重要条件。如东海公司与港澳定投公司案[2],法院因名义股东代持股份的占比较小,不足以对其他股东、证券市场中的广大非特定投资主体造成恶劣影响,进而认定该股权代持协议有效。尽管该案中法院未将具体的持股比例大小进行细化阐释,但可以肯定的是,如有确凿的证据能证明上市公司并未因股权代持协议而侵犯公共利益,则代持协议可能有效。

那么,立法机关可否将代持份额占上市公司发行股票的比例规定为损害社会公共利益的判断标准?未超过该数值的为合法代持,超过该数值的为违规代持并承担相应的否定性责任。如证监会《上市公司信息披露管理办法》第42条规定:"通过接受委托或者信托等方式持有上市公司百分之五以上股份的股东或者实际控制人,应当及时将委托人情况告知上市公司,配合上市公司履行信息披露义务。"有人建议,这一比例也可以成为法院裁判代持协议效力的考量因素并以此为界分点。也有人认为,无论多少的股权比例,只要为代持行为,对于公开证券市场就是有害的,只是程度不同而已,因此均应披露,未披露的就应当面临行为效力的质疑。所以,真正应该对比的是对于社会公共利益造成的损害与使之无效后对于私人自治利益的侵害之间何者更为重要,在此意义上均衡性原则只是一个法益保护的衡量过程,裁判遵循的逻辑应该是:持股比例过小导致对社会公共利益的损害不敌对私人自治的侵害时,应为有效。我们认为,后一种意见似为可取,当然,除了代持比例外,还要考虑代持的目的、代持人与被代持人之

---

[1] 参见谢鸿飞:《论法律行为生效的"适法规范"——公法对法律行为效力的影响及其限度》,载《中国社会科学》2007年第6期。
[2] 参见最高人民法院民事判决书,(2018)最高法民再33号。

间的关系等相关裁判因素。

需要说明的是,对于比例原则项下的三个子原则的适用顺序没有严格的限定,上市公司股权代持协议的认定标准是适用三个子原则综合而得出的结论,不是仅凭其中一项原则进而断定代持协议之效力。

(二)效力认定标准之一:是否破坏金融市场的公共秩序(社会公共利益论)

公序良俗原则具有填补法律漏洞的功用,在实现裁判公平方面发挥重要作用。但是,如果公序良俗原则直接成为裁判依据,在具体案件的适用中存在较大的弹性,当谨慎为之,以避免司法裁判背离中立性与被动性,过分介入涉案当事人之间的意思自治行为。[1] 对上市公司股权代持协议能否以"危害社会公共利益"为由宣告无效,需要结合《证券法》及相关规则综合判断协议是否破坏证券市场的公共秩序。

1. 协议的实现将破坏证券市场的公共秩序

《证券法》的立法目的在于规制证券市场中的发行行为、交易行为,为证券市场中的交易主体提供合法且透明的投资与融资的渠道,从而保障广大非特定投资主体的利益不受他人干涉与侵害。[2] 维护证券市场的公共秩序,是《证券法》的立法目的与核心要义,属于证券市场中的发行主体与交易主体应当遵循的基本规范。上市公司发行股票后,大量证券市场中广大非特定投资主体进入上市公司,监管规则要求上市公司内部股权架构清晰明确,维护证券领域公共秩序和社会公共利益。同时,上市公司依照《证券法》履行信息披露义务,目的是保证股票发行过程中信息的透明、真实、准确。《证券法》第63条、第67条、第68条均对上市公司提出了发行需要股权架构清晰且不存在权属纠纷要求,对于上市公司应当履行披露义务所报告的信息,也应当真实、清晰、准确,可以推定《证券法》为保护证券市场的公共秩序与交易秩序,维护证券市场广大非特定投资主体的合法权益,对于上市公司股权代持协议秉持的态度是消极的。如深圳机场与东旭公司合同纠纷案,法院认为,虽然当事人双方的代持行为发生在《证券法》或相关部门规章起始实施之前,但是双方在明知该代持协议违反法律或部门规章的规定后,仍然实施协议内容,并且未在合理的时限内及时纠正其违法行为,损害了证券市场正常的交易秩序与公共秩序,系违背公序良俗的行为,应

---

[1] 参见杜一华、尹鑫鹏:《金融监管规章影响合同效力的公序良俗通道研究》,载《河北法学》2020年第11期。

[2] 参见邢会强主编:《证券法学》,中国人民大学出版社2019年版,第21页。

当依法认定该代持协议为无效。[1]

公序良俗原则作为私法的基本原则之一,在适用标准与顺序上存在较大争议。有学者认为公序良俗条款作为原则性基础,系解决法律关系冲突或填补立法之漏洞的工具,仅在立法存在空白或漏洞的情况下才得以适用[2],而不得轻易成为裁判依据。"公共秩序"和"善良风俗"这两个子原则同样具有抽象性、延展性,在不同阶段和领域其内涵并不特定,故在适用公序良俗条款时,应当根据特定的行为阶段和业务领域并结合基本社会公德的理念以综合认定。如胡某元、张某农等股权转让纠纷案,法院认为,涉案双方当事人签订了名为股权转让,实则股权代持的协议,张某农系该上市公司的董事长、实控人,在涉案公司上市前,虚构股权转让事实,隐瞒存在代持协议的真相,并未依法履行信息披露义务,损害了社会公共利益,即广大非特定投资主体的利益,扰乱了证券市场的监管秩序,有悖公序良俗原则,应当认定其签订的股权代持协议无效。禁止上市公司存在股权代持,系广大非特定投资主体合法权益的根本保障,系保护证券市场交易秩序的规制准绳,同时也为资本市场内的交易安全、维护社会稳定提供了不可或缺的必要条件。[3]

证券市场是以信用维系经济市场的产物,具有专业性强、成长快、社会危害性大等特点。[4] 意欲实现《证券法》的监管目的,要依赖高强度且专业化的监管,证监会对于上市公司的监管具有专业性、合法性与权威性。在杉某与龚某股权转让纠纷案中,法院认为,法律授予证监会以职权,即对上市公司发行股票的条件、标准、程序等事项予以规制与监管,实则系将立法之目的与原则性基础转交证监会予以规范、阐释和明确,基于该目的实现《证券法》意欲实现的监管规制体系。证监会在制定《首次公开发行股票并上市管理办法》(已失效)的过程中乃至颁布施行后,均面向社会公众颁布征求意见稿及反馈意见,符合立法过程中向社会公众征求意见的程序性要求,具有程序制定与实施的正当性。《首次公开发行股票并上市管理办法》(已失效)的效力层级应隶属于部门规章,与上位法规定的"上市公司应当股权架构清晰明确且不存在重大权属纠纷"制定目的相切合,同时也不存在与其他法律、行政法规相互抵触的情形。该规定已经成

---

[1] 参见深圳市中级人民法院民事判决书,(2020)粤03民终11682号。
[2] 参见蔡唱:《公序良俗在我国的司法适用研究》,载《中国法学》2016年第6期。
[3] 参见深圳市中级人民法院民事判决书,(2020)粤03民终23167号。
[4] 参见李东方主编:《证券法学》(第4版),中国政法大学出版社2021年版,第74页。

为证券领域的根本规定和业内共识,故上市公司应当依法履行信息披露义务,其公司内部存在股权代持行为及股权代持协议的,应当被明令禁止。[1] 如依据违背公序良俗原则而将上市公司股权代持协议认定为无效,那么涉及权属分配及收益归属等问题,如股权本身及增值部分的收益在代持双方之间如何合理分配等,是裁判的关切点。[2] 如将代持股权判归名义股东,将使得复杂的问题简单化,有利于上市公司现存股权架构的稳定,削弱股权代持协议造成的股东名实分离给上市公司及证券市场带来的不确定风险;反之,将会面临一系列棘手的问题。

2. 协议的实现并未破坏证券市场的公共秩序

主要是指两种情形:

一是代持比例较小的情形。持股比例较小意味着该名义股东是少数股东(持股比例在5%以下),一般不参与公司的重大事务决策,对公司治理影响甚小,对证券市场的公共秩序与交易秩序影响微小。有法院审理此类型的股权代持协议认为,应当以肯定双方的意思自治为出发点,鼓励合同自由,认定协议有效。如王某与杨某强合同纠纷案,法院认为双方当事人订立的股权代持协议约定的内容并未违反法律的效力性强制性规定,同时由于代持双方约定的代持占比较小,并不属于《证券法》规定的信息披露范畴,其未对上市公司的治理与运行,乃至广大非特定投资主体的合法权益产生不利影响。因此,该代持协议并未破坏证券市场的交易安全与交易秩序,应当将该协议认定为有效。[3]

二是代持事实早于公司上市之前的情形。公司上市需要经历一个过程,以上市之日为节点,可分为拟上市阶段和上市后阶段,代持协议可能产生于此两种阶段中。从监管目标与裁判价值都不难判断,订立时间是认定上市公司股权代持协议效力的重要判断标准。陈某怡、杨某洋诉谢某玉、第三人李某波股权转让纠纷案,法院认为,虽然《证券法》及证监会颁布的系列部门规章要求发行人应当股权架构清晰,但其限定时限为该上市公司发行时,且限定主体为实际控制人或持股占比超过5%的股东。同时涉案股权代持协议订立于2013年,于涉案公

---

[1] 参见上海金融法院民事判决书,(2018)沪74民初585号。

[2] 参见上海金融法院民事判决书,(2018)沪74民初585号;上海市浦东新区人民法院民事裁定书,(2020)沪0115民初20872号;上海市浦东新区人民法院民事裁定书,(2020)沪0115民初62833号。

[3] 参见北京市第三中级人民法院民事判决书,(2021)京03民终6293号。

司发行股票之时较远,可以认定名义股东与实际出资人并不存在规避上市公司的信息披露义务或是逃避证券监督管理机构的审查的主观恶意。名义股东也满足代持比例不超过5%的要求,故名义股东与实际出资人之间产生股权变动,并未违反上述规定,涉案公司无须履行法定信息披露义务,不会对证券市场的公共秩序与广大非特定投资者的合法权益产生不利影响,故应当认定该代持协议有效。[1]《证券法》及证监会颁布系列部门规章均对拟上市公司的信息披露的内容及范围设定了严格的信息披露审批条件,这是因为公司一旦成功上市,名义股东代持的股权将会巨额溢价,极高的投资利润回报容易滋生逃避监管的股权代持。是故,有法院认为认定上市公司股权代持协议的效力,不仅要从客观上判断其是否危害证券市场的公共秩序、损害社会公共利益,还要从主观角度认定名义股东与实际出资人之间是否存在非法目的。如李某青、王某与周某、王某确认合同无效纠纷案,法院认为涉案双方当事人订立股权代持协议的时间远早于公司上市之前,且名义股东与实际出资人之间约定的持股比例较小,同时,双方签订了《股权代持补充协议》约定实际出资人周某以股权质押的方式回购李某青、王某的部分股权,故可以推定双方当事人并不存在非法目的,而对于该种行为,证监会等行政监管部门并未予以处罚,故对于上诉人主张代持协议无效缺乏事实和法律的依据。[2] 理论界也有人提出应坚持主客观统一论,也即先判断代持协议是否违背客观要件(危害证券市场的公共秩序、损害社会公共利益与否),违背客观条件的足以认定无效,如符合客观要件,再从主观层面出发,判断其协议的订立目的是否具有非法性。主客观相统一,最终得出认定协议效力的结论。问题是,要求主客观相统一并不可取。首先,作出这一判断的难度极高,留给法官的自由裁量空间过大;其次,证券市场公共秩序的维护本身就是利益衡量,主观状态不应介入讨论。上引的两个案例本质上都不存在对证券市场的公共秩序、社会公共利益的破坏,所以无须以之无效;倘若客观上存在对公共秩序的破坏即便当事人主观上无恶意,同样应当予以规制,因为证监会规定公司上市即要求股权结构清晰,那么代持早于之必然意味着代持双方对于规则的漠视,并不是说主动的不法规避应受到惩罚、被动的漠视就可以逃过一劫。

(三)效力认定标准之二:是否损害广大非特定投资者利益

证监会要求上市公司的股权结构清晰的目的在于,保护证券市场中的广大

---

[1] 参见深圳市中级人民法院民事判决书,(2018)粤03民初2960号。
[2] 参见江苏省无锡市中级人民法院民事判决书,(2020)苏02民终1411号。

非特定投资主体利益,使其在交易过程中免受不公平、不合理之对待。在冯某、王某委托合同纠纷案中,法院认为,社会公共利益条款的内涵及外延具有广泛性与抽象性,应将其限缩为证券市场中广大非特定投资者的利益。[1] 股权代持协议目的之实现是否会损害证券市场中广大非特定投资主体的利益,可以作为协议效力的判断标准,并借助于类型化深入分析。上市公司股权代持协议的效力认定路径的框架性思路可参见图3-3。

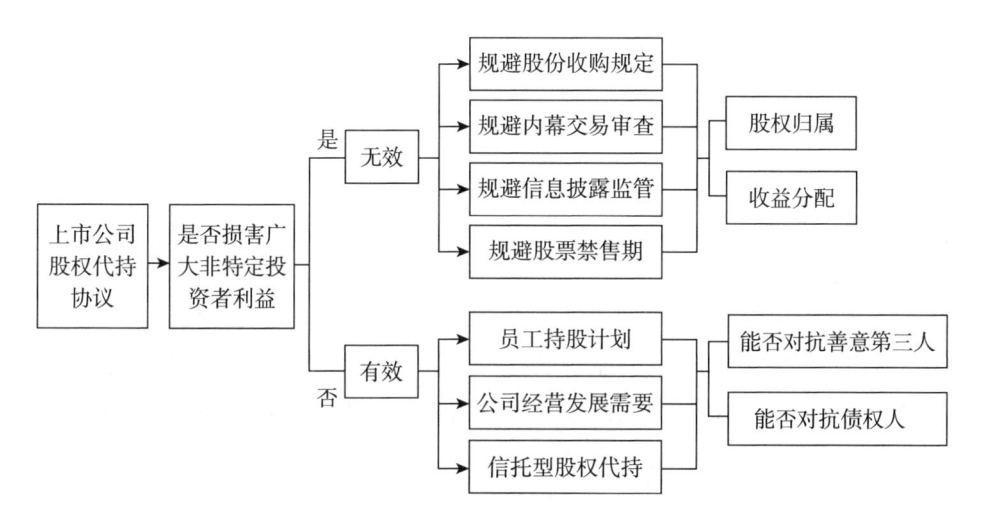

图3-3 上市公司股权代持协议的效力认定路径

1. 协议的实现将损害广大非特定投资主体利益

一是规避上市公司股份收购。2020年证监会《上市公司收购管理办法》规定,以证券交易所交易、行政划转、协议转让、继承、赠与等方式持有上市公司已发行股5%以上或无限接近5%的,应当严格按照该规定的相关方式与程序向证监会及所属的证券交易所,对其信息进行报告或公告,之后每当其持股比例变化高于或低于法定数额比例时,都要按照该办法进行报告或公告。[2] 在资本市场框架下,重大交易行为通常伴随着信息披露或公告义务的履行,因其具体履行内容和程序烦琐而复杂,众多投资者可能采用股权代持的方式以规避行政机关的监管或减轻履行义务的负担。如谭某龙、代某与上海游久游戏股份有限公司虚假陈述责任纠纷案,法院认为,涉案当事人刘某与戴某结婚,该公司应当对其共

---

[1] 参见天津市高级人民法院民事判决书,(2020)津民终1424号。
[2] 参见《上市公司收购管理办法》第13条第1款、第14条第1款、第15条等。

同增加持股比例大于5%的事实予以披露及公告,自然人之间结婚登记本身不具有违法性,但二人结婚导致股权变动且未及时信息披露的行为具有违法可追责性,故二人应当受到未及时披露的行政处罚。[1] 同时,实际出资人可能通过代持协议来达到投资目标,但由此会影响金融市场的交易秩序与交易价格,使得处于信息弱势地位的广大非特定主体的合法权益遭受损害或有遭受损害之风险。[2] 名义股东与实际出资人为了规避上市公司股份收购规定而与他人订立股权代持协议,这将会损害广大非特定投资主体的合法权益,进而影响证券市场的稳定性,该代持协议可能得到否定性评价。

二是规避内幕交易。内幕交易的本质系证券市场交易过程中知晓特定内幕信息的主体利用其信息优势与广大非特定投资主体进行的不公平的交易行为。[3] 内幕交易行为损害了广大非特定投资主体的知情权与财产权,降低了广大非特定投资主体对证券市场的信任,同时也破坏了证券市场的公共秩序与交易安全,成为证券市场稳定发展的阻碍。我国法律绝对禁止内幕交易,一旦违反便会承担相应的法律责任,甚至构成犯罪。由于法律对内幕交易的绝对禁止、承担法律责任的风险大等因素,意欲谋取利益的知情人通过代持协议使自己成为隐名股东,操控名义股东按照其知情的信息去规避风险或创设交易机会,为自身谋取高额的不法利益,同时运用股权代持规避监管部门对知情人的审查。代持双方利用其固有的信息优势在证券市场中与处于信息弱势地位的广大非特定投资主体进行交易,必然对广大非特定主体投资者的合法权益造成侵害。真实准确的信息是证券市场交易中投资者进行交易的首要条件,而为了规避内幕交易审查的知情人利用股权代持协议损害了广大非特定投资者的利益,加剧了二者之间的不平衡地位,也扰乱了证券市场正常的交易秩序与发展环境,应当认定此类代持协议因损害社会公共利益而无效。如熊某杰、王某荣股权转让纠纷案,法院认为涉案当事人利用其高管特殊身份获取上市公司内部信息并与他人订立股权代持协议构成内幕交易行为,因涉案公司为上市公司,其涉及利益主体过多,代持双方当事人的内幕交易行为将严重损害证券市场中处于信息弱势地位投资

---

[1] 参见上海市高级人民法院民事判决书,(2020)沪民终479号。
[2] 参见徐冬根:《上市公司股份收购与反收购》,载《法学》1995年第7期。
[3] 参见贺锐骁:《〈民法典〉背景下我国债券内幕交易民事责任认定及承担》,载《法律适用》2020年第19期。

者的利益,故认定代持协议无效。[1]

三是规避股票禁售期。股票禁售期设立的目的是防止上市公司的发起人、实际控制人、管理层等特定人群在短时间内的频繁变动,从而造成上市公司股权架构的混乱,以限制受限主体在法定期限内禁止股权转让来保证上市公司股权结构的稳定,从而保证公司的稳定运行和快速发展。[2]《公司法》《证券法》对禁售期的适用情形与转让期限作了明确规定,但受限主体在证券市场高额利润的诱惑下,可能为了规避禁售期的相关监管,从而与他人签订股权代持协议。法律设立股票禁售期之立法初衷是让其发行价格更具备信服力,从而吸引证券市场中的投资者予以投资交易,禁售期的限制并不能完全消除发行人或董监高等具有身份资格的主体套现脱离的风险,只是提供给非特定投资主体一段较为合理的时限,通过公司的公示公告内容、财务报表等信息来更好地了解该公司,决定是否予以投资。倘若上市公司内部存在以规避股票禁售期为目的而订立的股权代持协议,使得众多交易者对于公司的真实股东无法明确了解或知悉,进而基于其错误披露的信息作出处分行为,将不可避免地损害证券市场中广大非特定投资主体的合法权益,同时也将破坏资本市场的交易秩序与交易安全,相应的监管举措也将沦为空谈。司法裁判中法院通常认为,在法定禁售期内转让其股权的协议,因损害了社会公共利益而无效。[3]

2.协议的实现不会损害广大非特定投资主体利益

一是员工持股计划型。为了吸引优质人才加入或挽留核心人才,公司采取股权激励的方式对为企业做出重大贡献的人员进行奖励,目的在于留住人才。但是,由于个人对公司诚信忠诚程度的不同以及公司价值维护等因素,股份不会直接转移至被激励的对象[4],多数公司在实施股权激励计划时往往设置一些限

---

[1] 参见四川省高级人民法院民事裁定书,(2020)川民申2489号。
[2] 参见朱锦清:《证券法学》(第4版),北京大学出版社2019年版,第417页。
[3] 如在王某青与刘某军其他合同纠纷案中法院认为:"该案股权转让协议系名为转让、实为代持的合同,因转让协议中对于上市公司股票在禁售期内进行转让的约定明确违反了相关监管规定,虽然该规定从效力层级上来讲属于部门规章,但属于证券监督管理机构的正当监管且属于证券市场内部的业界共识。同时,股票禁售期的设立目的是上市公司能够得到更好的发展并让证券市场中的投资者对公司的发起人、收购人的情况有所了解,从而以此作出是否投资的决定。在禁售期内自由转让其代持的股份,显然损害了广大非特定投资者的利益,也违背了证券交易的基本监管原则,造成了对社会公共利益的损害,故应当认定该协议无效。"参见上海金融法院民事判决书,(2019)沪74民终1144号。
[4] 参见郑彧:《上市公司股份代持法律问题研究——兼论股份代持对信息披露监管制度的挑战与完善》,载《证券法苑》2012年第2期。

制性程序如绩效指标或业绩考核标准等,此类限制性程序、附加条件存在于上市前并无不当,但一旦走向上市,该类限制性程序与附加条件在上市过程中便沦为空谈。因此,已经在公司内部实施股权激励计划的私营公司,为了不激化公司内部的矛盾,不得不与其签订股权代持协议来保障股权激励计划继续实施。[1] 可见,员工持股型股权代持协议系基于合法目的且不损害公共利益的股权代持协议,应当认定有效。具言之,首先,凡在证券市场中按照交易程序与规则购买了股权的人即可加入该公司成为其股东,因上市公司股东人数众多且人员流动性较大,故上市公司除发起人、实际控制人之外的其他股东的去留并非影响上市公司经营与运行的决定因素。其次,基于股权利益分离理论[2],将股权所享有的权益分为人身权益与财产权益,股权代持协议约定的内容及订立的目的均体现了当事人之间对财产权益的认定与划分,对财产权益实施处分行为并不会对人身权益造成相应的影响[3],即财产性利益的归属不影响名义股东在该上市公司的股东主体地位,同样对其行使股东权利而造成的法律后果也不受到利益归属的影响,进而不会对该上市公司的内部治理与外部运营产生不利后果。最后,公司实施股权激励计划的根本目的在于吸引或挽留优质人才,力求公司业绩的提升与快速稳定的发展,目的具有正当性。正如前文所述,股权激励计划的实施并未损害证券市场中广大非特定投资者的利益,因此,保护社会公共利益的目标在代持行为未损害社会公共利益的情形下也并不一定高于协议目的所追求的个人权益的实现。《九民纪要》关于违反行政规章的合同效力认定,正是印证了该观点。反之,概括否认上市公司股权代持协议的效力,便会动摇现有法律关系的稳定性,进而对契约自由、意思自治为中心的私法基础产生影响,使公共利益与私人利益之间的平衡被打破,对市场的正常交易行为进行过度的限制与干预,不利于金融市场经济的稳定发展。

二是公司以实现其发展运营目的而订立代持协议。股份公司系资本聚合的

---

[1] 腾讯公司是实行股权激励计划的典型,为了吸引优质人才加入或挽留核心人才,腾讯公司发布了长达15年的股权激励计划:"无偿赠与被激励对象受限股股份,授予总数额不超过当前已发行股份的2%,被激励个人不超过当前已发行股份的1%。"参见《盘点年底做股权激励的名企,我们总结了他们成功的三个共同点!》,载搜狐网2020年1月15日,https://www.sohu.com/a/367096686_100244828,最后访问日期:2022年2月27日。

[2] "股权二分法"是伯利和米恩斯提出的:因股份制公司股权具有分散性、公司所有权和控制权相分离的现状的出现,使公司的控制权事实上落到公司经营者手中,基于该种现象创造了股权二分论。

[3] 参见周游:《股权利益分离机制下隐名出资问题之再阐释》,载《北方法学》2015年第1期。

集合体。实践中,部分实际投资人在证券市场中因其投资不慎遭受了巨大的经济损失后,为了避免再次出现该类情形,以股权代持的方式与他人签订委托协议,避免因其投资失利,致使上市公司的声誉因此而受损。此种股权代持类型的核心目的在于实现公司的稳定运行与发展,同时兼顾实现自身利益的最大化,目的不具有非法性,并不会侵犯法律及部门规章保护的对象——上市公司及其他股东、证券市场中广大非特定投资者等投资交易主体的利益。故应优先保护名义股东与实际投资人之间的意思自治行为,《九民纪要》[1]规定了违反部门规章的合同效力规则,可以适用此种股权代持类型。概括否定名义股东与实际出资人之间基于合法目的订立的股权代持协议的效力,将使既存合法有效的法律关系受到损害,进而使得相关权利人的合法权益遭受影响,从而影响商事市场交易的安全性与稳定性,打破利益平衡。故笔者认为,此种模型下的股权代持协议应当认定为有效。

三是信托型股权代持协议。信托型股权代持协议的发展依赖于证券市场发育之成熟,在资本市场监管较为发达的国家,准许上市公司内部存在股权代持的情形,并对其代持行为予以严格的信息披露监管,倘若规避行政部门的监管,将会承担严苛的法律责任以达到威慑违规代持行为主体的效果,以此方法降低股权代持关系中引发的名实分离的交易风险。《证券法》及证监会出台的系列规章,将股权代持协议的存在基础认定为公司内部股权架构不清晰并纳入了应当予以信息披露的义务范围,而实现对代持协议的充分披露使得降低股权代持协议所带来的名实分离的交易风险在实务中具有可行性,同时也为股权代持协议在证券市场中的合规性提供了有力保障。[2]

监管部门对于信托型股权代持协议在多数情况下秉持否认或排斥的态度,原因在于信托持股关系项下的当事人或权利义务关系具有多元性与复杂性,实际出资人的身份主体资格难以确认,致使行政监管部门的监管举措得以落空等,同时此种做法严重扰乱公司于上市过程中的股权架构安排,并严重阻碍了信托业务在我国的发展。近年来众多信托持股公司在证券交易所首次发行股票与成功上市,行政监管部门对于信托型股权代持协议效力认定的审查路径变得更为

---

[1]《九民纪要》第31条"违反规章的合同效力"规定:"违反规章一般情况下不影响合同效力,但该规章的内容涉及金融安全、市场秩序、国家宏观政策等公序良俗的,应当认定合同无效。人民法院在认定规章是否涉及公序良俗时,要在考察规范对象基础上,兼顾监管强度、交易安全保护以及社会影响等方面进行慎重考量,并在裁判文书中进行充分说理。"

[2] 参见王莹莹:《〈证券法〉2019年修订背景下股权代持的区分认定》,载《法学评论》2020年第3期。

清晰明确,使得这一困境逐渐被打破。伴随着注册制改革,监管重心转移至事后审查,并以构建完备的信息披露监管制度作为规制核心。根据上交所官网发布的科创板公司 2021 年前三季度经营业绩概况进行梳理[1],概括总结监管部门对于信托型股权代持协议的监管方向,并对信托型股权代持协议的效力予以认定。控制权条线下的信托代持案例梳理见表 3-2。

表 3-2 控制权条线下的信托代持案例梳理

监管案例模型	案例概要	监管结论
模型一	涉案发行人属于境外上市公司,甲公司持有 91.6%的股权,系发行人的控股股东,发行人实际控制人为自然人 A,其持有甲公司的股权为 43.64%,其配偶与子女通过两个家族信托分别持有甲公司 0.38%的部分股权,A 持有的股权系通过直接持有甲公司股票合计而来,不包括两个家族信托持有的甲公司股票,与其配偶子女也并不存在一致行动关系;A 本人出具承诺声明,其在信托声明函签署之日起三年内没有增加信托方式持股的计划	审核过程中,对发行人信托持股情况进行了关注,根据发行人调整后的招股说明书,未要求拆除相关信托架构。信托持股的主体并非发行人控股股东、实际控制人、第一大股东,信托持股具有充分的合理性,信托持股比例较小,不影响发行人控制权的认定,发行人在招股说明书中披露信托架构的具体内容、对发行人可能存在的影响等,并进行了风险提示,最终获得审核认可
模型二	涉案发行人第一大股东 A 持股比例为 17.91%,其与一致行动人 B 合计持股比例 19.51%。C 方持股比例 11.76%。公司股权分布及董事会构成均较为分散,无控股股东和实际控制人。从穿透至 A 的权益来看,B 及其亲属始终是发行人第一大股东。B 与其配偶直接及间接持有的公司股份以及其受托管理的子女信托基金持有的公司股份数合计为 5.64%。其中通过信托间接持股的比例为 1.72%,相关信托委托人为 B 与其配偶,受益人为其子女,均为不可撤销信托。本案例中,发行人无控股股东和实际控制人,第一大股东存在信托持股,相关信托架构未要求拆除	虽然第一大股东存在信托持股,但发行人认定自身无实际控制人、无控股股东,在信托持股具有充分合理性且比例不大,能够解释信托架构不存在规避监管要求的情况下,审核部门会从严判断保留该等信托架构的合理性

---

[1] 参见《资本市场高质量发展集群初步显现——科创板公司 2021 年前三季度经营业绩概况》,载上海证券交易所官网 2021 年 11 月 1 日,http://www.sse.com.cn/aboutus/mediacenter/hotandd/c/c_20211101_5626061.shtml,最后访问日期:2022 年 3 月 11 日。

续表

监管案例模型	案例概要	监管结论
模型三	涉案发行人认定自然人甲与其配偶、儿子为共同控制人,共同控制人通过家族信托控制控股股东B,间接实现对发行人的控制,B持有发行人31.47%的股份,三人均为相关信托基金的委托人、受益人。审核关注上述持股架构是否满足受实际控制人支配的股东所持发行人的股份权属清晰的发行条件。最终发行人在审核问询阶段自行拆除了信托持股架构	发行人存在实际控制人,实际控制人通过信托架构来持股的,为防止资本无序扩张、违法违规创造财产收益、利益输送等监管要求,如果认定信托持股影响发行人股权的清晰、稳定,应当予以清理

股权架构稳定且不存在重大权属纠纷是公司于发行上市过程中的根本要求,实行发行注册制以来,发行人内部存在信托型股权代持的情况已经屡见不鲜,特别是通过家族信托方式进行持股的情况层出不穷。发行人及相关中介机构一般会对股权代持的具体情形予以完整披露或充分论证,此种情形下,并不会对发行人的权属稳定造成影响。而综观上交所对于信托型股权代持的监管方向可以得知,若实际出资人与名义股东之间代持比例较小,其代持比例对发行人控制权的认定并未造成实质性影响,同时能够证明其自身不具有规避监管等非法目的,在发行人履行完毕信息披露与交易风险提示,相关中介机构出具核查意见之后,便可将信托型股权代持协议认定为有效。[1] 肯定此种类型代持协议效力,还有一个重要原因,就是我国的股权信托都是商事信托,受托人是基于为委托人谋取利益而管理信托事务,如查阅、复制公司的财务报告、章程,或基于公司的经营状况为委托人提供投资方案等,即受托人享有实体层面的信托人权利,有权利也有专业能力全权负责管理信托事务并亲自参与公司的决策。

六、股权代持协议效力的立法完善

上市公司股权代持作为非常态的投资方式,因其订立方式的灵活性与便捷

---

[1] 如蔡某伟、黄某青合同纠纷案,法院认为,涉案《信托代持协议》系双方当事人的真实意思表示,由于协议双方约定代持比例并未超过5%,并不会影响上市公司股权架构的稳定性,进而也谈不上对证券市场中广大非特定投资主体利益的侵害,同时涉案公司对于代持协议的存在是知情的,能够证明代持协议双方当事人之间并不存在主观恶意规避目的,故该代持协议有效。参见广东省广州市中级人民法院民事判决书,(2020)粤01民终893号。

性,吸引了广大投资者以此种方式实现各自追求的利益最大化,对于繁荣资本市场也不无积极意义,但同时也隐含了冲击证券市场监管体系、破坏市场交易秩序和损害社会公共利益的隐患。如前文所述,现行公司法规范体系对于上市公司股权代持协议规制存在漏洞,立法修补亟待解决。

(一)确定代持的合规标准

《公司法》或者《证券法》可以确立一个标准,借此界定合规代持与违规代持的概念,这是区分认定上市公司股权代持协议效力的首要条件。我们建议基于两个标准进行效力判断:一是协议的实现是否会破坏证券市场的公共秩序,是否会违背公序良俗;二是协议的实现是否会损害资本市场中广大非特定投资主体的合法权益。判断上市公司代持协议违规与否的最终目的,系以保护证券市场的公共秩序及广大非特定投资主体的合法权益为核心。循该标准的指引,法院在认定上市公司股权代持协议的效力时可以引入比例原则,将公共利益与私人利益进行衡量,审查司法机关、行政机关的干预手段是否符合比例原则的三个子原则,即公权力机关的行权行为是否为损害最小的方式,是否是监管之必须,方式与目的之间是否平衡,均是法院认定上市公司股权代持协议效力需要思量的重要因素,合理分配公权力与私权利之间的既定利益。

(二)分类监管模式

对于信托型股权代持,信托型股权代持协议依赖证券市场的良好发育。严格的信息披露监管体系可以更好地防止股权名实分离所带来的交易风险[1]。对于信托型股权代持协议,根据不同的信托类型区分处理。商事信托型股权代持协议,因受托人系具有专业资质的信托公司,若受托人能够出具证明其信托管理或信托财产具有独立性的承诺书,则可以免除上市公司向证监会及社会公众公开被代持人的个人信息,否则,不可豁免信披义务。若属于民事信托型股权代持协议,因其受托主体系不具有专业资质的自然人或法人,上市公司依照监管机构的要求对受托人、受益人的信息进行如实披露,监管机构考察信托人与受益人之间是否存在规避主体资格限制或监管规定等非法目的,若经过审查排除了其目的的非法性,代持协议可被肯定。

对于职工持股会型股权代持,当前法律、政策不支持发展新的职工持股

---

[1] 参见王莹莹,前揭文。

会[1],由于历史原因遗留的合伙形式的职工持股会,建议可改制为信托方式为员工代持,即以职工持股会的名义设立单独的信托账户,将职工持股会中的员工作为受益人,该上市公司或具有专业资质的信托公司作为受托人,为持股员工集体回购、代持股权,对持股员工的信托账户实行集中管理,同时制定相应配套的准入与退出规则,将该规则载入信托文件之中。于此模式下,信托公司能以合规身份参与并监督职工持股会,也为入股职工权益提供了有效保障。具有专业资质信托公司的加入,也能有效解决员工与雇主公司之间信息不平等、法律知识匮乏等问题,同时还解决了公司上市前必须解散职工持股会的问题,对于职工会型股权代持的监管标准,可以参照上文对于信托型股权代持的规制。

对于委托—代理型股权代持,监管机构并不需要对协议效力作出评判,根据股权代持的成因、代持双方的主观目的等具体情形,比照《公司法》、《证券法》及证监会出台的相关部门规章,判断其代持协议是否合规、是否损害公共利益、是否破坏公共秩序,并于此判断的基础上给出相应的建议。

(三)完善配套的信息披露规则

信息披露制度系上市公司股票发行的前置性审查要求,需披露的信息应真实、准确、完整,这不仅是证券市场稳健发展的前提,也是维护交易秩序与交易安全的基础。上市公司股权代持协议效力的认定离不开信息披露制度,对于代持协议客观上是否具有损害市场交易主体的利益、是否破坏证券市场的公共秩序,主观上是否具有恶意规避监管规定等非法目的,均应作为信息披露审查的重点,从而综合判断代持协议的效力。对于完善上市公司信息披露制度,从解决认定股权代持协议效力的角度出发,可予以完善的地方有:

第一,在公司拟上市过程中乃至上市后均需加强监管。公司应当进行分类提交材料,将代持股权份额单独上报,监管机构应当审查其协议是否会损害社会公共利益及证券市场的公共秩序,代持份额是否过高(超过5%),订立代持协议是否存在非法目的,从而依据代持协议类型的不同进行相应的披露监管审查工作,最终作出其披露是否合规、是否准许的答复。对于公司上市后存在股权代持协议的,应当及时将代持协议、名义股东与实际出资人的身份信息、公司股东名册登记信息等文件上交于监管机构审批。取得证监会准许的答复后,上市公司

---

[1] 职工持股会是指依法设立的从事内部职工股的管理,代表持有内部职工股的职工行使股东权利并以公司工会社团法人名义承担民事责任的组织。职工持股会主要有合伙形式和信托形式。

还应当将名义股东与实际出资人之间存在股权代持的事实公布于信息公告平台、上市公司官网等渠道;证监会作出不予准许答复的,名义股东与实际出资人应当及时解除代持关系。

第二,明确违规代持的法律责任与处罚标准。立法机关及证券监督管理机构应当明确违规代持的法律责任与责罚标准,根据代持比例的大小、对社会造成影响的大小、损害广大交易主体利益的程度、破坏市场公共秩序的严重程度以及名义股东与实际出资人之间主观恶意性的大小,设置不同层级的法律责任与处罚标准。

七、结论

上市公司行为的透明与公开,对于发展健康的证券市场至关重要。监管者往往希望上市公司披露完整、明确、真实的股权结构,股权代持协议出于其显名与隐名的天然特征,与监管者的希望相悖,从而成为重点监管对象。不当的股权代持协议,将危害证券市场内广大投资者的正当权益,损及证券市场的健康发展,因此监管者往往对上市公司股权代持行为加以否定性评价,多数法院也倾向于否定上市公司股权代持协议的效力。对于上市公司股权代持协议的效力判断,固然不能一味参照适用《公司法解释三》关于有限公司股权代持的规定,原则上认定为有效,也不能动辄以损害社会公共利益、违背公序良俗为由而宣告无效,而是应该根据具体案情类型化分析,审慎认定破坏证券市场的公共秩序、损害证券市场内广大非特定投资主体的权益的情形。由于社会公共利益原则与公序良俗原则的内涵及外延均具有抽象性、模糊性等特点,宜将公序良俗原则限定为证券市场的公共秩序,将社会公共利益原则限定为证券市场中广大非特定投资主体的利益,以协议之实现是否会破坏证券市场的公共秩序、是否会损害广大交易主体的利益为协议效力的认定标准,从而对上市公司代持协议效力予以区分认定。为限定无效的情形,还可以引入比例原则,将代持双方之间的私人利益与公权力机关意欲保护的社会公共利益进行衡量,从而判断协议主体之间的私人利益是否具有正当性,否定协议的效力是否符合比例原则;限制法官的自由裁量权,以有效防止实务中裁判者不看重案件事实、仅参照适用最高人民法院案例或社会公共利益与公序良俗条款直接作出否定性裁判的做法。

附录:样本案例相关裁判文书案号索引

1. 上海市第一中级人民法院民事判决书,(2019)沪01民终13146号。
2. 最高人民法院民事判决书,(2017)最高法民申2454号。
3. 上海金融法院民事判决书,(2018)沪74民初585号。
4. 最高人民法院民事判决书,(2017)最高法民终529号。
5. 山东省济南市中级人民法院民事判决书,(2021)鲁01民终5678号。
6. 山东省淄博市中级人民法院民事判决书,(2017)鲁03民辖终121号。
7. 最高人民法院民事判决书,(2018)最高法民终60号。
8. 深圳市中级人民法院民事判决书,(2019)粤03民终781号。
9. 上海金融法院民事判决书,(2020)沪74民终474号。
10. 深圳市中级人民法院民事判决书,(2020)粤03民终11682号。
11. 深圳市中级人民法院民事判决书,(2020)粤03民终23167号。
12. 北京市第三中级人民法院民事判决书,(2021)京03民终6293号。
13. 江苏省高级人民法院民事判决书,(2017)苏民终66号。
14. 深圳市中级人民法院民事判决书,(2018)粤03民初2960号。
15. 江苏省无锡市中级人民法院民事判决书,(2020)苏02民终1411号。
16. 上海市高级人民法院民事判决书,(2020)沪民终479号。
17. 上海金融法院民事判决书,(2019)沪74民终1144号。
18. 最高人民法院民事判决书,(2017)最高法民终478号。
19. 最高人民法院民事判决书,(2018)最高法民再33号。
20. 最高人民法院民事判决书,(2020)最高法民终844号。
21. 陕西省高级人民法院民事判决书,(2019)陕民终754号。
22. 山东省高级人民法院民事判决书,(2019)鲁民终1829号。
23. 上海市浦东新区人民法院民事判决书,(2020)沪0115民初20872号。
24. 广东省广州市天河区人民法院民事判决书,(2020)粤0106民初300号。
25. 上海市浦东新区人民法院民事裁定书,(2020)沪0115民初62833号。
26. 天津市高级人民法院民事判决书,(2020)津民终1424号。
27. 四川省高级人民法院民事裁定书,(2020)川民申2489号。
28. 广东省广州市中级人民法院民事判决书,(2020)粤01民终893号。

第四章

股权代持协议无效的法律后果实证[*]

【本章导读】 股权代持协议无效的法律后果究竟为何,是近年来公司法学理论与实务的热点问题。股权代持协议无效的法律后果不可避免地涉及股权处分,而股权处分反映了股东与公司之间动态的资本关系,因此无效代持协议是行为法与组织法共同规范的一个空间。股权代持协议无效的后果包括股权归属、投资款返还与投资损益分担三个方面的法律问题。首先,股权归属牵涉公司组织关系的稳定性,基于组织法的逻辑应将股权判令归名义股东所有,并由其依据代持协议对实际出资人进行补偿。其次,投资款的返还应符合公平原则,对于不法原因所为的给付,原则上不得要求返还,但围绕所违反法律之目的、双方当事人的违法和过错程度、得利与损失的衡平情况等因素考量后,确有必要返还的,也应判定名义股东返还其未付出过任何努力或者贡献的投资本金。最后,投资损益的分担遵循"比例分担"的原则,按照实际出资人和名义股东对该项股权增值的贡献大小、对股权贬值的过错程度、投资损益与当事人相应民事法律行为之间的关联程度、因果关系等,来确定各主体之间的应得份额。

【本章关键词】 股权代持　合同无效　股权归属　财产返还　损益分配

---

[*] 本章的合作者是普颖钰。同时感谢梁屹、高玉贺同学参与的讨论与提出的重要修改意见。普颖钰,法学硕士,任职北京星网宇达科技股份有限公司董事会办公室。

一、引言

股权代持协议是实际出资人与名义股东之间达成协议,约定由实际出资人对于公司股权的认购进行出资,由名义股东作为公司股东名册、商事登记簿登记的股东,并由双方合意分配或分担损益的合同,是一种类似委托合同的无名合同。因股权代持协议尤其上市公司股权代持协议而引发的纠纷是合同法、公司法与证券法共同关注的话题。2019年《证券法》第81条规定,上市公司股权结构或者生产经营状况发生重大变化的,公司应当立即向有关监管部门进行报告并向投资者公告。一般而言,监管部门设定的强制性规定越多,市场主体基于自身利益考量反而越会寻找监管漏洞以规避之,最终架空这些监管规则。[1] 在此意义上,关于信息披露的强制性规定也可反过来视为催生股权代持的一大动因,正如有学者观察的,股权代持通常是实际控制人回避表决等特殊安排的避风港。[2] 另外,一家公司如存有股权代持情形,其股权结构的真实信息将被隐匿,尤其涉及实际控制人、表决权回避等特殊事项上更容易误导投资者作出违反理性的投资决策。[3] 因为上市公司具有公众性,一旦出现股权代持协议引发的纠纷,需要研讨的法律热点是多元的。[4] 当前学界主要集中于研究股权代持协议的概念、类型、性质和效力,对其无效后的后果研究还相对薄弱。最高人民法院于2019年11月发布的《九民纪要》第32~35条分别规定了合同不成立、无效或者被撤销的法律后果、财产返还与折价补偿、价款返还等相关规则,完善了合同无效后的后果规则。但问题是,股权具有公示性,往往涉及公司内外的双重效力,尤其上市公司股权还关涉社会公共利益和市场秩序。相较于其他交易合同,

---

[1] 参见郑彧:《上市公司股份代持法律问题研究——兼论股份代持对信息披露监管制度的挑战与完善》,载《证券法苑》2012年第2期。

[2] 参见吴越、蒋平:《论股权代持违反强制性规定之效力》,载《重庆大学学报(社会科学版)》2022年第2期。

[3] 参见吴越、蒋平,前揭文。

[4] 最高人民法院司法案例研究院就曾于2018年5月特邀专家、学者和一线的法官围绕股权代持产生的原因、股权代持协议性质的界定、行政监管对股权代持协议效力的影响、被代持股权的权属认定、股权代持之财产分配、代持股权的继承与转让问题、防范金融风险政策导向与司法尺度关系如何把握等方面对股权代持相关法律问题进行充分讨论,并选择其中四名学者的发言刊登记录于《法律适用》杂志。具体参见赵旭东:《股权代持纠纷的司法裁判》,载《法律适用(司法案例)》2018年第22期;叶林:《股权代持纠纷裁判的司法立场》,载《法律适用(司法案例)》2018年第22期;朱慈蕴:《规避法律的股权代持合同应以不鼓励为原则》,载《法律适用(司法案例)》2018年第22期;刘凯湘:《以工商登记作为判断股东资格的法定依据》,载《法律适用(司法案例)》2018年第22期。

因为股权代持协议的组织法特性,其被认定无效后不能简单地以财产返还予以解决,还要通盘考虑股权代持协议涉及的多重利益类型而作区别处理。毕竟,合同法规范的规制逻辑更多是以缔约当事人之间的法律关系为原型,但股权代持协议涉及的组织关系具有利益多元性和关系持续性等特点,需要公司组织法的介入。[1]

综合以上,股权代持协议无效的法律后果研究需要在行为法与组织法的双重视角下展开,下文的研究正是遵循这样的思路展开的。

二、股权代持协议无效后的规制困境

(一)协议无效认定的双重逻辑

股权代持协议既然具有行为法与组织法的双重属性,对其效力的认定也需要结合合同法规范(具体指《民法典》关于民事法律行为效力的规范)与公司法等组织法规范进行综合判断。首先,从民事法律行为效力体系看,关键要识别股权代持协议是否落入了《民法典》列举的无效民事法律行为情形之中,主要涉及第146条以虚伪意思表示实施的民事法律行为无效、第153条违反法律、行政法规的强制性规定的民事法律行为无效。违背公序良俗的民事法律行为无效的规定。此处的法律、行政法规的强制性规定,主要的情形有:(1)违反了《公务员法》有关公务员不得经商办企业,领导干部的配偶、子女及其配偶不得经商办企业的规定;[2](2)在某些法律明确规定外资禁入或者严格审批限制后方可准入的行业或领域,相关企业为规避法律,寻求符合条件的企业准入并由其代持股份,则代持协议可能构成虚伪意思表示,代持行为构成以虚伪意思表示实施的民事法律行为;[3](3)违反了上市公司隐名代持禁止的法律规范,法院可能结合损害社会公共利益或者市场秩序,证券市场的规范目的等进行解释,进而认定协议

---

[1] 参见叶林:《股东会决议无效的公司法解释》,载《法学研究》2020年第3期。

[2] 《公务员法》第59条规定:"公务员应当遵纪守法,不得有下列行为:……(十六)违反有关规定从事或者参与营利性活动,在企业或者其他营利性组织中兼任职务;……"第74条规定:"公务员之间有夫妻关系、直系血亲关系、三代以内旁系血亲关系以及近姻亲关系的,不得在同一机关双方直接隶属于同一领导人员的职位或者有直接上下级领导关系的职位工作,也不得在其中一方担任领导职务的机关从事组织、人事、纪检、监察、审计和财务工作。公务员不得在其配偶、子女及其配偶经营的企业、营利性组织的行业监管或者主管部门担任领导成员。因地域或者工作性质特殊,需要变通执行任职回避的,由省级以上公务员主管部门规定。"

[3] 参见最高人民法院民事判决书,(2020)最高法民终1081号;广东省高级人民法院民事判决书,(2019)粤民申11847号;广东省高级人民法院民事判决书,(2013)粤高法民四终字第29号。

无效。裁判关于股权代持协议是否违反了效力性强制性规范的判断,多引用最高人民法院《关于适用〈中华人民共和国合同法〉若干问题的解释(一)》、最高人民法院《关于适用〈中华人民共和国合同法〉若干问题的解释(二)》的相关规定,将其限缩解释为法律与行政法规中涉及效力性强制性规范的内容。[1] 但对于因违背公序良俗而导致合同无效的,不限于法律、行政法规的规范内容,还要结合地方性法规与部门规章对于立法目的和政策性规范予以探查,要求违背了公共秩序或者善良风俗,且法院一般会从实现实体正义和程序正当两个层面解释。《九民纪要》也提到,证券市场的信用交易应纳入国家的统一监管,且强调了维护金融市场透明度以及金融稳定的重要性,其中第28~29条更直接规定对于因违反规章、监管政策而导致违反公共秩序的合同,法院应当认定为无效,并对于如何违反了公共秩序部分详细说理。[2]

其次,从公司组织法的角度看,股权代持协议虽然仅由实际出资人和名义股东签订,但协议的效力走向直接影响公司、其他股东乃至公司债权人等多方主体的利益,因此无论是对其效力认定还是认定无效后的处理,都需要综合权衡多方权益。就股权代持协议的效力,《公司法解释三》首先指出,若无合同法意义上的无效情形,法院一般应当认定其为有效,从而将涉及代持双方当事人内部之间的权利义务关系最大限度地交由交易法规范(合同法规范)予以调整,在此基础上才进一步涉及组织法上的股权归属、实际出资人显名(请求确认股东身份)等问题。

因本章讨论股权代持协议无效的后果处理,且鉴于本书上一章的主题设置,故为上下章的体系严密与逻辑完整性,对于股权代持协议无效规则本身不再铺陈,重点是,对于协议无效的法律后果,包括公司股权的实际归属、投资本金及利息的返还、投资损益的分配等,均是实践中亟待言明的问题。

---

[1] 参见西藏自治区高级人民法院民事判决书,(2021)藏民终48号;四川省自贡市中级人民法院民事判决书,(2019)川03民终1827号;最高人民法院民事判决书,(2017)最高法民申2454号;浙江省绍兴市中级人民法院民事判决书,(2020)浙06民终2624号;天津市高级人民法院民事判决书,(2020)津民终1424号;苏州工业园区人民法院民事判决书,(2019)苏0591民初7872号;浙江省高级人民法院民事判决书,(2016)浙民再117号。

[2] 参见上海金融法院民事判决书,(2018)沪74民初585号;上海市高级人民法院民事判决书,(2020)沪民终512号;天津市高级人民法院民事判决书,(2020)津民终1424号;上海市高级人民法院民事判决书,(2019)沪民终295号;最高人民法院民事判决书,(2017)最高法民终529号。

(二)协议无效后处理的规范供给

1. 规范分析

2020年最高人民法院《关于审理外商投资企业纠纷案件若干问题的规定(一)》第14~20条对于外商投资企业中的股权代持作出了规定:第14条规定了实际出资人一般不得请求直接将其在外商投资企业"显名化",但满足例外情形的除外。第15条肯认股权代持协议的一般性效力,如一方当事人仅以协议未经审批机关批准为由主张协议无效或者尚未生效的,法院不予支持。若没有约定投资利益分配时,实际出资人可以请求获得收益;名义股东可以要求支付必要报酬。第16条规定了实际出资人的合同解除权和违约责任请求权。第17条规定实际出资人不得以存在股权代持协议为由要求直接行使公司股东权利。第18~19条规定认定为无效之后,股权价值高于或者低于实际投资额的处理方案。第20条规定因恶意串通,损害他人利益的代持股协议,法院认定为无效,因此取得的财产收归国有或者返还集体、第三人。以上为外商投资企业存在的股权代持协议纠纷提供了较为明晰的裁判依据,有利于平衡各方当事人的利益,调整相关各方的合理预期,也为此后其他类型公司的股权代持纠纷解决提供了方向性的指引、可参照的规范。但是,因其仅局限于外商投资企业,对于当前有限公司、上市公司中广泛存在的此类问题,仍然不能直接适用

《公司法解释三》第24~26条对于有限公司如何处理股权代持协议纠纷作出了基本规范。第24条首先规定双方的股权代持协议原则上有效,其次明确了双方的名分:名义股东为股东,如实际出资人主张股权(股东身份),不仅要已履行出资义务,还要经过公司其他股东半数以上同意,也即"显名化"要经过其他股东过半数同意。这比起最高人民法院《关于审理外商投资企业纠纷案件若干问题的规定(一)》第17条实际出资人不得以股权代持协议为由向名义股东主张行权的规范,有所不同。第25条规定名义股东通过转让、质押等方式处分其持有的股权的,参照善意取得制度处理,实际出资人可以向名义股东主张其无权处分给己方造成的损失赔偿。第26条规定公司债权人可以要求名义股东在未出资本息范围内对公司债务承担补充赔偿责任,名义股东在承担完毕后可以向实际出资人追偿。上述规范为有限公司的股权代持纠纷确立了基本的裁判依据,在一定程度上统一了法律适用,就其立法逻辑,乃是较好地处理了契约法与组织法的关系,尊重当事人的契约自由,遵循公司组织法的逻辑,平衡保护各方利益。首先,肯认股权代持协议的一般性法律效力,这是组织法框架下对于契约

法原理和规范的尊重;其次,尊重有限公司的"封闭性",为其内部股东之间的关系联结与各自的法益保护提供了屏障,因为实际出资人的"显名化"需经其他股东过半数同意,这就为公司及其他股东毫不知情且实际出资人从未参与公司治理的代持股情形提供了一个缓冲和否决的机会,亦是维护了组织体内部的稳定性和一体性;最后,关于名义股东擅自处分名下股权引发的三方利益之争,准用物权法的善意取得规定,此举妥当与否,尽管见仁见智[1],但其恪守商事外观主义、保护商事登记信赖利益、维护交易安全的价值取向,是值得肯定的。

2.规范反思

(1)实际出资人"显名化"规范体系下的逻辑冲突。关于名义股东与实际出资人孰是股东,与有限公司股东身份的确认规则息息相关。但关于股东身份的确认标准本身,由于公司法并无定论,所以理论上与裁判实务上都极具争议,有"实质说""形式说""区别说"等多种主张。"实质说"认为应探究当事人的真实意思表示,综合考量多种因素查明实际情况,据此可以一般认定实际出资人为公司股东。如北京市高级人民法院《关于审理公司纠纷案件若干问题的指导意见(试行)》(京高法发〔2004〕50号)第11条规定,应当综合审查多项事实证据,根据当事人行为的真实意思表示来确定股东身份,关注当事人的内心真意,不以外在登记作为判断股东资格的标准,这即为"实质说"的体现。"形式说"遵从商事外观主义原则,要求保护交易相对人,认为应以公司登记机关、公司章程、股东名册记载的事实作为公司股东的确认要件,也即将名义股东认定为公司股东。如有公司法学者主张,"真意主义是适合于民法等个人法的立法理念,而表示主义则与商法等团体法的立法观念相吻合。公司法属于典型的团体法,自应优先适用团体法的一般规则"[2]。故而应将登记机关所列、股东名册所记载的材料等表示行为来作为确认股东身份的根本凭证。循此,在认定股东身份时,当以形式登记要件为准,股权代持协议仅在双方当事人之间发生法律效力,不及于公司和其他股东,也不得仅依此协议要求变更公司的股东登记。"区别说"则认为,股东身份的认定应内外有别,内部有争议的,应以真意表示为主、工商登记材料为辅综合认定;涉及公司外部利害关系人保护的,则要尊重善意第三人对于商事登

---

[1] 参见邓峰:《物权式的股东间纠纷解决方案——〈《公司法》司法解释(三)〉评析》,载《法律科学(西北政法大学学报)》2015年第1期。

[2] 蒋大兴:《公司法的展开与评判:方法·判例·制度》,法律出版社2001年版,第496~497页;张笑滔:《股权善意取得之修正——以〈公司法〉司法解释(三)为例》,载《政法论坛》2013年第6期。

记材料的信赖利益,故应以登记记载的股东作准。[1] 实际上,上述各项主张都是基于公司法、司法解释的若干规范推理出来的学说观点,后很快发现相应的法律规范并不完整符合于该学说下所要求的构成要件,导致论者需要更新甚至颠覆学说内涵方可与相应的法律规范相匹配。最后,最高人民法院起草的《公司法解释三》未采纳其中任何一种观点作为唯一的司法裁量标准,而是在不同的标准之间有所摇摆,导致了规范体系的内在矛盾。循《公司法解释三》第24条的逻辑,实际出资人"显名化"的前提是,完全履行了实际出资义务,股权代持协议亦合法有效,且取得公司其他股东半数以上同意。循此,在"显名化"之前,实际出资人不具备公司的股东身份。但令人疑惑的是,依据第25条,名义股东的股权处分行为参照善意取得处理,众所周知,善意取得的适用以发生无权处分为前提,这意味着此时名义股东也不是公司的股东,唯有如此,其处分其名下的股权的行为方可构成"无权处分"。由是观之,在实际出资人完成"显名化"之前,名义股东、实际出资人均不是股权所有者,难不成在此期间对应的股权处于"权利悬空"的状态? 这显然不能接受,也不符合现实情况,更与司法解释的本意相悖。因此,根据"成员身份与成员权分离之禁止"的原则,股东身份与股权应是一体两面,不可分割的,只有将名义股东认定为真正权利人,其股权处分行为亦是有权处分,《公司法解释三》的规范体系才能融会贯通,否则,给司法适用带来不确定性、不稳定性在所难免。对此,最高人民法院在2019年11月发布的《九民纪要》对相关问题作了进一步的释明,约略如下:

第28条:如果有限公司的实际出资人能够证明,公司内部除了名义股东以外的其他股东过半数均"知道"其隐名代持和实际出资的事实,且对于其实际行使股东权利不持异议,就应当准许显名,公司不得以《公司法解释三》第24条为由抗辩。此即"默示推定同意"规则,适用于非完全隐名(公司、其他股东知情)的股权代持情形。[2] 第33条:合同被确认无效后,在确定财产返还时应当充分考虑财产增值或贬值的因素。第34条:若双务合同被认定为无效,则双方当事人互负对待给付义务,标的物与价款应当同时返还。

由此观之,《九民纪要》认为股权代持协议确认无效后,股权的返还应当综合考量各项因素,在当事人之间合理分配或分担。但是,对于此时的股权应当直

---

[1] 参见刘俊海:《公司法学》(第3版),北京大学出版社2020年版,第64页。
[2] 参见赖虹宇:《隐名出资的类型重释与规范构造——基于对契约法思维的反思》,载《现代法学》2022年第2期。

接返还抑或遵循一定的程序返还给实际出资人,或者由名义股东持有后,相关利益在当事人之间具体如何分配的问题,并未提出可操作性的标准,而这恰恰是司法实践面临最多争议的地方。

(2)股权代持协议的形式与性质语焉不详。如前文所述,目前与股权代持协议性质相关的学说有委托代理说、信托说、合伙说、借用说、个案分析说等,对于股权代持协议之定性,直接关系到实际出资人和名义股东的权利义务关系构造,进而关系到与公司、其他股东、外部第三人的关系构造等,但前述法律规范都没有对其定性,裁判规范供给仍然不足。

(3)股权代持协议无效的后果仍付之阙如。如股权代持协议被认定为无效,带来的法律后果包括哪些,具体应当如何处置?对于这两个关键问题,《公司法解释三》《九民纪要》都未言明。对于这部分股权是直接归名义股东所有,还是履行减资程序退还给实际出资人?如果是前者,那么实际出资人的投资款项和公司存续期间股权的价值变动、投资收益或者损失应当如何分配或分担?如果是后者,减资要符合《公司法》关于减资程序的相关要求,这势必会影响公司资产的稳定性,同时会面临公司债权人的保护课题。对于上市公司,大额持股的变动还需要满足证监会信息披露与交易限制等要求。如果是依照股权转让程序进行,名义股东能否拒绝转让,实际出资人又该如何进行权利救济……对于这些问题,还需要进一步探讨。

(三)协议无效后的司法裁量困境

股权代持协议的无效认定及其法律后果的处理规则体系构建,需要借助一定的法律解释方法和法学研究方法。所谓对某一规范的准确解释,不应局限于规范本身的语词和逻辑,还应当立足于法律现实的重要关切。[1] 经典的法律实证研究是对现实问题的量性研究,它用数据统计方法分析法律现象中的数量关系,包括规模、水平、结构比例、概率分布、因素关联等,借此实现一种"实证主义的积极转向":在解释法律时通过分析特定的社会事实,来探讨法律制度的运行效果和构成这种效果的诸多社会条件。[2] 循此,要探寻股权代持协议无效后果的真实样态,进行量性研究是非常重要的,这离不开对样本案例的类型化分析。我们设置全文关键词分别为"股权代持"和"无效",在"北大法宝"案例库检索,

---

[1] See Charles L. Barzun, *The Positive U-Turn*, Stan. l. Rev, 2017, 69(5), p.1325-1330.
[2] 参见陈柏峰:《法律实证研究的兴起与分化》,载《中国法学》2018年第3期。

将案由设置为"民事案由",截至2021年12月21日检索得到了5114个案例,因时间和精力有限,仅阅读了最高人民法院的76个案例和各高级人民法院的354个案例,并从中筛选出11个有较为翔实的裁判说理的案例,后又选取2例裁判说理相对扎实的中级人民法院判决书,由此组成13例的研究样本(详情见附录二)。综合样本案例分析,可以有如下发现。

1. 司法适用不统一

首先是关于股权代持协议的效力认定,各级法院对于不同类型公司的裁判立场不一,样本案例显示上市公司股权代持协议多被认定为无效,但就无效的事由,各级法院的依据也不尽一致。基于本章的主题,对此不赘。

其次是关于协议认定无效后的处理,样本案例显示,司法实践中基本形成了股权归名义股东所有、对于实际出资人给与折价补偿的惯例。但就如何补偿,裁判在多处细节上尽显差异。比如,对于实际出资人付出的投资款,虽然一般都支持投资款本金及利息返还,但也有法院不认同带息;即便认同利息,不同法院对于利息的计算亦有所不同,有的法院认为应根据存款利率计算,有的则按照贷款利率计算。再如关于投资损益的分配,有的认为应当依据双方的过错程度及对投资收益的贡献程度进行公平分割,有的认为仅应当依据"收益与风险一致"的原则进行处理。杉某诉龚某案[1],上海金融法院认为,无效合同财产利益的处理旨在恢复原状和平衡利益,也即应优先恢复为合同订立前的财产状态,不能恢复原状的才需依据公平原则在当事人之间合理分配。法院判定股权归名义股东龚某所有,但根据对投资收益的贡献程度以及对投资风险的承受程度对投资损益进行分配。陈某、沈某俊与上海明匠智能系统有限公司、河南黄河旋风股份有限公司等股权转让纠纷案[2],上海市高级人民法院认为,对于股权代持协议无效的后果处理应综合考虑各方当事人责任、投资亏损使得股份价值相当的投资款贬损等因素后予以确定,陈某一方对于协议无效即股权贬值负主要责任,同时根据"收益与风险相一致"的原则,陆某林一方也需要承担投资亏损的不利后果。博智资本案[3],最高人民法院则认定了鸿元公司(名义股东)对博智资本(实际出资人)负有合同上的义务,双方之间仅成立委托投资关系,鸿元公司应将因投资所获得的全部收益返还给博智资本,只是同时也有权请求博智资本支

---

[1] 参见上海金融法院民事判决书,(2018)沪74民初585号。
[2] 参见上海市高级人民法院民事判决书,(2019)沪民终295号。
[3] 参见最高人民法院民事判决书,(2013)民四终字第20号。

付相关费用,并有权获得相应的报酬。刘某乐与林某明的股权代持纠纷案[1],广东省高级人民法院再审认定,文华公司以投资人将成为其隐名股东为名,诱使投资人投资认购股权的款项,但款项没有用于公司经营,而是交由他人挪用。故而刘某乐与林某明签订的《股权代持协议》无效,文华公司及刘某乐应向林某明退还股权投资款20万元,并作为过错方向林某明赔偿其全部经济损失。

2.协议无效后的后果处理,司法自由裁量权过大

裁判规范供给不足,案件裁判更多依赖法官对法律规范与原则的诠释,客观上会留给法官更大的自由裁量权,增加了法律适用的不确定性和裁判结果的不统一性,进而影响民商事活动参与人的稳定预期。华懋公司与中国中小企业投资有限公司股权纠纷案[2],华懋公司(实际出资人)委托购得的9008万股民生银行股份,经历年送股、转增股,截至2012年8月31日实际数量已经演变为7亿多股,其间该部分股权所产生的分红高达5.9亿元。原审北京市高级人民法院判令中小企业投资有限公司(名义股东)应当将投资款连同全部红利一并返还给华懋公司(实际出资人),但最高人民法院终审最终判令中小企业投资有限公司仅需返还诉争股份市值及全部红利之和的40%。法院并未言明为何要按照"四六开"的比例进行分割,可以理解为法官对依照何种比例进行投资收益的分配具有绝对的、完全的自由裁量权,在其他的案件裁量中,也可能会出现"血本无归"的情形,这加剧了利益的不平衡性。

三、股权代持协议无效的后果之一:股权归属

(一)股权归属的组织法逻辑

1.公司纠纷解决的组织法思维

《公司法》第1条开宗明义地规定,"为了规范公司的组织和行为……制定本法",这表明《公司法》既是组织法也是行为法,但首先是组织法。作为组织法的《公司法》提供了调整公司组织关系的规范,比如它预先安排了公司内外的关系结构,并以此确定当事人行为的依据。[3] 公司是独立的法人组织,有其内部团体规约和约束效应,公司具有独立的法人资格,并非全部股东意志的单纯集合。《公司法》作为组织法强调公司作为统一的有机整体,组织关系方为公司的

---

[1] 参见广东省高级人民法院民事判决书,(2019)粤民申11847号。
[2] 参见最高人民法院民事判决书,(2002)民四终字第30号。
[3] 参见徐强胜:《论公司关系:公司法规范的分析基础》,载《法学》2018年第9期。

核心关系。在《公司法》属于组织法的语境下进行讨论,公司必须以该组织体的利益最大化为目标,以持续经营为重要假设和预期,这不仅要求维护公司的整体利益,也要求实现利益相关方之间的彼此尊重。合同双方当事人一般仅对于该合同有契约法上的利益,绝不可将合同中所蕴含的利益直接延伸到组织法上,并要求确认实际出资人的股东身份;反过来,公司内部的决议效力、分红投资收益等,也不可能仅仅因为合同约定就直接扩张至实际出资人,这是既不合理也不公平的。所谓"组织的安定性是其本质属性"[1],因而《公司法》作为组织法(或曰团体法)的典型代表,具有维护组织体的稳定性以及相关利益人的利益衡平之重任。

2.股权归属背后多元利益的组织法分析

从出资的角度来讲,任何出资人的资产一旦完成法定的注资程序,即由出资人所持有的具体财产自动转化为公司这一组织体下抽象财产的一部分。至于出资人的出资财产来源为何,公司并不关心,其他利害关系人比如公司债权人也不关心,法律也不关心,出资行为由谁完成才是各方及法律关注的重点,因为完成这一行为的人方有权利被登记到公司内外的股东名簿上。可见,就维护组织体内部财产的稳定性而言,名义出资人履行了完整的出资程序,公司也享有了完整的财产所有权,因此是名义出资人而非实际出资人与其他股东共同构成了紧密的"公司关系"。

从团体成员的集体权利来谈,集体权利主要是成员参与团体事务管理的权利,相当于德国学者所称的"管理权"。集体权利应当由团体会议决议,享有集体权利的人才是团体的成员。[2] 就公司这一团体而言,选择管理者、参与公司管理和重大决议的权利均为集体权利。样本案例显示,都是名义股东享有了集体权利,参与了公司治理,成为了团体成员。实际行使管理权利,参与公司治理,伴随公司成长,是一名股东应当享有的权利、履行的义务。第67号指导案例汤某龙诉周某海股权转让纠纷案,最高人民法院从四个方面解释了分期付款股权转让合同不予解除的理由,其中的一个方面提到其他股东对受让人汤某龙的接受和信任,是交易安全和公司经营稳定性的重要考虑因素,这实际上是从组织法的角度考虑到有限公司股权的特殊性,根据公司的封闭性特征(组织内部成员

---

[1] 丁勇:《组织法的诉讼构造:公司决议纠纷诉讼规则重构》,载《中国法学》2019年第5期。
[2] 参见[德]托马斯·莱塞尔、[德]吕迪格·法伊尔:《德国资合公司法》,高旭军等译,法律出版社2005年版,第102~103页。

对其倾注的信任程度），再结合商事交易的安全性，从而认定该合同不予解除，这也是对于成员内部信任和集体权利保障的一种体现。反映到股权代持关系，要求实际出资人的显名化必须经过公司内部其他股东过半数同意，就是对于团体成员集体权利的尊重和维护，在协议无效的情况下，实际出资人无法再要求显名化，固依然由名义股东持有公司股权。

股权是兼具财产性权利和人身性权利的综合性权利。就其财产性而言，股权与公司相伴相生，股权必然具有逐利的无限性。公司的重要目的在于营利，"社员们设立公司和出资的目的在于实现营利，因此营利性成为公司存在及行动的最高价值理念，进而作为判断公司经营合乎目的性和董事责任事由的价值标准来起作用"[1]。因公司有限责任制度的设计，加上其永续存在之会计假设，理论上公司必然可以追求永续的营利。股东在有限责任制度的庇护下可以寻求无限利润，这便是其进行投资活动的根本动力之所在。因此，在公司有限责任制度的庇护下，实际出资人会与名义股东约定由其投资于公司并共享或独享投资收益。再者，就股权的人身性而言，股权本身蕴含着股东对于公司经营和管理的重要权利。从团体法的理论可知，股东为了实现其经济目的需要，会通过一定的方式对作为工具化人格的公司予以支配。[2] 这种支配性表现为股东通过公司的权力机关来指导公司谋求利益，进而获得利润分配，股东通过股东会决议来实现对公司的支配和管理。公司股东可以选任管理者，也可以实际参与经营管理，可以参与股东会或股东大会，也可以提出议案等。概言之，股权的这种"支配性"既有股东对公司的支配，也有股东与股东之间的支配关系。前者更近似于所有权，即人对所有物的排他的支配性权利；后者则具有其特殊性，它不是人对物的支配关系，而是平等主体之间的合作共生关系。然而，实际出资人是无法享有这种"双重支配性"的，因为他们并未完全参与抑或从未参与公司的经营管理，又不对重大决议进行表决，更不会对其他股东产生实质性的支配关系。有学者更是直言："实际出资人在名义、行为、责任上都超然于公司之外，其与公司这一组织体之间并不发生结构性关联。"[3]因此，从团体法的理论看实际出资人，其并不享有股权的人身特性，并非该组织体的一员。股权代持协议被认定为无

---

[1] [韩]李哲松：《韩国公司法》，吴日焕译，中国政法大学出版社2000年版，第35页。
[2] 参见高永周、蒋人杰：《浅析股权法律性质——以团体法为视角》，载《法学杂志》2010年第12期。
[3] 赖虹宇，前揭文。

效之后,实际出资人不应享有股权。

综上,如果对特定的公司纠纷调整需要同时依据合同法与公司法,应当首先尊重的是公司的组织利益和安定,重在维护团体稳定,进而保障公司长远发展,保护相关利益人,股权代持协议无效后的股权归属自应遵循此法理逻辑。当然,此处强调以公司的组织利益为先,并非要求一味地遵从公司利益,保护公司关系,而以牺牲非公司关系人和第三人的利益为代价,后者利益通常受到合同法和侵权责任法的保障。

(二)行为法逻辑下无效后果的规范适用

《民法典》第155~157条对于无效、被撤销的民事法律行为的法律后果作出了规定。[1] 样本案例表明,大部分法院的判决书援引了《民法典》第157条(原《合同法》第58条)作为股权代持协议无效后股权归属裁决的论证依据和裁判理由。第157条明确了民事法律行为被认定为无效后,当事人应互负返还义务,对于不能返还或者没有必要返还的,则必须进行折价补偿。此处的"不能返还",包括法律上的不能返还和事实上的不能返还,前者指因为法律上的某项制度导致无法返还,主要是指一方当事人受领的财产已经转移给了善意第三人,且符合善意取得的要件,那么该财产的所有权已经合法有效地转移给了第三人,一般情况下该财产不得再返还给原物所有人;后者则指标的物已经损毁、灭失、完全混合等,且原物是不可替代物的情形,客观上造成了不能返还的结果。"没有必要返还"主要包含以下两种情形:(1)标的为劳务等性质上无法返还或者恢复原状的情形;(2)一方当事人通过使用对方的知识产权等无形财产获益,此时其财产利益应当折价补偿给对方当事人,而没有必要返还无形财产。[2]《九民纪要》第33条对于"折价补偿"作出了规定,并指出折价时应当以交易价款为基础,综合考虑后续的各项获益情况来确定补偿标准。[3]《民法典》第157条规

---

[1]《民法典》第155条规定:"无效的或者被撤销的民事法律行为自始没有法律约束力。"第156条规定:"民事法律行为部分无效,不影响其他部分效力的,其他部分仍然有效。"第157条规定:"民事法律行为无效、被撤销或者确定不发生效力后,行为人因该行为取得的财产,应当予以返还;不能返还或者没有必要返还的,应当折价补偿。有过错的一方应当赔偿对方由此所受到的损失;各方都有过错的,应当各自承担相应的责任。法律另有规定的,依照其规定。"

[2] 参见最高人民法院民法典贯彻实施工作领导小组主编:《中华人民共和国民法典合同编理解与适用[四]》,人民法院出版社2020年版,第2804页。

[3]《九民纪要》第33条规定:在标的物已经灭失、转售他人或者其他无法返还的情况下,当事人主张返还原物的,人民法院不予支持,但其主张折价补偿的,人民法院依法予以支持。折价时,应当以当事人交易时约定的价款为基础,同时考虑当事人在标的物灭失或者转售时的获益情况综合确定补偿标准。

定,一方当事人可以请求由过错方承担损害赔偿责任。就公司股权而言,如果股权增值,投资获益,一般不会发生"损害赔偿"的问题,而多以"公平分配"作为处理原则;但是对于股权贬值、投资受损的情况,则可能需要根据"诚实信用原则"来分担损失,并可以进一步要求损害赔偿。

关于此规范项下的返还财产、折价补偿和损害赔偿三制度应当如何具体落实到个案适用,最高人民法院编写的《中华人民共和国民法典合同编理解与适用》提出了这样的处理意见:民事法律行为无效的法律后果中,返还财产属于物权请求权,在财产不能返还或者没有必要返还时,则转化为债权请求权下的不当得利返还请求权,此时当事人才可以要求折价补偿。因此,返还财产和折价补偿对应的请求权分属于物权请求权和债权请求权,只能择一而从之,不得同时适用。当返还财产或折价补偿仍然不足以弥补当事人的损失时,理论上当事人还可以请求损害赔偿,此时需要举证证明返还财产或折价补偿的范围尚不足以弥补损失,且对方当事人存在过错,该过错与损害结果之间具有因果关系等。但是司法实践中,只要前两者已经妥当考虑了当事人的利益衡平,一般不会允许制度的叠加适用。[1] 一般而言,如果在确定财产返还或折价补偿范围时,已经充分考虑过财产增值或者贬值的分享或共担机制,并且公平地处置了不当得利,那么损害赔偿制度的适用空间不大,反而需要避免因损害赔偿而导致的双重获利或者双重受损情形出现。

综上,民事法律行为的无效,应为自始无效,当然无效。关于无效后果,《民法典》第157条给出三个:财产返还、折价补偿和损害赔偿制度。财产返还与折价补偿不能同时适用,只能择一而从之。确定返还财产或者折价补偿的范围时,应当遵循公平原则、诚实信用原则的要求,一般应以交易价款为基础,综合考虑市场因素、受让人的经营或者添附行为与财产增值或者贬值之间的关联性,在当事人之间合理分配或分担。尚不足以弥补损失的,根据当事人的诉请和案件的实际情况,可以进一步通过损害赔偿制度弥补其损失,但应避免因损害赔偿带来的双重获利或者双重受损,毕竟,当事人所承担的缔约过失责任不应该超过该合同的履行利益。具言之,法规范要求对于合同无效的处理,要避免因财产返还导致双方不法财产的利益归属与合同有效的法效果相同,从而让其无法实现不法给付的合同目的,避免不诚信一方因合同无效反而获益的情形出现。

---

[1] 参见最高人民法院民事审判第二庭编著,前揭书,第269页。

(三)组织法逻辑下无效后果的限缩解释

在解释论层面,民事法律行为无效允许择一适用财产返还或者折价补偿制度,但具体到公司股权,这种处置方式多半是不适当的。股权代持协议无效后,公司股权不能僵硬地适用财产返还规则,直接判令返还给实际出资人,而只能适用折价补偿,判令股权归名义股东所有,由其对实际出资人进行补偿。

1.股权归属名义股东的合理性

就法益衡量的角度而言,这涉及我国金融监管制度和证券市场信息披露要求,与当事人合同自由和私人财产权保护之间的法益衡量。以上市公司股权为例。《证券法》第5条明令禁止欺诈、内幕交易和操纵证券市场的行为。第五章专章规范"信息披露",指出"披露的信息,应当真实、准确、完整,简明清晰,通俗易懂,不得有虚假记载、误导性陈述或者重大遗漏"。真实、准确、完整的信息披露属于证券市场的基础性制度设置。证监会《首次公开发行股票注册管理办法》第12条对发行人的股权清晰和不存在权属纠纷提出了硬性要求。[1] 上市公司的股东范围涵盖了证券市场上广泛的投资者,关涉社会公共利益和证券市场的基本秩序,因此对其股权结构的信息披露进行严格监管是应有之义。如在上市之初一家公司的股权不清晰,将从根本上动摇信息披露制度,以及立足于其上的证券市场监管规则。上市公司的股权必须清晰完整,不得存在重大权属纠纷的要求至少意味着上市公司的股权代持存在的空间逼仄。

那么,非上市公司股权代持的处理是否有所不同?从样本案例看,代持的安排本身有的并无违法情节,但也确有规避相关法律的监管要求,如外资持股比例要求,公务员身份限制,以及保险业、银行业、信托业、基金业等金融行业监管,甚至禁入要求等,法院多依据相关监管法规、规章要求或者以损害社会公共利益、

---

[1]《首次公开发行股票注册管理办法》第12条第2项规定:"发行人业务完整,具有直接面向市场独立持续经营的能力。

(二)主营业务、控制权和管理团队稳定,首次公开发行股票并在主板上市的,最近三年内主营业务和董事、高级管理人员均没有发生重大不利变化;首次公开发行股票并在科创板、创业板上市的,最近二年内主营业务和董事、高级管理人员均没有发生重大不利变化;首次公开发行股票并在科创板上市的,核心技术人员应当稳定且最近二年内没有发生重大不利变化;

发行人的股份权属清晰,不存在导致控制权可能变更的重大权属纠纷,首次公开发行股票并在主板上市的,最近三年实际控制人没有发生变更;首次公开发行股票并在科创板、创业板上市的,最近二年实际控制人没有发生变更。"

违背公序良俗等认定股权代持协议无效。[1] 从法益的衡量来看,广大投资者的合法权益、证券市场的交易安全和经济秩序、信息披露真实准确完整的法益被认定为高于双方的契约自由。因为合同自由固然值得尊重和保护,但如果这份协议具有不法目的,且可能损害绝大多数人的合法权益,抑或破坏市场的经济秩序和逃避监管要求,其合同目的就不应准予达成。[2] 社会公共利益表面上的内容涵盖了经济秩序和社会公德,但就其深层次而言,还有对于法律公平正义的追求,对于人民权益的保障,对于社会存在的反映等。庞德就把社会利益解释为"包含在文明社会生活并基于这种生活的地位而提出的各种要求"[3]。其实社会公共利益真实反映了社会发展规律作用于不同主体所产生的各种现象、意义与联系。申言之,如果将公司股权认定为归实际出资人所有,则其合同目的经过一番波折反而得以实现,实质上否定了上述规范所保障的法益,违背了立法初衷。法谚有云,"任何人不得因不法行为获利",如果认定股权归实际出资人所有,客观上保护了不诚信当事人的利益,将会助长全社会的隐名代持之风,不利于公司股权信息披露的真实完整性,也不利于构建诚实信用的社会关系体系。

2. 股权归属实际出资人之弊

从实践的可能性来看,直接判令公司股权归实际出资人所有,需要履行繁杂的手续,实践难度很大,给双方当事人和公司都增加了诸多不必要的成本。就上市公司的股权而言,鉴于信息披露和监管要求,《证券法》要求投资者持有上市公司有表决权的股份比例每增加或者减少5%,都需要向证监会、证交所进行书面报告,通知该上市公司,并予以公告。如果所持有表决权的股份比例达到5%后,持股比例每增加或减少1%,均须通知并公告。2018年4月13日,沪深交易所分别发布的《上市公司收购及股份权益变动信息披露业务指引(征求意见稿)》对投资者权益变动时的信息披露提出了更加详细的要求,加强了证券交易所对于大额权益变动信息披露的一线监管,例如对于持股比例未达到5%的上

---

[1] 参见最高人民法院民事判决书,(2020)最高法民终1081号;广东省高级人民法院民事判决书,(2019)粤民申11847号;广东省高级人民法院民事判决书,(2013)粤高法民四终字第29号;西藏自治区高级人民法院民事判决书,(2021)藏民终48号;最高人民法院民事判决书,(2017)最高法民申2454号;天津市高级人民法院民事判决书,(2020)津民终1424号;上海金融法院民事判决书,(2018)沪74民初585号;上海市高级人民法院民事判决书,(2020)沪民终512号;最高人民法院民事判决书,(2017)最高法民终529号。

[2] 参见梁上上:《利益的层次结构与利益衡量的展开——兼评加藤一郎的利益衡量论》,载《法学研究》2002年第1期。

[3] [美]罗斯科·庞德:《通过法律的社会控制》,沈宗灵译,商务印书馆1984年版,第37页。

市公司第一大股东也要求履行信息披露的义务;增加了股权结构的穿透披露要求,明确控制权争夺下双方权益变动时的信息披露义务,增加了一致行动人及表决权委托协议的披露要求等。综合而言,上市公司的大额权益变动行为,直接关系到证券市场的稳定运行和风险防范,如果直接将登记在名义股东名下的股权变更为实际出资人,很可能因大额权益变动而诱发股票交易异常波动,还会使得多家上市公司的股价协同变动,从而引发局部市场风险。

就有限公司而言,股权代持协议被认定无效后,如将公司股权判归实际出资人所有,首先面临的就是股权转让问题。名义股东需要将登记于其名下的股权转移至实际出资人名下,《公司法解释三》提出了"其他股东半数以上同意"的要求,变相给予了公司其他股东一个否决的权利。完全隐名的代持股协议一经披露,公司和其他股东对于即将进入公司的实际出资人可能并不表示欢迎,出于尊重有限公司封闭性的考虑,实际出资人的"显名化"过程被要求类推适用于股权对外转让的规定。如公司方面宁愿履行减资程序,将相关股权注销,并返还投资款,都不愿将实际出资人引进确认为股东,那么履行减资程序势必带来一系列额外的流程,无疑会给公司增添不少负担,且是复杂而困难的。在样本的部分案例中,法院即使认定股权代持协议有效,但鉴于股权变动实际难以履行、不能履行,仍然驳回实际出资人的股权转移请求。上海保培有限公司与雨润控股集团有限公司的股权纠纷案[1],江苏省高级人民法院二审认为,原、被告签订的委托代持股协议虽未违反法律的强制性规范,应当认定为有效,但由于违反了《保险公司股权管理办法》这一部门规章,股权转让手续受到监管部门的反对,构成法律上不能履行;因没有履行公司章程所要求的其他股东过半数同意程序,构成事实上不能履行。

综上,对于法规范的解释应当在公司股权的语境下被限缩为:只能适用折价补偿制度,公司股权归名义股东所有,并由其给予实际出资人适当补偿,关于补偿标准和程序要求等,下文详细讨论。

四、股权协议无效的后果之二:投资款返还

公司股权判归名义股东后,当初实际出资人为认购公司股权而交付给名义股东的投资款应如何处置?折价补偿与财产返还系同一层次的择一关系,当公

---

[1] 参见江苏省高级人民法院民事判决书,(2017)苏民终66号。

司股权判归名义股东后，财产返还即不能进行，便需考虑折价补偿。此时有两个问题亟待解答：一为投资款是否需要返还，此涉及不法原因给付的制度逻辑；二为折价补偿的具体标准为何，此关涉到投资损益的分担，后文详述。此处先论述股权代持协议无效场合下不法原因给付制度应否适用。

不法原因给付自始不发生法律效力，结合我国不法原因给付制度之构造，应当有限度地承认给付人的财产返还请求权[1]，据此，实际出资人为认购公司股权而交付给名义股东的投资款应予返还。

（一）不法原因给付的法理逻辑

1. 禁止返还与价值平衡

不法原因给付是指基于违反强行法规或公序良俗而进行的给付。对于此种给付，无论是大陆法系的不法原因给付制度，还是英美法系的不法约定制度，它们的主流处理模式是一致的：基于不法原因的给付或基于不法约定而移转的金钱、动产与不动产均不得要求返还，除非不法原因仅存在于受领人一方。[2] 当股权代持协议因违法而无效，实际出资人向名义股东给付的投资款欠缺法律原因时，该给付能否主张返还就涉及不法原因给付的规则适用。

不法得利的理论基础在于通过排除给付人的不当得利请求权，以实现惩罚不法给付人、拒绝权利保护、震慑不法行为、保护司法权威与节约司法资源的目的。[3] 该正当性基础立足于国家管制目标和对公共利益的维护，然而此种机械僵硬的做法显然未顾及管制与公平、诚信等诸多法价值之间的合理平衡。就公平价值而言，给付人与受领人对于交易的违法性明知或应知，甚或受领人的过错程度高于给付人时，以惩罚之名拒绝给付人的请求显然有失公平。就诚信价值而言，如果一律排除给付人的得利请求权，则受领人对于该违法合同仅能获益而不必承担任何风险，这无疑鼓励了其在订约后的背信行为，不利于诚信秩序之构建。[4] 司法实践中，股权代持纠纷诉讼当事人的主张具有多变性，在股权升值

---

[1] 参见李永军、李伟平：《论不法原因给付的制度构造》，载《政治与法律》2016年第10期。

[2] 参见谭启平：《不法原因给付及其制度建构》，载《现代法学》2004年第3期。

[3] 参见高凡：《论不法原因给付的返还规则——以92个案例的实证研究为切入点》，载《西南政法大学学报》2022年第1期。

[4] 参见许德风：《论合同违法无效后的获益返还——兼议背信行为的法律规制》，载《清华法学》2016年第2期。

和贬值时当事人的主张大相径庭[1],这充分体现了当事人对待诉讼的逐利动机和背信心理,倘若法官不能妥善裁决,势必会引发更多的纠纷。

2. 返还规则的理念转变:从形式主义到结果导向

正因为不法原因给付制度存在复杂的利益平衡,因此司法实践中也发展出了大量例外性规则,"处于原则与例外近乎等量共存的状态"[2]。其中,英国法院确立的"三例外规则体系"具有广泛的影响力。在 Holman v. Johnson 案中,法官确立了与大陆法系基本相同的第一项例外:交易违法性可以作为获利人拒绝返还不当得利之抗辩,但如果违法原因仅存在于得利人一方,而受损人并无任何不当行为,则得利人的抗辩失效[3]。第二项例外是 Symes v. Hughes 案中[4]确立的,法官认为:如果受损人放弃继续履行合同,无法实现其违法目的,那么也可以认定为排除了得利人的交易违法性抗辩。第三项例外是由英国上议院在 Tinsley v. Milligan 案中确立的:如果受损人可以证明自己不需要通过该项违法交易获利,或者其获利本身并不依赖于得利人所主张的违法交易,那么他也可以排除交易违法性抗辩[5]。美国学术界对此也有关注,在 2011 年《第三次返还与不当得利法重述》(Restatement of the Law Third: Restitution and Unjust Enrichment)第 32 条、第 63 条评论部分,都详细引注并论述了英国法的"三例外规则"体系[6]。经过 18～20 世纪的发展,英美法已经发展出一套较为精细的"原则—例外"规则体系。然而,此种机械僵硬的形式主义判断模式忽视了对禁止不当得利返还的后果考量,因此难以在个案实现公共利益与契约自由的平衡,故而招致越来越多的批判。英国法律委员会指出,当前的不当得利规则体系应作出以下修正:第一,应当有助于实现实体法的规范目的;第二,有助于避免法律的冲突、矛盾与不连贯;第三,避免一方或双方当事人从违法交易行为中获利;第

---

[1] 参见王毓莹:《股权代持的权利架构——股权归属与处分效力的追问》,载《比较法研究》2020年第3期。

[2] 参见许德风,前揭文。

[3] (1775) 1 Cowp 341, 98 ER 1120; Parkinson v. College of Ambulance [1925] 2 KB 1; Berg v. Sadler and Moore [1937] 2 KB 158.

[4] (1869-70) LR 9 Eq 475; Tribe v. Tribe [1996] Ch 107.

[5] [1994] 1 AC 340.

[6] See American Law Institute, *Restatement of the Law Third: Restitution and Unjust Enrichment*, Vol.1, St. Paul, Minn: American Law Institute Publishers, p.510-515(2011).

四,遏制并阻却违法行为;第五,维护法律制度的公正性与完整性。[1] 由此,英国开始从纯粹形式主义的考察路径逐渐转变为对结果主义的政策考量。2016年,英国最高法院在 Patel v. Mirza 案中作出了被称为"足以撼动数百年先例"的终审判决。该案也是一个股权代持协议纠纷,因被告 Mirza 告诉原告 Patel,自己知晓关于苏格兰皇家银行的内幕交易信息,据此原告和被告约定由原告出资、被告作为代持人负责购买并持有苏格兰皇家银行的股票,将股票波动赚取的利差支付给原告,而原告则须支付代持费用给被告。原告明知这样做会违反英国有关禁止内幕交易的强行性规范,但经不住巨大的利益诱惑他还是向被告支付了62万英镑。然而,由于被告掌握了错误的内幕信息,两人最终并未获利。后原告起诉要求被告返还自己支付的62万英镑,被告则提出了交易违法性抗辩。一审中,英国高等法院作出了驳回原告诉讼请求的判决,理由是在不法交易行为中,原告并未举证证明自己符合不当得利返还请求权"三例外规则体系"中的任何一种。二审中,英国上诉法院对于"三例外规则体系"中的第二种"主动放弃例外"进行了扩大解释,并作出了支持原告诉讼请求的判决。终审中,英国上议院维持了上诉法院的判决,支持原告的诉讼请求,但是论证理由明显不同,法官认为原告能够排除被告所提出的交易违法性抗辩,并不是原告的情形符合了"三例外规则体系"中的任何一种,而是在于本案法官对返还后果与强行性规范的立法目的进行了综合考量。若不当得利返还结果本身并不会违反该强行法的规范目的,也并没有违背公序良俗,那么返还结果与规范目的就没有冲突,原告仍可以要求不当得利返还。[2] 英国开此先例后,美国、加拿大、澳大利亚等英美法国家、地区也相继在不同判例中对传统的"三例外规则体系"进行了结果主义导向的修正,从而完善了原有的不当得利返还之规则体系,为英美法发展出新的结果主义导向之例外规则。

在域外法的结果主义导向下,国内学者在构建我国不法得利返还制度时,也普遍认为需结合"不法原因"所依据的法律目的、合同的违法性、过错程度、得利与损失的衡平情况等因素综合考量不法得利应否返还。[3] 鉴于此,下文我们将

---

[1] Law Commission, The Illegality Defence: A Consultative Report (Law Com No189, 2009) paras 2.5 - 2.7; Law Commission, The Illegality Defence (Law Com No320, 2010) paras. 2.13 - 2.15.

[2] Patel v. Mirza [2016] UKSC 42, [2017] AC 467 [120]. 该案一审与二审的案号分别为[2013]EWHC 1892(Ch),[2013] 2 P&CR DG23 和[2014] EWCA Civ 1047, [2015] Ch 271。

[3] 参见许德风,前揭文;高凡,前揭文。

循上述要素展开,具体分析股权代持协议无效后的投资款返还问题。

(二)投资款返还的法释义学构造:作为例外规则的考量因素

第一,从"不法原因"依据的法律目的来看,股权代持禁止主要源于对特定领域的公司股权比例进行限制,或者对具有特殊身份的人员实施行业禁入。尤其是对于上市公司、金融行业的严格监管要求,是为了保障证券市场的安全与金融业的稳定性,维护社会主义市场的诚实信用体系,尤其是银行业、保险业、信托业、基金业等金融行业关系国家经济命脉与社会公共利益。就"不法原因"所依据的法律目的而言,不进行股权变动,由名义股东继续持有公司股权,交易安全和经营稳定均能得到保障,已经足以实现上述法规范之目的,再剥夺实际出资人对于投资款项的返还请求权实无必要。股权继续由名义股东持有,满足了社会公共利益的保护要求。实际出资人最终无法成为公司股东,也满足了法规范中对其禁止或者限制准入之要求,并对其不法行为作出了惩戒。概言之,股权代持协议无效后判定公司股权归名义股东所有,已经足以实现法规范之目的,再剥夺实际出资人对于投资款项的返还请求权实无必要。

第二,从合同的违法程度来看,无效股权代持协议的违法程度并不至于阻却实际出资人对投资款的返还请求权。不同合同因其违法悖俗原因不同,故而其违法的严重程度不同。效力受到否定性评价的股权代持协议尽管违反了效力性强制性规定,但是该协议显然没有达到走私武器、赌博行贿等不法交易的违法程度,亦未根本性破坏国家之经济大局,所以股权代持协议无效后的法律适用应根据其危害性来确认,并形成差异化的对待。在涉案股权已经判归名义股东的情况下,应认可实际出资人对投资款的返还请求权,以平衡管制与公平、诚信之关系。

第三,从双方当事人的过错程度来看,他们都是出于规避法律之故意订立合同,应当认定其对于不法给付均具有主观故意,但是过错程度则需要结合案情具体判断,过错程度的认定也会影响下文讨论的投资损益比例分担。不法原因返还规则源于"双方过错时被告胜"的罗马法规则,然而如前文所述,在双方均不法时,因综合多种因素考量,当违法性并不严重时,仍可考虑保护其中一方当事人的利益。[1] 一般认为,名义股东在订立股权代持协议时不可能是善意且完全不知情的,故双方对于违反效力性强制性规范、有悖公序良俗具有清晰认知,他

---

[1] 参见许德风,前揭文。

们的"不法程度"并无差异,对于股权代持协议的无效其实都具有过错和可归责性,此时应限制不法原因禁止返还规则的适用。一方面,名义股东保有的利益不具有法律上的原因而不得受到法律保护,该不当得利应当返还;另一方面,实际出资人出于规避法律之目的将自己置身于法律秩序之外,令其丧失股权归属,无法实现原目的,已经足以惩戒。如果名义股东全部获利,而实际出资人血本无归,对于名义股东的不法性评价及违法制裁显然不足。这可能会助长名义股东通过各种手段签订股权代持协议并获取投资款项之后,又以协议无效为由请求法院认定其作为真正的股东,此种法效果会加剧守信与管制之间的紧张关系,进而产生鼓励背信的副作用。

第四,从得利与损失的衡平情况分析,在股权代持协议的履行过程中,实际出资人负责出资和承担相应的投资风险,实际承担着股权投资的资金成本与机会成本;名义股东则为其提供投资信息,代为行使股东权利,并交付相应分红或收益。一旦认定名义股东无须返还投资款项,就相当于名义股东不付出分毫却收获了巨额投资回报,而实际出资人的损失则趋近于无穷大,这显然不利于双方的得利与损失衡平。

(三)符合资本维持的返还方式:以名义股东个人责任财产而非公司资产

有实务界人士提出,若要求名义股东直接返还投资款给实际出资人,是否会造成抽逃出资,并对公司资本维持制度构成威胁?答案是否定的。前文已述,名义股东将投资款项返还给实际出资人,这里的"返还"指的仅是名义股东从自己的个人账户中返还款项,而不是公司直接将出资款项汇入实际出资人的个人账户。对于名义股东不能返还投资款的情形,最高人民法院《关于审理外商投资企业纠纷案件若干问题的规定(一)》第18~20条有相应规范:如名义股东拒绝继续持有公司股权,法院应当判令将股权拍卖、变卖,所得款项中的投资款部分返还给实际出资人;若有剩余,根据双方对股权增值部分的参与和贡献情况进行合理分配。就此规则,其他类型公司的股权代持协议纠纷,可以参照适用。

五、股权协议无效的后果之三:投资损益分担

在确认了名义股东应当返还投资款的前提下,如何确定折价补偿的范围和标准就成为亟待解决的问题。随着公司经营的持续进行,股权价值也处于变动之中。样本显示,股权升值后多会发生纠纷,股权升值后的收益分配是绝大多数协议无效处理的难点。折价补偿的标准存在客观说(市场价)和主观说(合同约定价以及转售价格)之二元对立,我国民法学界长期以客观说为主流。[1] 对于股权代持这一商事行为而言,由于当事人经营行为的存在,应充分认识到该行为相较于其他合同乃至其他代持行为的特殊性。鉴于此,应摒弃固守客观说的传统做法,采取比例分担原则,并综合衡量风险、贡献、过错程度、因果关系等多个因素后认定。

(一)比例原则适用的正当性

1.比例原则的内涵及其应用

比例原则不仅是评价公权力运作正当性的重要规范,还是衡量基本权利冲突的分析框架。[2] 比例原则滥觞于行政法领域的警察法,目的在于限制警察权力的不当行使,保障公民权利与自由,后逐渐扩展至整个行政法,成为整个公法领域举足轻重的原则,并延伸到私法领域。行政法领域,主要包含适当性、必要性和均衡性三个子原则,其基本理念是,只有在同时符合下列条件时,个人自由与私法自治才能受到强制干预:该项强制干预措施必须是为了达成某一正当目的;这一干预对于实现某种更高权益而言具有必要性,且当前并无其他更为和缓的干预措施可用;应当在致损最小的范畴内实现此目的,所采用的手段与所实现目的之间必须合理、适度、成比例,不能因小失大、得不偿失。[3]

在私法领域,比例原则要求立法者对于某种目的的追求不可过当,不能过度侵犯个体的自由和权益,否则构成违宪。比例原则要求法官在个案裁量中,需要审慎权衡对私权利的干预或者限制是否是必要的,是否能够确保实现某一更高的权益目标,是否具有更为和缓的可替代措施,这种干预或者限制所带来的损害结果与实现目标能达成的利益之间是否能够实现合比例地均衡[4],在综合审慎地考量上述因素之后,法官再行判断这种干预是否合比例,是否正当。由于比例原则实现了对公权力介入领域的无缝覆盖,有学者提出应将其作为界定和规范国家行为的法治原则之一,甚至有学者认为比例原则的逻辑起点是人权保障,这与宪法所要求的价值相契合,故应当将比例原则确立为一项宪法原则。[5] 以色

---

[1] 参见叶名怡:《〈民法典〉第157条(法律行为无效之法律后果)评注》,载《法学家》2022年第1期。

[2] 参见纪海龙:《比例原则在私法中的普适性及其例证》,载《政法论坛》2016年第3期。

[3] Vgl. Karl Larenz / Manfred Wolf, Allgemeiner Teil des Bürgerlichen Rechts, 9. Aufl., Verlag C. H. Beck München 2004, S. 2.

[4] 参见郑晓剑:《比例原则在民法上的适用及展开》,载《中国法学》2016年第2期。

[5] 参见于改之、吕小红:《比例原则的刑法适用及其展开》,载《现代法学》2018年第4期。

列最高法院的首席大法官 Aharon Barak 甚至认为我们的时代就是"比例时代",合比例是法律和道德话语的重要组成部分,它在人类的行为模式中具有广泛适用的效应。[1]

2. 比例原则适用的证成

具体到股权代持关系带来的损益分配、折价补偿等问题,比例原则均有其适用的正当性。

一是从法规范的角度看,《九民纪要》第 32 条明确提出合同被确认为无效后,对于受损方的不当得利返还应当适用比例分担的基本原则。第 33~34 条解释了在无效合同的处理中避免一方从中获益甚巨,另一方亏损居多的具体操作建议。在"关于合同纠纷案件的审理"一章的"关于合同效力"部分,最高人民法院提出合同无效后的处理要考虑以下几点:其一,财产出现增值或者贬损情况,要综合考虑市场因素、受让人的经营或者添附行为与财产增值之间的关联性,在当事人之间合理分配或分担;其二,双务合同中价款返还的同时履行,以及是否应当支付利息;其三,正确处理财产返还和损害赔偿的关系;其四,强化程序保障,可以向双方当事人进行法律释明,由其决定是否变更诉讼请求。[2] 此处虽然未直接明确指出应当适用比例原则,但是综合考量各项因素、遵循诚实信用原则、合理分配、避免一方单独获益等言辞,已经明显拒斥"全有全无"的逻辑判断,而转向"合乎比例的要求"。

二是从司法经验看,最高人民法院在华懋案[3]就明确适用了比例分担原则。该案的案情、无效理由及无效的法律后果前已述及,但在合同无效的法律后果处理上,最高人民法院与北京市高级人民法院的审判意见相左:后者认为,中小企业与华懋公司签订的委托代持股协议无效,应当直接依据合同无效的法律后果处理,将投资本金和在民生银行取得的红利一并返还给华懋公司;但前者认为,在确认中小企业享有民生银行股东身份的同时,应当判令它向华懋公司进行相应的补偿。按照双方违法程度和实际情况,依据公平原则与法律的基本精神,酌定中小企业只返还股权增值、投资本金以及红利之和的 40%。

---

[1] See Aharon Barak, *Proportionality: Constitutional Rights and their Limitation*, Cambridge University Press, 2012.

[2] 参见最高人民法院民事审判第二庭编著,前揭书,第 261~266 页。

[3] 参见最高人民法院民事判决书,(2002)民四终字第 30 号。

无独有偶,杨某国、林某坤股权转让纠纷案[1],最高人民法院在判定股权代持协议因违反上市公司的股权信息披露要求而无效后,关于双方的财产问题也要求公平分割委托投资收益。

三是从法理逻辑的角度看,比例原则适用于股权代持协议无效后的后果处理具有逻辑自洽性。对此可对比例原则的三个构成要件逐一分析。首先,就适当性而言,上市公司的监管举措保护的法益是保障交易安全、维持证券市场秩序和真实准确完整地披露信息,进而保护广大投资者合法权益。国际证监会组织(IOSCO)在《证券监管的目标和原则》(Objectives and Principles of Securities Regulation)中提及证券监管的三个目标:"保护投资者;确保市场公平、有效和透明;减少系统性风险。"[2] 其次,就必要性而言,为了保护更广泛的社会公共利益,不得已对个体权利和自由进行适度干预,法院认定相应的股权代持协议无效足以实现法规范所追求之目的,投资损益全部返还抑或收缴实无必要,且没有可采取的更和缓手段或者替代性措施。最后,就均衡性而言,不当得利全部返还实则不利于达成强制监管的目的要求,也不应在其涵摄范围内。持有股权的名义股东在参与公司经营管理过程中,可能仅仅执行实际出资人的指示,也可能自发参与公司治理,促使董事会或股东会形成一项对股东会有利的决议[3]。若将不当得利全部返还给实际出资人,则没有适当评价名义股东对于股权增值或贬值的作用,不满足合比例性的要求。在法规范的实现过程中,应当选择对人民利益损害最小、负担最轻的手段,目的与手段之间有适当配合[4]。比例分担的方案比起"全有或全无"的方案,更能够实现当事人损害的最小化,其实现成本显然小于能够为社会带来的总体收益[5]。在所采用的最和缓手段也即股权代持协议无效且按比例分担投资损益,与相应的效力性强制性规范所追求的目的之间的衡量,可以确定已经满足了合比例性的要求。

公司股权的增值必然与实际出资人的投资行为和名义股东的经营行为均有所关联,股权增值比例分担有利于实现比例原则在私法自治的重要目的,即防止一方利用优势地位全部获益,而另一方受损超出了其订立合同时所能预料到的

---

[1] 参见最高人民法院民事判决书,(2017)最高法民申2454号。
[2] 戴建国等:《证券监管的目标和原则》,载《证券市场导报》2006年第7期。
[3] 参见吴至诚:《违法无效合同不当得利返还的比例分担 以股权代持为中心》,载《中外法学》2021年第3期。
[4] 参见梁上上:《制度利益衡量的逻辑》,载《中国法学》2012年第4期。
[5] 参见刘雅琨:《比例原则在股权代持纠纷中的运用》,载《吉林工商学院学报》2021年第6期。

全部损失。前文言及,股权归名义股东所有,投资款全额返还给实际出资人,完成了强制性规范的惩戒和制裁闭环,股权收益不必进一步收缴。

(二)比例分担的法释义学结构及其裁判方法

1.本息返还

对于投资本金所生利息,应按照中国人民银行同期同类存款利率还是全国银行间同业拆借中心公布的同期同类贷款市场报价利率计算?如本金数额巨大、时间足够长,不同利率基准下核算出的利息数额相差很大。此处的利息应按中国人民银行同期同类存款利率来计算,理由有三:第一,较多法律规范都规定为应当加算银行同期存款利息予以返还。如 2019 年修订后的《证券法》第 33 条规定,对于不符合法定条件、程序而被撤销发行的证券,以及发行失败的证券,发行人都要以发行价加算银行同期存款利息返还给证券持有人。《公司法》也规定,对于不能成立的股份有限公司,发起人应当返还股款并加算银行同期存款利息给认股人。《税收征收管理法》第 51 条规定,纳税人超过应纳税额缴税的,可以要求税务机关退还其多缴纳的税款且加算银行同期存款利息。此外,《招标投标法实施条例》《进出口关税条例》也有类似的规范。[1] 第二,最高人民法院一般认为应当按照中国人民银行的同期同类存款利率支付利息。如《关于审理涉及金融不良债权转让案件工作座谈会纪要》规定,对于无效的不良债权转让合同,出让人应当向受让人全额返还转让款,并且应当按照存款利率计算返还本金所孳生的利息。[2] 第三,就域外经验而言,英国判例法认为不当得利的返还应当以银行同期同类存款利率为基准核算利息。在 Prudential Assurance Company v. HMRC 案中[3],上议院认为受损人只能要求得利人返还不当得利加算银行同期存款利息,因为其实得利人的得利来源于受损人的自愿给付行为。受损人并没有因为此次给付行为就失去后续的放贷机会,自然也谈不上预期利益的损失,更不得要求返还得利人因此节省下的融资成本,所以只能将银行同期存款利息视为本金的孳息纳入返还对象,不应按照贷款利息进行核算。

2.剩余计算

将股权对应的投资本金及按照银行同期同类存款利率计算的利息返还给实

---

[1] 参见《招标投标法实施条例》第 57 条和《进出口关税条例》第 52 条。
[2] 参见《关于审理涉及金融不良债权转让案件工作座谈会纪要》(法发〔2009〕19 号)第 9 条。
[3] [2018] UKSC39. [2019] AC929.

际出资人之后,剩下最后一个步骤——对于股权损益的比例分担。剩余计算的方案如下:

首先,初步划定返还额度的百分比。综合考量实际出资人和名义股东对于该项股权增值所作出的贡献大小、对于股权贬值的过错程度、增值或者贬值部分与当事人相应的民事法律行为之间的关联程度、因果关系等来初步确定该返还额度的百分比。以作出的贡献大小为例,需要考察该项股权增值主要是因为实际出资人的指示行为或者信息披露行为,还是由于名义股东自发的经营行为或者作为公司股东的信义义务遵守行为等。如公司股权价值的波动单纯地源于市场风险,应当在当事人之间就投资损益进行均等分担;如由于实际出资人的指示或者其他行为导致了或者影响了股权的价值波动,就需要考量相应的指示行为与股权价值波动之间的因果关系、关联程度合理性等,对于损益的分担应当在原均等分担的比例前提下,适当地向嘉奖或者惩戒实际出资人的方向倾斜;如由于名义股东的实际经营行为或者参与表决等引起了或者影响了股权的价值波动,则需要进一步考量名义股东的过错程度、经营行为与股权价值波动之间的因果关系等,在损益分担方面对名义股东进行相应的奖惩。对于其他因素的考量也应参照于此。

其次,计算其中可以抵销的金额。将初步分担比例下取得的金额,扣除名义股东已支付给实际出资人的分红或经营收益,扣除实际出资人已经支付给名义股东的代持费用等。[1] 对于该部分已支付的费用,应当在初步核算后予以扣除和抵销。此外,还应扣除本不应计算在初步核算中却计算在内的金额。例如,实际出资人在公司治理中本应指示名义股东,或者向其披露相关信息却怠于为之的部分,导致了公司股权价值变化的,应对实际出资人一方所得予以扣减;名义股东本应履行相关的公司经营义务,或者履行相应的信义义务等却怠于为之,导致公司股权价值变化的,应当对名义股东一方所得予以扣减。

六、结论

股权代持协议无效的后果处理,是一个较为纯粹的司法裁判问题,也是行为法与组织法交互调整的一个规范空间。股权兼具财产性权益和身份性权益,股

---

[1] 参见吴至诚:《违法无效合同不当得利返还的比例分担 以股权代持为中心》,载《中外法学》2021年第3期。

权代持的背后是隐秘的股权处分,而这一合同标的物的处分必然触及公司组织体的稳定,更有甚者将会深刻改变公司的产权结构与治理结构。是故,对于股权代持协议无效的处理,应当注重保障组织体的稳定和权益,妥善处理组织法上的信赖利益保护和组织体秩序稳定。

首先,股权代持协议无效后,除有实际出资人的合法显名化路径外,股权原则上归属于名义股东。股东出资一旦完成法定的注资程序即转变为公司财产的一部分,出资财产来源于何处就并非公司组织体的关注。公司只会根据出资主体来确认其成员身份,故而应认定名义股东而非实际出资人与其他股东形成了联系紧密的"公司关系",享有股东身份。就团体成员的集体权利而言,参与团体决议、选择管理者等都是公司股东的重要权利。名义股东参与了实质管理,与其他团体成员形成了紧密连接,并在彼此之间灌注了信任,也因此获得了公司发展带来的经营成果和红利,这与单纯地提供出资财产显然不同。就股权的性质而言,股权的身份性权益决定了股东享有"双重支配性"的特征,然而实际出资人与公司这一组织体之间并不发生组织上的结构性关联,不可能享有股权所内含的支配性,因此不能被认定为组织体成员的一员。此外,如将股权归属于实际出资人所有,则其合同目的经过一番波折反而得以实现,实质上否认了上述规范所保障的法秩序,造成了法效益的失衡。这将在客观上维护不诚信当事人的利益,将会助长隐名代持之风,也不利于公司股权的信息披露和诚实信用的社会体系建设。就上市公司而言,如将登记在名义股东名下的股权直接变更为实际出资人所有,将因大额的股权权益变动而诱发股票交易的异常波动,还可能影响到多家上市公司的股价协同变动,导致局部性市场风险。

其次,投资款的返还应基于不法原因给付制度的逻辑进行法释义学构造,原则上不予返还,仅在特殊情况下强制名义股东将出资折合为资金返还给实际出资人。投资款返还与否需要平衡管制与公平、诚信等价值之间的关系,在具体的价值判断上应认真考虑所违反法律之目的、交易的违法程度、当事人的过错程度、得利与损失的衡平情况等因素予以确定。从代持协议无效后果的整体方案观之,股权归属名义股东,投资款项全额返还给实际出资人,既充分维护了社会公共利益,阻却了不法交易目的的实现,同时也实现了风险和利益在双方当事人之间的公平分配,有利于建立更加良好稳定的商事交易环境。

最后,投资损益的分配需要根据比例分担原则分两个步骤展开。第一步要求初步划定返还额度的百分比,在此需要综合考量实际出资人和名义股东对于该项股权增值所作出的贡献大小、对股权贬值的过错程度、增值部分与当事人相应民事法律行为之间的关联程度、因果关系等来确定。第二步需要对本应扣减却没有扣减的金额予以抵扣,对本不应计算在内却计算在内的金额予以抵扣。完成了以上两计算步骤之后,即可得出最终的返还金额。

附录一:案例相关裁判文书案号索引

1. 上海金融法院民事判决书,(2018)沪74民初585号。
2. 上海市高级人民法院民事判决书,(2019)沪民终295号。
3. 天津市高级人民法院民事判决书,(2020)津民终1424号。
4. 最高人民法院民事判决书,(2020)最高法民终1081号。
5. 西藏自治区高级人民法院民事判决书,(2021)藏民终48号。
6. 江苏省高级人民法院民事判决书,(2017)苏民终66号。
7. 广东省高级人民法院民事判决书,(2019)粤民申11847号。
8. 上海市高级人民法院民事判决书,(2020)沪民终512号。
9. 广东省高级人民法院民事判决书,(2013)粤高法民四终字第29号。
10. 最高人民法院民事判决书,(2002)民四终字第30号。
11. 最高人民法院民事判决书,(2017)最高法民申2454号。
12. 四川省自贡市中级人民法院民事判决书,(2019)川03民终1827号。
13. 浙江省绍兴市中级人民法院民事判决书,(2020)浙06民终2624号。
14. 最高人民法院民事判决书,(2013)民四终字第20号。
15. 广东省高级人民法院民事判决书,(2019)粤民申11847号。
16. 最高人民法院民事判决书,(2013)民四终字第20号。
17. 湖北省汉江中级人民法院民事判决书,(2017)鄂96民终787号。
18. 江苏省泰州市海陵区人民法院民事判决书,(2019)苏1202民初418号。
19. 湖南省郴州市北湖区人民法院民事判决书,(2019)湘1002民初2291号。
20. 湖南省长沙市中级人民法院民事判决书,(2017)湘01民终9453号。
21. 广东省中山市中级人民法院民事判决书,(2019)粤20民终1250号。
22. 河南省新蔡县人民法院民事判决书,(2019)豫1729民初7161号。
23. (1775)1Cowp 341,98 ER 1120; Parkinson v. College of Ambulance

［1925］2 KB 1；Berg v. Sadler and Moore［1937］2 KB 158.

24.（1869-70）LR9E q475；Tribe v. Tribe［1996］Ch107.

25.［1994］1 AC 340.

26. American LawInstitute, Restatement of the Law Third：Restitution and Unjust Enrichment, Vol. 1, St. Paul, Minn：American Law Institute Publishers.

27. Law Commission, The IllegalityDefence：A Consultative Report（Law Com No. 189, 2009）.

28.［2013］EWHC 1892(Ch).

29.［2013］2P & CR DG23.

30.［2014］EWCA Civ 1047.

31.［2015］Ch 271.

32.［2018］UKSC39.

33.［2019］AC929.

附录二：样本案例详情

序编号	案号	审理法院	无效理由	法律后果
11	（2019）沪民终295号	上海市高级人民法院	陆某林和陈某的行为构成了上市公司定向增发股份的隐名代持，违反了证券法的相关规范，也损害了证券投资者的公共利益和证券市场的平稳秩序，故依据原《民法总则》第143条、第153条第2款和原《合同法》第52条第4项，《上市公司重大资产重组管理办法》第43条的规定，系争《协议》无效	黄河旋风公司公告显示，现陈某持有的黄河旋风公司股票将被黄河旋风公司回购后注销，故对本案《协议》无效的法律后果，应综合考虑各方当事人责任，投资亏损使得股份价值相当的投资款贬损等因素后确定。陈某对于《协议》无效即股权贬值负主要责任，同时按照收益与风险相一致原则，陆某林也要承担投资亏损的不利后果。沈某俊对上诉人陈某所负债务不能清偿部分承担1/3的赔偿责任；上海明匠智能系统有限公司对上诉人陈某上述所负第二项债务不能清偿部分承担1/3的赔偿责任

续表

序编号	案号	审理法院	无效理由	法律后果
22	（2020）津民终1424号	天津市高级人民法院	案涉《股权代持协议书》因违反相关法律法规中对于上市公司监管的规定，且相关规定涉及金融安全、市场秩序等公序良俗，对广大非特定投资人利益和社会公共利益构成威胁，故协议应无效	虽然代持协议无效，但这并不意味着否认王某为都玩公司在被松辽汽车公司并购上市过程中提供了服务，并按约定收取服务费的权利。现当事人之间对于应支付的"成功费"中50%股权部分对应的金额为17,136,000元，以及在都玩公司被并购之前冯某持有该公司36.01%股份、郝某彦持有该公司31.46%股份之事实均不持异议，均应按持股比例支付现金和服务费
33	（2020）最高法民终1081号	最高人民法院	北京巨浪公司受让蚌埠农商行的股权，实质在于规避金融监管进行银行业投资，不应作肯定评价	案涉《股份转让合同》《债权转让协议书》《股权转让协议书》应解除，国轩控股公司返还依据前述合同取得的蚌埠农商行股份转让款、债权转让款、华祥公司股权转让款。双方对于解除均有过错，按LPR标准计算国轩控股公司因占用股份转让款、债权转让款、华祥公司股权转让款而对巨浪公司造成的损失
44	（2021）藏民终48号	西藏自治区高级人民法院	涉案《协议书》约定的"拟上市公司"所持股权即为西藏易明股份公司股权，高某代胡某持有，以高某名义参与公司经营，因上市公司隐名代持股权禁止而无效	证人张某福证实，涉案1000万元由其代高某以转账方式返还给了胡某并附言"借款"。根据现有证据，高某将1000万元投资款返还给胡某时双方未就股权代持事项达成新协议，则高某应按《协议书》第1条第2款约定的一倍股值回购，对此胡某作为请求权人可以在高某将1000万元返还时进行主张；但胡某一直未主张，关于投资收益的诉讼请求因超过诉讼时效而不予支持

续表

序编号	案号	审理法院	无效理由	法律后果
55	(2017)苏民终66号	江苏省高级人民法院	【该案协议有效但法律上不能履行】《保险公司股权管理办法》第31条规定对于保险公司的股权,投资人不得委托他人投资后代持,也不得接受他人委托持有。这条规范对于保险公司的股权代持禁止具有指导性和纲领性的意义,在其内部的管理规范上,可以作为指令性的规范起约束作用。但因为该管理办法尚不属于《立法法》所规定的授权立法范畴,仅为部门规章,不是原《合同法》第52条所要求的效力性强制性规范,因而不得以此为据判令合同无效。雨润公司主张委托代持合同无效因缺乏法律依据而无法得到支持	虽然该股权代持协议并无法律上规定的无效情形,应当认定有效,但该协议存在法律上和事实上的履行不能:首先,即使《公司法》、原《合同法》对此协议效力作出了肯定性答复,保险公司监管部门的部门规章依然无法认可保险公司的股权代持,故存在法律监管方面的履行不能。其次,即使监管部门批准了,股权代持协议中关于股权转让的内容也违反了该公司章程,未满足章程所规定的得到其他股东过半数同意的要求。因此雨润公司的主张也存在事实上的履行不能
66	(2018)沪74民初585号	上海金融法院	公序良俗应当拆解为公共秩序与善良风俗来解释。其中本案所涉及的是证券市场的公共秩序,首先看该领域是否有上位法规范对其进行过细化阐述,没有上位法规范的,就需要从实体正义和程序正当两个角度进行分析。从实体正义的角度,证券市场的基本规范应当是维持基本的交易安全和市场秩序,维护广大投资者的合法权益。法院认为,在证券市场上信息披露的完整、真实、准确是实现其实体正义的关键手段,如发行人存在隐名代持的情形,就构成信息披露不完整、不	关于无效合同财产利益的处理,处理原则在于恢复原状并合理分配利益。首先,系争格尔软件的股权应归名义股东龚某所有,龚某在担任公司股东期间参与的全部经营行为均为有效;其次,本案不存在因股权价值贬损而应当适用过错赔偿的情况,因此杉某向龚某支付的投资款,龚某应当全额返还;最后,关于系争股权的收益分配,包括分红和因为上市而带来的股权大幅增值,优先适用当事人协商一致后的约定,若没协商或协商不成的,适用公平原则进行合理分配。也即法院根据对投资回报的贡献程度和对投资风险的承受程度进行分配

续表

序编号	案号	审理法院	无效理由	法律后果
			真实,甚至欺诈发行,这显然损害了证券市场的基本秩序和投资者权益。从程序正当的角度,发行人的信息披露义务规定在《证券法》当中,而该部法律经过了严格的立法程序制定。因此,对于发行人信息披露的规范要求具有程序正当性,不得隐名代持	
77	(2019)粤民申11847号	广东省高级人民法院	文华公司以投资人成为其隐名股东为名诱使投资人投资认购股权,但款项没有用于公司经营而是被他人挪用。文华公司、刘某乐以合法形式即与林某明签署《文华公司股权代持协议》名义掩盖其非法占有、非法挪用投资人投入文华公司款项的事实,故涉案合同为无效合同	依据原《合同法》第58条,文华公司应承担返还责任。刘某乐作为合同签约一方,应对文华公司返还承担连带责任。对林某明主张的利息损失,由于本案属于依法认定无效的案件,从合同签约之日到一审法院认定无效之日之间林某明主张的利息没有事实和法律依据。之后如文华公司、刘某乐拒不还款,则应按照《民事诉讼法》第253条的规定加倍支付迟延履行的债务利息
88	(2020)沪民终512号	上海市高级人民法院	《代持股权备忘录》因违反了关于上市公司的股权清晰完整的要求,且损害中小投资者的合法权益,应为无效	关于系争股权的投资收益分配,应当依据双方对于增值部分的贡献大小和对于损失的过错程度公平分割

续表

序编号	案号	审理法院	无效理由	法律后果
99	(2013)粤高法民四终字第29号	广东省高级人民法院	一审法院认定协议无效,二审法院改判为有效。一审法院认为,《代持股协议》是吴某与黄某签订的,由吴某代黄某持有内资公司的股份,《代持股协议》因涉及吴某代具有香港特别行政区居民身份的黄某持有实为内资企业的格凌公司与天健公司相应股份的条款,规避了我国内地关于外资监管制度中的相关强制性规定,故确认《代持股协议》无效。同理,两份《合作协议书》、《承诺书》及《协议书》约定的关于代持股条款亦为无效。二审法院并不认同,双方之间订立的合同性质上仍为实际投资人和名义股东签订的股权代持协议,而我国法律、行政法规对于此类协议并无报批要求,两份《合作协议书》以及当事人为履行该协议而签订的《协议书》《代持股协议》《借款合同》均系各方真实意思表示。黄某作为香港特别行政区居民,所投资的行业并非法律法规所禁止或者限制外资准入的行业。综合而言《代持股协议》应认定为合法有效	黄某无法实现合同目的,在原审期间主张956.8万元是按照约定占有格凌公司和天健公司52%的比例来支付的,即1000万元(格凌公司的资本金)+100万元(天健公司的资本金)+740万元(格凌公司、天健公司的增资)。原审判决对黄某的主张予以采纳,认定黄某代格凌公司、天健公司偿还的债务数额为384.8万元(740万元×52%),据此判令格凌公司向黄某偿还260万元、天健公司向黄某偿还124.8万元并分别承担各款项从本案一审立案受理之后至判决确定的清偿日止的利息损失

续表

序编号	案号	审理法院	无效理由	法律后果
110	(2002)民四终字第30号	最高人民法院	华懋公司和中小企业在明知有金融监管禁令的前提下,为规避相关审查程序而签订委托投资合同,使得华懋公司可以未经审批而直接投资于内地银行金融机构。双方已违反金融法规的强制性规定,且构成"以合法形式掩盖非法目的"委托合同,应为无效	有关合同被确认无效后,中小企业公司应当将投资款1094万美元返还给华懋公司。该项财产作为金钱,不存在法律上不能返还或没有必要返还的问题,亦不存在原《合同法》第58条所指的"折价补偿"的可能。华懋公司的出资与后续股权的增值和收益具有客观联系,虽判令中小企业公司享有该部分股权的所有权,但是对于股权带来的收益理应在双方之间进行公平分配。根据本案实际情况,由中小企业公司向华懋公司赔偿诉争股份市值及其全部红利之和的40%
111	(2017)最高法民申2454号	最高人民法院	诉争协议为上市公司股权代持协议,根据原《合同法》、《证券法》及《首次公开发行股票并上市管理办法》等,发行人应当勤勉尽责地披露相关信息,不得隐匿重要信息,不得欺诈发行,在公司发行过程中隐匿真实股东身份信息,违反证券行业监管要求。拟上市公司的股权应完整准确,清晰明了,上市公司股东不得隐名代持股权,这是对其监管的基本要求。故依据原《合同法》第52条第4项等规定,协议无效	双方委托代持协议的无效,并未否定双方之间委托代持的事实以及此前亚玛顿公司在代持股期间的一系列经营行为的效力。股权代持协议无效,但属于"不能返还或者没有必要返还的"情形,因此公司股权归名义股东林某坤所有。关于该部分股权对应的增值收益如何分配,杨某国可另案诉讼

续表

序编号	案号	审理法院	无效理由	法律后果
112	(2019)川03民终1827号	四川省自贡市中级人民法院	虽然缔约时天成公司尚为有限公司,但熊某杰的目的不在于取得该有限公司的股权,而是为了获得天成公司并购上市后的股票收益。故诉争合同的签订背景、主要内容与履行过程均反映出,当事人的主要目的就在于构建上市公司股份隐名代持关系。本案所涉"股权转让"行为,实为上市公司隐名股权代持,违反了有关金融安全、证券市场秩序、广大投资者权益的效力性强制性规定,并对这些权益直接构成危害,而非仅违反经营范围、交易时间、交易数量等行政管理性质的强制性规定,应为无效	虽然《股权转让合同》、《担保函》以及《股权转让合同之补充协议》中的主要内容应认定无效,但熊某杰仍有权依照过错原则要求王某荣赔偿损失,当事人可以就赔偿事宜另行提起诉讼
113	(2020)浙06民终2624号	浙江省绍兴市中级人民法院	因吉华集团已经进入IPO证监会过会阶段,双方当事人未进行股权转让的变更登记,而约定由萧然工贸公司代持,且在吉华集团《首次公开发行股票招股说明书》中未披露案涉的109万股股权转让的事实。公司上市后,案涉的109万股股份仍由萧然工贸公司名义持有,并约定由徐某享有全部股东权利及义务,上述事实已经构成上市公司股权代持。因违反了法律及经授权的法规、规章关于公司上市系列监管规定,应认定为无效	股权代持协议无效,但属于"不能返还或者没有必要返还"的情形,股权应由萧然工贸公司继续持有,且当折价补偿徐某。关于因代持而产生的损失或收益应根据各自过错及作出的贡献进行公平分割。首先,案涉股权仍归萧然工贸公司所有,其作为吉华集团的股东围绕公司上市及其运营所实施的一系列法律行为有效。其次,应考虑到下述情况:(1)徐某、萧然工贸公司作为拟上市公司的股东,均应知道上市公司股东如实披露持股情况的要求,在签订代持协议时的过错相当;(2)在风险、利益享受方面,双方约

续表

序编号	案号	审理法院	无效理由	法律后果
				定代持期间徐某享有实际的股东权利，获得全部的投资收益，且109万股的投资款系徐某所出，而徐某知晓案涉股票在公司上市3年内禁止交易，即股票没有流动性，故应当由徐某来承担主要的投资收益和风险；(3)109万股股权在萧然工贸公司持股期间因萧然工贸公司自身经营问题被质押或冻结，在实质上未保障徐某享有全部的股东权益，且该行为可能对股票价值产生较大影响，其应当承担投资亏损的责任。故酌情确定徐某、萧然工贸公司对投资盈利或亏损分别享有或承担60%和40%

第五章

对赌协议的商事审判思维研究*
——兼论《九民纪要》规范得失

【本章导读】 海富案以交易合法性为核心,通过有效/无效的逻辑确定对赌协议的效力,华工案与随后的《九民纪要》则摒弃了"全有全无"的裁判逻辑,以协议可履行性的逻辑建构效力规范体系。对赌协议的可履行性判断规则基于资本维持的逻辑展开,并试图将禁止抽逃出资、利润分配、股份回购和减资规则整合,以作为具体的判断依据。但此方案存在两方面的问题,一是宏观层面上过于偏向债权人保护,并未考虑到对赌协议纠纷的公司法属性,即公司纠纷需要平衡多元主体的利益;二是四项资本维持的具体规则存在不同的教义学构造,《九民纪要》强行将减资作为回购的前提条件,并将禁止抽逃出资与利润分配一并适用,属于没有基于体系性思维进行构造。这使得《九民纪要》的规则不仅无法实现多元的利益衡平,反而也没有直击债权人保护的核心问题。妥适的解决方案是根据对赌协议履行的经济实质(公司资产流向股东的行为)进行整体的规范体系构造,即引入偿债能力测试模式,重点监控公司资产的构成与流动性,而不是资产数额的机械维持,并防止司法通过资本维持的四项具体规则介入商业决策。可履行性判断的具体规则,应以股权回购与现金补偿的财源限制为核心

---

* 本章的合作者为于潇健、梁屹,同时感谢杨艺晨同学参与的后期讨论。于潇健,法学硕士,任职于北京市中伦(深圳)律师事务所;梁屹,中国政法大学民商法学博士生。

进行教义学构造,并通过列举的规范形式予以规范表达,进而弥补偿债能力测试标准过度涵摄的问题。

【本章关键词】 对赌协议　价值调整　商事审判　资本维持　偿债能力测试

一、引言

对赌协议(Valuation Adjustment Mechanism,VAM),常指私募股权投资方受让或认购被投资公司(以下简称目标公司[1])股份时,为修正投资时点估值差异,投融资双方约定的一种估值调整机制,以实现风险平衡、经营激励之作用。在对赌协议确定的条件达成时,通过股权回购、现金补偿、控制权转移等方式实现对投资交割时点目标公司的估值校正,从而实现对未来不确定性的规范。

考虑到信息不对称、不确定性和代理成本对公司融资的负面影响,兼具价格发现、保护投资和激励被投资者作用的对赌协议越来越成为公司融资、并购重组的重要手段[2]。但该种广泛应用也暴露出我国资本市场目前存在的较多问题,例如投资退出机制不畅、可转换债券等成熟避险工具发展滞后、对赌协议对首次公开募股(Initial Public Offering, IPO)的潜在不利影响、投资方往往要求高额风险溢价、估值及业绩指标风险等,并且对赌协议与公司法资本维持原则和保护债权人利益原则存在潜在冲突,对赌协议的效力与履行认定充满争议。

对赌协议在中国的命运可谓一波三折。从一开始对赌协议的效力不被法院认可,到后来法院裁判标准层出不穷、审判思维花样各异,再到海富案、贸仲案、瀚霖案以及华工案(见后文)展现出的多种裁判思路。对赌协议的高失败率促使对赌纠纷频发,而我国法律对于对赌协议的规范欠缺、裁判标准不一,也是对赌协议争议频发的一大诱因。2019年11月出台的《九民纪要》就对赌协议采合同效力、履行路径二分的处理思路,一方面认定对赌协议原则有效,另一方面以履行方式为标准,将对赌协议区分为金钱补偿型和股权回购型,分别确立履行标

---

[1] 学术及实务中常称"标的公司",本文与《九民纪要》说法保持一致,采"目标公司"之用法。

[2] 2014年对赌协议只有200余起,2018年达到近1200起,短短4年时间翻了几倍;其中2018年A股上市公司重大资产重组项目110余起,其中包含对赌协议的占比高达98%,在私募股权投资市场更是接近百分百全覆盖。同时值得注意的是,对赌失败率也迅速升高,由2013年的11%迅速攀升至2018年的33%。参见《2018年并购重组报告:业绩对赌完成率逐年走低 政策宽松促并购回》,载网易号2019年2月20日,https://dy.163.com/article/E8FS7AAR05199D8B.html。

准,为投资者提供不同的救济路径。《九民纪要》对提供裁判依据、统一审判思维、避免同案不同判、增强司法公信力等方面具有重要作用,但也存在救济途径难以实现、认定标准过于单一等问题,亟待改进。

综上所述,在《九民纪要》颁布的背景下,亟须反思既有的理论学说与实务观点,从中提炼各方共识,进而展开对赌协议法律效力的体系化研究。由此,本章将首先展开对赌协议商事属性的学理分析,然后梳理近年来对赌协议裁判思维的变迁,以此审视当前对赌协议法律效力规则的合理性;其次,对《九民纪要》所确立的对赌协议效力判断规则进行系统性反思,进而明确当前裁判规则的局限及其产生因由;最后,在立法论和解释论层面提供规范优化与规范适用的完善建议。

二、对赌协议的商事性分析

(一)对赌协议的内涵展开

对赌协议,是指私募股权的投资方受让或认购被投资公司股份时,为修正因信息不对称、代理成本、不确定性而产生的估值差异,投融资双方约定的估值调整机制,以实现风险平衡、经营激励之作用;在对赌协议确定的条件达成时,通过股权回购、金钱补偿、控制权转移等方式实现对投资时点目标公司的估值校正,从而实现对未来不确定性的规范。商事合同的定义虽不可胜数,至今尚未达成共识,但大致可分为主观说与客观说两派。[1] 对赌协议的订立主体常为初创企业与投资机构,双方以融取资金、获得高额投资回报为目的达成合作,在此意义上对赌协议显然属于商事合同。对赌协议作为一种期后调整价值机制,其诞生的根本原因在于企业融资的现实需求与资本逐利性之间的潜在矛盾。一方面,初创企业发展潜力巨大但苦于融资渠道受限;另一方面,投资方拥有雄厚的资金,追求快收益高回报的风险投资项目。对赌协议为投融资双方更好地平衡利益,推进投资落地,弥合企业估值分歧提供了"平台"。

投资方在投资过程中须面对不确定性、信息不对称和代理成本三大难

---

[1] 主观说以合同的参与主体判断是否属于商事合同,客观说以行为是否具有营利性作为认定商事合同的判断标准。参见任尔昕、王慧:《商事行为独立性:质疑与回应》,载《河南大学学报(社会科学版)》2008年第2期。

题。[1] 首先,不确定性既是投融资双方签订对赌协议的原动力,也是控制风险的现实需求。一方面,目标公司往往是高新技术领域的初创企业,大多具有重人员而轻资产的特点,企业的发展前景与企业核心人员具有密切关系,目标公司员工智力成果(如专利、商标、著作权以及商业秘密)的形成与使用通常会对企业发展产生巨大影响,市净率法、市盈率法等通用估值方法难以准确计算目标公司的投后价值。另一方面,目标公司往往身处新兴产业的蓝海市场,极易受到政府产业政策、法律法规、公民价值、技术革新等因素的影响,在投资时准确确定目标公司价值完全是奢望。对赌协议为投融资双方提供另一种选择——"搁置争议,先行融资",通过设置双方均认可的估值调整条款,实现对不确定性的管理和风险控制。

其次,信息不对称将促使融资方倾向于伪造财务数据、选择性信息披露等利己行为以提升企业估值实现自身效益的最大化,造成投资市场"劣币驱逐良币"的现象。作为微观经济学的基本假设之一,完全信息假定在现实的私募股权投资中面临着巨大的挑战,融资方素质和能力的信息不对称与目标公司和未来前景的信息不对称,已成为当下私募股权投资市场的一大显著特征。信息不对称与不确定性互为因果,融资方对于目标公司生产经营、人员管理、发展前景的了解程度远胜于投资方;投资方拥有融资渠道、资本运作的专业化优势;作为投融资双方沟通桥梁的投资中介机构自身专业素质存在差异,也会进一步加剧信息的不确定性,促使投融资双方间横亘信息壁垒,导致双方对目标公司价值的估测难以达成一致。对赌协议通过估值调整条款给予双方修正估值偏差的机会,缓和信息不对称所造成的估值分歧,促进交易达成。

最后,通过对赌协议降低目标公司的代理成本,是投资者保障其投资利益实现的重要方式。随着公司"两权分离",股东为监督公司管理者不得不承担更多的监督成本。投资者通常以获取股权投资退出价款为目的,并不实际参与经营管理。日常经营管理恰恰是公司发展、实现股权升值的决定性因素,这使得投资者为实现投资目的必须依赖目标公司管理层的经营管理。相较于投资者,管理层对目标公司的财务情况、行业背景和人员状况等信息掌控具备绝对优势,但管理层出于短期利益或个人利益最大化的考量,存在实施损害公司价值行为的倾

---

[1] See Ronald J. Gilson, *Engineering a Venture Capital Market: Lessons From the American Experience*, 55 Stanford Law Review p. 1067, 1076(2002 –2003).

向。为实现对管理层的有效监督,投资者通过对赌协议设定业绩要求、市场占有率、实现 IPO 等目标,实现对管理层的激励与约束,以此来降低目标公司的代理成本。

由是观之,对赌协议消解不确定性、处理信息不对称、降低代理成本等的功能将其作为商事合同的特性充分体现,其要义为在投融资双方意思自治的基础上,通过设定一系列期后条件,弥合投资时点双方对目标公司估值的分歧,合理安排双方权利义务,对初始投资价值进行二次调整,最终实现双方的利益平衡,达成共赢。

(二) 对赌协议的法律关系

1. 对赌协议的主体

投融资双方是对赌协议的当然主体。投融资双方作为市场经济中典型的商事活动主体,投资方通常为资金雄厚的投资机构或私募股权基金,融资方则存在不同情形,目标公司、目标公司创始人、实际控制人、股东等在实践中均常作为对赌协议的主体,为对赌协议约束或激励;目标公司常为较难获得银行青睐又存在迫切融资需求的中小企业及新兴领域的"独角兽公司"。有观点认为目标公司并非对赌协议的主体,此种理解并不正确。投资协议究其根本是为目标公司生产经营的融资需求而订立的,目标公司是投资的最直接受益方,目标公司作为对赌方或对赌方之一,当对赌条件成就时,目标公司须履行约定义务(如股权回购、现金补偿等),完全符合法律关系主体的条件。

部分对赌协议中存在担保人,于约定的对赌条件成就时,对投资者承担保证责任。实践中存在两类担保人,一类为目标公司股东、实际控制人、高管甚至是目标公司自身的内部人群体,另一类为目标公司之外的第三方。投资者为降低投资风险,确保投资资金安全,最终实现对资金和收益的保障,常常要求前述主体作为担保人降低投资风险。

目标公司的法定代表人、董事、监事、高管等管理层也时常作为对赌协议的主体之一。为实现对管理层的激励与约束,部分投资方亦会与管理层订立对赌协议。

2. 对赌协议的主要条款

目标公司背景各异、市场环境纷繁复杂、未来巨大的不确定性等因素决定了对赌协议的内容多样性。对赌协议的各式条款安排正是对赌协议商事性的集中体现,展现出对赌协议逐利性、内容复杂性、法律关系的复杂性、商业技术的专业

性等特征,主要包括以下条款:

估值条款。投资方在投资中介机构的帮助下,以自身专业知识分析目标公司的运营状况、财务指标、发展前景、管理层及职工水平,依据一定的估值方法(如重置成本法、现金流折现法)确定投融资双方认可的公司价值。投资方首次交割的投资款即在估值条款的基础上确定,是商事合同专业性的集中体现。

绩效条款。绩效条款是作为商事合同的对赌协议营利性的集中体现,目标公司发展无法预测,对赌协议的不完全契约特性决定了对目标公司的估值无法与目标公司的真实价值一致,不确定性将随着时间推移逐渐显现。为克服投资时的估值差异,投资方通常会将投后目标公司的绩效情况作为对赌条件,例如利润、营业收入、IPO申请、市场占有率等。绩效条款与估值条款一脉相承,投融资双方往往以估值条款为基础制定绩效条款,从而实现自身利益的最大化。

估值调整条款。实践中估值调整条款种类繁多、设计复杂,以股权回购、股权补偿、金钱补偿最为常见,也存在诸如控制权转移、董事会席位变更等形式的估值调整条款。估值条款、绩效条款及估值调整条款共同构成对赌协议的核心。

其他权利条款。在投资方较为强势的情况下,为保障投资安全,对赌协议往往附随知情权、优先购买权等特殊权利条款[1],以全方位保证投资方利益。很长一段时期内,我国公司法恪守"同股同权"原则,又由于缺乏对优先股等非普通股股票的制度安排,导致如优先清算权、优先分红权等权利长期处于"灰色地带"。随着对"同股同权"理解的深入和资本市场制度的完善,上述权利条款逐渐走出"灰色地带",投资机构也采取灵活多样的投资约款促进资本市场的良性发展。

3. 对赌协议的客体

对对赌协议的客体主要存在两种观点,有观点认为对赌协议的客体为履行行为,即支付补偿款、股权让与、变更董事会席位等行为;也有观点认为对赌协议的客体为估值调整条款中的具体筹码,例如金钱、股权、董事会席位等[2]。前者的观点更符合对赌协议客体的性质——对赌协议以"估值调整"为核心,对赌协议的权利义务围绕目标公司的估值调整展开,后通过各式调整条款修正投资时的估值偏差,因此对赌协议的客体应是履行行为。

---

[1] 比较常见的特殊权利条款有知情权、优先购买权、随售权、反稀释权、回购权、领售权、优先清算权、最优惠权、优先认购权、优先分红权等条款。

[2] 参见李岩:《对赌协议法律属性之探讨》,载《金融法苑》2009年第1期。

(三)对赌协议的合同性质

要解决对赌协议的效力与履行问题,界定对赌协议的法律性质还是必要的。

1.非典型合同

对赌协议不属于《民法典》合同编规定的19类典型合同,在其他单行法上也未被规范,因此属于非典型合同,最高人民法院也将"估值调整协议"定性为新类型合同。[1] 非典型合同的法律适用,首先适用《民法典》合同编通则规定,并可参照适用合同编及其他法律相类似合同的规定。对赌协议除符合合同的一般性质外,还具有以下几个显著特点:

(1)不确定性。关注未来企业发展的对赌协议在订立时可能无法准确实现双方精准的权利义务划分、难以借助绩效条款实现对投融资双方利益的均衡。该种显著的不确定性具体包括:一是对赌结果的不确定性。目标公司的发展往往受到政府产业政策、法律法规、公民价值、技术革新等方面的影响,企业估值所仰赖的量化分析模型无法兼顾所有的影响因素,导致对赌结果难以预测。二是对赌协议最终履行情况的不确定性。这种不确定性一方面由前述对赌结果的不确定性引起,另一方面我国法律规范指引的缺失造成对赌协议当事人权利义务的具体实现存在不确定性。

(2)调整性。对赌协议又称估值调整协议,修正估值偏差、衡平利益分配是对赌协议最突出的特点。若目标公司未达到对赌协议约定的收入、利润或IPO目标,表明在投资时点对目标公司的估值偏高,往往通过股权回购、现金补偿、股权补偿等方式实现对投资方的利益调整;相反,若目标公司的收入、利润或市场占有率达到对赌协议的激励条件,表明在投资时点对目标公司的估值偏低,部分对赌协议会约定由投资方给予实际控制人、管理层奖励或追加高溢价投资。可见对赌协议为投融资双方提供了一种二次修正机制,为利益调整提供路径,避免因不完全契约的特征导致任何一方因目标公司估值偏差而产生损失。

(3)关于从属性之辨。有观点认为对赌协议具有从属性,系投资协议的补充约定,依赖于投资协议而存在。此种说法值得商榷,所有的投资行为均建立在对目标公司价值评判的基础之上,以确定具体的投资金额及股权比例,而对赌协议在上述作用之外又兼具估值调整之功能,估值与调整恰如硬币的正反面,二者

---

[1] 参见《关于人民法院为企业兼并重组提供司法保障的指导意见》(法发〔2014〕7号),2014年6月3日发布。

相互依存,若强行分割似有理论脱离实践之嫌。此种观点存在的原因可能在于,《九民纪要》出台前对赌协议的效力长期没有明确的法律规范予以确定,将对赌协议认定为从属条款,可避免对赌条款被认定无效时,影响整个投资协议的效力,最终造成投资者利益遭受巨大损失。彼时司法裁判虽多有认定对赌行为无效,但借助部分合同条款无效不影响其他条款效力的法理,即可保障对赌协议其他条款的效力,维护交易安全,从属性之说较难成立。

2. 附条件的合同

《民法典》对附条件合同设有规范。[1] 对赌协议的对赌事件为未来的不确定事实,且该事实系双方自由协商确立,并非法定条件亦不违反法律规定,符合附条件合同未来性、不确定性、约定事实、合法事实等构成要件。有观点认为对赌协议的条件不属于附生效条件的合同标的。此说法并不恰当,对赌协议往往会约定股权回购价款或金钱补偿的计算公式,具体补偿数额的不确定性是约定条件不确定性的应有之义。还有观点认为对赌协议在订立时即已生效,而附条件合同生效与否取决于条件是否成就。此种观点自相矛盾,如对赌协议订立时便已全部生效,则无论绩效条款成就与否,当事人均享有合同履行请求权,这与对赌协议的初衷——估值调整,完全相悖。

3. 射幸合同之辨

对赌协议因其充满不确定性的绩效条款决定了其具体权利内容难以确定,很多人由此将其界定为射幸合同。但实际上,对赌协议的以下几个特点似乎并不符合射幸合同的性质:(1)对赌协议的履行系对目标公司估值偏差的调整,是对双方利益的再平衡,而射幸合同具有"以小博大"的特点,交易对象为"机会",是合同等价有偿原则的例外性规定,这与对赌协议的估值调整特点明显不相符。(2)对赌协议的约束与激励形式上为一方付出,一方得利,但实质为企业发展情况的反映。目标公司发展良好,投融资双方共享企业升值红利;目标公司发展不佳,投资方虽可获得补偿,但投融资双方将共同吞下企业价值降低的苦果,且当绩效条款达成时,融资方也可能无须补偿投资方。因此对赌协议的结果多为双赢或双输,这与射幸合同的"零和博弈"显著不同。(3)对赌协议的绩效条款虽有一定的不可预见性,但其系依据投资行为的不确定特点,结合市场发展前景、

---

[1]《民法典》第158条规定:"民事法律行为可以附条件,但是根据其性质不得附条件的除外。附生效条件的民事法律行为,自条件成就时生效。附解除条件的民事法律行为,自条件成就时失效。"

行业发展状况、企业管理层特点,综合判断而做出的理性预测。通常绩效条款并非小概率或偶然事件,这与射幸合同的纯粹机会性事项大相径庭。

三、对赌协议的商事审判思维变迁

(一)商事审判思维

相较于民法体系而言,同为私法体系组成部分的商法规范体系相对分散,商事立法也欠缺了某些严谨性与体系性。在此背景下,商事审判思维具有引导和弥补商事规范缺位之功能,所以构建科学的商事审判思维是保证司法适用领域的商事法律"形散而神不散"的关键,亦是公正处理商事纠纷的重要保证。加之我国法院长期实行大民事审判格局,未专设商事审判组织,法官在审理商事纠纷时也径行依照民事审判思维裁决案件,就商事审判思维的构建完成尚有相当距离。[1] 在裁判机关中培养并建立良善的商事审判思维逐渐成为共识,从最高人民法院指导案例中亦可发现最高人民法院在商事审判中鼓励和提倡裁判法官将商事自治理念运用于司法裁判中[2]。具言之,商事审判思维在对赌协议裁判上体现的内涵应当有:

其一,最大限度尊重商事主体的意思自治。对赌安排是投融资双方及其背后专业中介机构精心打磨的产物,对赌协议中 earn-out 机制、特殊权利条款、对赌安排越发凸显商事合同治理安排的组织性特征,难以单纯以法律思维进行评判。此外,投融资双方对目标公司的估值定价,往往基于对行业多年了解积累的专业知识,经各方深思熟虑作出判断,法官仅以对赌安排"违反风险收益共担原则"认定对赌协议无效难以使人信服。此时审判机关应当充分尊重各方主体的共同商事安排,避免仅以法学思维(尤其是民事审判思维)为指导,以裁判者的职业判断取代商事主体的商事判断。以海富案审理为代表的对赌案件裁判有一大共性,即主审法官代替投融资双方作出利益判断,认定对赌安排违反公平、等价有偿等民事基本原则,这种商事案件采民事审判思维裁判的现象,亟须纠正。

其二,关注商事主体的特殊性。商事审判思维亦须立足于极大尊重商事习

---

[1] 参见彭春、孙国荣:《大民事审判格局下商事审判理念的反思与实践——以基层法院为调查对象》,载《法律适用》2012 年第 12 期。

[2] 指导案例 95 号以"法无禁止即可为的商事交易规则"作为最终裁判的理由之一,同时指出"法律规定不明确时,不应强加给市场交易主体准用严格交易规则的义务"。最高人民法院选取指导案例 10 号时指出该案"有利于强化法官的商事审判思维"。

惯。商法本起源于商人群体、行会商业活动的习惯,新兴商人阶层为促进交易沟通协调、降低交易成本,遵守自发形成的高效便捷商事交易秩序,之后该种习惯随着商人阶层的壮大及资产阶级的崛起逐渐上升为法律规范。[1] 尊重商事主体意思自治,意味着商事主体须具有更高的注意义务。同时,商事规范假定交易各方具备相当水平的专业智识及判断能力,默认商事主体对风险存在更高的容忍度。

其三,注重高效便捷。不同于民法对静态财产权利的保护,商法着眼于产品、服务及资本流转过程的权利变动规范,往往维护商事交易的稳定性,保障商事效率。尊重商事主体意思自治是为商事活动提供预期、保障秩序,营利性是商主体特殊性的内生动力,商事审判思维即以效益优先为指引的审判思维。

鉴于商事交易活动的日趋活跃、专业,以及我国商事立法的相对滞后,存在大量商事活动没有明确的法律规范予以指引、大量商事纠纷案件审判缺乏裁判依据的现象,重视商事审判思维的建立,有利于指导商事裁判活动,限制法官的自由裁量权,维护我国商事活动秩序。通过对对赌协议商事审判思维变迁的研究,亦可从中窥得我国商事审判思维的演化历程。

(二)若干典型案例的裁决思路观察

1. 海富案

案情简述:苏州海富公司与甘肃世恒公司、香港迪亚公司及陆某订立投资协议,约定苏州海富向甘肃世恒进行增资,其中小部分投资款计入注册资本,其余大部分投资款计入资本公积金。上述主体约定如甘肃世恒投后利润未达要求,甘肃世恒须补偿苏州海富一定数额的金钱[2],香港迪亚为该等义务承担补充责任。后来,甘肃世恒未能达到对赌协议约定的盈利标准,苏州海富向法院起诉,请求上述主体依照约定支付补偿款等费用。

一审法院经审理认为,投资协议为投融资双方的真实意思表示,但相关利润绩效条款违反原《中外合资经营企业法》及《公司法》的强制性规定,因原《合同法》合同无效的引致条款应属无效,因此不支持苏州海富的诉讼请求。[3] 二审法院认为,苏州海富的投资款不仅与其拥有的甘肃世恒注册资本相对应,而且追

---

[1] 参见王璟:《析商法的起源——兼谈加入WTO与我国商法的振兴》,载《政法论丛》2003年第1期。

[2] 补偿金额计算公式为:补偿金额=(1-2008年实际净利润/3000万元)×本次投资金额。

[3] 参见兰州市中级人民法院民事判决书,(2010)兰法民三初字第71号。

求甘肃世恒上市后的股权增值,基于此投融资双方订立的利润绩效条款合法有效。但投资协议的估值调整条款实质为借贷关系,依法应当被认定无效;计入资本公积金的投资款应为借贷,甘肃世恒与香港迪亚应予返还该部分投资款及其利息。[1] 最高人民法院再审时就苏州海富与甘肃世恒间对赌条款的效力认定与前两级法院保持一致,但就甘肃世恒与被投资者之外主体订立的对赌条款,不存在影响合同效力的情形,应属有效。[2]

裁决评析:就对赌协议的效力,三级法院给出三种不同的裁判思路。最高人民法院最后一锤定音,依对赌主体对投资协议进行"竖切"式认定,对赌条款的效力因主体的不同而存在差异。最高人民法院在本案中的裁判思路在《九民纪要》出台前成为处理对赌案件的通行思路。但以当下视角审视,最高人民法院在判决书中的说理部分也有明显不足。首先,若甘肃世恒2008年利润超过3000万元,则对赌条款不会触发,显然苏州海富并非取得相对固定收益,最高人民法院的结论过于片面。其次,苏州海富的投资将增强甘肃世恒的资金实力,促进其生产经营,且投资款的大部分成为资本公积金,投资行为大大提升了甘肃世恒的偿债能力,最高人民法院泛泛指出对赌条款损害公司及其债权人利益,并未就如何损害二者利益进行论述,说服力有限。再次,对赌条款并不会对公司及其债权人利益造成损害,只有当对赌条件成就且实际履行时才可能对二者造成影响,直接认定无效不符合法律规定。最后,投资者订立对赌协议及对赌条款成就时为债权人,投资入股后为目标公司股东,投资者的双重身份系对赌协议特点的动态体现,双重身份不可分割。此时存在合同的有效请求权与公司法规定矛盾的情形,须考虑如何正确处理法律关系的冲突,最高人民法院仅将对赌协议简单"竖切"为目标公司与目标公司股东,强行割裂对赌协议的因果关系,造成审判逻辑难以自洽。

此外,海富案的再审法官意图以一种较为保守的裁判思路遏制投资者急功近利的心态及赌博心理,以对赌方为目标公司或其股东作为判断对赌协议效力的划分标准,不仅与私募投资实践操作割裂,且对纠正"投机之风"并无帮助。

---

[1] 法院认为对未达到3000万元净利润而约定的估值调整条款,使得苏州海富无须承担任何风险,违反投资领域风险共担原则,因而应属无效,参见兰州市中级人民法院民事判决书,(2010)兰法民三初字第71号。

[2] 此外,最高人民法院还认为二审法院要求两被告返还投资款应属错误,超出了原告的诉讼请求,对部分投资属于借贷的判断也没有法律依据,予以纠正。参见最高人民法院民事判决书,(2012)民提字第11号。

2. 贸仲案[1]

案情简述[2]:投资人与目标公司及其唯一股东订立投资协议,各方共同对投后一定时期内的业绩及业务情况作出约定[3],投资人投资入股后,目标公司发展未达预期,连续两年利润未达到业绩承诺条款标准,亦未取得某业务代理权。投融资双方未就解决方案达成一致意见,投融资双方均向中国国际经济贸易仲裁委员会(以下简称贸仲)提出仲裁。仲裁庭认为,股东在投资人入股前为目标公司的唯一股东,入股后仍持有目标公司绝大多数股权,且依据目标公司的生产经营情况,目标公司与其股东之间可能存在人格混同情形,投资者仅依据投资中介机构的尽职调查难以掌握目标公司的真实情况。股东对目标公司业绩的承诺很大程度上影响投资人对目标公司的估值判断,从而支付高溢价投资款进入目标公司;投融资双方基于意思自治订立业绩承诺条款和股权回购条款,不存在欺诈情形,且可将前述条款视作目标公司及其股东遵守诚实信用原则的体现。投融资双方订立的对赌协议系平等主体依据自由意思缔结而成,增资协议的实质为投前估值偏差的多退少补,有助于降低投资人风险,平衡投融资双方利益,属于正当且通行的商业模式,符合诚实信用原则,并不违反法律、行政法规的强制性规定,业绩承诺条款合法有效。对于股权回购条款,仲裁亦采取上述论证思路,认定其合法有效。

裁决评析:贸仲案的出现无疑是对最高人民法院原有"竖切式"审判思维的巨大转变——认定与目标公司的对赌原则有效。仲裁庭就对赌协议作出的有效认定,体现了仲裁庭维护契约自由、尊重意思自治、保障交易安全的审判思维和价值取向。本案的对赌条款相对合理,目标公司的投前利润与投后一定期限内的承诺业绩并无较大差距,结合目标公司的发展轨迹预测市场评估目标公司获得某特定业务的代理权也属正常预期,对赌条款并非显失公平。但由于不确定性等问题的存在,目标公司的确切价值及绩效条款的实现与否无法确定,如果否

---

[1] 参见税屋网站对赌协议仲裁报告案例分析 2022 年 9 月 21 日,https://www.shui5.cn/article/69/73971.html。

[2] 由于仲裁案件的非公开性,本案中投资人、目标公司、目标公司的大股东、业务等名称均予以省略,交易金额、股权占比、利润等涉及数字的事实也进行了处理,与实际可能存在出入。

[3] 投资协议的大致内容为:(1)投资人向目标公司增资,其中大部分投资款为资本公积金,小部分投资款计入注册资本;(2)双方约定业绩承诺条款,目标公司在投后一定期限内须达到规定的利润标准,否则,目标公司及其须按照协议确定的标准对投资人进行金钱补偿;(3)双方约定股权回购条款,若目标公司在投后未达约定利润或未取得某业务代理权,则股东须依照一定的年收益率收购投资人所持的目标公司股权,目标公司承担相应的连带责任。

认对赌条款的效力,置对赌协议的估值调整功能于不顾,反而将投资方置于不利境地,投资方利益无法得到保障,这是不公平的。仲裁庭认为对赌条款是融资方对投资方就目标公司价值疑虑的保证,为投后的估值调整提供具体操作手段,是投资人对目标公司高溢价增资扩股的前提与基础,具有保障投资人利益、激励目标公司及其股东经营企业、约束股东不当行为以降低代理成本的功能。本案中目标公司与股东潜在的人格混同情形,更加体现出对赌条款的必要性与正当性。

以贸仲案为开端,对赌协议的审判思维呈现双线发展的局面,部分法官开始以认可贸仲案的审判思维进行审理判决,部分法官仍遵循海富案的"竖切式"审判思维,在客观上造成了这一段时间内各级法院的审判思维不统一,司法公信力受损的局面,致使众多投资者无所适从。

3. 瀚霖案

案情简述:强某延与山东瀚霖公司及其法定代表人曹某波签订投资协议,约定:(1)强某延向山东瀚霖增资,其中部分增资款作为其注册资本,部分增资款作为其资本公积金;(2)如山东瀚霖投后利润未达约定标准,曹某波应依据协议约定退还强某延部分投资款;(3)如山东瀚霖未能在约定时间前首发上市,曹某波应以投资协议约定的价格回购强某延所持股权,此外山东瀚霖为曹某波的回购义务承担连带责任。后山东瀚霖未能如期上市,强某延与曹某波订立股权转让协议,约定依照投资协议进行股权回购。但最终曹某波未履行相应的回购义务,强某延通知曹某波、山东瀚霖足额支付股权转让价款及违约责任的相应赔偿,但二者仍未履行相关义务,后强某延将二者起诉至法院。一审法院延续海富案的审判思维,判决山东瀚霖与强某延间的对赌协议无效,曹某波与强某延的对赌协议有效,曹某波向强某延支付股权转让款,但山东瀚霖对此不承担连带责任。[1] 二审法院经审理认为,股东、公司作为利益共同体应当共担风险、收益,股东应当遵循"无利润不得分配"的原则,否则损害公司及其债权人的利益。[2] 二审法院对强某延与曹某波就利润补偿及股权回购约定的认定思路与一审法院保持一致,就山东瀚霖担保行为的效力,二审法院认为其使强某延收益脱离山东

[1] 一审法院认为投资协议中山东瀚霖为股权回购提供担保的约定,属于公司为股东或实际控制人提供担保的情形,强某延后提交山东瀚霖就担保事宜作出的股东会决议;且该担保约定损害了山东瀚霖及其股东、债权人的利益,根据相关规定应认定为无效。投资协议中的其他条款系投融资各方的真实意思表示,不损害山东瀚霖及其债权人利益,不违反法律、行政法规的强制性规定。参见四川省成都市中级人民法院民事判决书,(2014)成民初字第1180号。

[2] 参见四川省高级人民法院民事判决书,(2015)川民终字第445号。

瀚霖的实际经营业绩,将投资风险转移给山东瀚霖及其债权人,严重损害上述主体利益,与公司法法理精神相悖,投融资双方就担保行为的约定应属无效。二审法院驳回上诉,维持原判。最高人民法院再审认为:(1)二审法院就合同效力的认定违反原《合同法》规定;(2)投资协议已载明山东瀚霖股东会通过增资决议,公司担保作为链条式整体投资模式的一节,山东瀚霖、曹某波均在投资协议中签字盖章,强某延已就担保事项尽到合理审查义务,有理由相信山东瀚霖为曹某波提供担保义务;(3)强某延的投资行为使目标公司收益,增强其偿债能力,使目标公司利益共同体各方受益,基于目的解释及公平原则该等担保条款合法有效,山东瀚霖应对曹某波的股权转让款支付义务承担连带责任[1]。

裁决评析:本案一审、二审法院沿袭了最高人民法院关于海富案的裁判思路,并将"与目标公司对赌无效"的认定扩大化,将目标公司为对赌协议提供的担保也认定为无效。再审法院回归案件事实,立足于目标公司的担保行为进行分析。在再审程序中,强某延主张投资协议中的对赌条款是其高溢价增资入股的附带条件,山东瀚霖通过高额资本公积金提升了经济实力,获得巨大收益;投融资双方约定的8%内部收益率符合市场预期,不会损害山东瀚霖及其股东、债权人利益。最高人民法院虽未完全采纳其观点,但运用目的解释方法认为《公司法》第16条之立法目的,意在规范公司大股东行为,防止大股东为个人利益通过公司担保行为侵害公司及其中小股东利益。而强某延的投资款用于山东瀚霖的生产发展,目标公司的全体股东作为利益共同体获得收益,故认定山东瀚霖承担担保责任并无不当,不会损害前述主体的利益,也符合公平原则的要求。

本案被称为间接对赌有效的第一案,继贸仲案后,法院系统就对赌协议的审判思维也向前迈出重要一步,但本案仍存在值得探究的三个问题。首先,法院对担保行为效力的论证过程仍显单薄,《公司法》第16条的性质长期存在盖章说、无权代理说、代表公司说等观点,本案再审法院并未采取前述任何一种观点,而仅通过探究立法之目的,论述担保行为系投资协议的组成部分,而投资行为将使全体股东受益,目标公司履行担保责任符合公平原则。此外,投资者投资目标公

---

[1] 强某延的高溢价投资款系供山东瀚霖生产经营之用,山东瀚霖作为最终受益者,借助投资提升运营能力、增强公司实力,符合公司及全体股东之利益。即使山东瀚霖未实际履行担保事项的股东会决策程序,担保行为有利于公司发展,并未致中小股东利益受损,不属《公司法》第16条的立法目的,基于公平原则应当认定投资协议的担保条款合法有效。参见最高人民法院民事判决书,(2016)最高法民再128号。

司将壮大公司经营资产,促进经营发展固无问题,但法院未考虑到目标公司因承担担保责任而履行金钱偿还债务时,同样会导致公司资金减少,损害公司发展前景,最终影响公司及其股东、债权人的利益。法院并未衡量前后利弊的具体大小,便认为山东瀚霖全体股东受益,以公平原则认定担保行为有效的审判思维略显单薄。其次,公司担保本是公司内部决议行为的延续,但因其可能危及公司财产,损害股东利益,我国公司法对其作出特殊安排。但对公司担保行为的性质长期认识不清,为民商事活动带来巨大的不确定性,直到《九民纪要》出台,为公司担保效力问题提供了统一的适用规范。最后,与海富案不同,本案法官未将目标公司债权人利益纳入考量范围,无论是与目标公司直接对赌,还是间接对赌,都将导致目标公司责任财产减少,危及其偿债能力。此时只有全面考虑各方利益并就具体案情具体分析,方能实现法律利益平衡的价值。

4. 华工案

案情简述:江苏华工公司与扬州锻压公司及其股东订立投资协议,约定:(1)江苏华工向扬州锻压增资;(2)若扬州锻压未能在规定时间内完成 IPO 或主营业务等事项出现重大变化,扬州锻压应依据协议约定价款回购江苏华工所持股份;(3)若江苏华工要求扬州锻压及其股东回购其所持股权,后者应尽一切努力配合江苏华工要求的实现,并对扬州锻压违约行为造成的损失承担连带责任。投资协议订立后,扬州锻压由有限责任公司变更为股份有限公司,并通过新章程。后江苏华工向扬州锻压请求其回购股权,扬州锻压不予同意,江苏华工向法院提起诉讼,请求扬州锻压及其股东回购案涉江苏华工所持股权,并支付相应利息、罚息。一审法院经审理认为,江苏华工之诉求不属于《公司法》允许回购的 4 种法定情形,回购条款违反法律的禁止性规定;且目标公司改制后的新公司章程所规定的股权回购情形不包括本案的争议行为,又因该条款违反资本维持原则,应属无效。因此一审法院判决驳回江苏华工的诉讼请求。[1] 二审法院裁判思路与一审法院保持一致,驳回上诉维持原判。[2] 再审法院经审理认为:(1)扬州锻压整体变更后制定的新公司章程规定,为"减少公司注册资本"之情形,扬州锻压可回购本公司股权。因此新公司章程并不构成对投资协议的变更,扬州锻压可在不违反强制性规定的情况下,通过法定程序回购江苏华工所持股份。

---

[1] 参见江苏省扬州市邗江区人民法院民事判决书,(2016)苏 1003 民初 9455 号。
[2] 参见江苏省扬州市中级人民法院民事判决书,(2017)苏 10 民终 2380 号。

(2)投资协议订立时,扬州锻压尚为有限责任公司,公司法并不绝对禁止其回购本公司股票,只要扬州锻压合法合规履行回购程序,并无不当,本案对赌条款系为江苏华工投资利益订立的保护条款,为投融资双方的真实意思表示;且本案对赌协议约定的年回报率与市场融资成本相近,未偏离扬州锻压正常状态的经营成本。判断合同效力应严守法定主义原则,投资协议并不违反法律、行政法规的强制性规定,故对赌条款合法有效,扬州锻压应当承担股权回购义务,其他股东承担连带责任。(3)江苏华工兼具对赌协议债权人和股东的双重身份,江苏华工基于有效对赌协议享有股权回购请求权,但同时身为扬州锻压股东,须遵守公司法的减资规定。且江苏华工入股后,扬州锻压责任财产增长,偿债能力较投资之前明显提升,公司生产经营持续运转,结合江苏华工的持股比例及扬州锻压的历年分红情况,法院认为依据对赌条款履行股权回购义务不会危及扬州锻压的偿债能力,其债权人利益不会因此受到损害,对赌条款具备法律和事实上的履行可能性。综上,再审法院判决扬州锻压应当履行股权回购款的支付义务,其股东就该义务承担连带清偿责任[1]。

裁决评析:继瀚霖案认定间接对赌有效,本案又向前迈出一步——认定直接对赌同样有效。本案再审判决距《九民纪要》发布仅隔5个月,本案法官采取的对赌协议效力、履行的"二分法"审判思维路径以及就股权回购条款履行可能性的尝试性归纳,与《九民纪要》规范精神相符。本案一审、二审法院基本沿袭海富案审判思维,认定对赌条款无效。再审法院的裁判思路较为清晰,以"确定股权回购义务人→论述投资协议是否为扬州锻压公司章程所变更→判断对赌条款是否有效→论证股权回购条款是否具备可履行性→确定扬州锻压及其股东的责任范围"路径进行本案的审理,可以从几个方面进行分析。

(1)投资协议与公司章程的关系。投资协议系投融资双方就投资者投资目标公司的估值、交割、争议解决、法律适用等事宜作出的系统性安排,公司章程系公司股东就公司的基本信息、治理结构、生产经营、股利分配等事宜作出的安排。投资协议与公司章程系对不同事宜作出的安排,二者在主体、订立时间、功能等

---

[1] 再审法院认为,本案中的目标公司的公司章程及公司法均规定,公司可因减少注册资本而回购公司股份;同时江苏华工的投资提升了目标公司的经营实力,如果允许扬州锻压不履行回购义务,才是对其债权人——江苏华工利益的损害,也是对诚实信用原则和公平原则的违背。参见江苏华工创业投资有限公司与扬州锻压机床股份有限公司、潘某虎等请求公司收购股份纠纷再审民事案,江苏省高级人民法院民事判决书,(2019)苏民再62号。

方面均存在差异。如同公司设立时订立的发起人协议及中外投资者订立的合资经营合同在公司成立后仍对合同主体具有约束力,投资协议在目标公司增资扩股后仍对投融资双方具有约束力。公司章程因在市场监督部门登记具有公示性,因此当投资协议与公司章程出现冲突时,不得对抗公司外部的善意第三人;但二者的效力并不存在高下之分,只是投资协议存在对目标公司的安排,须受到组织法与契约法的双重规范,其就股权回购的相关约定须遵守《公司法》规定。通过对投资协议条款的分析,其为目标公司估值、增资扩股、整体改制、发行上市以及估值调整的"一揽子"安排,扬州锻压整体变更为股份公司同属投资协议的一环,除非投资协议当事人明确表示修改或终止投资协议的相关内容,否则应遵守意思自治原则,尊重双方意思表示,严守合同约定。再审法院认为,因公司章程规定扬州锻压可因减少注册资本而回购公司股份,因此与投资协议的约定并不冲突。

(2)投资协议对赌条款的效力问题。自海富案以后,"与目标公司对赌无效"成为法院审判案件的指导思维,再审法院为突破海富案思路,进行了谨慎的论证。再审法院指出目标公司在有限责任公司的类型下签订投资协议,回购本公司股份并不违反法律规定。此外,投融资双方对股权回购事项进行详细约定,表明双方对对赌条款的内容及股权回购程序、后果具有充分的认识。且对赌条款中约定的年收益率与市场融资成本大致相当,本案当事人的相关约定具备合理性,并未脱离公司的实际经营业绩。

综上,再审法院认为对赌条款合法有效。再审法院的上述分析思路,标志着法官从海富案"竖切式"的审判思维转变为对赌协议效力、履行"二分"的审判思维。认定合同无效是司法对民商事活动最严重的介入与最严厉的否定,法院应基于合同法规范就对赌协议效力进行谨慎认定,不能将合同履行的障碍前置(如违反资本维持原则、债权人保护原则)为否认合同效力的理由。本案虽采取了"二分法"的审判思维,但仍略显杂糅,例如将《公司法》股权回购的相关规定既作为效力认定的依据,又作为履行可能性的判断标准,本处暂按不表。扬州锻压对江苏华工的股权回购亦不构成抽逃出资,根据《公司法解释三》第12条规定,抽逃出资的主要形式为利用关联关系,通过虚增利润、债权债务、虚假交易等方式将公司资产转移,而本案的投资协议以投资时点的约定对目标公司进行估值调整,属于对投资的风险安排,具备商业合理性。从海富案到华工案,审判机关越发尊重投融资双方的意思安排、充分考虑投融资双方的专业能力,以维护高效便捷的投资环境。从海富案中法官直接以自身判断替代商事判断,粗暴认定与目标公司对赌无效,到华工案中法官充分尊重商事主体的意思表示,即是良善商事审判思维树立的体现。上述四个典型案例勾勒出我国商事审判思维发展成熟的脉络,最终在《九民纪要》对赌协议的规范之中集中体现出商事审判思维的指导运用。

(三)《九民纪要》颁布后对赌案件的审判思维进化

2019年11月,最高人民法院发布的《九民纪要》首次就对赌协议作出正面规范。我们在中国裁判文书网上选取2019年12月(《九民纪要》颁布之次月)至2020年10月,与对赌协议相关的中级法院以上的一审判决组成样本案例,具体如表5-1所示。

表5-1 《九民纪要》颁布后对赌案件裁判情况[1]

序号	案号	参考文书	裁判结果
1	(2019)皖05民初336号	泰尔重工股份有限公司、曹某斌、潘某等合同纠纷一审民事判决书	对赌协议有效,但无证据表明对赌条件触发[2]
2	(2020)鲁01民初755号	山东省丝路投资发展有限公司与李某之等合同纠纷一审山东丝路公司一审判决书	对赌协议有效,投资款计入注册资本的部分因目标公司未履行减资及股权转让程序,目标公司不承担回购义务;投资款中计入资本公积金的部分,目标公司承担回购义务。目标公司股东及其实际控制人就全部投资款的回购义务承担责任[3]
3	(2019)川01民初4333号	成都天投九鼎投资中心、成都川创投九鼎股权投资基金合伙企业等与辽宁航星实业集团有限公司等股权转让纠纷一审民事判决书	对赌协议有效,目标公司股东及其实控人承担股权回购义务,目标公司承担连带责任,并可向起股东、实际控制人追偿[4]

---

[1] 在中国裁判文书网(https://wenshu.court.gov.cn/)选取了2019年12月(《九民纪要》颁布之次月)至2020年10月,与对赌协议相关的中级人民法院一审判决及高级人民法院、最高人民法院判决。

[2] 参见安徽省马鞍山市中级人民法院民事判决书,(2019)皖05民初336号。

[3] 参见山东省济南市中级人民法院民事判决书,(2020)鲁01民初755号。

[4] 参见四川省成都市中级人民法院民事判决书,(2019)川01民初4333号。

第五章 对赌协议的商事审判思维研究

续表

序号	案号	参考文书	裁判结果
4	（2018）苏 01 民初 2327 号	上海量世动享投资管理中心与南京动云软件技术有限公司、黄某青与公司有关的纠纷一审民事判决书	对赌协议有效，目标公司股东履行股权回购义务[1]
5	（2018）沪 74 民初 1375 号	深圳市东方汇富创业投资管理有限公司、黑河中兴牧业有限公司等其他合同纠纷一审民事判决书	对赌协议有效，目标公司尚未完成减资程序，履行条件不成就，法院不予支持；目标公司股东应当履行回购义务[2]
6	（2019）豫 16 民初 206 号	红塔创新投资股份有限公司与河南三和皮革制品有限公司、郸城德润投资有限公司公司增资纠纷一审民事判决书	对赌协议有效，目标公司尚未完成减资程序，履行条件不成就，法院不予支持；股东就目标公司的股权回购承担保证责任，投资者在保证期间内未要求股东承担回购义务，保证责任免除[3]
7	（2019）陕 01 民初 832 号	北京天星资本股份有限公司与李某、陕西成明节能技术股份有限公司股权转让纠纷一审民事判决书	对赌协议有效，目标公司股东履行股权回购义务[4]
7	（2020）陕民终 619 号	李某与北京天星资本股份有限公司，陕西成明节能技术股份有限公司股权转让纠纷二审民事判决书	就上述事项与一审法院保持一致[5]
8	（2019）京 02 民初 668 号	湖州中泽嘉盟股权投资合伙企业（有限合伙）与北京国能电池科技股份有限公司等股权转让纠纷一审民事判决书	对赌协议有效，股东履行股权回购义务；投资者对于目标公司的担保未尽到注意义务，非善意，根据无权代表之规定，投资者承担连带保证责任的约定无效[6]

---

[1] 参见江苏省南京市中级人民法院民事判决书，(2018)苏 01 民初 2327 号。
[2] 参见上海金融法院民事判决书，(2018)沪 74 民初 1375 号。
[3] 参见河南省周口市中级人民法院民事判决书，(2019)豫 16 民初 206 号。
[4] 参见陕西省西安市中级人民法院民事判决书，(2019)陕 01 民初 832 号。
[5] 参见陕西省高级人民法院民事判决书，(2020)陕民终 619 号。
[6] 参见北京市第二中级人民法院民事判决书，(2019)京 02 民初 668 号。

续表

序号	案号	参考文书	裁判结果
9	（2019）京04民初633号	南通润禾环境科技有限公司与CHAOJIANG等股权转让纠纷一审民事判决书	对赌协议有效，目标公司股东履行股权回购义务[1]
10	（2018）京04民初297号	北京国科正道投资中心（有限合伙）等与王某等股权转让纠纷一审民事判决书	对赌协议有效，股东履行股权回购义务[2]
11	（2019）京04民初271号	北京新希望产业投资中心（有限合伙）与王某等股权转让纠纷一审民事判决书	对赌协议有效，股东履行股权回购义务[3]
12	（2020）陕民终11号	张某福等与西安红土创新投资有限公司股权转让纠纷二审民事判决书	对赌协议有效，股东履行股权回购义务[4]
13	（2020）陕民终12号	张某福、赵某林与深圳市创新投资集团有限公司股权转让纠纷二审民事判决书	对赌协议有效，股东履行股权回购义务[5]
14	（2020）陕民终13号	张某福、赵某林与成都红土银科创新投资有限公司股权转让纠纷二审民事判决书	对赌协议有效，股东履行股权回购义务[6]

---

[1] 参见北京铁路运输中级法院民事判决书，(2019)京04民初633号。
[2] 参见北京铁路运输中级法院民事判决书，(2018)京04民初297号。
[3] 参见北京铁路运输中级法院民事判决书，(2019)京04民初271号。
[4] 参见陕西省高级人民法院民事判决书，(2020)陕民终11号。
[5] 参见陕西省高级人民法院民事判决书，(2020)陕民终12号。
[6] 参见陕西省高级人民法院民事判决书，(2020)陕民终13号。

续表

序号	案号	参考文书	裁判结果
15	（2020）陕民终10号	张某福、赵某林与陕西航天红土创业投资有限公司股权转让纠纷二审民事判决书	对赌协议有效，股东履行股权回购义务[1]
16	（2020）陕民终9号	张某福、赵某林与西安经发创新投资有限公司股权转让纠纷二审民事判决书	对赌协议有效，股东履行股权回购义务[2]
17	（2019）京民终1642号	北京星河创新科技有限公司等与深圳前海盛世裕金投资企业（有限合伙）股权转让纠纷二审民事判决书	对赌协议有效，股东履行股权回购义务[3]
18	（2019）辽民终1198号	深圳市广华创新投资企业、大连财神岛集团有限公司请求公司收购股份纠纷二审民事判决书	二审维持一审法院对赌协议违反原《合同法》第52条、《公司法》第20条、第74条规定，应属无效的认定[4]
19	（2015）新民二终字第280号	新疆西龙土工新材料股份有限公司与北京银海通投资中心、奎屯西龙无纺土工制品有限公司股权转让纠纷二审民事判决书	对赌协议有效，目标公司尚未完成减资程序，履行条件不成就，法院不予支持；目标公司的子公司在减资程序未完成前同样不能履行股权回购义务[5]

样本的第2例审理法官采用了如海富案二审法官对于资本维持原则的机械理解，第18例就对赌协议的效力认定仍采海富案的竖切式认定，其余案件均采《九民纪要》之裁判思路进行审判。

（四）对赌协议的商事审判思维之多维分析

法院就对赌协议的裁判立场，不仅内含审判的价值立场问题，还受到审判思

---

[1] 参见陕西省高级人民法院民事判决书，(2020)陕民终10号。
[2] 参见陕西省高级人民法院民事判决书，(2020)陕民终9号。
[3] 参见北京市高级人民法院民事判决书，(2019)京民终1642号。
[4] 参见辽宁省高级人民法院民事判决书，(2019)辽民终1198号。
[5] 参见新疆维吾尔自治区高级人民法院民事判决书，(2015)新民二终字第280号。

维与裁判视角的制约。过去十多年间,法院关于对赌协议的商事审判思维呈现以下特点:

1. 由"竖切式"认定转向"二分法"认定

海富案"竖切式"认定思路的背后,与长期以来对负担行为、处分行为边界厘定不清有一定关联。具体到对赌协议,投融资双方订立对赌协议是一种负担行为,对赌协议存在两次处分行为——第一次为投资入股,第二次为对赌条款触发时的股权回购或金钱补偿等估值调整行为,对赌协议争议主要集中于第二次处分行为。上述案例中,法官普遍认为法人具有独立财产是其具有独立人格、独立从事各项民商事活动的基础,因此资本维持原则作为前述基础的保证,要求公司应当维持与其责任财产外观相匹配的财产,以保障公司债权人利益。以《公司法》第35条、第142条为代表的规范群是资本维持原则的体现,而对赌协议有滥用股东权利、减少目标公司责任财产、减损其偿债能力、损害公司债权人利益之嫌。此种观点混淆了对赌协议效力与履行的关系,将潜在的履行障碍前置为对赌协议无效的认定条件。对赌协议属于无名合同,应依据一般合同理论予以规范,认定合同无效是公权力机关对私人意思自治领域最严重的介入,法院应严守法定主义原则,审慎认定合同效力。为保障交易安全、限制公权力机关对私人自治领域的介入,近年来我国从立法、司法方面不断限缩合同无效认定法源。然而效力性强制性规定与管理性强制性规定的具体含义一直以来又是困扰学界、实务界的一大难题。最高人民法院曾试图给出效力性强制性规定与管理性强制性规定的区分标准,[1]该标准虽似有"以问答问"之嫌,但也可为对赌协议提供裁判指导思路。此外,就效力性强制性规定,众多学者也提出多种判断标准,例如王利明教授的三分法[2]等。对赌协议作为投融资双方就估值、交割、争议解决、法律适用等事宜作出的系统性安排,系投融资双方经过理性思考做出的商行为,对赌条款作为其中一环起着估值调整作用,投资者视其为风险控制、保障投资安全的保证。因此该请求权属于或有事项,其目的不在于损害公司及其债权

---

[1] 《关于当前形势下审理民商事合同纠纷案件若干问题的指导意见》(法发〔2009〕40号):"如果强制性规范规制的是合同行为本身即只要该合同行为发生即绝对地损害国家利益或者社会公共利益的,人民法院应当认定合同无效。如果强制性规定规制的是当事人的'市场准入'资格而非某种类型的合同行为,或者规制的是某种合同的履行行为而非某类合同行为,人民法院对于此类合同效力的认定,应当慎重把握,必要时应当征求相关立法部门的意见或者请示上级人民法院。"

[2] 参见王利明:《合同法新问题研究》(修订版),中国社会科学出版社2011年版,第340~341页。

人利益、扩大经营风险。并且，目标公司的经营兴衰关键在于管理层的经营治理而非对赌协议。投资者的请求权基于投前对赌协议的订立，而非其股东身份。目标公司及其股东、债权人往往在投资时已因高溢价投资款获益，因此投资者行使请求权并未滥用股东权利，也不会导致权利义务不对等。在法院内部也曾有法官在案件中提出认定对赌协议效力的四原则，[1]对赌协议本身并不会绝对损害国家、社会利益，随着对对赌协议认识的不断深入，法院逐渐认识到对赌协议并不违反原《合同法》第52条，但其股权回购、金钱补偿等履行行为应当受到《公司法》资本维持原则等规范的限制。以华工案为先声、经由《九民纪要》的出台最终确立对赌协议效力、履行"二分法"的审判思维。

2. 对赌协议的关注点由契约性转向组织性

对赌协议的复杂之处在于，有可能导致契约法与组织法的竞合适用。不同法律因立法宗旨各异，对各利益方的关注点存在差异，契约法的有效请求权与组织法规定之间可能存在冲突。如果仅关注对赌协议的契约性而忽视组织法规范背后的体系逻辑，将可能导致单一化的片面审判思维，将负担行为、处分行为杂糅不清。法院关于对赌协议的认定思路由"竖切式"认定转向效力、履行"二分法"认定的深层原因即对对赌协议组织性的"发现"。需要说明，以海富案为代表的早期案例中法官并非不运用组织法规范，而是没有明确区分对赌协议的组织性与契约性。华工案前的对赌纠纷案件，法官在寻求合同效力的判断依据时将资本维持原则及其规范群纳入判断范围，使对赌协议的履行障碍前置为认定无效条件的审判路径，即一例体现。经由前述分析，根据对赌协议的性质与目的，组织法并非不对其产生约束，对赌协议的履行受到组织法的规范。依据组织法对其履行可能性进行判断，而不应越俎代庖进行效力认定。

所谓组织性契约充斥着"合同不自由"的气息。[2] 一方面，组织性契约的团体性、关联性、长期性特点决定了其受到的意思自治限制更多；另一方面，组织性契约多涉及公司组织机构（治理结构）的强制性规范，公司组织法领域衍生出对组织性契约的大量规制。对赌协议看似是投融资双方达成的契约条款，但当对赌条款触发引起股权回购及金钱补偿时，将对公司及其股东、债权人构成的共同利益体产生影响，具有明显的商事组织交易特征，属于典型的组织性契约，因此

---

[1] 参见上海市第一中级人民法院民事判决书，(2014)沪一中民四（商）终字第730号。
[2] 蒋大兴：《公司法中的合同空间——从契约法到组织法的逻辑》，载《法学》2017年第4期。

不能仅依赖传统契约法思维进行裁判,法院还须从对赌协议背后的法律关系及组织法规范中探得支撑点。此外,对赌协议还受到资本维持原则规范群的约束,如有观点认为对赌协议的股权回购条款不得违反资本维持原则规范群的规定,也不无道理。总之,对赌协议的裁判关注点由契约性转向组织性,使法院将视野从强制性规范认定对赌协议效力的局限中摆脱,更多的关注组织法视角下对赌协议安排的逻辑架构,有助于法院进一步改变原有"竖切式"的审判思维,区分对赌协议本身与其履行行为,正确处理对赌协议效力与履行之间的关系,运用组织法规范为对赌协议的履行提供测试标准。

3.裁判思路由民事思维转向商事思维

民商事审判思维的碰撞,在对赌协议这一无名合同的裁判中展现得十分明显。在海富案等早期对赌案中,常认定对赌协议无效,但与此同时,法院的矛盾逻辑也暴露得十分明显,比如海富案的二审法院一方面以遵守资本维持原则、保护债权人利益为名否定对赌条款的效力,另一方面要求融资方返还投资款的溢价部分(归入资本公积金部分)。根据《公司法》规定,资本公积金只能用于公司扩产或增资等,不能另作他用,[1]法院将该部分资金要求返还本身即对资本维持原则的背离。这种矛盾其实就是法院在民事思维与商事思维之间犹豫不决的体现。

相较于民事,商事主体和商事活动的逐利性使得公平往往让位于意思自治。从贸仲案开始,裁判者更加注重交易双方经济公平和机会平等,认可双方对对赌协议结果的了解,推断投融资双方具备充分的判断力和必要的注意义务,商事裁决呈现出保护缔约机会公平、强调商事自治、风险自担的审判思维。裁判者逐渐关注到投资者兼具债权人与目标公司股东的双重身份,对赌协议条款既是大部分投资款进入资本公积金的风险降低措施,又是投资者作为小股东避免控股股东滥用经营者地位,损害小股东利益的风险规避手段。贸仲案的仲裁庭结合案件情况进行具体分析,例如业绩承诺系经过合理评估确定,认为目标公司及其多数股东人格混同,此时对赌条款对目标公司利益的影响劣后于投资者利益的考量,投资者作为少数股东,其利益处于控股股东不当行为的严重威胁之下,极有可能已遭损失。由于种种原因,长期以来许多商事纠纷案件秉持民法思维,法官

---

[1]《公司法》第168条第1款规定:"公司的公积金用于弥补公司的亏损、扩大公司生产经营或者转为增加公司资本。但是,资本公积金不得用于弥补公司的亏损。"

依据民法公平、等价有偿理念进行裁判。但商事主体在从事商事活动的过程中往往以利润、交易便捷为首要价值取向,为追求利润与机会交易会容忍更高的风险,在交易表面产生"不公"之感,但对于双方经过充分理性的判断,以自由意思订立的商事协议,裁判者应当予以充分尊重。积极运用商事思维审理对赌案件,有助于结合公司实际经营情况,综合考量目标公司及其股东、债权人利益,判断对赌协议的可履行性问题。

四、对赌协议可履行性判断路径的形成与困境

(一)对赌协议可履行性判断路径的形成

1.《九民纪要》确立的可履行性判断规则

对赌协议作为无名合同,在《民法典》合同编分则部分并无具体条款针对其适用,只能依据《民法典》合同编通则分编及合同法一般原理予以规制。此外,《公司法》也未见对赌协议的规范,受当下"同股同权"理念的限制,对赌协议多受"异样目光"的审视,裁判依据的缺乏导致对赌协议"类案不同判"现象屡有发生。正是在这一背景下,最高人民法院出台《九民纪要》对对赌协议问题作出规范,意在统一裁判思路。

《九民纪要》就对赌协议的定义、主体分类、适用规范、实践价值及效力认定作出原则性规定,着重指出对赌协议须受契约法与组织法的双重规范,鼓励投资者在投资高新技术企业的同时,兼顾资本维持原则与保护债权人合法利益,平衡投资者、目标公司及其债权人之间的利益,由此形成的裁判思路如图5-1所示。《九民纪要》与华工案的"二分法"思路保持一致,采取对赌协议效力、履行二分的分析模式,严格恪守合同无效事由的法定主义标准,以权利变动(股权回购、金钱补偿)为目的订立的对赌协议与作为对赌协议履行的法律效果是两个相互独立的问题,应当分别判断,不能因对赌协议的履行受《公司法》规范限制,而影响对对赌协议的效力判定。[1] 就对赌协议的履行方式,《九民纪要》将对赌协议分为股权回购型对赌和金钱补偿型对赌(股权补偿型对赌的实质仍为金钱补偿型对赌[2]),分别就以上两种类型对对赌协议的履行方式作出规范。

---

[1] 参见潘林,前揭文,第250~267页。
[2] 参见最高人民法院民事审判第二庭编著:《〈全国法院民商事审判工作会议纪要〉理解与适用》,人民法院出版社2019年版,第118页。

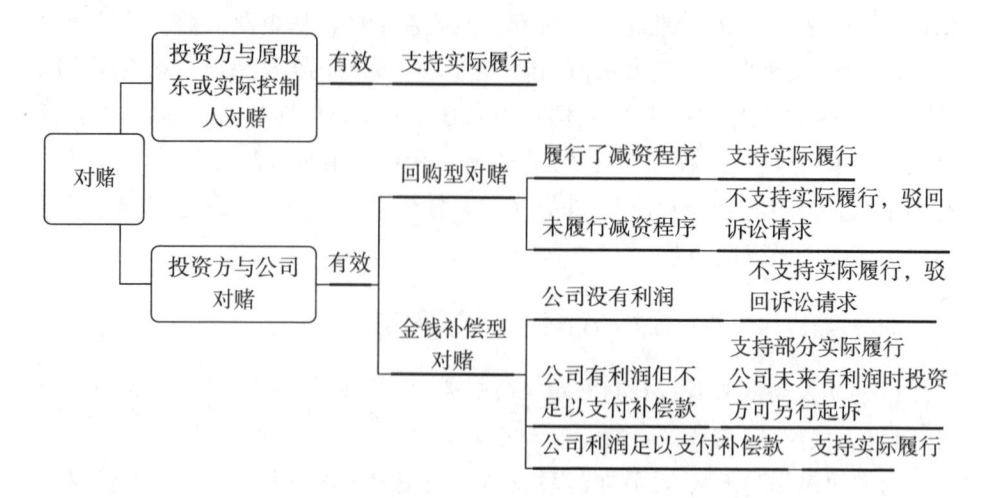

```
对赌 ─┬─ 投资方与原股东或实际控制人对赌 ── 有效 ── 支持实际履行
      │
      └─ 投资方与公司对赌 ── 有效 ─┬─ 回购型对赌 ─┬─ 履行了减资程序 ── 支持实际履行
                                    │              └─ 未履行减资程序 ── 不支持实际履行,驳回诉讼请求
                                    │
                                    └─ 金钱补偿型对赌 ─┬─ 公司没有利润 ── 不支持实际履行,驳回诉讼请求
                                                       ├─ 公司有利润但不足以支付补偿款 ── 支持部分实际履行 公司未来有利润时投资方可另行起诉
                                                       └─ 公司利润足以支付补偿款 ── 支持实际履行
```

图 5-1 《九民纪要》对赌协议审判思维[1]

就股权回购型对赌协议,由于目标公司使用自身财产回购投资者股份,因此必须遵守资本维持原则规范群——以不得抽逃出资及股份回购规范为代表,法院须对相关强制性规范进行审查;非依法定程序减资的,法院将驳回投资者请求目标公司回购其股份的诉讼请求。[2] 此外依据体系解释,最高人民法院仅对规范股份有限公司股权回购的《公司法》第142条予以列举,表明公司法并不禁止以对赌协议形式引起有限公司的股权回购。但受"股东不得抽逃出资"强制性规定之限制,目标公司必须先履行减资义务,以保护目标公司债权人的合法权益。简言之,《九民纪要》将履行减资程序作为支持股权回购的前置条件。

就金钱补偿型对赌协议,同样须遵守"股东不得抽逃出资"的强制性规定。《九民纪要》的特点在于将金钱补偿的财源限制为公司利润,即目标公司仅得以可分配利润履行金钱补偿义务。投资者依据对赌协议提起金钱补偿的诉讼请求后,法院须审查目标公司可分配利润情况,若目标公司不存在可分配利润,则驳回投资者的诉讼请求;若目标公司可分配利润不足以履行全部金钱补偿义务,则仅对投资者的诉讼请求予以部分支持,同时须遵守《公司法》第166条关于利润

---

[1] 图片来源,凌云、王亮:《九民纪要评论——以对赌及回购为视角》,载微信公众号"通商律师事务所"2019年11月29日。

[2] 《九民纪要》第5条规定:"……投资方请求目标公司回购股权的,人民法院应当依据《公司法》第35条关于'股东不得抽逃出资'或者第142条关于股份回购的强制性规定进行审查。经审查,目标公司未完成减资程序的,人民法院应当驳回其诉讼请求……"

分配的"无盈不分"的强制性规定。投资者日后发现目标公司存在可分配利润时,可另行起诉请求目标公司继续履行金钱补偿义务。可以发现,《九民纪要》将目标公司的利润情况作为判断金钱补偿型对赌协议的履行标准,将其目标公司的履行义务作为一项持续性义务。

2. 可履行性判断规则的进步性

虽然不是任何形式意义上的司法解释文件,但《九民纪要》无疑具有实质性法源的价值,其中的对赌协议规范实质代表了我国法院系统最近一段时期关于对赌协议类法律问题的认识与裁判思路。《九民纪要》沿袭了华工案对赌协议效力、履行二分的处理思路,但就履行可能性的认定存在较大差异。在"二分法"认定的视角下,对赌协议效力得到原则性认可,为投资市场提供了行为预期可能性。《九民纪要》直接指出审理对赌协议案件须兼顾组织法与契约法规范,体现了司法对于对赌协议本身契约法与组织法属性的逐渐发现。《九民纪要》指出裁判对赌协议案件的最终目标是恰当平衡投资者、目标公司及其债权人的利益。这是《九民纪要》关于对赌协议规范的最大价值。投资者基于合法有效的对赌协议享有债权请求权(可请求进行估值调整),但公司这一组织体同时受公司法规范约束,公司的资产是其取得独立民事主体地位进而独立承担责任的基石,为保障公司的清偿能力而确立的资本维持原则,成为保障公司及其债权人利益的重要基石,公司的行为不得损害其债权人的合法利益。对赌协议履行路径的上述安排,背后反映的是对投资者、目标公司及其债权人利益的平衡考量,对不同主体利益的保护力度,将导致履行认定标准存在重大差异。资本维持原则与保护债权人利益原则的弹性特质,赋予其解释与发展空间,如在前述原则的指引下设置较为灵活的对赌协议履行认定标准,则可在确保统一审判思维的基础上给予法官一定的自由裁量权。唯有遗憾的是,《九民纪要》给予的履行认定标准生硬且严苛。

(二)债权人保护逻辑下可履行性判断规则的不足:基于资本维持原则的反思

从前述内容可知,可履行性规则仍在资本维持的框架内展开,这一模式缺少对股权回购的配套制度,并未基于对赌协议的经济实质对相应的规则进行完善,这极易引发权利义务责任的失衡。

依照《九民纪要》的规定精神,法院审理对赌协议纠纷时"既要坚持鼓励投资方对实体企业特别是科技创新企业投资原则,从而在一定程度上缓解企业融资难问题,又要贯彻资本维持原则和保护债权人合法权益原则,依法平衡投资方、公司债权人、公司之间的利益。"[1]从规范语句的表述可知,对赌协议可履行性的判断标准依循的是资本维持,而"资本维持原则"与"保护债权人合法权益原则"相并列,因此理解《九民纪要》中对赌协议可履行性判断规范的适用,不能脱离资本维持原则的框架和债权人保护的语境。

1. 资本维持原则的规范功能

(1) 资本维持原则的含义

通说认为,公司法为确保公司资本的真实、安全,所以在公司设立、经营及管理中设立了公司资本确定、资本维持和资本不变三项基本准则[2],资本维持原则是公司资本制度的灵魂与基石。[3] 其主要内容是公司资本真实有效,且在公司存续过程中公司需要持续性地关注公司净资产与注册资本的差额,不得使前者过分低于后者。[4] 由上述定义可知,理解资本维持原则的关键在于"维持","维持"有两个参照物:一个是资本,另一个是资产。[5] 进言之,何为"资本"以及资本与资产的关系等基本问题是"解密"资本维持的核心。首先,资本维持原则中的资本应为实缴资本。资本维持原则的规范目的在于以公司在其运营中所筹集资本的价值为限,控制公司资产流向股东的行为。[6] 在此规范目的的指引下,资本维持语境里的资本并非仅仅将规制的时间点限制在公司开始营业或者继续营业中,而是用以调整公司资产的流出问题。对于资本维持原则中的"资本",理论界主要有两种观点,一是注册资本,二是实缴资本。就资本维持的规范目的而言,唯公司实际发行且已收到的资本才能展示公司的偿债能力,以便为债权人提供可预期的资本保障。[7] 是以,资本维持原则中的"资本"指向实缴资本。其次,资本维持原则下,公司资本与公司资产的关系表现为实缴资本与公司的净资产相一致。一般而言,公司资产是指公司实际拥有的全部财产,根据资产的形态可区分为有形财产和无形财产,依据财产的形态,资产又分为流动资产、长期投资、固定资产、无形资产和递延资产等,货币和债权等属于流动资产,土

---

[1] 最高人民法院民事审判第二庭编著:《〈全国法院民商事审判工作会议纪要〉理解与适用》,人民法院出版社2019年版,第112页。

[2] 参见冯果:《公司法》(第3版),武汉大学出版社2017年版,第147页。

[3] 参见冯果:《慎重对待"资本维持原则"的存废》,载《中国法律评论》2020年第3期。

[4] 参见赵旭东:《第三种投资:对赌协议的立法回应与制度创新》,载《东方法学》2022年第4期。

[5] 参见冯果,前揭文,第154~155页。

[6] 参见张雪娥:《公司信用内部性保障机制研究——以资本维持规则的考察为基础》,吉林大学2012年博士学位论文,第26页。

[7] 参见张雪娥,前揭文,第27页。

地、房屋属于固定资产,工业产权属于无形资产。[1] 公司成立时,因还没有对外展开经营活动,因此公司资产与资本的等式关系就是"资本＝资产"。但公司开始运营后,公司开始发生对外负债,资本与资产的完全对等关系就被打破了,进而公司资产在其资产负债表中的结构就是"资产＝负债＋所有者权益"。这种等式关系的变化反映了公司资产和资本的关系。具言之,公司资本通常只是静态的数字,公司资产作为公司运营的物质基础是变动不居的。[2] 资本维持原则的规范目的就是保障公司具有履行债务的财产,而只有去除负债后的净资产才能反映公司真实的履约能力。[3] 因此资本维持原则框架下公司资本和资产的关系是指实缴资本与公司净资产的对应。

(2) 资本维持原则的正当性

在法经济学看来,公司是一个资产池,虽然股东与债权人都会向资产池投入资产,但二者获得收益的方式大不相同。具言之,股东因履行出资义务而对公司享有股权,但股东的财产性权利仅指股利分配请求权。与之相反,债权人基于资金或资产使用权的让渡,对公司享有请求返还本金与支付利息的权利。因此,在公司经营过程中,股东比债权人面临的风险更多,甚至在破产清算中股东也是劣后于债权人参与公司财产分配的。[4] 资本维持原则正是维系股东与债权人的风险模型,以使得风险与收益相均衡。[5] 基于此风险分配模型,资本维持原则的规范功能并非维持相当于公司资本的资产,而在于禁止违法的公司资产流出[6],追求的是"效率性限制"。由此可知,资本维持原则并不意味着公司资本的绝对维持,而是在此框架下构造系列经济形式不同的禁止性规范,从而保护财务底线。对债权人的保护正是在此框架内展开的。我国《公司法》中的资本维持原则并不是以体系化的形式呈现的,实质意义上的资本维持规范群散落在公司法文本不连贯的条文之中。[7] 这些禁止性的规范群主要有禁止抽逃出资、减资、股份回购、利润分配等。

---

[1] 参见赵旭东:《公司法学》(第4版),高等教育出版社2015年版,第160～161页。
[2] 参见张雪娥,前揭文,第26页。
[3] 参见张雪娥,前揭文,第28页。
[4] 参见许德风:《公司融资语境下股与债的界分》,载《法学研究》2019年第2期。
[5] 参见傅穹:《重思公司资本制原理》,法律出版社2004年版,第168页。
[6] 参见王毓莹:《对赌纠纷裁判的法律适用逻辑与诉讼体系定位》,载《华东政法大学学报》2021年第5期。
[7] 参见朱慈蕴:《中国公司资本制度体系化再造之思考》,载《法律科学(西北政法大学学报)》2021年第3期。

2. 资本维持原则调整对赌协议的变迁:从协议无效到可履行性判断

(1) 对赌协议无效中的资本维持逻辑

如前文所述,在我国司法实务中,对赌协议法律效力的初始判断以交易合法性为核心,进而对协议进行有效/无效的价值决断。这种判断与裁判者对商事外观主义的法理认知有着密不可分的关系。从认知论的视角切入可知,人们只有通过观察事物表象,并将这一表象输入自身的感知系统,才能"认识"事物本质。[1] 这正是商事外观主义及相关规则确立的法理逻辑,即商行为的外观决定商行为的效力。对赌协议的参与者以及作出裁决的司法者也是从各类对赌协议的表象界定其法律关系的。因而,在对赌协议的初始判断逻辑中,对赌协议项下投资形成的资本外观与目标公司实际资产和偿债资金脱节,导致债权人基于善意的信赖会受到伤害。如果从利益和风险分配上看,包含业绩补偿和股份回购条件的对赌协议实质上是债权投资,但在法律形式和公示事项上其是股权投资,履行对赌协议显然会使得对赌协议之外的公司债权人丧失商事外观主义的保护。[2] 如前述典型案例中的海富案,法院就认为对赌协议中的"有关业绩补偿的约定是'名为联营,实为借贷'之举",风险投资者不论目标公司经营业绩如何均能获得固定收益,这显然不符合风险投资的基本属性,因此应为无效。该案的对赌协议呈现"股东向公司出资以及公司在一段时间后向股东转移现金资产"的外观,而这一外观中的"禁止抽逃出资"通常是无可争议的负面行为,传统的裁判方式是直接否定相关交易的法律效力。[3] 因此,海富案中的对赌协议落入资本维持原则规制的范围并被判定为无效。[4] 法院否定对赌协议效力价值判断背后的法理逻辑,正是资本维持原则。

(2) 可履行性判断中的资本维持逻辑

相较于对赌协议无效的法律判断,对赌协议可履行性判断中资本维持原则的适用更加明显。《九民纪要》第 5 条将股份回购、减资、利润分配以及禁止抽逃出资规则进行整合,作为审查对赌协议是否具有可履行性的规范依据。这些规则都具有规制公司资产流向股东的功能,属于资本维持原则项下的子规范。

---

[1] 参见石一峰:《私法中善意认定的规则体系》,载《法学研究》2020 年第 4 期。

[2] 参见赵旭东,前揭文,2015,第 102 页。

[3] 参见刘燕:《"对赌协议"的裁判路径及政策选择——基于 PE/VC 与公司对赌场景的分析》,载《法学研究》2020 年第 2 期。

[4] 参见刘燕:《重构"禁止抽逃出资"规则的公司法理基础》,载《中国法学》2015 年第 4 期。

与《九民纪要》规则相似的是华工案的再审法院确立的对赌协议效力规则,即以履行可能性(减资不违反法律规定和具有偿债能力)作为判断对赌协议效力的法理依据。可以说,对赌协议法律效力规则实现了裁判核心从协议类型合法性到协议履行可能性的转变,不变的是公司债权人保护的法理逻辑。[1] 这种裁判技术转变背后的逻辑是:资本维持规范旨在遏制股东从公司非法取出资产,并保护债权人利益,因而如公司具有支付到期债务的能力,风险投资者(股东)和债权人的利益显然不会因对赌协议的履行而受到损失。此时否定对赌协议的效力是不妥当的,因为对赌协议合法与否和公司后续资信状况没有直接联系,所以与其将资本维持规制的要点落脚在对赌协议合法性的判断上,不如将其放在对赌协议的履行上。[2]

3.资本维持原则调整对赌协议纠纷的不足

(1)宏观问题:债权人保护逻辑无法兼顾多元利益博弈

无论是先前判决对赌协议无效的海富案,抑或后来的《九民纪要》规定违反资本维持原则的履行不能,都强调对债权人的保护。这里存在的问题是可能会漠视风险投资者的利益诉求,进而抑制对赌协议助力企业融资的社会功能。还有一个问题是,在前述的海富案、贸仲案、瀚霖案、华工案中,并没有出现一个具体的公司债权人,法院事先臆想出该抽象主体,并假设其利益可能会受到损害。[3] 在当前融资难、融资成本高的背景下,采用对赌协议融资的公司大多数是初创型企业,如果只看到债权人保护的利益诉求,而没有关注到公司的融资诉求,显然会挤压对赌协议的生存空间,进而打击风险投资者的积极性。《九民纪要》采资本维持原则旨在关注对赌协议的风险投资者是否向公司提供资金并在公司成立后是否取回资本,这些都是强债权人保护而弱其他主体利益保护的表现。

对赌协议的法律效力判断从表面看只是处理风险投资者与目标公司债权人的利益冲突,但完整的利益结构应包括债权人、风险投资者、公司股东以及目标公司本身。首先,对赌协议的主体为融资方和投资方,其中融资方包括目标公司、公司的股东及管理层等,因此对赌协议要平衡的主体利益是多元的。初创型公司或主动或被动地接受对赌协议的融资方式,其初始股东通常经济实力较弱,

---

[1] 参见刘燕,前揭文,2016,第137页。
[2] 参见刘燕,前揭文,2020,第134页。
[3] 参见陈克:《对赌协议履行不能的定性与后续问题——股东协议视角的回应》,载《多层次资本市场研究》2022年第2期。

且存在股东与管理者群体混合的现象。当公司经营出现问题时,要么出现目标公司无法履行对赌协议,要么出现一些投机分子在引入风险投资者后套现以退出公司的情况。因此,实践中风险投资者通常将目标公司的股东和管理层纳入对赌协议中,试图通过这种方式降低目标公司股东、管理层的道德风险。[1] 其次,对于债权人而言,目标公司签订对赌协议后,公司的注册资本增加,相应的实缴资本也会在公司资产负债表上显示。债权人自然认为,这些由风险投资者注入的资产就是公司自有资产,目标公司以其全部资产对其承担合同责任。如果风险投资者基于债权人的法律地位,在完成"出资"的一段时间后顺利收回其投入的资产,就直接缩减了目标公司责任资产的数额和范围,改变了其账面的偿债能力。面对"股债兼备"的对赌协议,公司债权人的利益显然会受到直接的影响。[2] 因为与公司存在长期性关系,管理层人员、雇员、供应商等主体的人力资本和财产投资都被锁定,正所谓"一荣俱荣,一损俱损"。如果公司经营不善甚至破产,这些主体的权益同样无法幸免,因此他们在广义层面上与债权人具有相同的利益诉求,即希望公司有持续稳健的健康发展。[3]

综上,对赌协议可履行性的法律适用是与公司有关的法律问题,这背后必然涉及多元利益主体,债权人保护逻辑下的资本维持原则无法有效地平衡公司自治、风险投资者合理回报与债权人保护之间的冲突。

(2)微观问题:资本维持原则下对赌协议将被不合理地控制

首先,公司债权人的类型多样,强势债权人通常有其他机制保护自身利益,资本维持原则以抽象债权人为保护对象,很容易提高资本维持的强制力度,进而减少对赌协议履行成功的概率。债务是债权人与公司产生联系的重要纽带,债权人在与公司的交易过程中面临诸多风险,因为公司的组织属性,逆向选择和道德风险的影响不可避免,同时这也增加了交易的信号成本[4],所以规避商业风险一直是债权人致力追求的目标。但资本维持原则框架下对赌协议的可履行性判断无法区分债权人的风险等级并予以差异化对待,而只能一味地要求净资产

---

[1] 参见李有星、冯泽良:《对赌协议的中国制度环境思考》,载《浙江大学学报(人文社会科学版)》2014年第1期。

[2] 参见王伯潇:《对赌协议法律规制的路径再勘》,载《青海社会科学》2015年第1期。

[3] 参见陈克,前揭文,第182页。

[4] 参见岳万兵:《公司债权人特殊风险的类型分析——对公司法债权人保护的展望》,载《河南大学学报(社会科学版)》2022年第1期。

大于实缴资本[1]。一则,不同类型的债权人自我保护能力不同,能力较强的合同债权人可能并不需要资本维持原则予以保护,例如银行债权人,公司对其提供的中长期贷款的依赖性非常高,这也表明银行债权人是公司债权人中面临资不抵债风险最大的群体,同时因为银行等金融机构具有专业性的收集分析信息、经营管理以及财务管理能力,其不仅可以通过利率和担保等合同机制实现其债权保护,还可以通过参与公司治理的方式减少其债权无法实现的风险。[2] 二则,银行之外的合同债权人也并非不具有保护自身债权的能力,例如供应商、销售商等主体可以通过担保、提高货物价格、提高延期付款利率甚至拒绝交易的方式进行谈判。[3] 三则,弱势债权人很难得到资本维持原则的保护。银行等强势债权人通常会在贷款合同订立时让公司提供担保,即使资本维持原则保证了公司资产维持在一个范围内,其中的大部分资产也将优先受偿于强势债权人。显然弱势债权人的利益保护并非公司法的资本维持原则所能实现。[4] 综合前述债权人的类型差异来看,在资本维持原则框架下构建对赌协议可履行性判断规则,不仅忽略了债权人自身的保护机制,增加交易成本,而且还没有认清弱势债权人的保护非公司法所能兼顾的状况。

其次,资本维持原则框架内对赌协议可履行性的判断只注重对资产数量的维持,没有重视资产构成和流动性,因而就算有保护债权人的规范目的,也会因规则本身的局限性而导致目的落空。如前文所述,资本维持原则的核心意涵是公司净资产大于实缴资本,问题在于净资产大于实缴资本并不等于公司就拥有足够的可变现资产去履行债务。资产的数量与资产流动性(或者说可变现性)是两个完全不同的问题,公司的偿债能力更多依据后者来判断。具言之,公司资产的规模和有效性是影响公司信用的决定性因素。前文已指出,公司资产等于所有者权益加上公司债务,净资产并不能反映公司的债务情况。例如,公司短期债务过多、没有主导产品、支持资产数额的是滞销商品,在这些情况下公司的净资产显然无法为债权人显示其真正的偿债能力。在商业实践中,不少知名的跨国企业注册资本不高,但债权人一般可通过企业的经营规模、子公司的分布、资

---

[1] 参见张雪娥,前揭文,第46页。
[2] 参见金玄武:《论债权人参与公司治理的模式——基于公司社会责任视角的考察》,载《政法论坛》2009年第4期。
[3] 参见刘斌:《认真对待公司清偿能力模式》,载《法律科学(西北政法大学学报)》2021年第4期。
[4] 参见刘斌,前揭文,第182页。

产构成、近期的营利前景等因素判断。[1] 这些因素比单纯的净资产高于或等于实缴资本更具说服力。因而,根据专业的公司财务比率可知,资本维持只能反映一个大概且模糊的公司长期偿债能力,我们只能从中得出公司的资产负债率小于1,更为准确的判断则需要借助其他财务数据。[2] 资本维持原则框架下对赌协议的可履行性判断显然也无法满足债权人的需求。

最后,资本维持原则框架下对赌协议可履行性的判断没有正视公司的融资需求和风险投资者的投资需求,也不利于社会财富的积累。对赌协议具有化解公司融资难和管理投资者风险的两重功能。无论是否定对赌协议的法律效力,还是《九民纪要》的可履行性方案,都没有考虑到我国控股股东作为实际治理主体的现实。在资本多数决原则下,大多数公司的治理权掌控在控股股东手中,控股股东不仅是事实上的治理中心,而且实际享有终极控制权。[3] 如果控股股东掌控下的公司经营不善,那么不仅公司利润低迷、不能实现盈利,甚至公司价值还有可能贬损至资本线之下。[4] 在这种背景下,强调债权人保护的资本维持造成对赌协议履行不能,风险投资者就再也难以收回其资金。此外,使用对赌协议的公司大多数是还未上市的初创型公司,而股份回购与现金补偿协议履行的条件大多是公司上市。若公司经营不善,加之严格的资本维持原则下回购承诺与现金补偿被判定为履行不能,那么风险投资者就会被紧紧锁定在公司中,从短期投资转为长期投资。[5] 资本维持原则框架下的对赌协议可履行性判断无异于"关门打狗",其要求公司资产的流进流出都遵循烦琐的程序,且一味要求净资产高于资本[6],这极有可能吓退潜在投资者,或者压缩对赌协议的商业运用。

(三)回购型对赌可履行性判断存在的困境

1. 回购型对赌的法律构造

股份回购,或称股份回赎,是指公司依法从其股东手中买回自己股份的行为。股份回购具有实施职工股份奖励计划、保护异议股东权益和提供可供选择的经营策略等正向功能。但是,股份回购等于股东退股,这不仅使得公司资产与其注册资本脱节,还容易诱发诸多违法行为,如事实上的减资损害债权人利益、

---

[1] 参见张雪娥,前揭文,第46页。
[2] 参见王军:《公司资本制度》,北京大学出版社2022年版,第383页。
[3] 参见赵旭东:《公司治理中的控股股东及其法律规制》,载《法学研究》2020年第4期。
[4] 参见陈克,前揭文,第182页。
[5] 参见陈克,前揭文,第181页。
[6] 参见张雪娥,前揭文,第47页。

多数股东操纵股份回购损害少数股东的利益等[1]。因此，各国公司法对于股份回购都持谨慎态度，禁止或严格限制是股份回购规则设计的基本原则。2018年10月全国人大常委会专项修订《公司法》第142条，依旧延续"公司原则上不得收购本公司股份，但例外允许，且回购的股份必须在法定期限内依其不同情形作出相应处理"的基本态度。《九民纪要》第5条第2款对回购型对赌协议的可履行性进行了规定，即要求目标公司回购须履行减资程序。这实质是在处理公司股东与公司债权人之间的关系。最高人民法院认为，当公司股东和债权人发生利益冲突时，首先应保护公司债权人的利益，而不是股东利益，其手段就是依据《公司法》第177条规定的公司减资程序。[2]

2. 资本维持原则框架下回购型对赌协议的利益失衡

回购型对赌协议可履行性法律构造的特殊点就在于，减资与股份回购进行了绑定。但这种法律构造存在以下三点弊端：

一是先减资后回购的对赌协议的可履行性判断规则，颠倒了减资与回购的法律顺序，存在因果混淆的逻辑错误。依据《公司法》第142条第3款可知，股份回购是公司减资的主要方式之一，先回购再减资是股份回购的法定逻辑顺序，《九民纪要》所规定的先减资后回购显然与之相悖。首先，仅履行公司减资程序，就可以实现注销股份的目的。实现减资的途径不仅有股份回购，还有减少股份面值、股份合并等。而且按照法定减资程序，目标公司完成减资意味着其注册资本已经减少并办理登记，与资本减少部分对应的股份即予销除，仅仅履行减资一项程序，风险投资者就已经退出公司，其后的股份回购程序无异于画蛇添足[3]，徒增各方当事人的交易成本。其次，股份回购不意味着股份注销，这些股份可能纳入库藏股，其在资本总额意义上还是会被视为已发行股份，只是不具有表决权和分配请求权，库藏股将来还可以再次发行。[4] 股份回购与公司减资的逻辑关系在于，前者只是实现减资的手段之一，两者并无必然联系，因而按照华工案以及《九民纪要》的裁判思路，回购与减资之间的手段与目的关系显然被错

---

[1] 参见李建伟：《公司法学》（第5版），中国人民大学出版社2022年版，第268页。
[2] 参见最高人民法院民事审判第二庭编著：《〈全国法院民商事审判工作会议纪要〉理解与适用》，人民法院出版社2019年版，第117页。
[3] 参见赵旭东，前揭文，2022，第95页。
[4] 参见李建伟，前揭书，第266页。

置了。[1] 最后,回购型对赌协议中目标公司的股份回购义务属于等金钱债务,其履行只可能存在一时的不能,而不可能是永久的不能。[2] 由此可知,回购型对赌协议可履行性的判断更多应集中在回购资金来源规制上。具言之,此类对赌协议的可履行性判断不必将减资程序纳入,因为公司拥有充足的可依法动用的回购资金,那么此类协议就具有可履行性,减资程序履行与否和内部是否存在否决回购的决议都与其是否可履行没有太多关联。[3]

二是减资与回购的绑定将使得风险投资者的权益得不到充分保障。先减资后回购的义务履行方式,等于强制风险投资者先把股份交还目标公司,又将其置于无法获得回购款的尴尬境地。[4] 首先,公司减资由目标公司的股东会决定,不减资就可以不用返还回购款,此时公司就有更多的资金,而股东会自然有不推进回购型对赌协议履行的道德风险。[5] 具言之,依据《公司法》第 177 条等规定,公司减资需要经历六个步骤,即编制资产负债表及财产清单、公司决议、通知债权人和公告、债权人未异议、实施减资、变更登记。其中,公司决议需要依第 46 条、第 108 条以及第 43 条、第 103 条规定展开,即减资方案由公司董事会制订,提交股东会以特别决议通过,同时减资后的注册资本不得低于法定的最低限额。[6] 是以,《九民纪要》中回购型对赌协议的履行需要先进行减资,这就意味着公司必须通过减资决议。但提出回购请求风险投资者的利益往往与公司其他股东对立,这些股东很可能基于自身利益的考虑而否决减资决议。[7] 其次,我国控股股东作为公司实际治理主体的现象也表明,风险投资者的利益实现受制于非理性个人,而不是理性的专业经营决策机构(董事会)。公司股权高度集中,"两权分离"不彻底,经营者往往受命于控股股东。[8] 正是因为控股股东终极控制者的现实角色,减资从议案提出到最终通过都可能由其一手操办。实践

---

[1] 参见潘林:《股份回购中资本规制的展开——基于董事会中心主义的考察》,载《法商研究》2020 年第 4 期。
[2] 参见贺剑:《对赌协议何以履行不能?——一个公司法与民法的交叉研究》,载《法学家》2021 年第 1 期。
[3] 参见张保华:《对赌协议下股份回购义务可履行性的判定》,载《环球法律评论》2021 年第 1 期。
[4] 参见张保华,前揭文,第 96 页。
[5] 参见陈克,前揭文,第 188 页。
[6] 参见李建伟,前揭书,第 176 页。
[7] 参见潘林,前揭文,2020,第 119 页。
[8] 参见赵旭东,前揭文,2020,第 95 页。

中,风险投资者往往同时与目标公司及其控股股东甚或全体股东对赌,而股东会决定减资程序的提出到通过就意味着公司决议与股东意志混同。[1] 这种制度构造,一方面将公司决议的生效作为合同义务履行的前提,使得组织规定与合同约定相冲突;另一方面极易混同公司人格和股东人格。这对于风险投资者的权益保障来说也较为不利。总而言之,先减资后回购的组合,极大地降低了对赌协议回购的成功可能性,其生存空间势必被压缩,直接损害的就是风险投资者的权益。[2]

三是减资与回购的绑定使人忽略了回购资金来源限制规则的缺失,这不利于公司债权人保护。首先,股份回购与利润分配具有相同的经济实质,而财源限制是利润分配规则保护债权人,并遏制公司道德风险的关键所在。股份回购与利润分配都属于公司财产无对价地逆向流入股东的行为,而观察《公司法》第166条关于公司利润分配的规定可知,股东利润分配受制于一系列的公司财务约束。具言之,公司的利润分配首先应弥补亏损,然后提取法定公积金,还可以提取任意公积金。根据相同事物相同对待的基本法理,股份回购同样需要一系列财务约束规则,但根据现行法可知,这样的法技术安排尚付之阙如,《公司法》第74条与第142条的规范集中在事由列举。[3] 其次,《九民纪要》颠倒减资与回购的适用顺序极易架空其保护债权人的规范目的。以证监会颁布的原《上市公司回购社会公众股份管理办法(试行)》第18条为例,其规定,上市公司作出回购股份决议后,应当依法通知债权人。此种作出回购决议后通知债权人的规定旨在提前通知债权人,公司资本即将缩减,而回购型对赌协议中可履行性的判断遵循先减资再回购的顺序。根据该办法第18条的规定,回购决议后才具有法定的通知义务,显然此时公司资本早已完成注销,债权人保护沦为空谈。[4]

要之,《九民纪要》规定回购型对赌协议的履行需要先减资才能回购,此显为基于资本维持原则确立的子规则。一方面,股权回购这种公司财产无对价流入股东的行为,现行公司法没有予以财源限制,我国又缺乏统一的"大分配"概念予以整体性调整,这对于债权人保护显然是不利的。[5] 另一方面,控股股东

---

[1] 参见山茂峰:《论公司对赌义务履行的绝对性——以反思"九民纪要"第5条为线索》,载《财经法学》2022年第3期。

[2] 参见王军:《抽逃出资规则及公司分配制度的系统性改造》,载《法学研究》2021年第5期。

[3] 参见潘林,前揭文,2020,第118页。

[4] 参见王毓莹,前揭文,第116页。

[5] 参见钱玉文、余学亮:《对赌协议研究:以裁判规则为视角》,载《常州大学学报(社会科学版)》2021年第6期。

为实际公司治理主体的现状决定了受控股股东控制的公司通常不会积极推进减资决议的进行,而减资又成为《九民纪要》规定的股份回购前置程序,这无疑给公司或者控股股东拒绝履行对赌协议以正当借口。风险投资者的权益得不到保障,势必损害公司的融资能力,最后受伤的不仅是公司还有少数股东。[1]《九民纪要》的初衷是为对赌协议提供一个妥适的裁判进路,以求合理地解决此类纠纷。但如前文分析可知,资本维持原则框架下的回购型对赌协议,不仅无法有效保护债权人,反而会损及风险投资者、公司和少数股东的利益。这不仅因为资本维持原则下对公司资产流向股东行为规制的碎片化,还因为法律适用思维整体停留在合同法,并没有充分认识到对赌协议履行规则的组织法属性。质言之,资本维持原则框架下判断履行不能是公司法的逻辑,但通过履行不能的性质分析,确定抗辩性质和违约责任又会将对赌协议从公司法约束拖回合同法。[2] 脱离了公司法语境,在合同法思维下裁判者无法整体衡平债权人、风险投资者、公司股东及公司等各方主体的利益。

(四)现金补偿型对赌可履行性判断存在的困境

1. 现金补偿型对赌的法律构造

《九民纪要》第5条第3款规定法院应当依据《公司法》第35条的禁止抽逃出资规则及第166条的利润分配规则,来审查现金补偿型对赌协议的可履行性。若目标公司没有利润或者虽有利润但不足以补偿投资方,则不能补偿。由此可知,《九民纪要》将此类对赌协议归入利润分配规则和抽逃出资予以调整。首先,因为现金补偿型对赌协议的履行并不改变风险投资者的持股股份数量,所以对此类型对赌协议的可履行性判断不是按照先减资后回购的顺序进行,而是参照公司利润分配展开的,在经济效果上等于公司向风险投资者进行定向分配。在资本维持原则的规则体系内,最能体现其理念的正是公司利润分配规则。其次,将现金补偿型对赌协议的法律调整归入禁止抽逃出资依循资本维持原则的底线规制逻辑。[3] 因为在公司没有盈利的情况下,现金补偿行为属于分配公司资本,而不是经营利润,实质上已经属于股东抽逃出资。[4]

---

[1] 参见陈克,前揭文,第188页。
[2] 参见陈克,前揭文,第187页。
[3] 参见刘燕,前揭文,2020,第145页。
[4] 参见赵旭东,前揭文,2022,第99页。

2. 资本维持原则框架下现金补偿型对赌协议的利益失衡

《九民纪要》将现金补偿纳入公司利润分配的框架,会增加公司与风险投资者的交易成本。公司的利润分配是指在考察公司的财务状况和经营成果后,董事会制订出公司当年税后利润的分配方案,提交股东会审议批准,并依法实施的公司资产流向股东的活动。[1]《公司法》第166条规定,公司当年税后利润的分配顺序为,弥补亏损、提取法定公积金、支付优先股股利、提取任意公积金、支付普通股股利。该条只规定了以上行为的顺序,并没有对分配行为进行系统界定,比如对可分配利润缺乏进一步的界定,这使得现金补偿型对赌协议的履行在参照利润分配规则时缺乏明确指引。[2] 较为典型的问题有,目标公司的利润仅指当期或当年可分配利润抑或包括往年积累的未分配利润?公积金是否可以用于现金补偿?公司利润的确定是采取资本维持标准还是偿付能力标准?以上诸问题在《九民纪要》并未明确,这必然会引起释法争议。[3] 以资本公积返能否作为现金补偿的资金来源为例,在前述瀚霖案中,法院判决资本公积可以用于现金补偿,但有观点认为"资本"范畴内的实缴出资与资本公积金均不能用于盈余分配,所以不可以用资本公积进行对赌协议的现金补偿。[4]

《九民纪要》将现金补偿纳入公司利润分配的框架,还有违当事人的意思自治。现金补偿义务的履行与否直接影响公司承担何种商业风险,由法院作为现金补偿义务履行的判断主体,属于司法判断越俎代庖了商业判断。[5] 详言之,司法实务中有观点认为现金补偿是对赌协议的内容,即属于合同义务。[6] 此教义学的归类意味着现金补偿的财源不应受到限制。这是将投资人的出资界定为债权了,因为公司对外所负债务应以其全部资产承担返还责任。然而,此种界定同样会触及公司的人格独立。妥当的理解应为,现金补偿不是合同义务。这是因为融资方到期无法履约与现金补偿约定是互为因果的。当事人约定前者的目的在于为后者的判断确定依据,否则对赌协议将充满履行争议。而且,对赌协议的效力与履行相区分也并非各方当事人的本意,虽然将裁判要点聚焦于可履行

---

[1] 参见冯果,前揭书,第260页。
[2] 参见刘燕,前揭文,2020,第145页。
[3] 参见赵旭东,前揭文,2022,第94页。
[4] 参见王毓莹,前揭文,第117页。
[5] See Melvin A. Eisenberg, *The Duty of Care of Corporate Directors and Officers*, 51 University of Pittsburgh Law Review 945, p. 965 (1990).
[6] 参见广东省高级人民法院民事裁定书,(2016)粤民申2202号。

性判断上可以避免对赌协议被武断否定,但《九民纪要》分割对赌协议的效力与履行显然也不是当事人的本意。[1]

还要指出,在现金补偿型对赌协议的可履行性判断中,《九民纪要》选用禁止抽逃出资规则作为债权人利益保护的底线规则难以发挥实效[2]。《公司法》第35条规定,禁止股东抽逃出资。《公司法解释三》第12条进一步细化规定,股东损害公司权益,并有制作虚假财务会计报表虚增利润进行分配、通过虚构债权债务关系将其出资转出、利用关联交易将出资转出和其他未经法定程序将出资抽回的行为,法院都可以认定该股东抽逃出资。以上规定构成了禁止抽逃出资的规范体系。《九民纪要》第5条第3款将禁止抽逃出资规则作为现金补偿型对赌协议可履行性判断的依据之一,背后潜在的法理逻辑在于,抽逃出资行为的经济实质属于公司资产无对价地流向股东。《公司法解释三》明确列举的三种抽逃出资形态都可以归入这种经济实质。《公司法解释三》的征求意见稿还曾经规定"回购股份未依法减少注册资本或处置股份"这一抽逃出资类型,其跟前述行为具有同样的经济实质。《公司法解释三》第12条第4项的"其他未经法定程序将出资抽回的行为"规定具有兜底条款的功能。因而在规范功能上,禁止抽逃出资的规范群可以作为规制现金补偿型对赌协议的一般条款[3]。但问题在于公司权益受损的标准同样模糊,而且存在同义反复的逻辑问题,例如"出资转出"为何就是一个需要解释的问题。《公司法解释三》起草者指出,法院除了从侵蚀资本这一要素审查外,还需要从行为人的主观目的、过错程度以及行为对公司造成的影响等角度综合分析[4]。但从《公司法解释三》第12条的文义可知,这些要素并未在规范中呈现[5]。由此可知,禁止抽逃出资规则本身就存在模糊性,以其作为现金补偿型对赌协议可履行性判断规则显然无法给各方当事人明确的规范指引。

综合以上,禁止抽逃出资规则和利润分配规则的规范对象具有相似的经济实质,即公司资产无对价流向股东,这也是两者成为现金补偿型对赌协议可履行性判断规则的重要依据。但这两项规则的债权人保护标准并不相同,前者是依

---

[1] 参见赵旭东,前揭文,2022,第94页。
[2] 参见山茂峰,前揭文,第174页。
[3] 参见张保华,前揭文,第82页。
[4] 参见宋晓明、张勇健、杜军:《〈关于适用公司法若干问题的规定(三)〉的理解与适用》,载《人民司法》2011年第5期。
[5] 参见王军,前揭文,第83~84页。

据损害公司权益标准,而后者是将分配对象限于"税后利润",适用以资本为标准的资产负债表检测法,因而现金补偿型对赌协议适用不同的规则就会产生不同的法律效果。[1] 以不同的规则调整相同的法律事实显然无法起到合理的规范指引作用,《九民纪要》预期协调对赌协议各方当事人利益的目标也难以达成。

五、可履行性判断规范的系统性优化:一般标准与具体规则

对赌协议具有经济合理性、交易公平性和现实必要性等正向价值,基于债权人保护逻辑,《九民纪要》区分了合同效力与合同履行,将对赌协议的法律效力判断聚焦于可履行性问题上,但以资本维持原则确立回购型和现金补偿型对赌协议的法律效力规则,严重束缚了对赌协议激活民间投资热情的功能,无法彻底解决其履行问题。"行为的正当性与法律规范应具有内在的统一性,凡是法律禁止的行为都应是不具正当性的行为,凡是法律限制的行为都是有负面作用或消极后果的行为。法律不应也没有理由对正当行为加以禁止或限制,否则这样的法律就是脱离现实的落后之法,甚至是阻碍社会发展和进步的'恶法'。"[2] 由于《九民纪要》确立的规则无法满足广大民众甚至专业投资机构的投资需求,是以有必要在公司法制度的框架内进行规范再造。当务之急是先明确对赌协议可履行性判断规则背后涉及的多元利益主体,然后根据更为妥适的利益衡量观确定合理的判断规则。

(一)利益衡量视角下对赌协议可履行性的判断:"大分配"框架

对赌协议的法律适用虽然涉及公司法与合同法交叉,但根据商事外观主义的基本法理可知,风险投资者的股东外观使得对赌协议的法律调整主要应该归属公司组织法。对赌协议是一种具有股权融资和债权融资内容和属性的商事交易,其重新配置了投资中的权益和风险要素。具言之,其一,在投资权益的分配上,风险投资者不仅参与公司的经营决策,还享有利润分配请求权,这无疑是股权的基本内容。其二,在投资风险上,对赌协议通常会明确保障风险投资者可以保底收益,这无疑使风险投资者享有债权人的法律地位。是以,对赌协议使得风险投资者同时享有股东和债权人的权益和风险,可以说这种权利义务的构造使其处于投资的中位利益和中位风险位置。[3] 需要注意的是,对法律拟调整对象

---

[1] 参见王军,前揭文,第88页。
[2] 赵旭东,前揭文,2022,第100页。
[3] 参见赵旭东,前揭文,2022,第98页。

性质界定的不同通常会影响其法律适用。虽然对赌协议兼具股债融合的两重属性使其法律适用涉及合同法与公司法，但实质上其是一个公司法问题。质言之，公司签订对赌协议的目的是短期的资金融通，在协议中加入固定条件下的回购条款，使之具有债权融资的部分属性，依据商事外观主义的基本原理可知，商事交易行为的法律效果由交易当事人的行为外观确定[1]，因而风险投资者的股东地位对于公司外部的交易主体而言已经形成了可信赖外观。同时，对赌协议前端对标的是公司融资从而获得股权，后端则是协议约定条件达成公司股权回购或现金补偿，因而对赌协议的法律效力问题不仅涉及公司的资本形成，还关联股权的构成。[2] 是故，对赌协议不仅仅是一个投资者与目标公司的协议，其与公司资本和公司治理等组织法上的问题息息相关，本质上是一个公司法问题。《九民纪要》关于对赌协议可履行性判断规则的教义学构造遵循的是债权人保护逻辑下的资本维持原则，但此原则不仅没有达到保护债权人的目的，反而会被别有用心的律师和会计师利用，掏空公司资产。[3]

在公司法语境下对赌协议法律效力规则的确立，不应偏向于保护某一类公司利害关系人，而应协调公司契约背后的诸多利害关系人，最终实现各方利益均衡。首先，《九民纪要》的规范目的就蕴含平衡各方利益的价值追求，偏向利益冲突的某一方显然与其背道而驰。追溯至《九民纪要》的制定目的可知，其预期实现的规范效果有三：一是金融服务实体经济，即与中央的大政方针保持一致，遏制金融压榨实体经济的现象，尤其要杜绝"一场官司搞死一个企业"的司法乱象；二是风险共担，即对赌协议的经济合理性与法律正当性的基础在于为实体经济创造更好的发展空间，因此风险投资者也是公司股东，那种一旦没有达到预期目标就让投资方全身而退的协议是不合理的；三是利益平衡，即对赌协议的法律效力判断并不是偏向某一方，而应在投资方、公司和债权人之间求取平衡点。[4] 由此可知，《九民纪要》制定的初衷并非偏向保护某一利益群体，而是旨在实现对赌协议参与各方的利益均衡。其次，公司自诞生之时，就负有实现总体利益最

---

[1] 参见张雅辉：《论商法外观主义对其民法理论基础的超越》，载《中国政法大学学报》2019年第6期。

[2] 参见陈克，前揭文，第183～184页。

[3] 参见朱慈蕴、皮正德：《公司资本制度的后端改革与偿债能力测试的借鉴》，载《法学研究》2021年第1期。

[4] 参见最高人民法院民事审判第二庭编著：《〈全国法院民商事审判工作会议纪要〉理解与适用》，人民法院出版社2019年版，第119页。

大化以及各方利益均衡的使命,因此作为公司法规则的对赌协议可履行性判断规范,需要平衡的是股东、债权人和公司等之间的利益,而不是仅偏向债权人。传统的公司法理论认为,公司是一个法律拟制的独立实体[1],但从公司的内部关系视角切入可知,公司不是顶着独立人格的"黑箱",而是一个复杂的利益构造物,连接众多利害相关方,如雇员、管理者、股东和债权人等主体的集合体。但需要注意的是,公司的目标并非个人目标的简单加总,而且这些个人目标本来就不能也无法简单加总。例如,股东的目标是能从公司获得投资回报,收获股息;管理者的目标是将公司规模做大,因而不太会支持分配行为;雇员的目标则是涨薪。[2] 由此可知,公司法语境下公司自诞生之时就负有实现总体利益最大化以及各方利益均衡的使命。需要注意的是,债权人虽然是公司契约中的重要组成部分,但公司法之外的其他部门法也发挥着保护功能。因此在公司法语境下对赌协议可履行性的判断,不应将所有关注点都放在债权人保护的思路中,而应整体把握以公司为中心联结起来的利益群体以及他们之间的博弈。因此,对赌协议可履行性判断规则的确立应注重多元利益的平衡,尤其要重视公司利益,虽然其不能直接等同于大多数利益相关者的利益,但实现此目的可以最大限度地实现多元利益主体之间的利益平衡。

我国《公司法》中资本维持原则的各个子规则并没有基于规范对象的经济实质确立统一的规范标准,不同的规则有不同的技术构造,而法技术上的差异自然会导致对赌协议可履行性判断规则的利益结构失衡,妥当的解决思路是通过"大分配"的概念调整公司资产流向股东的公司分配行为。资本维持原则下的各个子规则虽已从资本信用迈向资产信用,但此框架下的资产流出监控规则更重视资产的账面价值,并没有考虑到资产的结构和流动性,同时对分配事项约束较烦琐,因此《九民纪要》中对赌协议的可履行性判断规则很难平衡各方利益。公司信用是指公司对外履行义务和偿还债务的能力[3],公司资产作为公司责任的"安全垫"存在,因为公司的独立责任和股东的有限责任是公司人格独立的基础,而前两者是以公司资产的独立为前提的,公司对外履行义务和偿还债务依靠的是公司资产。《九民纪要》关于对赌协议效力的规则更多侧重于公司净资产大于实缴资本的考察,即注重公司资产的账目数额,但公司资产的账目数额并不

---

[1] 参见施天涛:《公司法论》(第4版),法律出版社2018年版,第15页。
[2] 参见张维迎:《理解公司:产权、激励与治理》,上海人民出版社2014年版,第137页。
[3] 参见赵旭东:《商事信用的界定与制度构成》,载《浙江工商大学学报》2019年第5期。

能表明公司拥有足够的现金流或可立即变现的资产以偿还到期债务。[1]而判断资产流动性的因素多种多样,例如净利润、经营现金流、资产负债比率、或有负债、后续融资能力、可变现担保品等。[2]无论如何,公司资本运作规则一直在朝着自由化的方向发展,如对利润分配、股份回购、减资等行为的限制不断缩减,但我国公司资本制度包含的诸多子规则还是按各自的逻辑发展。对赌协议的可履行性判断受制于利润分配、股份回购、减资和抽逃出资规则的约束,但这些规则彼此孤立、各自独立地存在,并没有统一的财务约束标准,这致使公司资产流向股东的行为无法得到统一规制,资产流动性的财务约束标准更是无法在各个不同的规则中统一落实。因此,对赌协议可履行性的判断应在统一的公司资产流向股东的框架内进行规范构造,这样才能对资产流出行为进行整体意义上的合理性监控。[3]另外,"大分配"概念的构建不仅有助于减少资本维持语境下资产信用的局限性,还可以使对赌协议可履行性判断得到体系性的阐释。与注重形式化的具体规则相反,如将利润分配、回购、减资等公司行为抽象为公司资产流向股东的"大分配"概念,对赌协议可履行性的判断自然会脱离形式要求而注重其实质意义。[4]毕竟利润分配、回购、减资等行为的经济实质是相同或相似的,都属于公司向股东支付财产利益的单方(或无等价资产交换)行为。公司采取直接或者间接方式,以股东所持股份为依据,向股东转移现金、其他财产或者向股东发放债务凭证,而且该财产转移或债务承担不以股东支付等额的资产对价为条件[5],学者通常使用"大分配"或者"广义分配"的概念概括前述行为。例证之一《美国示范商业公司法》对公司分配的界定是"一项由公司向股东或为了股东利益的、基于股东所持股份的、直接或间接的现金或其他财产(公司自己的股份除外)的转让或负债。分配形式可以是支付红利,回购、回赎或其他形式的股份购买,负债分配,清算分配或者其他形式"。[6]如果依据"大分配"概念构建对赌协议的可履行性判断规则,可将《九民纪要》中"各自为政"的资本流出监控规则进行统合,防止在禁止违反法定限制规则的违法分配行为时因外延不清

---

[1] 参见王军,前揭文,第87页。
[2] 参见刘燕、王秋豪:《公司资本流出与债权人利益保护——法律路径与选择》,载《财经法学》2020年第6期。
[3] 参见赵旭东:《从资本信用到资产信用》,载《法学研究》2003年第5期。
[4] 参见朱慈蕴、皮正德,前揭文,第64页。
[5] 参见王军,前揭书,第292页。
[6] See Model Business Corporation Act, §1 Rn. 40.

而导致可履行的对赌协议被限制。[1]

所以,对赌协议可履行性规则宜在"大分配"概念中进行整体抽象式的标准构建,但标准不是完美的,合理的解决方式进一步在"大分配"框架下构造可资适用的具体规则,由此形成对赌协议可履行性判断的一般标准与具体规则。法经济学认为,依据规范的抽象程度可以将规范划分为标准与规则,标准的判断需要法官结合多种因素综合考量,而规则的判断只需要特定的事实出现即可。从规范功能上来看,标准侧重于事后规制,规则则侧重于事前威慑。[2] 而规范的功能能否有效发挥,有赖于标准与规则的有机结合。具言之,抽象的标准可以保障没有"漏网之鱼",而规则可以为行为提供精准的行为预期。

(二)一般标准:偿债能力测试框架下的可履行性判断

1. 一般标准偿债能力测试的核心意涵

我国的资本制度并未以行为的经济实质为中心确定回购型与现金补偿型对赌协议规则。在经济实质上具有相似性的事务应遵循"同案同判"的法理逻辑,即适用统一的规则调整纠纷。资本维持原则的规范意旨在于公司不仅能偿还债务,而且要为支撑公司经营留下一部分资产。[3] 与之不同的是偿债能力标准。偿债能力是指公司的资产额不能小于负债额,且公司债务到期后具有履行能力。细究之下偿债能力有两种含义,一是资产负债表意义上的偿债能力,又称资不抵债;二是衡平法或破产法意义上的偿债能力,指公司不能偿还到期债务。[4]《美国示范商业公司法》采用的就是双重含义。虽然偿债能力标准与资本维持标准都有"安全垫"的作用,但前者重视的是公司的资产构成及流动性,所有者权益并不是其规则设计考虑的要点。[5] 偿债能力测试标准是一种用于限制公司资产流向股东的技术性产物,其核心意涵在于,当公司决定利润分配、股份回购、减资、财务资助等经济实质上属于资产流入股东的行为时,应严格依法对公司的偿债能力进行测试,不能出现公司后续无法偿还到期债务的情况。[6]

---

[1] 参见张保华,前揭文,第79页。
[2] 参见田源:《行为法律经济学视野中的"法律确定性命题"——以规则和标准的分类为线索》,载《法制与社会发展》2018年第2期。
[3] 参见朱慈蕴、皮正德,前揭文,第63页。
[4] See California Corporations Code, §500.
[5] 参见刘燕,前揭文,2020,第136页。
[6] 参见赵树文:《清偿能力测试标准主导公司资本分配规制的解析》,载《北京理工大学学报(社会科学版)》2022年第5期。

2. 偿债能力的运作机理：信义义务的审查方法

(1)董事会作为偿债能力判断主体的法理逻辑

偿债能力的判断是偿债能力测试模式构建的法技术重点。无论是在资本维持框架下还是在偿债能力测试框架下，对赌协议的可履行性判断都需要一个机构来严格审查公司的财务状况。从比较法经验和偿债能力测试的基本属性可知，履行此义务的最佳主体无疑是董事会。首先，从比较法的经验来看，偿债能力测试的判断主体是董事会，这显然与资本维持模式中的司法判断有差别。从美国法的演化历程可知，偿债能力早期的测试主体是法院，但随着法院认清资产流动是商业判断后，其对公司行为的审查也由实质公平审查转向经营决策机构表决形式(程序)审查，因而公司的经营决策机构(董事会)自然就接替法院成为偿债能力的判断主体。[1] 这背后的动因还在于，1900年以后，美国各州竞相修改公司法以确认"两权分离"的董事会中心主义公司治理结构，进而推动全美公司法朝自由化的方向转型。[2] 偿债能力测试规则的核心是证明公司具有偿债能力是公司分配资产的前提。这自然需要交由经营决策机构(董事会)行使，因为只有此机构享有公司资产分配的决定权。正是基于控制资产流向事项的经营属性，董事会成员必须保证其提供的偿债能力证明是真实准确的，若公司资产向股东流出损害债权人的利益，董事就需要承担违信责任。[3] 例如，《英国2006年公司法》第642条规定，对于股份有限的私人公司减资，公司董事需要在资本减少决议之日前的15日内作出偿债能力声明。如果董事的偿债能力声明不合法，并且该声明被提交至登记官，每个失责人员都要承担相应的刑事责任。[4] 由此可知，在比较法上，因董事会中心主义的治理模式确立，作为经营决策机构的董事会自然就是判断偿债能力的主体。

其次，董事会作为公司偿债能力的判断主体，可以更好地实现权责一致。与资产维持模式相比，偿债能力测试模式是一种商业判断。"从经济分析的角度来看，资本规制的严格程度和管理层投资决策的效率呈反相关关系：资本规制越严格，可管理资产规模越大，投资效率越低；资本规制越宽松，可管理资产规模越

---

[1] See William W. Bratton & Michael L. Wachter, *A Theory of Preferred Stock*, 161 University of Pennsylvania Law Review 1815, p. 1815–1860 (2013).

[2] 参见刘晶：《美国董事会中心主义历史溯源及其对我国〈公司法〉修改的启示》，载《经贸法律评论》2021年第3期。

[3] 参见韦子唯：《公司财产信用法律制度研究》，西南政法大学2018年博士学位论文，第68页。

[4] 参见葛伟军：《英国公司法要义》，法律出版社2014年版，第139页。

灵活,投资效率越高。"[1]因而,公司的投资效率与资产约束息息相关,而后者又离不开偿债能力的判断。若将偿债能力的判断权交由司法机构,显然会阻碍投资效率,反之,若将判断权交由公司内部专业的经营管理机构,则会促使投资效率的提升。此外,无论是我国法还是外国法,公司的经营管理权都存在不同程度的共享状态,即董事会和股东会同时享有比例不同的经营决策权[2]。由此引发的问题是,同为决策机构,何者更适合作为偿债能力测试机构。答案显然是董事会。一方面,股东会更多时候只是一个"会议",每年召开的次数有限,同时股东向公司履行完出资义务后不再承担其他的法律义务和责任,由此可知股东决策不仅专业性低,而且存在追责困难的问题。另一方面,公司法上董事信义义务规则体系一直比其他机构的责任体系更加完备,若将偿债能力的测试权赋予董事会,就可以顺利地通过信义义务的决策责任追究完成对公司行为的评价。[3]

(2)董事会作为偿债能力判断主体的方法转变

与传统的公司融资方式有别,对赌协议作为金融创新打破了传统方式的利益格局。对赌协议法律效力判断方式的转变就是解决此类利益竞争的积极探索。不同于资本维持原则规范群,偿债能力测试不仅更具灵活性,且其背后还有深刻的方法论转型逻辑。海富案的裁判者以对赌协议"使得海富公司的投资可以取得相对固定的收益,该收益脱离了世恒公司的经营业绩,损害了公司利益和公司债权人利益"为由,否定了对赌协议的效力。这一裁判思路的方法论在于,为实现管制目的,立法者或司法者从商事合同中提炼出若干能影响交易的显著要素,然后将这些元素融入此类商事合同效力判断的法技术中,以此为裁判者提供细则化的裁判指引。[4] 这显然是一种预防式的管制思维。《九民纪要》虽将对赌协议效力的关注点从合同效力转向合同履行,但仍基于此种方法论进行法律调整。以回购型对赌协议为例,因为《公司法》第 142 条关于股份回购的规定没有提供债权人保护规则,所以《九民纪要》将回购型对赌协议的履行框定在"先减资后回购"的结构内。问题是公司完成法定减资后,意味着其注册资本已经减少并办理了登记,与资本减少部分对应的股份随之注销,但减资并非其回购

---

[1] 刘斌,前揭文,第 187 页。
[2] 参见梁上上:《公司权力的归属》,载《政法论坛》2021 年第 5 期。
[3] 参见潘林:《论公司机关决策权力的配置》,载《中国法学》2022 年第 1 期。
[4] 参见潘林:《"对赌协议第一案"的法律经济学分析》,载《法制与社会发展》2014 年第 4 期。

股份的唯一合法事由。因而先减资后回购的对赌协议履行安排同样是一种细则化的方法论,目的是让对赌协议的履行可以发挥保护抽象债权人的功能。这种裁判方法是立法者的预先设定,这无疑会遏制商人自治,因为细则化的立法是在"推定"当事人的真实意思并通过人为设计混淆制度之间的因果联系,因而增加对赌协议各方的交易成本。

与之不同的是程序化的方法论。在此种方法论的指引下,调整纠纷的规范不是提前预设债权人利益会受到公司行为的损害,而是为债权人提供保护程序。展言之,公司法为债权人提供一种程序保护,启动与否由债权人决定,因此交易是否损害债权人利益通过这一程序中私人的选择和互动得到揭示,债权人的权益也会通过这一程序获得救济。[1] 对赌协议可履行性判断的偿债能力测试正是这种程序化的方法。进一步地,偿债能力测试是在公司资产流向股东前,董事对公司"分配"后的剩余公司资产是否具有偿还到期债务能力的判断。因为董事对公司资产与债务关系的测试是典型的商业判断,而判断的正当性基础则在于董事公正地行使其经营权,是故董事信义义务的约束是必不可少的,甚至是需要强化的。[2] 正是有了董事信义义务这个渠道,法院可以不再通过合同效力,而是通过董事决策程序对公司分配行为的正当性(对赌协议的可履行性)进行审查。在偿债能力测试中,董事对信息的搜集、对少数股东利益的考量等都可能是司法审查的对象。特别是,当董事代表某一类股东的利益进行偿债能力判断时,董事的勤勉义务和忠实义务的履行情况将是法院严格审查的重点对象。[3] 由此可知,对赌协议可履行性一般判断的偿债能力测试标准实际上是裁判方法论的转变,偿债能力测试在赋予董事自由裁量权后,债权人可以根据自身的利益诉求对公司"分配"行为的正当性提起诉讼,从法院从审查董事偿债能力判断是否尽到勤勉和忠实义务的维度,判断对赌协议的可履行性问题。

3. 偿债能力测试的优势

引入偿债能力测试作为判断对赌协议可履行性的一般标准,具有以下优势:

(1)对于对赌协议中的目标公司而言,内部治理的权力配置可以得到优化。资本维持和偿债能力测试的核心差异在于判断主体,前者通常是由司法机关根

---

[1] 参见潘林,前揭文,2014,第179页。
[2] 参见赵树文,前揭文,第93页。
[3] 参见潘林:《优先股与普通股的利益分配——基于信义义务的制度方法》,载《法学研究》2019年第3期。

据资产负债表的历史数据而展开的一种事前测试规范,后者则是依靠公司内部治理的权力中心对公司当前及未来的偿债能力作出的测试,其是一种事后约束机制。[1] 换言之,对于公司资产流向股东的监控,资本维持模式主要依靠的是事前的法定标准,遏制不法分配行为,偿债能力测试模式通过赋予董事会成员测试权,并对此权力行使中的信义义务履行进行事后审查,最终促使董事会的判断更加慎重。[2] 例如,《特拉华州普通公司法》第 174 条设置了董事非法支付股息、非法购买或者回购股份的责任,其中第 1 款规定,如享有决策权的董事在非法分配后的六年之内应当向公司承担连带责任,在公司无力清还对外负债时,其还需要向公司债权人承担连带责任。[3] 公司经营的全程都会涉及资本运作,但在我国公司法体系内,股东会享有公司利润分配、回购和减资的最终决策权,董事会享有的仅仅是议案提出权。在大众创新、万众创业的背景下,不少初创企业为吸引资金以供自身发展,往往会用对赌协议向股权投资机构抛出橄榄枝。相较于股东,董事会成员通常具有管理、经营和法律等方面的专业知识[4],他们比股东更了解公司的财务状况与业务运行状况。因此,"董事会决策公司的各种'分配'行为,不仅更契合公司的运营逻辑,还能够在保持原有制度的基础上增强公司行为的灵活性和自由程度,提升公司决策的效率"[5]。2021 年 12 月,第十三届全国人大常委会第三十二次会议审议并公布《中华人民共和国公司法(修订草案)》(以下简称《公司法一草》)。《公司法一草》第 62 条对公司治理机构之间的经营决策权进行了重大变革,删除董事会的列举职权,通过"董事会是公司的执行机构,行使本法和公司章程规定属于股东会职权之外的职权"赋予董事剩余权力。虽然 2022 年 12 月第十三届全国人大常委会第三十八次会议颁布的《中华人民共和国公司法(修订草案二次审议稿)》(以下简称《公司法二草》)第 67 条恢复了现行《公司法》对董事权力的列举式规定,但其删除了《公司法》第 46 条中的"董事会对股东会负责"并新增"公司章程对董事会权力的限制不得对抗善意相对人"。不可否认,董事会在现代公司的治理中心地位以及其

---

[1] 参见王军,前揭书,第 321 页。
[2] 参见刘斌,前揭文,第 180 页。
[3] 参见徐文彬、戴瑞亮、郑九海译:《特拉华州普通公司法》(最新全译本),中国法制出版社 2010 年版,第 66 页。
[4] 参见张巍:《董事会中心主义公司治理模式的缺陷与出路》,载陈洁主编:《商法界论集》(第 8 卷),中国金融出版社 2021 年版,第 96 页。
[5] 朱慈蕴、皮正德,前揭文,第 68 页。

决策权的保障在我国法中正被认真对待。综上,偿债能力测试标准运作机理在于调整董事会的权力与责任。就权力配置而言,对赌协议可履行性判断引入偿债能力测试标准,可以将公司权力更进一步地集中到专业的经营决策机构(董事会)中,以此对股东会与董事会之间的权力进行更合理的配置。

(2)对于对赌协议中目标公司的债权人而言,偿债能力测试模式可以更有效地保护其合法权益,因为此模式更关注资产构成与流动性的监控,直击债权人保护核心。"公司资产＝公司资本"是公司资产负债表的初始结构。当公司处于经营状态时,其不仅会因盈利而继续扩大经营,还有可能通过举债进一步扩张规模,资产负债表结构就转化为"公司资产＝公司负债＋所有者权益"。这个等式表明公司资产流出的途径有两种:一是公司资产减少,即所有者权益中的资本降低;二是公司负债增加。[1] 需要注意的是,《公司法》不仅规定了货币、实物、知识产权、土地使用权四种出资形式,而且规定了"可以用货币估价并可以依法转让"的非货币财产作价出资的抽象标准。[2] 这表明公司的资产除了货币之外,还可能有大量的非货币资产,而非货币资产的评估作价直接影响公司资产的流动性。因而基于会计规则下的资产负债表很多时候仅是一种纸面统计,真正的财产状况是复杂的,特殊财产往往与其实际价值存在巨大差异,如知识产权和金融产品等。[3] 公司的自愿债权人并不在意与公司长期财务状况关联不大的公司资产数额,而关注公司失去清偿能力的风险与未来的现金流量。[4] 偿债能力测试标准的规范重点是,通过关注公司资产的偿债可能性,防止公司因向股东"分配"而导致公司资不抵债或者不能清偿到期债务,进而实现保护债权人的效果。这契合了债权人关心的要点。偿债能力的测试主要由享有经营决策权的董事会进行,而董事基本都是专业的职业经理人,因而其得出的偿债能力判断更为准确。[5] 这会增加对赌协议可履行性判断的合理性。

(3)对于对赌协议的风险投资者(股东)而言,偿债能力测试更为简洁和高效,这使其回购或现金补偿请求权不被机械化的规则束缚。在资本维持原则的框架下,对赌协议可履行性的判断主要在于公司资本或者资产的数量。《九民

---

〔1〕 参见刘燕,前揭文,2015,第190页。
〔2〕 参见赵旭东,前揭书,第203页。
〔3〕 参见韦子唯,前揭文,第67页。
〔4〕 参见赵树文,前揭文,第86~87页。
〔5〕 参见张雪娥,前揭文,第80页。

纪要》明确规定应依据《公司法》第 35 条的不得抽逃出资规则、第 142 条的股份回购规则、第 166 条的利润分配规则以及第 177 条的减资规则判断对赌协议的可履行性。以减资规则为例,《公司法》规定了减资编制资产负债表及财产清单、公告、债权人异议等复杂的程序。实践中这些公司"分配"行为的财务标准判断又依赖于高强制力的会计准则。[1] 这表明了在法定资本制框架下的资本维持体系通常较为严格,有时甚至为了保护债权人的利益而牺牲股东投资效率。[2] 对赌协议的可履行性判断在这种框架下无疑是烦琐的。偿债能力测试模式则与之不同,其在"大分配"的框架体系内,统一了股份回购、减资以及利润分配等公司资产流出股东的行为效力规则。无论是《九民纪要》中的回购型对赌协议还是现金补偿型对赌协议的可履行性判断,都不必再拘泥于以何种经济形式向股东提供资金,然后确定依据何规则进行分别规制。统一的偿债能力测试简化了对赌协议可履行性判断的过程,同时因为判断主体是专长于商业决策的董事会,法院更多的是对董事会成员行使判断权中的信义义务履行情况进行审查,因此法院可以将精力集中于其更擅长的司法判断,而非《九民纪要》规定中的商业判断。正因如此,偿债能力测试标准可以有效地平衡各方利益,尤其可以兼顾风险投资者(股东)的利益和公司利益,不再如资本维持框架下一味地偏向债权人利益。长期以来,我国广大民众投资渠道过于单一,同时企业融资难、融资成本高一直是影响经济高质量发展的痛点。对赌协议作为一种较为新颖的融资工具,如在其履行过程中能充分兼顾债权人、股东和公司的利益,最后无疑能达成各方共赢的结果。偿债能力测试框架下,只要公司具备到期债务的清偿能力同时资产又能在分配后大于或等于负债,对赌协议则具备可履行性。即使公司处于亏损状态,或者协议履行后使公司净资产小于声明资本,对赌协议的履行也具有合法性。[3]

(三)具体规则:对赌协议履行的财源约束体系

法律移植尤需注意本土因素的路径依赖。由于资本制度的系统性优化工作未可一日完成,因此妥当的办法是采取折中的方式进行制度改造。除了一般标准外,根据我国实际情况,以列举的方式确定对赌协议可履行性判断中财源限制的约束规则,不失为解燃眉之急之举。站在股东的角度,对赌协议的可履行性判

---

[1] 参见刘斌,前揭文,第180页。
[2] 参见赵树文,前揭文,第91页。
[3] 参见赵树文,前揭文,第91页。

断可纳入"大分配"的框架,而在利润分配中司法介入存在界限。较之减资的定性,财源限制更为合理。从事物的本质看,股份(权)回购和现金补偿都属于公司分配制度的一环,因为其与抽逃出资、利润分配和减资等都表现为公司将自有资金依据股东的股份占总股本的比率支付股东现金利益,而股东没有支付相应的等价物。[1] 回购型对赌协议的履行在教义学上应归类于大分配制度。"有盈才分"是利润分配的"帝王原则",此教义实际上是利润分配的财源限制。可分配利润应是公司营利额减去公司债务、股本和公积金后的剩余。[2] 然而,公司法对股份回购的限制主要表现为事由列举,缺少对回购财源的规范限制。[3] 在司法实务中,有法院以抽逃出资规范来调整回购财源规范缺失的问题。但如前文所述,在大分配概念下,抽逃出资制度与股份回购是并列关系,这意味着两者存在差异,实质上的相似不等于适用规则的完全一致性。具言之,抽逃出资侵害了公司自有资产,公司人格独立以资产独立为前提,抽逃出资必然损害公司的人格。[4] 然而,在公司资产概念中,自己持有自己的股份不能计入资产,否则会造成会计处理的混乱。[5] 正因如此,在法教义学上,股份回购当可归于大分配制度。是故,回购型对赌应在法律评价上遵循大分配制度框架内的基本规则,如公司财产无对价给予股东时,应受到财源的法律限制。在"分配"概念下进行统一的教义学构造可以有效地避免制度漏洞引发的道德风险。[6]

公司偿债能力的影响要素与财源限制规则一脉相承。例如,能否根据公司产品或服务的销售量预判其现金在未来一定时期内的流动情况;公司能否有实力进行进一步股权或债权融资等。[7] 这些因素无法在现有的财务报表中直接体现,但可以通过对股权回购或现金补偿的财源限制列明,稳定债权人预期。

如前文所述,标准具有过度抽象的缺点,极端之处更有一事一议的高成本问题。因此,具体的规则可以弥补标准的缺陷。语境转化,在确定对赌协议可履行性判断上,应以类型化的方式确定回购/现金补偿的资金来源,以确保债权人利

---

[1] 参见王军,前揭文,第88页。
[2] 参见张红、裴显鹏:《公司利润强制分配》,载《西北大学学报(哲学社会科学版)》2021年第1期。
[3] 参见潘林,前揭文,2020,第116页。
[4] 参见刘燕,前揭文,2015,第188页。
[5] 参见潘林,前揭文,2020,第117页。
[6] 参见张保华,前揭文,第82页。
[7] 参见潘林,前揭文,2020,第123页。

益与股东利益的平衡。一则,回购股份转让后的价款,股权再转让后的价款不是从公司已有资产中抽离出来的,所以公司的偿债能力没有变化。[1] 二则,自由现金,根据现金的用途与自由度,现金可以分为五种类型,其中非暂时性自由现金才具有可分配性,且不影响公司的偿债能力。[2] 三则,公积金,根据相关法规的规定,为实行员工奖励而进行的回购只能使用可分配利润,其他事由的回购则实质上不受可分配利润的限制。[3]

六、结论

《九民纪要》颁布前,法院不仅没有清晰地划分对赌协议的效力与履行问题,而且无法清醒地认识对赌协议的效力体系与履行特殊性,最终未能形成统一的裁判路径。但经过长期的裁判实践积累,法院逐渐认识到了对赌协议纠纷调整规则的商事属性。具言之,对赌协议的效力得到了法院的认可,对赌双方对自身利益作出的安排与判断得到越来越多的尊重。这与初期的海富案中法院粗暴介入商事主体的意思自治领域,武断认定对赌协议无效的做法形成鲜明对比。对赌主体——初创企业与投融资机构的商事性特征被不断发现和认可,裁判者认识到争议双方并非需要呵护的"婴儿",而是精于算计、充满专业智识,具有敏锐判断力的商事主体。这都是尊重商事习惯,维护高效便捷商事秩序商事审判思维的体现。但毋庸讳言,《九民纪要》并未妥适地解决对赌协议的全部问题,在对赌协议效力、履行二分的裁判路径下,以目标公司施行减资程序或足额利润为履行条件,给投资者的救济之路造成了极大阻碍。在商事规范尚不完善的情况下,应当以商事审判思维为指导,结合对赌协议营利性等商事性特征,在审判中重构对赌协议履行标准。推进公司资本后端改革,尊重商事主体意思自治,在兼顾资本维持原则与债权人利益的基础上,给予目标公司更大的分配自由权,最终回归至商事裁判的应有理念、原则、思维与方法轨道之中,充分发掘对赌协议的风险负担、治理安排的商事合同特征,维护交易秩序,尊重商事习惯,为投融资双方提供商事活动的稳定预期,以司法视角促进与推动我国资本市场创新、健康的发展。

---

[1] 参见赵万一:《资本三原则的功能更新与价值定位》,载《法学评论》2017年第1期。
[2] 参见张红、裴显鹏,前揭文,第35页。
[3] 参见赵万一,前揭文,第93~94页。

附录:案例相关裁判文书案号索引

1. 上海市第一中级人民法院民事判决书,(2014)沪一中民四(商)终字第730号。
2. 甘肃省兰州市中级人民法院民事判决书,(2010)兰法民三初字第71号。
3. 甘肃省高级人民法院民事判决书,(2011)甘民二终字第96号。
4. 最高人民法院民事判决书,(2012)民提字第11号。
5. 四川省成都市中级人民法院民事判决书,(2014)成民初字第1180号。
6. 四川省高级人民法院民事判决书,(2015)川民终字第445号。
7. 最高人民法院民事判决书,(2016)最高法民再128号。
8. 江苏省扬州市邗江区人民法院民事判决书,(2016)苏1003民初9455号。
9. 江苏省扬州市中级人民法院民事判决书,(2017)苏10民终2380号。
10. 江苏省高级人民法院民事判决书,(2019)苏民再62号。
11. 安徽省马鞍山市中级人民法院民事判决书,(2019)皖05民初336号。
12. 山东省济南市中级人民法院民事判决书,(2020)鲁01民初755号。
13. 四川省成都市中级人民法院民事判决书,(2019)川01民初4333号。
14. 江苏省南京市中级人民法院民事判决书,(2018)苏01民初2327号。
15. 上海金融法院民事判决书,(2018)沪74民初1375号。
16. 河南省周口市中级人民法院民事判决书,(2019)豫16民初206号。
17. 陕西省西安市中级人民法院民事判决书,(2019)陕01民初832号。
18. 陕西省高级人民法院民事判决书,(2020)陕民终619号。
19. 北京市第二中级人民法院民事判决书,(2019)京02民初668号。
20. 北京铁路运输中级法院民事判决书,(2019)京04民初633号。
21. 北京铁路运输中级法院民事判决书,(2018)京04民初297号。
22. 北京铁路运输中级法院民事判决书,(2019)京04民初271号。
23. 陕西省高级人民法院民事判决书,(2020)陕民终11号。
24. 陕西省高级人民法院民事判决书,(2020)陕民终12号。
25. 陕西省高级人民法院民事判决书,(2020)陕民终13号。
26. 陕西省高级人民法院民事判决书,(2020)陕民终10号。
27. 陕西省高级人民法院民事判决书,(2020)陕民终9号。

28. 北京市高级人民法院民事判决书,(2019)京民终 1642 号。
29. 辽宁省高级人民法院民事判决书,(2019)辽民终 1198 号。
30. 新疆维吾尔自治区高级人民法院民事判决书,(2015)新民二终字第 280 号。

第六章

公司决议无效之诉的原告范围厘定*

【本章导读】 与普通民事诉讼相比,公司决议无效之诉兼具内、外部法律关系的特征,需统筹考虑组织法特性,设定特别的诉讼程序。厘定决议无效之诉原告范围需要遵循区分原则,对原告范围作出必要限制。《公司法解释四》第1条明确规定了决议无效之诉的法定原告,包括公司股东、董事和监事,要否定这类主体的原告资格,需充分说理;而针对未被法律明确规定的其他主体,主要包括职工与公司债权人,则需法院在个案审理中结合具体案情斟酌确定。实证研究表明,厘定公司决议无效诉讼的原告范围,需要确定诉的利益原则或法律规定的权利义务标准,原则上承认法定原告的提诉资格,在符合前述原则之一的前提下,承认职工、公司债权人等酌定原告的提诉资格。如此,方可更好地保护各方主体在组织法上的合法权益,进而在个体权利救济与公司治理稳定性维护之间取得妥适性的平衡。

【本章关键词】 决议无效之诉　原告范围　诉的利益　法定义务　债权人

＊ 本章的合作者是于逸冰。同时感谢陈海鑫同学参与的讨论与提出的修改意见。于逸冰,法学硕士,任职于北京市通州区人民法院。

一、引言

与普通民事诉讼相比,公司决议无效之诉的特殊性值得重视。公司法作为组织法,是多成员结成团体(或称私人团体)所遵循的特别私法,它既规范组织的设立和运行,又规范组织与成员、成员与成员之间的相互关系,还规范组织机关的职权等。[1] 基于对公司组织法性质的考量,公司具有内部法律关系和外部法律关系的区分。从组织法与行为法的差别出发,区分原则是处理组织内外部关系的基本准则。[2] 围绕组织法性质的法律关系出现争议时,由多数利害关系人构成的多面法律关系将发生变动,因此,需特别设定具备组织法性质法律关系的诉讼程序。[3] 据此,对公司决议无效之诉原告范围的认定应与普通民事诉讼相区分,如仅依据民事诉讼法确立的诉的利益原则限定决议无效之诉的原告范围,那么,提诉主体范围将十分广泛,难免会将公司拖入诉累。公司决议无效之诉兼具内外部法律关系特性,因而还需对有权提起决议无效之诉的当事人进行必要的限制。只有当双方对某种事实或法律关系出现争议,确有通过确认之诉救济的必要时,才产生诉的利益,法院才有接纳这种诉求的必要。[4] 《公司法》简单确立了决议无效之诉,却未提及原告范围。《公司法解释四》第1条规定了决议无效之诉的原告范围,但仍不甚清晰,存在一定争议。

此等争议在《公司法解释四》的起草过程中有着充分展现。在其历时较长的制定过程中,关于决议无效之诉的原告[5]限定存在数种不同的方案。具言之,有的仅将原告限定为公司股东、董事、监事,有的将与决议内容有直接利害关系的高管列入其内,还有的将与决议内容有直接利害关系的职工、债权人也包括在内。由此可见,除公司股东、董事和监事没有争议外,其他主体是否可以提起决议无效之诉,存在不同认识,争议的焦点集中在公司职工与债权人是否可以充当原告上。在理论界,最狭窄的范围主张是仅允许有直接利害关系的股东、董事

---

[1] 参见叶林:《私法权利的转型——一个团体法视角的观察》,载《法学家》2010年第4期。
[2] 参见吴高臣:《团体法的基本原则研究》,载《法学杂志》2017年第1期。
[3] 参见[韩]李哲松:《韩国公司法》,吴日焕译,中国政法大学出版社2000年版,第81页。
[4] 参见徐东:《公司治理的司法介入研究》,法律出版社2016年版,第228页。
[5] 《公司法解释四》第1条规定了公司决议无效之诉、不成立之诉原告范围。所以,本书对于公司决议无效之诉原告范围的研究结论,同样适用于公司决议不成立之诉。

和监事提起决议无效之诉[1],折中的范围主张是除股东、董事和监事外,还允许受决议约束的高管和职工提起[2],最宽泛的范围主张则进一步包含公司外的第三人——债权人,比如允许债权人提起诉讼请求确认债务人公司股东会违反法定分红条件和作出的分红决议无效。[3] 理论争议的背景主要是公司同时存在内外部法律关系,一种通行观点认为,一般情形下,决议仅产生内部效力,只有执行决议才对外部人产生影响,此时外部人可以公司的具体行为作为起诉依据,而不是通过确认公司决议无效之诉维护自己的权利。在司法实践中,许多案件涉及对决议无效之诉原告资格争议纠纷的处理。是故,厘清公司决议无效之诉的原告范围,对于完善公司决议无效之诉制度意义重大。

《公司法解释四》第1条用一个"等"字表达了一种模糊的立场,未明确是否可以纳入公司股东、董事、监事之外其他主体的原告资格。因此,本章将探究其他主体究竟是否可以作为公司决议无效之诉的原告,力求理解各方理论主张的差异原因以及司法裁判实践中的处理模式,在明晰理论与实践的分歧原因之后,尝试对决议无效之诉的原告范围构建统一标准并验证,最后提出立法改进意见。

二、公司决议无效之诉原告范围的规范依据

《公司法》第22条第1款确立的公司决议无效之诉,仅对无效决议及其法律后果进行了规定,并未提及原告范围。能为此问题提供参考的仅有《民事诉讼法》第122条关于普通民事诉讼原告资格的普适规定,即限定在与案件有直接利害关系的公民、法人和其他组织。直至《公司法解释四》出台,公司决议无效之诉的原告范围才得到进一步明晰。

(一)《民事诉讼法》第122条:诉的利益原则

《民事诉讼法》作为一般法,除法律另有规定外,其适用范围为所有民事诉讼案件。公司决议无效之诉属于民事诉讼的一种,自应适用之。探究《民事诉讼法》第122条对原告资格的规定,可为界定公司决议无效之诉原告范围提供参考基础。

---

[1] 参见杜万华,前揭书,第30~31页;赵旭东主编:《公司法学》,高等教育出版社2015年版,第289页。

[2] 参见杜万华,前揭书,第31页;范健、王建文:《公司法》,法律出版社2015年版,第341~342页;胡田野:《公司法律裁判》,中国法制出版社2012年版,第497~498页。

[3] 参见杜万华,前揭书,第31页;刘俊海:《公司法学》,北京大学出版社2013年版,第298页;钱玉林:《股东大会决议瑕疵研究》,法律出版社2005年版,第298页。

1. 普通民事诉讼中的直接利害关系

《民事诉讼法》第122条以诉的利益原则对原告资格进行限定,折射出民诉法的一般法理,唯诉的利益相关者才具有诉权,具体表述为"具有直接利害关系"。问题在于,何为"直接利害关系",立法未有进一步的界定,这不仅导致在一般抽象意义上对"直接利害关系"界定的争议,也导致了在具体案件类型上对"直接利害关系"的争论。

一般认为,利害关系人是为了指称某个(些)与案件或某事项有利害关系的人,其中的利害关系不一定是直接利害关系。[1] 总体而言,利害关系人分为两种,一种是为保护自己利益的直接利害关系人,另一种是为保护他人利益的间接利害关系人。[2] 具言之,直接利害关系人有权向法院起诉或可能被提起诉讼,间接利害关系人与诉讼当事人的诉讼标的没有直接利害关系,但当事人一方的败诉可能使其遭受不利后果时,可以参与到诉讼中辅助一方当事人进行诉讼。[3] 司法裁判也有涉及对直接利害关系的界定,如在某确认合同无效纠纷案中,最高人民法院二审认为:"作为民事案件的起诉条件,当事人与案件所具直接利害关系,应理解为案件事实径行对当事人主张的权益产生影响,当事人可作为争议法律关系的一方主体。如争议事实借助其他事实、行为方与当事人所主张的权益发生实际联系,则不符合上述规定中'直接利害关系'的情形。"[4] 具体到公司决议无效之诉直接利害关系人的范围,较具参考意义的是《公司法解释四》起草过程中曾对公司决议中"直接利害关系"进行的界定,"前款所称有直接利害关系,是指原告依据公司法、公司章程的规定或者合同的约定,享有参与或者监督公司经营管理的权利,决议内容与该权利直接相关"[5]。至于间接利害关系人能否成为民事诉讼的原告,还需要法律的明确规定,不能类推适用。在

---

[1] 参见李喜莲:《民事诉讼法上的"利害关系人"之界定》,载《法律科学(西北政法大学学报)》2012年第1期。

[2] 参见江必新、何东宁等:《最高人民法院指导性案例裁判规则理解与适用-民事诉讼卷(上)》,中国法制出版社2014年版,第206页。

[3] 参见邹瑜、顾明主编:《法学大辞典》,中国政法大学出版社1991年版,第771页。

[4] 最高人民法院民事裁定书,(2014)民二终字第15号。

[5] 《公司法解释四草稿》(2016年7月25日)第1条:"公司股东、董事、监事及与股东会或者股东大会、董事会决议内容有直接利害关系的公司高级管理人员、职工、债权人等,依据公司法第二十二条第一款起诉请求确认决议无效或者有效的,应当依法受理。前款所称有直接利害关系,是指原告依据公司法、公司章程的规定或者合同的约定享有参与或者监督公司经营管理的权利,决议内容与该权利直接相关。"

法律存在特殊安排的情况下,即便是无利害关系人也可能具有诉权,以公益诉讼的原告为例,公益诉讼的提起不需要起诉人具有直接利益关联,其起诉多是为了公益目的,当然在一定程度上可能也维护了自己的利益。

2. 公司诉讼中的直接利害关系

公司诉讼作为民事诉讼的一种,受民事诉讼一般规则的制约。但公司诉讼与普通民事诉讼存在一定区别,这在涉决议诉讼中尤甚。决议是人合组织、合伙、法人或法人之由若干人组成的机构(如社团的董事会)通过语言形式表达出来的意思形成的结果。[1] 决议行为具有明显组织性之特征,这与普通民事法律行为常见的一对一之关系存在很大不同。一般认为,决议行为原则上仅适用于内部事项,而普通法律行为一般不受限制[2],通常情形下,法律行为被认定无效,会产生恢复原状的法律效果,但是公司决议无效后,能否恢复原状,以及若无法恢复可能会有什么责任的认定,存在很多困难和问题。[3]

决议行为的上述性质及效力范围的特殊性,决定了与公司决议相关的诉讼同普通民事诉讼也存在一些并非不显著的区别。比如,决议无效之诉判决的既判力客观范围至少扩张至公司的股东、董事与监事,因为法院否定决议效力的判决对于上述人员同样具有拘束力,其不得再就决议效力提起诉讼,否则将会"在多数情况下导致难以解决的混乱"。[4] 是故,对公司诉讼中具有诉的利益之主体的确定应当更加审慎。

为探究"直接利害关系"在公司诉讼中的适用情况,笔者引入实证研究方法,主要通过北大法宝、中国裁判文书网、威科先行、无讼等网站筛选案例,以"与公司有关的纠纷"为案由,将"直接利害关系""间接利害关系"设定为关键词,检索到72个案例组成样本。这些案例大多为突破合同相对性、股东反对公司所签合同、因职务行为发生争议、证人证言有效性等案例。通过对这72例样本的筛选,发现仅有3例判决书载有法院对间接利害关系人的说理分析,摘录如表6-1所示:

---

[1] 参见[德]卡尔·拉伦茨:《德国民法通论》,王晓晔等译,法律出版社2003年版,第433页。

[2] 参见石宏主编:《中华人民共和国民法总则条文说明、立法理由及相关规定》,北京大学出版社2017年版,第323页。

[3] 参见《赵旭东解读公司法司法解释四征求意见稿》,载 https://mp.weixin.qq.com/s/caOlhce7OfcVc2Z4IIc6cA。

[4] 参见丁勇:《公司决议瑕疵诉讼制度若干问题反思及立法完善》,载《证券法苑》2014年第2期。

表 6-1 公司诉讼中的间接利害关系

案例名称	案号	法院观点梗概
重庆顶津食品有限公司与重庆大爱投资有限公司名誉权纠纷一审裁定书	(2015)永法民初字第05135号、(2016)05民终1402号	"与本案有直接利害关系"的规定就是要将那些与纠纷存在间接利害关系的主体、与纠纷因果关系较远的主体排斥在原告的范围之外[1]
北京方胜理信劳务服务有限公司与杨某某、夏普商贸(中国)有限公司成都分、北京方胜理信劳务服务有限公司成劳动争议一审民事驳回裁定书	(2013)锦江民初字第2017号	只有与讼争案件具有直接利害关系的人(实体法上的权利义务人)作为原告,才能体现民事诉讼保护私权的本质特点,才能实现私人通过诉讼实现私权保护之目的。与此相对,与讼争案件具有间接利害关系的人不能独立作为通常诉讼程序中的原告或被告,只能作为参加诉讼的第三人[2]
陈某华与泗洪县太平镇陈门养殖场、吕某武确认合同无效纠纷二审民事裁定书	(2015)宿中民终字第01239号	与本案有直接利害关系,是指对诉讼标的或法律关系有处分权或管理实施权的利害关系。通常某法律关系的主体是该法律关系权利、义务承担者,是该案件的直接利害关系人;而与该案所涉法律关系有事实上或法律上的牵连之法律关系(权利、义务关系)的主体是该案的间接利害关系人[3]

尽管法院在判决说理部分对直接利害关系人、间接利害关系人的阐述较少,但仍能看出法院基本上以涉案人员对案涉法律关系的远近为判断标准,具体到决议无效之诉,决议效力所直接涉及的人员当然是决议的直接利害关系人,而依据决议所做公司行为引发的法律关系牵连的主体,理论上是另一个法律关系的直接利害关系人,与决议所产生的法律关系不相同。

(二)《公司法》第22条第1款的解释论

与《公司法》第22条第1款不同,同条第2款对公司决议可撤销之诉的原告范围直接作了界定。对照之下,有必要对决议无效之诉的原告范围进行法律解释。

---

[1] 参见重庆市第五中级人民法院民事判决书,(2016)05民终1402号。
[2] 参见四川省成都市锦江区人民法院民事裁定书,(2013)锦江民初字第2017号。
[3] 参见江苏省宿迁市中级人民法院民事裁定书,(2015)宿中民终字第01239号。

1. 文义解释

从文义解释角度看,《公司法》第 22 条第 1 款没有对决议无效之诉的原告进行限制性表达,故而可借助与该规定表述类似的法条对其进行文义解释,因为相同的法条结构传达的语义也具有一定的相似性。比如,《民法典》第 153 条第 2 款规定"违反公序良俗的民事法律行为无效",与此结构类似的法条还有第 154 条及原《合同法》第 52 条,这些类似表达条款都未对民事法律行为无效诉讼的原告范围进行限制。循此,既然《公司法》第 22 条第 1 款对于决议无效之诉的原告缺乏关于限制条件构成要件的明确规定,如将决议无效之诉的原告范围过分限缩,就缺乏条文文义的支撑。[1]

2. 目的解释

《公司法》第 22 条第 1、2 款分别对决议无效之诉、可撤销之诉的原告范围不作限制、作出限制的用意为何,值得探究。一个显然的推论是,既然在同一条文之中立法者对撤销之诉的原告范围进行了规定,不能谓立法者未对决议无效之诉的原告范围进行考量,而可能基于某种原因暂时未作规定。至于未作规定的原因,可能存在三种解释:一是立法者对于决议无效的原告范围争议较大,暂未规定,有意留白,留待实践发展到成熟阶段再行规定;二是立法者认为公司决议无效之诉的原告适用《民事诉讼法》第 122 条对于一般诉讼主体资格的规定,无须另行规定,即一切主体但凡满足诉的利益原则即可提起决议无效之诉;三是决议无效之诉的原告类推适用决议撤销之诉原告的规定。上述三种解释,第一种解释更为合理。后来的《公司法解释四》明确表明决议无效之诉的原告绝不仅限于股东,至少还有董事、监事。对于第二种解释,决议的相关诉讼具有一定的特殊性,涉及主体以及社会关系之广泛非一般法律行为(如合同行为)能相提并论,与公司决议具有利害关系并不代表有权利提起决议无效之诉,可能还需要接受一些其他条件的限制,如对实体诉权的满足等。但是,相较于可撤销之诉,在决议无效之诉中,决议的瑕疵程度较重,更为法律所不能容,对于决议无效之诉的原告也不应进行过多限制。对于第三种解释,法律的类推适用有条件限制,尽管决议无效之诉与可撤销之诉都在某种程度上反映了公司决议的瑕疵性,仅在瑕疵程度上有所不同,后者的瑕疵程度相对较轻。但依循"举重以明轻"法理,

---

[1] 参见王旭光、唐鸿儒:《董事会决议无效之诉中原告资格审查的解释论路径》,载《法律适用(司法案例)》2018 年第 20 期。

这仅能推导出决议可撤销之诉的原告必然也可以作为决议无效之诉的原告。但如将决议可撤销之诉的原告范围类推适用于决议无效之诉的原告范围,则无异于对决议无效的提诉主体进行了限缩解释,这并不符合立法本意。

综上,可以认为《公司法》第22条第1款未对决议无效之诉原告范围进行规定,是有意留白,不代表公司立法对决议无效之诉的原告没有规范的意思。公司诉讼有一定的特殊性,对公司诉讼类型的划分在一定程度上也是为了减少诉讼混乱,尽管决议无效情形下的决议瑕疵较重,但受决议约束力的范围限制,并不是任意主体均因决议的作出而受到利益减损。公司决议的效力内外有别,《公司法》并未向与公司的组织和行为不具有关联的民事主体提供可为其引为权利基础的制度设计,亦阻断了该类民事主体据《公司法》而为权利主张的路径。[1]对于外部人而言,除非决议直接对其利益造成影响,否则当且仅当决议实施时其权利才会有损益。对于决议无效之诉进行裁判时,应对公司治理的安定性与个人利益维护进行衡量,对起诉主体资格进行限制是决议无效之诉规范的应有之义。但以何种标准进行限制,《公司法》第22条付之阙如。实践中,如果对决议无效之诉的原告范围限制过轻,将不利于公司治理之稳定,如果限制过重,则影响对私人权利的救济效果。经此分析,从该条的规范目的看,《公司法》第22条有对决议无效之诉原告进行规范的目的,但不主张过重的规范制约。

3. 以目的解释限缩文义解释

虽然从文义解释看,公司立法并无限制决议无效之诉原告范围之明确表达,但从维护公司治理的稳定性考虑,并非任何主体均有权利提起,否则,将不利于公司治理之稳定预期,也不符合效率原则,难谓符合立法目的。故有必要以目的解释对文义解释进行限缩,即"为维护法的安定性和当事人稳定的行为预期,应使目的解释的结论在法条文义可能的射程范围内,明显缺乏文义支撑的目的解释结论应予舍弃"[2]。但是,《公司法》第22条第1款的解释并不属于上述情况。

(三)《公司法解释四》第1条:基于内外区分性原则

《公司法解释四》第1条将决议无效之诉的原告范围限定在"股东、董事、监事等"。从文义上看,一方面将公司股东、董事、监事列为决议无效之诉的法定

---

[1] 参见王旭光、唐鸿儒,前揭文,第23页。
[2] 王旭光、唐鸿儒,前揭文,第23页。

原告,另一方面对其他主体是否可以列入原告,有赖于对"等"字的解读,如获肯定,则"人民法院应当依法予以受理"。

1.关于法定的原告群体

(1)股东的原告资格之依据:自益权与共益权。股东是公司决议无效之诉原告的最常见主体,在司法实践中占比最大。分析股东得以作为决议无效之诉原告的法理基础,明晰其诉权依据,对于判定股东是否可以作为决议无效之诉的原告十分重要。股东权利者,为自身利益为自益权,凡股东为自己利益同时兼为公司利益而行使的权利,为共益权。[1] 如股东自身利益受损,公司利益相对未受损失,比如在股权被擅自转让情形下,股东可基于诉的利益原则提起决议无效之诉;如公司利益受有损失,则可以推定股东利益也同样受不利影响,股东可同时基于共益权以及自益权提起决议无效之诉。基于共益权,每个股东均对决议享有利益,对否定瑕疵决议的效力均具利害关系,从而无须以其个人利益受损而只以股东身份为原告适格条件。[2] 无论股东因自益权抑或共益权受有不利,或者两者皆备,其据此提起的决议无效之诉对于全体股东、董事、高管皆具既判力。因公司决议效力范围广泛,在由股东提起的决议无效之诉中,股东的个体性特征被弱化。从一般意义上讲,凡股东皆具有决议无效之诉权。

(2)董事、监事的原告资格之依据:诉的利益及信义义务。当董事、监事个人因决议而受有权益侵害时,其本人乃决议的直接利害关系人,基于《民事诉讼法》第122条之规定,当然享有确认决议无效之诉权。同时,董事、监事对公司负有信义义务(忠实义务、勤勉义务),这也为其提起决议无效之诉提供了法律依据:决议作出时,董事、监事有义务对决议内容的合法性负责与监督以维护公司利益,尽到信义义务,如决议存在无效事由,董事、监事提起无效之诉的实质就是履行信义义务。

(3)可能的影响因素。一是股东身份的认定。股东身份存在争议的,如商事登记与股东名册不一致、名义股东与隐名股东之争以及瑕疵出资股东等情形,起诉人应先行提出确认股东身份之诉。[3] 在先判决如肯认股东身份,则此类障碍消除。

---

[1] 参见李志刚:《公司股东会撤销决议之诉的当事人:规范、法理与实践》,载《法学家》2018年第4期。

[2] 参见丁勇,前揭文,第267页。

[3] 参见李志刚,前揭文,第89页。

二是股权获得时间。决议作出后至股东提诉期间甚至是诉讼审理期间,公司成员很可能发生变动,究竟继受股东是否有权提诉,有待考究。下文拟根据股权变更的不同时间点(见图6－1),分析讨论继受股东的原告资格。

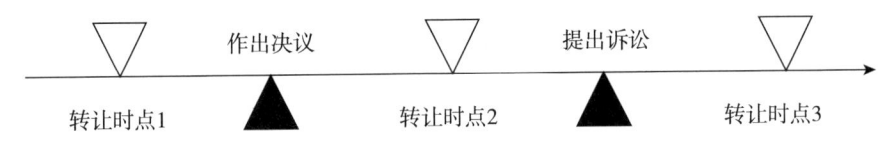

图6－1 股权转让时间

如在时点2出现股权转让,即在决议作出至原告起诉期间,如股东转让了股权,原股东与受让股东是否可以提诉?此种情况下,原股东已不适宜作为决议无效之诉的原告,理由是:①其已脱离公司成为外部人,决议与其利益关联已经转至受让股东,本人不复是公司决议的直接利害关系人;②股权转让可视为股东权利的概括转让,其对决议无效之诉权也一并转让给了受让股东;③原股东在股权转让时应当已经考虑到公司决议无效之因素,哪怕原告由于知识的有限性并未意识到决议应属无效,但由于决议无效的瑕疵较严重,原股东理应意识到其存在不妥之处,因此原告出让股权的合同约定尤其股权转让价格往往已将此种情形考虑在内。如原股东向受让股东隐瞒公司决议存在无效情形,将会损害后者利益,如保留原股东提诉权,无疑会导致其在股权转让时额外获利,也导致由同一股权衍生出的诉权由不同主体共同行使,在理论上也行不通。那么,此种情形下受让股东有无提诉权?有人主张,仅在决议作出之时具有股东身份的人,即在股权转让时点1具有股东身份的人方可提起决议瑕疵之诉,但笔者认为,决议无效之诉权在此种情形下已经转移至受让股东,理由是:①股权转让时,原股东未告知受让股东决议存在无效情形的,由决议无效可能造成的不良影响均已确定地由受让股东承受(无论受让股东是否知情),如剥夺受让股东诉权,将损害其利益;②继受股权者已经成为公司财产的最终所有权人,公司决议无效很可能对公司运营及公司资产造成不良影响,受让股东作为公司决议的直接利害关系人和最终所有人,理应享有决议无效之诉权;③股权在转让时,由股权衍生出的诉权也概括转让至受让股东。

其中,尤值探讨的是因增发新股加入公司的新股东是否享有诉权的问题。亦即,如在时点2,公司增发新股,新加入股东是否享有诉权?因增发新股与股权转让所获股权最大的差异在于,股权在公司无效决议作出时是否存在?司法实践已表明,股权应在公司决议作出时便享有。虽然股权转让情形下受让股东在公司决议作出时并不享有股权,但是,该股权在无效决议作出时即存在,诉权也相应而生,仅权利享有主体发生了变更。而在增发新股的情形下,新股东与受让股东不同,新股东的股权在无效决议作出时并不存在。换言之,新股东与无效决议并无直接利害关系,其是无效决议作出后公司资产价值受到不利影响的状态下购得股权的,因此,其不应具有针对股权买入前的决议提起决议无效的诉权。应当肯认,增发新股与股权转让确有差异,前者系原始取得股权,而后者则为继受取得股权。诚然,一般而言,在增发新股的情形下,新股东与无效决议并无直接利害关系,其所付对价的根据已然是受决议无效影响状态下的公司股权价值。但是,仍应注意,在有些情形下,无效决议对股东的影响并非及时产生,其可能存在一定的延迟性。如在股东会选任职工董事、监事以外的董事、监事并决定其薪酬的情形下,选任董事、监事的决议一经作出,对当选者即产生效力,但董事、监事与公司之间乃委托合同关系,决议作出后公司尚需与选任董事、监事订立委托合同。[1] 在此等情形中,虽然无效决议作出时,新股并不存在,基于此,新股东购得股权后,亦不应对之前的无效决议享有诉权。但是,在此种选任董事、监事的情形下,作出决议仅为选任程序必不可少的一部分,同时,整个程序对公司治理及相关人员产生实质影响应是整个选任程序履行完毕后。而增发新股亦可能发生在选任决议作出后选任程序履行完毕前,这时,难谓新股东与无效决议并无直接利害关系。此外,以公司视角之维度观察股东诉讼,其作为一种私人执法与股东治理机制,具有改善公司治理,降低代理成本的作用。在此意义上,股东诉权并非一种纯粹的次生权利,而是内化于股权之中,其正当性基础在于工具价值,即执法效率与治理效率。效率越高,越具有正当性。[2] 由于"决议多是公司组织内外诸多法律关系之意思基础,无效是对整个决议效力的彻底否定,将直接冲击公司经营活动的稳定性与相关利害关系人的权益,影响公司治理的稳定"[3],因此,在这种情形下,有必要赋予新股东诉权,以尽快恢复公司治理的稳定性,有效维护公司利益,提高治理效率。同时,赋予新股东诉权,也可在一定程度上缓解作出决议的原股东之间因各种利益纠葛而未提起决议无效之诉的难题。

---

[1] 参见李建伟:《决议的法律行为属性论争与证成——民法典第134条第2款的法教义学分析》,载《政法论坛》2022年第2期。

[2] 参见王湘淳:《股东会决议撤销诉讼:功能重校与规则再造》,载《法学论坛》2018年第1期。

[3] 李建伟:《公司决议无效的类型化研究》,载《法学杂志》2022年第4期。

如在时点3发生股权转让,当由受让股东作为原告继续诉讼。这涉及民事诉讼法中诉讼承继与当事人恒定的问题。诉讼承继的本质是当事人诉讼地位的承受,即原当事人的诉讼权利义务转移给案外人,并由案外人代替原当事人继续诉讼。[1] 当事人恒定原则不承认实体权利义务的主体变动给诉讼主体带来变动,以保证当事人恒定和诉讼程序的稳定。[2] 根据我国相关法律规定,在诉讼中,争议的民事权利义务转移的,不影响当事人的诉讼主体资格和诉讼地位。[3] 据此,在决议无效之诉纠纷中,股权转让不会影响股权转让双方当事人的权利义务,但是法院对决议无效之诉的裁判对股权受让的当事人具有既判力。在受让股东申请参加诉讼时,法院也可进行个案分析,视情况将受让股东作为案件的当事人。

三是股权比例。股东会决议作为公司的意思表示,其本质是多数派股东通过会议形式作出的意思决定。[4] 少数股东权利极易受到侵害,但是否因其权利易受侵害就不再对其权利进行限制?域外公司法多数不对公司决议无效之诉的原告股东提出持股比例的要求。德国法是个例外,《德国股份法》第246a条第2款规定了决议瑕疵诉讼豁免程序中的"少量份额":在增减资本和企业合同的决议中,原告在送达申请后一个星期内应能以文件证明其自公告召集股东大会以来持有至少1000欧元面值的股份份额,如提出申请的原告无法达到此标准,则法院无须进行实质审查即可作出豁免裁定。德国法如此规定,主要与其登记障碍制度[5]相关。大量的职业讼客通过购买少量股权的方式提起公司决议瑕疵之诉,获得与公司谈判的机会以达到从中获利的目的。

在我国,也有人主张参照《公司法》第151条关于公司股东代位诉讼的规定,对决议无效之诉股份有限公司股东的持股时间及份额提出要求,如在股份有限公司中设定持股1%或者持股面值达到10万元的门槛。[6] 有限责任公司由于股东人数相对较少,股东即便由于对公司决议存在异议而提起无效之诉,滥诉

---

[1] 参见谭兵主编:《民事诉讼法学》,法律出版社1997年版,第175页。
[2] 参见最高人民法院修改后民事诉讼法贯彻实施工作领导小组编著:《最高人民法院民事诉讼法司法解释理解与适用(上):条文主旨·条文理解·审判实务》,人民法院出版社2015年版,第639页。
[3] 参见《最高人民法院关于适用〈中华人民共和国民事诉讼法〉的解释》第249条。
[4] 参见钱玉林:《论可撤销的股东大会决议》,载《法学》2006年第11期。
[5] 在德国,重要的公司决议如公司章程变更、合并分立、形式变更、增减资本、企业合同、公司加入等均需经过商事登记才能生效。提起无效或撤销之诉一般会阻碍决议的登记,进而阻碍决议的实施。
[6] 参见全国人大常委会法制工作委员会民法室编著:《〈中华人民共和国民事诉讼法〉释解与适用》,人民法院出版社2012年版,第268页。

可能性也极低。而且,有限责任公司基于其封闭性,众多少数股东集体起诉的情形也时常发生,如在潘某松、郑某卫等与山东泰宏建筑工程有限公司公司决议效力确认纠纷案中,几位原告的持股比例分别为17.51%、3.81%、15.11%、0.99%、10.17%、13.56%、2.12%,法官在审理案件的过程中,认可了涉案起诉人作为原告的适格性。[1] 股份有限公司则人数较多,尤其在上市公司中,"投资者股东"大量存在,但由于这些股东遍布不同地域,进行集体诉讼的可能性至少从司法经验上看并不大,这类股东可能仅持有极少的股份,是否有权利对针对"企业主股东"作出的公司决议提起无效之诉,实务中已得到关注,如《上海市高级人民法院关于审理公司纠纷案件若干问题的解答》(沪高法民二〔2006〕8号)规定,"上市公司股东请求确认股东大会、董事会决议无效或申请撤销决议的诉讼,属于新类型纠纷案件,且可能引发群体性诉讼和证券市场的不稳定问题,本市法院对此案件的受理应持谨慎态度,必要时应当请示上级法院后决定是否受理。上市公司股东向法院提起确认股东大会决议无效或撤销诉讼时,应当提交决议存在无效或撤销情形的相关证据,以防止股东不适当行使诉权"[2]。笔者认为,无须对公司决议无效之诉中的原告股东持股比例、时间进行限制,主要理由:①持股比例大小反映股东受公司瑕疵决议影响力度的大小,即便受有微小不利,也仍然可以基于自益权与共益权提起决议无效之诉,并不代表利益受损之情形可以忽略不计,这是定性与定量的区分问题。②决议瑕疵之诉的本意是保护少数股东,如以持股比例低而否认其诉权,岂不南辕北辙?③司法实践中,并未显著发现股份有限公司尤其上市公司股东滥用决议无效诉权现象,这在一定程度上反映了对股东诉权的限制仅是理论究问而非实践问题。④域外公司法经验表明,大多数立法例均不设持股比例、时间限制,德国法的例外乃基于其独特的"登记障碍"制度。实际上,"登记障碍"调整诉讼提起与决议执行的关系[3],而这一障碍在我国法上并不存在。

四是辞任原因。基于股权的特殊性,股东在退出公司后,作为原股东仍可就其持股期间的公司决议对自己造成的损害提起诉讼,前文已经论证,失去股东身份的通常情形并不会对其提诉权产生影响。这里讨论董事、监事的辞任原因是否影响其诉权。董事、监事基于信义义务提起公司决议无效之诉,其原告资格自

---

[1] 参见山东省潍坊市中级人民法院民事裁定书,(2016)鲁07民辖终588号。
[2] 《上海市高级人民法院关于审理公司纠纷案件若干问题的解答》(沪高法民二〔2006〕8号)。
[3] 参加丁勇:《德国公司决议瑕疵诉讼滥用问题研究及启示》,载《比较法研究》2014年第4期。

不待言,无论决议作出后董事、监事是否变更,新就任的董事、监事仍需要履行信义义务,对公司决议的合法性进行审查即履行信义义务的体现,这点与依附股权的股东诉权不同,但原董事、原监事的起诉资格同样存在一个问题,如由于任期届满或者辞职等原因,改选董事、监事尚未就任,原任职人员是否可以提诉,有待考究。《公司法》第 45~46 条分别对原董事、原监事继续履职情形进行了初略规定,在此情形下,对原董事、原监事得否提诉,公司立法及司法解释均未涉及,可资借鉴的是《日本公司法》第 346 条第 1 款的规定,"对于任期届满以及因董事辞去任职而退任的董事,在新任董事就任前,仍然拥有和应当履行作为公司董事的权利和义务"[1],因其他情形退任的董事,则不享有诉权,主要是因为此种情形下公司和董事之间的信任关系已经被破坏[2]。这一观点值得赞同,对于离任的董事、监事有无诉权,应当根据离任原因进行区别对待:如董事、监事因为任期届满而辞去职务致使董事会、监事会人数无法达到公司法或公司章程之规定,在新董事或监事就任前,其仍应履行职务,享有决议无效之诉权;但因其他原因丧失职务身份的,应当视为信义义务之基础已经破裂,此种情形下离任的董事、监事不复有决议无效之诉权。

2. 对"等"字的理解

《公司法解释四》第 1 条将公司决议无效之诉的原告限定为"公司股东、董事、监事等",该条以"等"字作为尾缀,使得原告范围似乎又不仅限于列明的公司股东、董事、监事三类主体,原告范围具有一定的模糊性。该模糊性一方面来自"等"字的表述,另一方面来自《公司法解释四》第 1 条对《公司法解释四(征求意见稿)》修改的困惑,后者曾经提出"高管、职工、债权人",但未被《公司法解释四》第 1 条吸收,因而悬疑顿生。在通常情形下,对"等"字存在两种理解:一是"等内",即将"等"字作为前文列举的收尾,如此,原告仅限于股东、董事、监事。这实质上是对原告范围进行限缩解释,通过将高管、职工、债权人等主体排除在外,可以更好地贯彻公司内外有别原则,维护公司的稳定运营并稳定投资者的投资预期。二是"等外",即将"等"字作为列举未尽之理解,如此,原告范围可以逸出前文列举,如高管、职工、债权人等其他主体在满足条件下也可能成为决议无效之诉的原告。从立法用语来看,法条中的"等"字解释常采取第二种

---

[1] [日]近藤光男:《最新日本公司法》,梁爽译,法律出版社 2016 年版,第 226 页。
[2] 参见[日]近藤光男,前揭书,第 226 页。

解读,如《公司法》第 7 条、第 29 条之规定。循此,笔者也倾向于将"等"字作列举未尽之解读,认为《公司法解释四》实质上规定了两种原告,一是明文列举的法定原告,包括公司股东、董事和监事;二是酌定的原告,即与公司决议内容存在直接利害关系的人,可能是高管、职工、债权人等主体。就后者而言,在公司决议与其有直接利害关系比如侵害其利益的,如并无其他有效的救济路径,则绝对排除其对决议无效之诉权,很可能致其无以救济,赋予其决议无效之诉权,未尝不是对其权益的一种有效维护。此种解读也有域外法支持,如日本、韩国公司法理论上对决议无效之诉的原告都未作限制,但判例却要求原告必须是有正当的法律上利益的人。[1] 我国有法官提出,"等"字使用的科学之处在于,除股东、董事、监事外,谁能提起决议无效之诉由法院个案判断更为公平。[2] 当然,个案判断要注意"等"字的适用需要符合前述公司股东、董事、监事的逻辑延伸,同时个案衡量也体现了司法实践中的审慎态度。起草者的解读是,"《公司法解释四》第 1 条实质上采取了较为宽泛的界定,以'等'字指代'直接利害关系'标准,目的在于贯彻诉的利益原则,从而为根据民事诉讼法相关规定允许高管、职工、债权人成为决议确认之诉的原告留下了空间"。[3] 司法实践中有判例支持,如在四川太兴房屋开发有限公司、卓越置业成都有限公司公司决议效力确认纠纷案中,法院明确,"虽然法律规定提起公司决议效力确认诉讼的主体并非仅限于公司股东、董事、监事,但其他主体提起该类诉讼必须与股东会决议具有直接利害关系"。[4]

3. 对"依法予以受理"的理解

根据《公司法解释四》第 1 条,股东、董事、监事提起决议无效之诉,法院应"依法予以受理"。立法及司法解释文本都是经过字斟句酌的,起草者在此处表述为"依法予以受理",究竟是当然予以受理,还是依据法律规定视情况决定受理与否?有待对"依法予以受理"的解读。通过查阅《公司法》的条文表述,发现第 183 条等也有使用"应当受理"的表述,《公司法解释二》第 1 条、第 7 条、第 12 条、第 23 条也采用"应予受理"的表述,但无论是"应予受理"还是"应当受理"均

---

[1] 参见[韩]郑灿亨:《韩国公司法》,崔文玉译,上海大学出版社 2011 年版,第 282~285 页。
[2] 参见方金刚:《〈公司法司法解释(四)〉与美国公司制度之比较(上)》,载《人民法院报》2017 年 9 月 8 日,第 8 版。
[3] 杜万华,前揭书,第 30~31 页。
[4] 四川省成都市中级人民法院民事裁定书,(2018)川 01 民终 1906 号。

没有"依法"字样。虽然"依法予以受理"与"予以受理"仅有两字之差,但其含义不尽相同。可以认为,立法者没有意识到两者之间差距的可能性微乎其微。在实践中,并非所有的公司决议都会径行对股东、董事、监事的权利产生影响,有时甚至连间接影响都不会发生。[1] 因此,即便作为法定原告之列的公司股东、董事、监事提诉,其究竟是否具有原告资格,还应具体情况具体分析,更何况作为酌定原告诸主体呢?既然是否享有诉权仍需依据诉的利益原则进行判定,而且范围不限于公司股东、董事、监事,那么《公司法解释四》第1条明确列举的"股东、董事、监事"这三类主体又有何意义?应该理解为,立法如此规定的主要考虑是为法院审理裁判提供指引,减少法官的信息成本,如原告恰恰是股东、董事、监事,那么如无特殊情况,法官在一般情况下均可认定为原告适格,反之,法官若否定了他们作为原告资格的适格性,则必须进行充分论证,阐述其不适格的理由。

综上,公司决议无效之诉原告范围的界定,涉及对《民事诉讼法》第122条、《公司法》第22条、《公司法解释四》第1条的适用,在上述三个法条汇合为一个法律规范的背景下。通过上文对相关条文的规范分析,笔者认为,决议无效之诉的原告范围不限于《公司法解释四》所明确列举的股东、董事、监事,还包括其他利害关系主体,如特定情形下的高管、职工和债权人等。股东、董事、监事作为法定原告群体,如无特殊情况,其提诉时法院原则上应认可其原告资格。至于其他的酌定原告,则需要法院在实际案件处理中斟酌确定其原告资格。作为基本原则,这些主体作为公司外部人,不能提起决议无效之诉,但在特定情形下,公司无效决议直接对其利益造成损害,应当肯定利益受有减损的利害关系主体具有决议无效的原告资格,进而允许其提诉。

三、公司决议无效之诉原告范围的争议问题

围绕公司股东、董事、监事之外的其他主体是否具有决议无效之诉的原告资格及其权利基础产生的争议,背后的原因需要查明。

(一)争议产生原因

1.公司决议约束的主体范围不明确

我国法律及司法解释未明确界定公司决议效力所涉主体范围,这与对公司章程的规定不同,《公司法》第11条明确界定公司章程对公司、股东、董事、监

---

[1] 参见王旭光、唐鸿儒,前揭文,第25页。

事、高管具有约束力。那么,是否可以认为有权对公司决议效力提出主张的主体范围与股东会、董事会职权有关?因为股东会、董事会决议所涉主体范围,可能是一个可供参考的坐标。《公司法》第37条、第46条虽然详细列举了股东会、董事会的职权清单,但又都以"公司章程规定的其他职权"兜底,显示立法的柔性,并赋予公司章程自治的空间,因为股东会、董事会权限都可以有所扩展。有学者研究股东会决议效力后提出,股东会决议在公司内部不仅约束公司、股东,对董事会及其成员也有约束力;在对外关系上,对以私法身份出现的当事人一般不具有法律约束力,但赋予第三人权利的,应当承认有约束力。[1] 这就引出一个问题,董事是否有权提起股东会决议无效之诉?对此存在理论争议,司法实践中已有董事作为原告提起股东会决议无效之案例,值得肯定。据此,有权对股东会决议提起无效之诉的主体范围与针对董事会决议提起无效之诉的主体范围应是相同的,没有必要对两类决议无效之诉的原告范围区别对待。

2. 公司决议效力的内外区分

公司决议系公司治理之法定机制,关于决议的内部效力,存有共识,但对于外部效力,具有一定争议。有学者认为,当决议存在对外效力时,只要具有诉讼利益,任何人均可作为原告,但如果决议只具有对内效力,那么,公司外部人一般不可能作为原告。[2] 也有学者认为,公司决议不直接调整公司与外部第三人之间的关系,要调整这种关系,须由具体的经营管理者以公司名义,基于公司效果意思对外从事法律行为。[3] 循此,仅公司内部人有权提起决议无效之诉。但是,外部人有权监督公司治理,此意在防止公司内部人的滥权行为。[4] 这是否意味着公司内部人是决议无效之诉的当然原告而不受其他影响因素限制?一般认为,公司外部人无法知晓公司决议内容,即使知晓,决议也不一定会付诸实施。以股东会决议为例,股东会的权限限于公司的意思决定而非执行已经决定的事项[5],故公司决议的作出并不一定会损害公司外部人的利益,只有当决议得到执行时,才有可能对外部人的权利造成损害。但是,当公司决议与公司外部人直接产生利益关联或者其他情形时,外部人权利受到侵犯,难道不应因权利减损而

---

[1] 参见石纪虎:《关于股东大会决议效力的探讨》,载《政治与法律》2009年第5期;李志刚:《公司股东大会决议问题研究——团体法的视角》,中国法制出版社2012年版,第54页。
[2] 参见吴庆宝主编:《公司纠纷裁判标准规范》,人民法院出版社2009年版,第190~191页。
[3] 参见姜山:《公司机关决议瑕疵诉讼若干法律问题探析》,载《法律适用》2011年第8期。
[4] 参见刘连煜:《公司治理与公司社会责任》,中国政法大学出版社2001年版,第11页。
[5] 参见[日]神田秀树:《公司法的理念》,朱大明译,法律出版社2013年版,第69~70页。

得提起诉讼要求确认决议无效吗？比如，股东会作出违反《公司法》第166条规定的"无盈不分"原则的分红决议，一旦付诸执行，将会导致公司责任财产不当减损，很可能损害公司债权人的利益，公司债权人为何不能由此获得决议无效之诉权？

事实上，公司决议一旦作出，其所涉利害关系主体非常广泛，由此具有直接利害关系的主体范围可能也很宽泛。理论界的主张，最狭窄范围说是仅包括有直接利害关系的股东、董事和监事[1]，折中范围说是除了股东、董事和监事外，还有受决议约束的公司高管、职工[2]，最宽泛范围说则进一步包含一定范围的公司外部人，主要指债权人，比如允许债权人提诉请求确认债务人公司股东会违反法定分红条件的分红决议无效。[3]

《公司法解释四》起草过程中对决议无效之诉的原告范围界定几经修改，留下多个版本。《公司法解释四草稿》(2016年6月18日)界定为"公司股东、董事、监事及与股东会或者股东大会、董事会决议内容有直接利害关系的高管等"[4]。《公司法解释四草稿》(2016年7月25日)[5]的界定与前一版本相同，但加上了"直接利害关系"的解释。《公司法解释四草稿》(2016年8月1日)以及《公司法解释四草稿》(2016年8月25日)保留了对直接利害关系的规定，但限定为"公司股东、董事、监事、高管及与股东会或者股东大会、董事会的决议内容有直接利害关系的其他人"[6]。《公司法解释四草稿》(2016年10月13日)

---

[1] 参见杜万华，前揭书，第30~31页；赵旭东，前揭书，第289页；丁勇：《公司决议瑕疵诉讼制度若干问反思及立法完善》，载《证券法苑》2014年第2期。

[2] 参见杜万华，前揭书，第31页；范健、王建文，前揭书，第341~342页；胡田野，前揭书，第497~498页。

[3] 参见杜万华，前揭书，第31页；刘俊海，前揭书，第298页；钱玉林，前揭书，第298页。

[4] 《公司法解释四草稿》(2016年6月18日)第1条："公司股东、董事、监事及与股东会或者股东大会、董事会决议内容有直接利害关系的高管等，依据公司法第二十二条第一款起诉请求确认决议无效的，应当依法受理。"

[5] 《公司法解释四草稿》(2016年7月25日)第1条："公司股东、董事、监事及与股东会或者股东大会、董事会的决议内容有直接利害关系的高管等，依据公司法第二十二条第一款规定请求确认决议无效的，应当依法受理。前款所称有直接利害关系，是指原告依据公司法、公司章程的规定或者合同的约定享有参与或者监督公司经营管理的权利，决议内容与该权利直接相关。"

[6] 《公司法解释四草稿》(2016年8月1日)及《公司法解释四草稿》(2016年8月25日)第1条："公司股东、董事、监事、高管及与股东会或者股东大会、董事会的决议内容有直接利害关系的其他人，依据公司法第二十二条第一款规定请求确认决议无效的，应当依法受理。前款所称有直接利害关系，是指原告依据公司法、公司章程的规定或者合同的约定，享有参与或者监督公司经营管理的权利，决议内容与该权利直接相关。"

以及《公司法解释四草稿》(2016年10月17日)对股东会决议无效之诉的原告与董事会决议无效之诉的原告区分规定[1],且提出了第二种方案,该方案与《公司法解释四草稿》(2016年6月18日)中对公司决议无效之诉的原告范围相同。《公司法解释四草稿》(2016年10月30日)与《公司法解释四草稿》(2016年11月16日)对决议无效之诉的原告范围提供了两个方案,方案一将原告范围仅限定于"公司股东、董事、监事",方案二将原告范围限定于"公司股东、董事、监事等与股东会或者股东大会、董事会的决议内容有直接利害关系的人,并且对直接利害关系进行了解释说明"[2]。《公司法解释四(征求意见稿)》界定为"公司股东、董事、监事及与股东会或者股东大会、董事会决议内容有直接利害关系的公司高管、职工、债权人等"[3]。为方便理解与对照,此处将《公司法解释四草稿》多版本关于决议无效之诉原告范围的规定进行梳理,并以表格方式进行简要呈现(见表6-2)。

表6-2 决议无效之诉原告范围

修改时间	股东、监事	董事	高管	其他人
2016年6月18日	√	√		……与股东会或者股东大会、董事会决议内容有直接利害关系的高管等
2016年7月25日	√	√		

---

[1]《公司法解释四草稿》(2016年10月13日)及《公司法解释四草稿》(2016年10月17日)第4条:"公司股东、监事有权请求人民法院确认股东会或者股东大会决议无效或者不成立。公司股东、董事、监事有权请求人民法院确认董事会决议无效或者不成立。另一方案:公司股东、董事、监事等与股东会或者股东大会、董事会的决议内容有直接利害关系的人,依据公司法第二十二条第一款规定请求确认决议无效或者不成立的,应当依法受理。"

[2]《公司法解释四草稿》(2016年10月30日)及《公司法解释四草稿》(2016年11月16日)第4条:"公司股东、董事、监事有权请求人民法院确认股东会或者股东大会、董事会决议无效或者不成立。另一种意见:公司股东、董事、监事等与股东会或者股东大会、董事会的决议内容有直接利害关系的人,依据公司法第二十二条第一款规定请求确认决议无效或者不成立的,应当依法受理。前款所称有直接利害关系,是指原告依据公司法、公司章程的规定或者合同的约定,享有参与或者监督公司经营管理的权利,决议内容与该权利直接相关。"

[3]《公司法解释四(征求意见稿)》第1条规定,"公司股东、董事、监事及与股东会或者股东大会、董事会决议内容有直接利害关系的公司高级管理人员、职工、债权人等,依据公司法第二十二条第一款起诉请求确认决议无效或者有效的,应当依法受理。"

续表

修改时间	股东、监事	董事	高管	其他人
2016年8月1日、2016年8月25日	√	√	√	与股东会或者股东大会、董事会的决议内容有直接利害关系的其他人
2016年10月13日、2016年10月17日	√	方案一：无权诉股东（大）会决议，有权诉董事会决议 方案二：√		方案一：均无权 方案二：……等与股东会或者股东大会、董事会的决议内容有直接利害关系的人
2016年10月30日、2016年11月16日	√	√		
征求意见稿	√	√		……与股东会或者股东大会、董事会决议内容有直接利害关系的公司高管、职工、债权人等

注："√"表示有权起诉。

由表6-2可知,立法者对公司内部人的原告资格并无争议,主要是对于外部人如高管、职工、债权人是否享有诉权以及何种情形下享有诉权存在争议。这正是内外有别原则引发的纷争。

3. 诉的利益在公司法上的投射缺乏明确指引

(1) 直接利害关系条款的缺失。决议无效之诉的原告当然受民事诉讼法上诉的利益原则之规制,尽管公司诉讼与普通民事诉讼存在差异,诉的利益原则在公司法上的投射可以在一定程度上限缩有权提诉的原告范围,但问题在于,诉的利益原则在公司法上如何投射缺乏明确指引。前文提及,《公司法解释四(征求意见稿)》曾将直接利害关系引入决议无效之诉的原告范围,并对直接利害关系进行了规定,但最终《公司法解释四》第1条删除了该条款。这一删除存在两种可能解释,一是立法者认为决议无效之诉的原告无须满足直接利害关系原则,基于对法律规定股东、董事、监事身份的满足,就可以提起决议无效之诉;二是立法者认为决议无效之诉的原告仍需要满足直接利害关系原则,删除的主要考虑是现阶段无法对直接利害关系原则进行科学界定。何种解释更为合理,需要分析《公司法解释四》第1条与《民事诉讼法》第122条的关系。

(2) 民事诉讼法一般规则与公司法特别规则的关系。一方面,《民事诉讼法》属于法律,《公司法解释四》属于司法解释,后者的效力等级低,前者第122条对原告范围规定的效力等级优先;另一方面,《公司法解释四》针对决议无效之诉原告的规定属于特别规范,《民事诉讼法》是适用于所有民事诉讼程序的一般规定,依特别法优先于普通法的原理,裁判应当优先适用《公司法解释四》的规定,当依据其规定不能判断决议无效之诉的原告时,再依据《民事诉讼法》第122条对原告的原则性规定进行判断。循此,《公司法解释四》第1条规定的"股东、董事、监事等"原告如果属于对《民事诉讼法》的例外规定,无须满足《民事诉讼法》第122条对原告直接利害关系原则的规定,只要具备"股东、董事、监事等"的身份条件,即可成为决议无效之诉的原告;如果属于对《民事诉讼法》的特别规定,则其关于"股东、董事、监事等"原告的规定被假设为当然满足了《民事诉讼法》第122条对原告直接利害关系原则的规定,"股东、董事、监事等"主体自然为决议无效之诉的原告。应当说,特别规定说更为合理。《公司法解释四》第1条的"股东、董事、监事等"系司法解释对决议无效之诉中几种常见主体的简明列举,"等"字是对符合《民事诉讼法》第122条规定的其他原告情形的留白。这一解释符合最高人民法院裁判立场。在许某宏与泉州南明置业有限公司等纠纷上诉案中,最高人民法院认为,"对于公司股东、董事、监事等提起的公司决议无效之诉,人民法院既要适用公司法及其司法解释的规定,亦应依据民事诉讼法及其司法解释审查原告是否'与本案有直接利害关系'"[1]。在郭某等与张某亚公司决议效力确认纠纷案中,北京市第二中级人民法院认为,"在《公司法》及司法解释未作明确排除的情况下,原告资格的认定应符合《民事诉讼法》第一百一十九条[2]关于起诉条件的规定,即原告应是与本案有直接利害关系的公民、法人和其他组织"[3]。可见,法院的裁判立场是,如果《公司法》及司法解释未明确排除,只要提诉人符合了《民事诉讼法》第122条的直接利害关系原则,则其理应为决议无效之诉的原告。

(二)酌定原告群体的争议

1. 高管的原告资格

《公司法解释四》在起草过程中曾有版本将与决议内容有直接利害关系的

---

[1] 最高人民法院民事裁定书,(2017)最高法民终18号。

[2] 判决书作出时间为2018年,当时《民事诉讼法》第199条即现行《民事诉讼法》(2021修正)第122条。

[3] 北京市第二中级人民法院民事判决书,(2018)京02民终1677号。

高管列为决议无效之诉的原告之一[1],但最终文本未采此方案,原因在于对高管的定位存在争议。支持理由主要是高管与董事、监事具有同质性,这主要基于两点:(1)《公司法》的许多规定未将高管与董事、监事作明显区分,比如《公司法》第六章标题"公司董事、监事、高级管理人员的资格和义务"即将董事、监事、高管三者依次列举,有多个条款将三者并列[2],以至于人们习惯于将三者合称为"董监高",作为公司的代理人履行对公司的信义义务也极为类似[3],尤其是董事与高管之间[4]。由此可看出高管与董事、监事的同质性。(2)高管可能身兼公司职工,但与普通职工存在明显区分,如许多高管实行年薪制,《公司法》第13条甚至规定高管可以依据公司章程规定成为公司的法定代表人[5]。公司高管与董事、监事一样,都是公司治理的主要参与者,实际上高管作为公司治理的主要参与者之一,其作用并不亚于董事及监事,高管与公司之间的合同也不是普通的劳动合同,而是委托合同。

反对理由主要包括:(1)高管仅是执行公司决议,并无决议的决策权,在不存在股东、董事、监事身份重合的情形下,高管并非公司治理人员,属于外部人;(2)高管与公司存在聘用性质的劳动关系,实质上还是公司职工,只是其所享有的职权相较于普通职工自主空间更大。高管作为公司管理事务的重要参与者,在特定情形下,公司决议与高管的权益相关度相较于普通员工更甚。

2. 职工的原告资格

职工不是公司治理的参与者,公司决议对职工的影响多是间接性的。职工权利受到侵害时,法律制度为职工提供了多元化的救济途径,如违约之诉、侵权之诉、劳动仲裁等。如若允许职工享有决议无效之诉权,很可能打开滥诉之阀门,不利于公司治理的稳定。我国《公司法》没有明确规定职工决议无效之诉的原告资格,德国公司法有所规定。由于存在广泛的职工参与制度[6],德国公司

---

[1] 参见《公司法解释四草稿》(2016年6月18日)和《公司法解释四草稿》(2016年7月25日)。
[2] 《公司法》第11条、第21条、第115条、第116条、第141条第2款、第146条、第147条、第149条、第150条、第216条第4项10个条文同时提到董事、监事和高管。
[3] 参见李建伟:《公司法学》(第5版),中国人民大学出版社2022年版,第322~323页。
[4] 《公司法》第51条第4款、第53条(监事职权)、第117条第4款、第148条、第151条、第152条6个条文同时提到董事、高管。
[5] 《公司法》第13条规定:"公司法定代表人依照公司章程的规定,由董事长、执行董事或者经理担任,并依法登记。公司法定代表人变更,应当办理变更登记。"
[6] 这一制度在德国立法上主要是在三方面体现与发展的:一是行业劳资合同与劳资斗争制度;二是雇员代表参与管理制度;三是职工代表参与监事会和董事会制度。

法采双层制的公司治理结构，职工、股东分别选举监事组成监事会，监事会选任董事会成员组成董事会，所以法律规定职工对监事选任决议瑕疵可提起无效及撤销之诉，但当事人并不是任一职工，而为某一特定的职工组织。在董事选任由监事会完成的情况下，通过赋予职工组织以监事选任的异议权，使职工得以参与公司治理。与之类似，我国《公司法》也规定了职工参与制度，通过职工大会、工会选举产生职工董事、职工监事等参与公司治理。[1] 在存在职工董事、职工监事等的情形下，至少某些特定职工同时获得了董事、监事身份，依据法律规定享有决议无效之诉的原告资格，只不过此时该人的身份到底是职工还是董事、监事，不同的人认识角度不一样，可能结论也不一样。此外，从全球视野来看，公司法自身也会偏离投资者所有权的假设，而允许或者要求资本投资者之外的群体如债权人、雇员在一定程度上分享公司控制权或净收益，或者两者得兼。[2] 此时职工也可能因而享有决议无效之诉权。

从风险收益分配的角度考虑，职工不能被公司利益格局排除在外。[3] 有学者主张，当公司改制或并购的决议损害职工利益时，职工亦应对该瑕疵决议享有诉权。[4] 在从20世纪90年代中期开始的规模宏大的国有企业、集体企业公司改制历史进程中，许多职工出资入股，有些直接成为公司股东，有的经由持股平台、代持股权安排等成为公司的隐名股东，从而具有双重身份（职工兼股东），或者具有存疑的双重身份（职工兼隐名股东），不少法院并不承认被代持股权的职工享有公司股东身份。但无论如何，如果在公司改制或并购活动中出现损害职工权益的情形，对于与此相关决议的效力，得否允许职工（身兼股东或者隐名股东身份）提起无效之诉？应当做出回应。一般认为，就公司内部关系而言，法院可以出资权证来确认出资职工的股东身份，保护企业改制过程中职工的合法权益[5]，此种情形下到底是基于股东身份抑或职工身份赋予其诉权，值得讨论。但有一点确定无疑，在职工被安排为隐名股东且法院并不承认其股东身份的情

---

[1] 参见石少侠、王福友：《论公司职工参与权》，载《法制与社会发展》1999年第3期。

[2] 参见[美]莱纳·克拉克曼、亨利·汉斯曼等：《公司法剖析:比较与功能的视角》，罗培新译，法律出版社2012年版，第16~17页。

[3] 参见李霄琳：《企业社会责任初探——以职工参与企业治理为视角》，载《时代金融》2013年第35期。

[4] 参见刘俊海：《公司自治与司法干预的平衡艺术:〈公司法解释四〉的创新、缺憾与再解释》，载《法学杂志》2017年第12期。

[5] 参见赵心泽：《股东会决议瑕疵诉讼制度研究》，法律出版社2017年版，第143页。

形下,若允许其提起诉讼,无疑等于承认了职工决议无效之诉的原告资格。此外,论者还承认,在极个别场合下如公司决议严重损害了职工权益,此时赋予职工以公司决议无效之诉权,对于保护职工权益既是重要又是必要的。比如,在公司并购过程中,职工权益极易受到侵害,尽管《劳动合同法》第34条原则性规定了用人单位发生合并、分立的,承继其权利和义务的用人单位继续履行原劳动合同,但实践中许多企业并不执行,最常见的就是并购后原合同是否继续及如何继续履行、劳动者的工作机会及其选择权如何实现、并购信息的知情权与决策参与权如何保障等一系列关系劳动者切身利益的重要问题[1]。总之,在公司并购中,如何妥善安置职工是并购过程中的重点和难点[2]。公司如通过对职工不当安置的决议,职工作为权利受直接侵害的当事人可否提起决议无效之诉?在某种程度上,肯定说无疑是更好的救济方案。

综上,在通常情形下,职工作为公司外部人不得作为决议无效之诉的原告,但在职工权益因决议受到直接侵害的特殊情形下,得允许职工提起决议无效之诉。

3.债权人的原告资格

债权人作为公司的外部人,一般与公司通过债的关系产生利益关联,如公司未能按期偿还债务,债权人可以基于债权请求权提起给付之诉等,因而许多学者主张债权人不得作为决议无效之诉的原告,因为决议的作出并不会对其发生效力,只有决议对外实施时才可能造成债权人权益减损。此时,债权人可以基于公司实施的具体行为寻求债权保护,提起债权诉讼,而无须主张决议无效之诉。反对的意见则认为,债权人等第三人在公司决议侵犯其权利或者法律地位并对其带来影响时可被认定具有确认利益,而对董事选任或章程中追加事业目的等公司对内事项的决议不具有确认利益[3]。日本、韩国公司法并未限制债权人的原告资格,但两国的判例都明确显示,有诉权的相关债权人须为"有正当的法律上利益的人"或对该诉讼有"正当利益"[4]。美国法上,债权人只有在债务人公司

---

[1] 参见辛雨灵:《企业并购中劳动者权益保护制度之理性选择》,载《东南大学学报(哲学社会科学版)》2017年第19期。

[2] 参见周鹏举:《我国企业并购的特点与风险》,载《经济师》2000年第4期。

[3] 参见[韩]李哲松,前揭书,第423~426页;褚红军主编:《公司诉讼原理与实务》,人民法院出版社2007年版,第442页;乔欣等:《公司纠纷的司法救济》,法律出版社2007年版,第265页。

[4] 参见[日]近藤光男,前揭书,第206页。

提出破产申请之后,才有权对公司决议的有效性提出异议。[1] 笔者认为,债权人作为外部人仅在例外情形下有权作为决议无效之诉的原告,但其适用情形须具体问题具体分析。

首先,具体到债权人可能享有决议无效诉权的代表性法定情形,展开讨论如下:

(1)公司不当分配股利。实务中,一些机构债权人在向公司贷款时通常会在贷款协议中约定"贷款本息清偿前公司不得分配红利"。[2] 这属于对于法定的"无盈不分"原则的约款强调。但是,利用契约介入公司治理的机会毕竟有限,且许多债权人并未意识到可事前在契约中订立约款对公司股利分配进行限制。实际上,《公司法》第 166 条确立了"无盈不分"原则,如公司违反之,该决议应该无效,股东负有返还已分配利润的义务(第 166 条第 5 款)。但在不当股利分配情形下,公司未向受有利润分配的股东主张返还利润时,债权人是否有权主张?答案应该是肯定的。债权人应以何种方式获得救济?目前法律未明确规定,民法上提供的救济方式主要有债权人撤销之诉、债权人代位诉讼等,但无论提起哪种诉讼,成本都非常高,这两种诉讼能否为债权人提供有效的救济,有待考究。此种情形下,可否考虑通过赋予债权人以决议无效之诉权供其维权?一般认为,司法介入公司自治的原则是以审查合法性为主,审查合理性为辅。[3] 违法分配股利的情形实质上已经达到了司法介入之标准,可以对决议的合法性进行审查。据此,笔者倾向于认为,公司作出不当分配股利的决议,决议效力此时已经不仅及于公司内部,还直接侵犯了公司债权人,决议效力外溢,债权人的权益因该决议直接受损,可基于《公司法》第 166 条以及《民事诉讼法》第 122 条之规定,提起决议无效之诉以从根本上解决问题。

(2)公司合并。公司合并过程中的首要政策目标是追求经济与效率[4],公司合并会影响公司利害关系人的利益,特别是债权人的利益,公司合并中应坚持"效率优先,兼顾公平"理念。《公司法》第 173 条对公司合并过程中公司的告知

---

[1] 参见方金刚,前揭文,第 22 页。

[2] 参见李建伟,前揭书,第 219 页。

[3] 参见刘桂清:《公司治理的司法保障——司法介入公司治理的法理分析》,载《现代法学》2005 年第 4 期。

[4] 参见张民安:《公司法上的利益平衡》,北京大学出版社 2003 年版,第 186 页。

制度以及债权人的异议权进行了规定[1]。但是,在公司未能及时告知债权人公司合并的场合,且公司合并之事实确实会对债权人利益造成严重损害,债权人利益应当如何获得救济呢？我国对此没有明确规定,可供参考的是《日本公司法》之规定。《日本公司法》对吸收合并及新设合并情形均规定了债权人异议程序,债权人可以提起合并异议之诉,若诉讼开始后至口头辩论结束前,合并公司对异议债权人清偿债务或提供担保,则合并异议之诉可被驳回[2]。我国并无类似程序,我国《公司法》第173条对债权人利益保护失效时,关于是否考虑赋予该种情形下债权人公司决议无效之诉的诉权,以对债权人利益提供多元化的救济途径。一方面,债权人利益受损,与合并决议具有直接利害关系；另一方面,合并情形违法性明显,否定合并决议效力,可以从根本上对债权人权利进行救济。我国目前对债权人会议制度尚无明确规定[3],将公司决议无效之诉的诉权赋予每个债权人,以公司决议无效之诉的既判力辐射至所有相关权益人,不失为一种选择。

(3)公司进入破产程序。公司进入破产程序后,债权人是否有权针对之前的公司决议提起确认无效之诉存在一定争议。主要争议点为:究竟赋予公司债权人还是清算人诉权更为适宜。有人认为应当赋予债权人就此提出决议瑕疵诉讼的诉权,有人认为应当将此诉权赋予清算人,因为只有在公司清算时,债权人的利益才应当通过决议瑕疵诉讼加以保障,且清算人对于公司解散的诸多事宜最为专业与清楚。但不可否认,无论是立法上还是实践中,在公司解散清算时,就公司剩余财产的分配位序而言,债权人优先于公司股东；若小股东对于此时的不当股东大会决议有权提起瑕疵诉讼,那么债权人的相关权益就更值得保护。美国法上,债权人就享有对公司决议效力的异议权[4]。笔者更倾向于认为在破产情形下,债权人具有对于公司无效决议的诉权。破产为特例情形,本身已经对债权人的提诉适用条件进行了限制,没有再次限制之必要。在公司破产情形下,由债权人起诉决议无效引起滥诉的情形也十分少见。

(4)公司债券持有人。一般公司债的债券持有人,其与公司之间的债权债

---

[1]《公司法》第173条规定:"公司合并,应当由合并各方签订合并协议,并编制资产负债表及财产清单。公司应当自作出合并决议之日起十日内通知债权人,并于三十日内在报纸上公告。债权人自接到通知书之日起三十日内,未接到通知书的自公告之日起四十五日内,可以要求公司清偿债务或者提供相应的担保。"
[2] 参见赵旭东,前揭书,第352页。
[3] 参见白洋:《公司合并中债权人利益的法律保护研究》,载《法制与社会》2014年第35期。
[4] 参见方金刚,前揭书,第22页。

务关系不仅受到合同法的调整,也受到公司法和证券法的调整。[1] 为保护公司债券持有人利益,各国分别进行了一定的制度保护,如大陆法系立法中常规定公司债券持有人会议制度。[2] 我国《公司法》迄今没有确立该制度,许多学者都提出应借鉴有关国家和地区公司法的规定,以保护公司债券持有人的合法权益。[3] 根据《公司债券发行与交易管理办法》第57条第1款规定,"公开发行公司债券的,发行人应当为债券持有人聘请债券受托管理人,并订立债券受托管理协议;非公开发行公司债券的,发行人应当在募集说明书中约定债券受托管理事项。在债券存续期限内,由债券受托管理人按照规定或协议的约定维护债券持有人的利益"。《公司债券发行与交易管理办法》在一定程度上已建立起我国的公司债券持有人会议制度,为其诉权提供了法理基础。

可转换公司债的债券持有人,在某种程度上具有的权利与股东近似。可转换公司债,相较于一般公司债,其债券价值中增加了股权期权部分,具有自益权之意味。有学者就主张:"发行公司的经营状况与可转换公司债券持有人利益的相关程度并不次于股东。"[4] 可转换公司债的债券持有人并不参与公司治理,没有对公司决议的表决权,但这并不意味着其没有对公司治理的异议权。当公司通过的决议对可转换公司债的债券持有人权利造成损害时,其可以依据自益权与共益权提起公司决议无效之诉。

债权人还可能基于契约的特别约款享有决议无效诉权。债权人基于与公司之间的债权合同约定参与公司治理,在实践中已经非常常见,如在合同中赋予债权人对公司决议的表决权或者异议权等。而针对公司进行不当股利分配、对外提供担保等影响公司的偿债能力等情形,银行等金融机构债权人基于风险预判,往往会在合同中约定对于公司为上述行为的救济措施,如对外担保的通知义务、对外担保或者举新债的金额限制,甚至约定未经债权人事先允可,公司不得对外担保、举新债、分红等,个别金融债权人甚至在合同中约定其享有对公司特定决议事项的否决权等。总之,债权人通过合同路径参与公司治理,与股东、董事或监事等公司内部人基于组织法赋予的权限而参与公司治理在本质上是不一样的。如公司违反与债权人的合同约定,债权人可基于合同约定针对公司行为提

---

[1] 参见赵旭东,前揭书,第321页。
[2] 如《日本公司法》第715~742条;《韩国商法典》第490~512条。
[3] 参见石少侠主编:《公司法学》,中国政法大学出版社2015年版,第126~128页。
[4] 赵旭东,前揭书,第334页。

起违约之诉,但问题在于,此时提起违约之诉是否可以获得有效救济,如不能,此种情形下赋予债权人以公司决议无效之诉的诉权,也不失为一种救济方式。

一个值得关注的案例是最高人民法院再审的云南华电金沙江中游水电开发有限公司(以下简称云南华电金沙江公司)、金安桥水电站有限公司(以下简称金安桥公司)公司盈余分配纠纷案。[1] 本案是少数股东请求公司分配利润案件,涉及少数股东具体利润分配请求权的保障问题,二审认定的案件争议焦点亦为金安桥公司应否向其少数股东云南华电金沙江公司支付其主张的欠付股利及相应利息。但值得注意的是,金安桥公司曾与农业银行、中信银行等多家金融机构约定,"合同项下贷款全部清偿完毕前,未经银行方书面同意,金安桥公司不得以任何方式向其股东分配本项目的经营利润"。由此便引发一个疑问,即债务人违反有关贷款清偿完毕前不得向其股东分配利润的约定是否导致分配决议无效?诚然,二审法院认定金安桥公司在2014~2016年度不存在未归还当期银行贷款的情形,而在2014年度之前,金安桥公司正常向其股东进行利润分配,也并未出现有关金融机构主张该分配无效的情形。[2] 同时,在诉讼过程中,农业银行、中信银行等也并未对公司分配决议提出异议。因此二审法院基于《公司法》第4条对股东资产收益权的保障,认定股东会分红决议有效,进而支持云南华电金沙江公司的股利分配请求似无疑义。但是,二审法院的说理部分认为,债权人与公司限制分红的约定不应构成对股东基本权利的限制,违反该约定的后果也不应导致前述股东会关于利润分配方案的决议内容无效。该说理部分得到了最高人民法院的肯认。这一观点殊值商榷。首先,应当看到,公司与外部债权人的约定对公司是有利的,其基于商业发展考量或纾困的迫切需要,牺牲部分治理自主权,引入外部债权人,系公司真实意思,应为有效约定。在债权代理成本理论中,为了降低债权代理成本,维护债权人的切身利益,债权人应该作为治理主体之一参与到公司治理中[3],进而其与公司的约定应对公司及其成员产生约束力。其次,公司股利分配方案由董事会制定,交股东会以普通决议通过后,交付董事会执行,董事会、股东会作出的决议、公司与外部债权人作出的约定均属公司的意思表示,根据"禁反言"法理,在后决议不应与在先约定产生冲突。进

---

[1] 参见最高人民法院民事裁定书,(2022)最高法民申111号;云南省高级人民法院民事判决书,(2021)云民终142号。
[2] 参见云南省高级人民法院民事判决书,(2021)云民终142号。
[3] 参见沈晨光:《债权人参与公司治理问题研究》,中国人民大学出版社2015年版,第101页。

言之,若股东均知悉公司与债权人的约定,其仍批准通过分红决议,实为滥用股东权利,违反了《民法典》第132条规定的禁止权利滥用规则,根据《〈民法典〉总则编司法解释》第3条第3款的规定,构成滥用民事权利的,人民法院应当认定该滥用行为不发生相应的法律效力。最后,应当认识到,当公司决议侵害债权人利益时,由于债权人是公司外部人员,涉及债权人事项多数与公司资本制度和股息分配有关。[1] 公司债权人并非可以任意干预公司治理,而仅在公司偿债能力受到重大影响时,出于维护自身利益的迫切需要,才会参与公司治理。据此,我们有理由认为,公司债权人可以在特定条件下介入公司治理,在决议危及公司偿债能力时,债权人可基于特别约款享有决议无效诉权。

4.其他主体的原告资格

据《公司法解释四》第1条及《民事诉讼法》第122条之法理推导,具有决议无效之诉的原告范围绝不仅限于法条已明确列举的股东、董事、监事,除上述高管、特定情形下的职工及债权人外,实践中还可能有其他原告类型,如股东的继承人、股东的配偶、破产清算人等。股东的继承人作为原告时,股东继承人因继承事实发生,无论是否已经进行工商变更登记,均视为已经取得股权,其身份与股东无异。股东的配偶,与股东共同共有股东财产。如夫妻关系存续期间,一方入股公司,尽管股权登记在一方名下,但实质上是双方共有。但是股权仅登记在一方名下,基于权利外观,在股权转让等场合下,受让股权方无须过问所涉股权是否夫妻共同股权或共同财产权,否则势必将简单问题复杂化。[2] 这可能会造成对股东配偶权利的侵害。有人主张,股东配偶可以视为隐名股东,但是其与隐名股东之间的区别在于,隐名股东基于合同关系与名义股东存在利益牵连,而股东配偶则是由于共同共有关系导致利益牵连。在离婚纠纷期间,公司通过决议对股东配偶间接持有的股权恶意造成伤害时,个案中股东的配偶可基于股权共有关系提起公司决议无效之诉。[3] 破产清算人作为公司决议无效之诉的原告在域外法中已有规定,如日本法根据破产清算人职务权限和义务,赋予破产清算人提起公司决议无效之诉的原告资质。[4]

---

[1] 参见丁俊峰:《公司决议规则的制度解读和亮点呈现》,载《中国审判》2017年第26期。
[2] 参见吴越编著:《公司法先例初探》,法律出版社2008年版,第225页。
[3] 参见浙江省慈溪市人民法院民事判决书,(2008)慈民二初字第2949号;浙江省宁波市中级人民法院民事判决书,(2009)浙甬商终字第517号。
[4] 参见张凝:《日本股东大会制度的立法、理论与实践》,法律出版社2009年版,第283页。

此外,关于公司决议效力的异议权是否可以事先放弃,存在争议。支持的理由主要是:第一,依据"禁反言"法理,公司治理人员对已作出异议权放弃承诺的主体具有信赖利益,有理由相信他们不会对公司决议效力提出质疑。如赋予已作出诉权放弃承诺的主体以诉权,则不利于公司治理。第二,通常情况下,对公司治理中各项决定异议权的放弃往往会与其他方面的受益相结合,如优先权股东通过对投票权的放弃,获得了剩余财产的优先分配权等。在此种情形下,赋予其对公司决议无效之诉的诉权可能存在使其额外获利的嫌疑。否定理由主要是:在公司决议无效之诉中,公司决议存在瑕疵较重,对享有诉权之主体亦不应作过多限制。经分析,笔者倾向于认为权利事先放弃的主体对公司决议效力是否享有异议权主要取决于是否存在其他救济途径。如尚存其他救济途径,则权利放弃人无诉权。如果除提起公司决议无效之诉外,已无其他权利救济途径或者通过其他途径无法从根本上对权利进行救济,此种情形下可以由法院就个案斟酌判断是否赋予其诉权。

四、决议无效之诉原告的实证分析

(一)案例统计概况

1.样本选取

对决议无效之诉原告资格存有争议的案件,绝大多数涉及对原告适格性的考量,故以"决议无效""适格"为关键词分别在中国裁判文书网、无讼、北大法宝、威科先行、律商网检索到850多例案件,经筛选,剔除决议确认有效诉讼[1]、仲裁诉讼[2]、决议不成立诉讼[3]、决议撤销之诉等案件,最终确定64例组成研究样本。[4]

---

[1] 参见云南省石林彝族自治县人民法院民事判决书,(2017)云0126民初1525号;广东省中山市中级人民法院民事裁定书,(2018)粤20民终3245号。

[2] 参见浙江省嘉兴市中级人民法院民事裁定书,(2015)浙嘉商外终字第21号。

[3] 参见北京市怀柔区人民法院民事判决书,(2018)京0116民初2135号;北京市丰台区人民法院民事判决书,(2016)京0106民初7109号;天津市南开区人民法院民事判决书,(2017)津0104民初13160号;天津市第一中级人民法院民事判决书,(2018)津01民终3095号。

[4] 有部分案例虽属于确认决议无效之诉,但由于论证不清晰等原因未列入样本,如广西壮族自治区宁明县人民法院民事裁定书,(2017)桂1422民初1086号;还有1例,法院将原告适格性与被告适格性统一说理,判决驳回原告的诉讼请求,因无法确认是否认可原告的资格,也未列入,如广西壮族自治区崇左市中级人民法院民事裁定书,(2018)桂14民终28号。

2. 样本案例的审理程序

在64例样本案件中,适用一审程序的有14例,其余50例适用二审程序,案件进入二审程序,在一定程度上反映了原告资格争议的复杂性。[1] 样本案例显示,存在以下几类主体提起公司决议无效之诉情形:股东、董事、监事、职工(包括拥有股权与不拥有股权的职工)、债权人、股东继承人、股东配偶、董事及高管配偶、公司、公司破产管理人,共计10类,具体分布是:股东为原告的42例,董事为原告的1例,监事为原告的1例,职工为原告的3例,债权人为原告的3例,股东继承人为原告的6例,股东配偶为原告的1例,董事及高管配偶为原告的3例,公司为原告的5例,见图6-2。

	股东	董事	监事	职工	债权人	股东继承人	股东配偶	董事及高管配偶	公司
■案件数量(件)	42	1	1	3	3	6	1	3	5

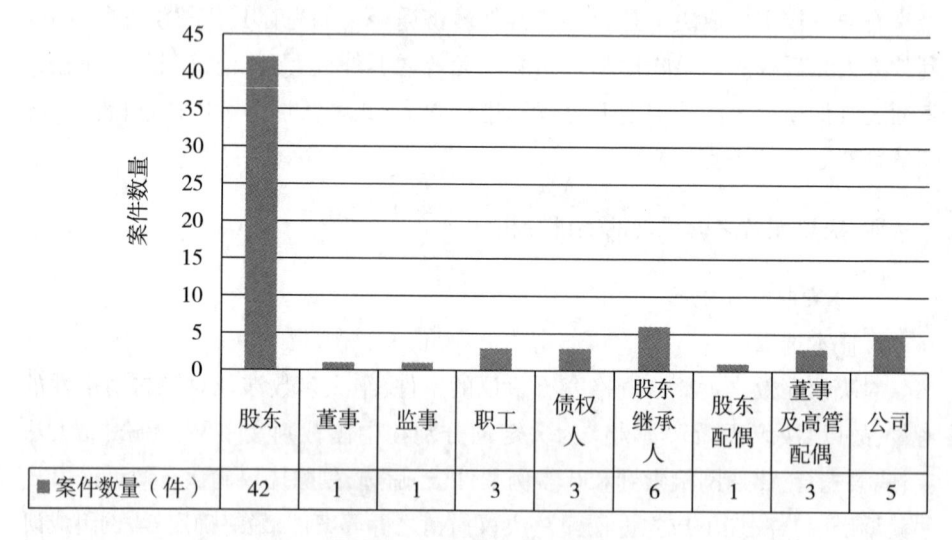

图6-2 公司决议无效之诉

3. 被告否定原告适格性的理由

样本案例显示,如原告为股东,被告多通过质疑股东身份进而否定其原告资格,具体理由有:原告未在商事登记簿中;未参与公司实际经营管理;未实际出资或者瑕疵出资;名义股东而非实际股东;章程签名非本人所签;无出资证明书;股东身份确认案仍在审理中;等等。法院对原告资格的审查主要从程序诉权以及实体诉权角度对这些理由予以考量。

---

[1] 当然,样本可能存在检索未穷尽的问题,部分案件的二审裁判文书暂未检索到,导致样本案例统计有误差。

此外,被告否定董事、监事原告资格的理由,多基于原告已被罢免从而不满足法律规定的身份要求。被告否定其他类型主体原告资格的理由,多是法律并未规定其作为决议无效之诉的原告。

4. 法院对原告资格的认定

在原告资格存在争议的案例中,法院多着眼于被告提出的否定原告适格性的理由进行针对性论证,其中也有5例案件对原告范围进行了明确表述,包括《公司法解释四》颁布前的1例,在该案中,法院明确将决议无效之诉的原告范围限定为"股东"[1],《公司法解释四》颁布后的认定有4例,其中2例均将原告范围限定在"股东、董事、监事",[2]有1例认为"公司、股东、债权人等均有权提出确认之诉",[3]最后1例将《公司法解释四》第1条的条文引用错误,写作"与股东会或者股东大会、董事会决议内容有利害关系的公司股东、董事、监事、公司职员"。[4]

审理法院对原告适格性争议的审查立场,一是不予处理,绝大多数法院针对被告提出的原告适格性抗辩会审查,但亦存在例外。样本中法院对原告适格性进行处理的有59例,有5例案件法院对原告适格性不予处理,占比7.8%(见图6-3)。法院对原告资格不予处理的主要理由有:原告提供担保[5]、应另案处理[6]、超出案件处理范围[7]、属于实体审理范围[8]。原告提供担保,自然不应该影响其原告资格,所以针对原告提供担保的抗辩事由,法院不予处理,可能是认为缺乏价值。另外,针对涉及案件处理范围、实体审理范围、另案处理等理由,主要背景是有股权转让纠纷以及瑕疵出资情况,法院对此不予处理多是因为被诉案情法律关系清晰,不予处理的实质就是明确肯认原告资格。二是肯定原告资格,这在样本案例中占据多数。三是否定原告资格。样本案例中否定原告资

---

[1] 参见河北省石家庄市桥东区人民法院民事判决书,(2013)东民二初三字第00146号。
[2] 参见浙江省杭州市中级人民法院民事裁定书,(2017)浙01民终8665号;山东省烟台市福山区人民法院民事判决书,(2017)鲁0611民初1949号。
[3] 参见广东省佛山市三水区人民法院民事判决书,(2015)佛三法民二初字第198号。
[4] 参见甘肃省正宁县人民法院民事裁定书,(2015)正民初字第594号。
[5] 参见广东省深圳市福田区人民法院民事裁定书,(2016)粤0304民初24460号之一。
[6] 参见北京市第三中级人民法院民事判决书,(2015)三中民(商)终字第01832号。
[7] 参见河北省石家庄市桥东区人民法院民事判决书,(2013)东民二初三字第00146号。
[8] 参见广东省深圳市福田区人民法院民事裁定书,(2016)粤0304民初24460号之一;山东省昌邑市人民法院民事判决书,(2014)昌商初字第715号;山东省潍坊市中级人民法院民事裁定书,(2016)鲁07民辖终588号。

图 6-3 原告适格性案例法院审查结果的案件数量

格的有 14 例,占比 21.8%,详情是:1 例为被免职高管;5 例为公司;4 例为实际出资人;3 例为董事及高管配偶(见图 6-4)。四是法院予以改判。样本案例中有 3 例存在改判情形,其中 1 例监事作原告[1],1 例职工作原告[2],1 例实际出资人作原告[3]。监事作为原告改判案例发生在《公司法解释四》颁行前,其时尚未明确监事的原告资格,现在来看自然无须讨论,即便就一般法理而言,监事对公司负有信义义务,当然享有决议无效之诉权。在职工作为原告的改判案例中,主要是对职工股东是否受公司决议约束存在争议。实际出资人作为原告改判的案件,两审法院就实际出资人能否作为公司决议的直接利害关系人存在不同认定。就职工、实际出资人的原告资格,下文还要进一步论述。

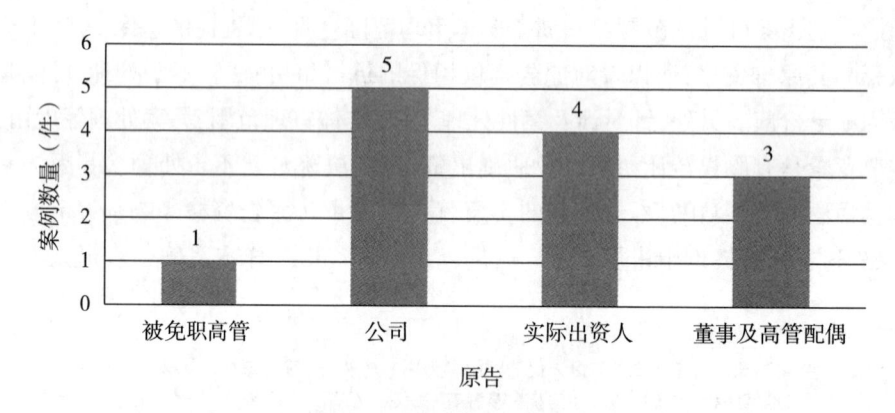

图 6-4 否定原告资格情形

---

[1] 参见海南省第一中级人民法院民事裁定书,(2017)琼 96 民终 1654 号。
[2] 参见黑龙江省牡丹江市中级人民法院民事裁定书,(2018)黑 10 民终 94 号。
[3] 参见四川省成都市双流区人民法院民事判决书,(2017)川 0116 民初 8899 号,该判决最后被四川省成都市中级人民法院民事裁定书,(2018)川 01 民终 1906 号撤销。

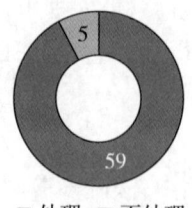

(二) 原告的类型化分析

对原告的类型化分析,有助于明晰法律文本在实践中的应用,同时对实践中的问题上升为以法律规范为指引也有助益。受案例检索限制,部分主体的资格类型可能未能涉及,殊为可惜。

1. 股东

(1) 名义股东与实际出资人(隐名股东)。样本案例中名义股东提诉的有 5 例,实际出资人提诉的有 3 例,二者之间究竟何者享有诉权,需要厘清。在长期的司法实践中达成的一项共识是,实际出资人如未经过显名环节,一般不承认其股东身份,尤其在面对有外部第三人参与的法律关系时,更是如此。但在公司内部,其究竟有无股东身份则存在争议。实际出资人决议无效之诉权享有与否属于公司内部关系范畴,故司法裁判尚不统一。有的法院认为实际出资人具有诉权,因为公司决议内容与实际出资人具有直接利害关系[1],亦有法院持否定立场,理由是:①根据《公司法解释三》第 25 条规定,针对名义股东处分股权而给实际出资人造成的损失,实际出资人可依法向名义股东求偿,所以名义股东才是决议无效之诉的原告。[2] ②实际出资人仅享有根据名义股东持股比例领取投资收益之权利,并不享有股东所享有的其他权利,其不能凭借与名义股东的内部约定当然地成为被告公司的股东,享有股东权利。[3] 最高人民法院也持后一种立场。[4]

实际出资人不享有决议无效之诉原告资格,是有迹可循的。具言之,除《公司法解释三》第 25 条规定外,最高人民法院《关于审理外商投资企业纠纷案件若干问题的规定(一)》第 17 条规定,"实际投资者根据其与外商投资企业名义股东的约定,直接向外商投资企业请求分配利润或者行使其他股东权利的,人民法院不予支持"。据此,实际投资人与公司之间是以名义股东为纽带的,在显名之前,唯有名义股东充当决议无效之诉的原告。

(2) 参会股东与未出席股东。样本中有 1 例系被告认为原告股东参与公司决议因而不享有决议无效之诉权。股东是否出席股东会决议的情节,似有必要

---

[1] 参见四川省成都市双流区人民法院民事判决书,(2017)川 0116 民初 8899 号,该判决最后被四川省成都市中级人民法院民事裁定书,(2018)川 01 民终 1906 号撤销。
[2] 参见四川省成都市中级人民法院民事裁定书,(2018)川 01 民终 1906 号。
[3] 参见四川省洪雅县人民法院民事裁定书,(2017)川 1423 民初 21 号。
[4] 参见最高人民法院民事裁定书,(2017)最高法民终 18 号。

讨论。股东是否出席股东会决议与其能否成为决议无效之诉的原告应当并不存在牵连关系，如分情形而论，股东未出席股东会有三种情形：一是因未受合法通知不知情而未参加；二是虽收到通知却被拒绝参加；三是因自身原因放弃参加。[1] 无论基于何种原因，股东对表决权的未行使状态都不是剥夺其对股东会决议瑕疵提出诉权的理由，比如未出席股东会之股东仍有决议撤销之诉权。[2] 进言之，参会股东无论是否参与投票，也无论其投赞成票、反对票抑或弃权票，都同样享有决议瑕疵诉权，因为即便股东投赞成票，事后提出决议效力瑕疵之诉求，也是股东的自省救赎机会。一方面，股东会表决时，股东不一定能够获悉与股东会表决事项相关的全部信息，反而可能由于自身知识的有限性、获悉信息的片面性、法律知识的匮乏性、未来预期的主观性等原因作出错误判断，所以赋予投赞成票的股东以决议瑕疵诉权，某种程度上可视为股东的一种自我纠错机制。反之，如将投赞成票的股东排除在诉权之外，可能导致其在一次表决作出后除了承担无效决议带来的不良后果外无其他有效救济手段，这对于该股东极为不利。另一方面，股东作为公司财产的最终所有权人，违法决议很可能损害公司权益，股东作为直接利害关系人，当然有权利通过诉权行使纠正之。

（3）瑕疵出资股东。样本中共有5例系由瑕疵出资股东提诉。[3] 其中，股东部分出资的，其股东资质并无疑问，但对于抽逃全部出资、未实际出资的股东，法院也认可其适格性，裁判理由是，原告虽抽逃出资，但公司并无决议解除其股东身份，商事登记显示原告仍系公司股东[4]，或者抽逃出资不影响股东身份的确定。[5]

（4）更名股东。样本中有1例因股东名称发生变更，导致原告股东资格发生争议。[6] 审理法院认为股东名称的更改并不影响股东资格。

（5）失权股东。第一类是，由被诉决议剥夺了股东身份的前股东提诉的，样

---

[1] 参见赵心泽，前揭书，第144页。
[2] 参见赵心泽，前揭书，第144页。
[3] 参见广西壮族自治区资源县人民法院民事判决书，(2018)桂0329民初193号；四川省凉山彝族自治州中级人民法院民事判决书，(2018)川34民终508号；河南省新县人民法院民事判决书，(2017)豫1523民初1411号；四川省普格县人民法院民事判决书，(2017)川3428民初130号；四川省凉山彝族自治州中级人民法院民事判决书，(2018)川34民终508号；山东省昌邑市人民法院民事判决书，(2014)昌商初字第715号；山东省潍坊市中级人民法院民事裁定书，(2016)鲁07民辖终588号。
[4] 参见广西壮族自治区资源县人民法院民事判决书，(2018)桂0329民初193号。
[5] 参见四川省凉山彝族自治州中级人民法院民事判决书，(2018)川34民终508号。
[6] 参见江苏省盐城市中级人民法院民事判决书，(2015)盐商终字第00093号。

本中共有 4 例。[1] 因股东会决议丧失股东资格的"前股东"是决议无效之诉的原告,自不待言,因为涉案决议处分了股东的股权,股东与该决议之间显然具有直接的利害关系;另外,唯在剥夺股东资格决议有效的前提下,股东才会丧失股东资格。该股东提诉的目的就是否定该决议的效力,该决议的效力既然存疑,应当肯认该股东在提诉时仍为公司股东。第二类是,非因被诉决议失去股东身份股东提诉的,共有 3 例。这类决议多发生于股权转让纠纷中,出让股东与受让股东之间或者出让股东与公司之间关于股权转让的纠纷,不影响出让股东身份的丧失,该股东不再享有决议无效之诉权。如受让股东未支付出让股款,出让股东也不能以受让股东未支付股款为由,主张自己仍是公司股东。[2] 这是由公司股权变动模式决定的,法院一般确认,有限公司的股权转让协议生效时原股东即丧失股东身份和权益。[3] 此种情形下,受让股东得提起决议无效之诉。[4] 即便股权受让方是公司本身,原股东的股权也已经转化为请求公司对其出资进行补偿的债权。[5] 当然,原股东还可以就其作为股东期间的公司决议提起无效之诉。[6]

(6)股权转让情形下的股东。样本中有 1 例涉及股权转让协议无效,法院认为如股权转让协议无效,受让股东自始未取得股权,被诉公司决议不会对受让股东的利益产生影响,受让股东与该决议无直接利害关系,故受让股东无权提起决议无效之诉。[7] 样本中还有 2 例涉及股权转让协议被解除的出让股东。[8] 合同一旦解除,将产生恢复原状、赔偿损失等法律后果,但在股权转让协议解除

---

[1] 参见重庆市第二中级人民法院民事判决书,(2012)渝二中法民终字第 01670 号;北京市第二中级人民法院民事判决书,(2018)京 02 民终 1677 号;广西壮族自治区南宁市中级人民法院民事裁定书,(2017)桂 01 民终 6872 号。

[2] 参见浙江省长兴县人民法院民事裁定书,(2017)浙 0522 民初 6892 号;浙江省湖州市中级人民法院民事裁定书,(2017)浙 05 民终 1670 号。

[3] 参见山东省烟台市福山区人民法院民事判决书,(2017)鲁 0611 民初 1949 号。

[4] 参见贵州省高级人民法院民事判决书,(2015)黔高民商终字第 1 号。

[5] 参见甘肃省正宁县人民法院民事裁定书,(2015)正民初字第 594 号。

[6] 参见山东省东营市中级人民法院民事判决书,(2014)东商终字第 45 号。

[7] 参见浙江省嘉兴市中级人民法院民事裁定书,(2015)浙嘉商外终字第 21 号。案情简介:原、被告双方对赵某是否享有诉权存在争议。原告赵某主张已生效的(2013)嘉海商初字第 1492 号判决虽确认赵某取得海宁申能公司的股权转让协议无效,但并未判决将股权登记恢复原状,故其享有诉权。被告海宁申能公司和上海申岚公司则认为,根据上述生效判决,赵某取得海宁申能公司的股权转让协议无效,涉案股权实际系上海申岚公司所有,因此赵某没有诉权。

[8] 参见福建省厦门市思明区人民法院民事判决书,(2013)思民初字第 7970 号;福建省厦门市中级人民法院民事判决书,(2015)厦民终字第 1536 号。

之前,受让股东有权就其持股期间的决议提起无效之诉。[1] 在李某强、张某琳与厦门永福贵投资有限公司、林某其等纠纷案中,股权转让协议因受让股东未支付股款而解除,法院认为,原告有权基于协议解除前的股东身份提起确认股东会决议无效之诉,程序上并无不当。[2]

(7)无表决权股东。样本中有2例涉及无表决权股东是否享有诉权的问题。[3] 这一问题的关键是明确表决权与诉权之间的关系。表决权依附股权而生,诉权也内含于股权之中,那么表决权的丧失是否会导致决议无效之诉权的丧失呢?有学者认为,诉权不是表决权的附属物或其要素,而是与表决权不同的股东权。[4] 该观点深值赞同。所谓无表决权股东,意味着该股东仅仅不享有表决权,但并不意味着该股东不可以对于获得通过的公司决议效力提出存在瑕疵的主张,股权作为复合型权利束,其内含的知情权、质询权等其他股东权利并未因表决权的丧失而受到限制。[5] 更重要的是,如决议违法,必然会对公司及其股东利益造成损害,与无表决权股东同样具有直接利害关系。事实上,无表决权股东虽不能行使表决权,但对股东会决议的形成并非毫无影响,其自身仍要受到决议的直接影响。

2. 董事、监事、高管

(1)被罢免董事。如公司通过决议罢免董事职务,被罢免董事能否作为决议无效之诉之原告,样本中没有此类案例,但笔者另外搜索到1例确认公司决议不成立案,即李某营与重庆市中南石油有限责任公司公司决议纠纷案[6],同样具有参考价值。被罢免董事提起决议无效之诉,法院支持其原告资格基于以下考量:被罢免董事与诉争会议内容具有直接利害关系[7];虽然公司决议已罢免原告的董事职务,但前提是案涉决议成立且有效,但对于决议是否成立有效的民

---

[1] 参见福建省厦门市思明区人民法院民事判决书,(2013)思民初字第7970号。虽然此案中法院认为原告应当提起的是公司决议可撤销之诉,但是笔者认为厦门市思明区人民法院对原告与公司决议瑕疵是否具有关联性的说理可值得借鉴。

[2] 参见福建省厦门市中级人民法院民事判决书,(2015)厦民终字第1536号。

[3] 参见新疆维吾尔自治区乌鲁木齐县人民法院民事判决书,(2017)新0121民初312号;广东省云浮市中级人民法院民事判决书,(2015)云中法民二终字第400号。

[4] 参见[韩]李哲松,前揭书,第417页。

[5] 参见赵心泽,前揭书,第143页。

[6] 案情简介:原告李某营原系被告中南石油公司登记的董事长,公司于2016年1月20日召开的股东会决议将其罢免,原告请求法院判令该公司决议不成立。

[7] 参见重庆市奉节县人民法院民事判决书,(2017)渝0236民初4616号。

事判决作出前,原告的董事职务不能被否定。[1]

(2)监事。样本中有1例监事作原告提诉的,即彭某文与文昌国民村镇银行有限责任公司、乌海银行股份有限公司公司决议纠纷案。[2] 该案件发生在《公司法解释四》颁布前,一审法院认为监事提起决议无效之诉超出了监事职权范围,二审法院则认可监事的原告资格。监事的原告资格纷争已被《公司法解释四》第1条解决,此处不予赘述。

(3)被罢免高管。样本中有2例由公司高管提诉,都发生在《公司法解释四》颁布前,法院均认定被罢免高管无权针对公司决议以罢免职务为由提起决议无效之诉[3],殊为可惜。

3. 职工

样本中有3例案件属于职工提诉的,其中1例为职工持股会成员提起,2例为职工股东提起。在后2例中,1例发生在企业改制过程中,1例发生在普通公司治理中。由此初步推断,职工作原告的多为持有职工股的职工,法院对其作为原告资格的认定也多与职工兼具的股东身份有关。

(1)普通职工股东。在邓某华与牡丹江电子仪器有限责任公司公司决议效力确认纠纷案中,公司设立持股会,起诉的职工股东并不是持股会成员且已离职,公司依据持股会章程通过了股东会决议,案件争议焦点为股东会决议是否对职工股东具有约束力,即公司决议与职工股东是否具有利害关系,一审法院肯定,二审法院否定。[4] 判断股东会对职工股东是否造成影响,与股东会决议作出依据并无太大关联。本案的股东会决议已经涉及原告财产,原告作为直接利害关系人受有利益损失,应该享有诉权。

---

[1] 参见重庆市第二中级人民法院民事判决书,(2018)渝02民终457号。
[2] 参见海南省第一中级人民法院民事裁定书,(2017)琼96民终1654号。
[3] 参见北京市第二中级人民法院民事裁定书,(2015)二中民(商)终字第10273号;陕西省武功县人民法院民事判决书,(2015)武民初字第00922号;陕西省咸阳市中级人民法院民事判决书,(2016)陕04民终999号。
[4] 参见黑龙江省牡丹江市中级人民法院民事裁定书,(2018)黑10民终94号。案情简介:被告公司系经企业改制成立,有16个自然人股东及2个持股会。持股所占比例为1.02%。2006年11月24日,上诉人与被上诉人自愿解除劳动关系。2016年9月30日,被上诉人召开股东大会,讨论并表决通过了《牡丹江电子仪器有限责任公司关于拆迁善后处理的若干规定》,其第5条内容为:"厂级、中层干部、技术开发人员的奖励股份(厂级5万元、中层干部、技术开发人员7000元)退休之前调出本公司人员予以收回。"原告认为,被上诉人依据对上诉人没有约束力的持股会章程,以大股东的话语权通过对全体股东有约束力的股东大会决议,非法剥夺上诉人的合法股权,在股东大会决议中利益受损小股东的意见根本得不到体现。

(2)持股会成员。在施某君与庄某芬纠纷案中,原告为持股会成员,公司通过股东会决议调整股权结构,损害了职工基于员工持股会具有的"股权"。法院认为持股会可以是公司股东,但持股会成员并不是公司股东,无权提起决议无效之诉。[1]

(3)企业改制中的职工股东。企业改制公司是特定历史时期的产物,相关案件不能单纯依据公司法来判定,其还离不开特定时期的法律规定及公司改制实践。这一立场为司法实践所证实。在王某欣等与长春市长白实业公司公司决议效力确认纠纷案中,被告公司[2]改制发生在特定时期,彼时法律对职工股东离开公司的股份处理情形进行了规定,法院认为,"原国家经济体制改革委员会《关于发展城市股份非合作制企业的指导意见》及《吉林省人民政府关于大力发展乡镇股份合作制企业意见的通知》中,均明确不吸收本企业以外的个人入股,职工离开企业时股份不能带走,必须企业内部转让"[3]。据此,职工股股东如因离职而丧失股份,也丧失了决议无效之诉权。

4. 债权人

样本中有 3 例是债权人提诉的,其所包含的案由比较分散,包括确认合同无效纠纷,生命权、健康权、身体权纠纷,股东损害公司债权人利益的责任纠纷等。尽管原告债权人的诉请多而杂,审理法院还是在裁判中对案情进行考量后依据主要诉请对案由进行了归类。在《公司法解释四》施行后,在佛山朝野投资有限公司、宿州市华盛置业有限公司确认合同无效纠纷案中,审理法院认为司法解释明确规定了请求确认决议无效的原告不包括债权人,故其诉讼请求没有法律依据[4],法院在法律适用中对《公司法解释四》第 1 条中的"等"字进行了限缩解释,认为"等"是列举后收尾。而在《公司法解释四》颁布前,有 2 例判决均支持了债权人提起的决议无效之诉。在张某熹与健康活水世界(南京)有限公司董事会决议效力确认纠纷上诉案中,江苏省高级人民法院维持了一审法院的认定,

---

[1] 参见浙江省舟山市中级人民法院民事判决书,(2008)舟民二终字第 43 号。
[2] 被告公司系股份合作制企业,所谓股份合作制企业,是指以企业职工出资为主或者全部由企业职工出资构成企业法人财产,合作劳动,民主管理,按劳分配和按股分红相结合的集体所有制企业法人。是我国市场经济特定时期的产物,并非公司法意义上的有限责任公司或股份有限公司,不能简单地适用公司法相关规定进行调整,应根据特定历史时期国家及地方颁布的股份合作制企业相关规定及企业内部章程内容进行评判。
[3] 吉林省长春市中级人民法院民事判决书,(2016)吉 01 民终 813 号。
[4] 参见安徽省宿州市中级人民法院民事判决书,(2018)皖 13 民终 813 号。

认为《公司法》并未限定提起诉讼确认决议无效的主体,这可理解为对相应利害关系人主体资格的肯认。原告作为公司股东、董事、债权人,无论其为何种身份,都应有权对该董事会决议的效力提出异议[1]。江苏省高级人民法院未对债权人提起决议无效之诉的适格性明确说理,维持了原判决,这等于江苏省高级人民法院实质上认可了债权人的原告资格。在另一案件中,存在公司股东转让股权恶意减少公司资产损害债权人利益的情形,债权人主张作出股权转让决定的公司决议无效且股权转让协议无效。法院据此认可了债权人有权提诉,但未对其原告资格展开说理[2]。

5. 其他主体

(1) 公司。样本中有5例是公司作为原告提诉的,法院均不认定公司作为原告的适格性[3]。这些裁判的观点梳理如下:①决议是以公司名义作出的,公司以自己名义提诉请求确认决议效力,缺乏请求裁判的争议基础;②法律规定原告应为公司的股东、董事、监事等,被告应为公司,公司自然没有决议无效的提诉资格,否则会产生公司诉公司的情形[4];③若公司自身认为其之前作出的决议无效,自可重新召开股东会、董事会对该决议进行否决或确认该决议无效,并无起诉之必要[5]。

(2) 破产管理人。样本中有1例由破产公司管理人提诉,即铜仁市先桥房地产开发有限公司与孙某、徐某桥损害公司利益责任纠纷案,法院认为,"公司已进入破产清算程序,作为公司利益及债权人利益代表的公司管理人与案涉决

---

[1] 参见江苏省高级人民法院民事判决书,(2008)苏民三终字第0224号。
[2] 参见四川省凉山彝族自治州中级人民法院民事判决书,(2016)川34民初26号。该案中,公司股东未依法进行清算便分配公司的利润;股东陈某明、李某金在公司成立后,将出资抽回;股东李某洪虽说收购陈某明、李某金的股份,其实质上未出任何资金。陈某明、李某金、李某洪以合法的形式(股东会决议、股权转让协议、股权转让支付协议)掩盖其非法目的,陈某明、李某金在公司成立后抽回出资,李某洪零出资收购股权,公司出资后,又未得到股权,不属于公司回购股东股权的情形。越西多泰公司的上述行为使公司股权转让后,公司资产明显减少,且又不是公司依法减资的情形,该行为损害了其作为债权人的合法权益。
[3] 参见浙江省杭州市中级人民法院民事裁定书,(2017)浙01民终8665号;云南省石林彝族自治县人民法院民事裁定书,(2017)云0126民初1525号;吉林省延吉市人民法院民事裁定书,(2017)吉2401民初6342号;山东省胶州市人民法院民事判决书,(2016)鲁0281民初7913号;广东省中山市中级人民法院民事裁定书,(2018)粤20民终3245号。
[4] 参见吉林省延吉市人民法院民事裁定书,(2017)吉2401民初6342号。
[5] 参见山东省胶州市人民法院民事判决书,(2016)鲁0281民初7913号;广东省中山市中级人民法院民事裁定书,(2018)粤20民终3245号。

议有直接利害关系,并认可公司管理人具备本案原告的诉讼主体资格"[1]。质言之,对于破产管理人而言,系基于其职务上的权限和义务而被认可具有诉讼利益。[2]

(3)股东的配偶。样本中有1例系由股东配偶提诉,即慈溪市普高塑料有限公司与潘某敏与公司有关的纠纷案,原告陈某明与被告公司股东潘某江系夫妻关系,潘某江持有的公司80%股权系夫妻共同财产,法院认为,现因增资引起了股权比例的变化,属于潘某江对夫妻共有股权的处分,未征得陈某明同意,应属无效。结合其他事实可认定潘某江是以减资的合法形式掩盖转移夫妻共同财产的非法目的侵害了其配偶的合法权益。原告是直接利害关系人,主体适格。[3] 众所周知,股权财产权益的享有与股东身份是两回事,股东的配偶并非股东,也并不当然是公司董事、监事、高管,但由于财产共有的背景,如离婚纠纷中作为夫妻一方的股东为减少或隐匿夫妻共同财产,通过公司决议形式恶意减少夫妻共同财产,股东的配偶是否有权就公司决议损害自己利益之情形提起公司决议无效之诉,确实有分析之必要。

在我国公司登记实践中,为了明确每个股东持股的具体比例,市场监管机关不愿意将股权登记为夫妻双方共有,只允许将股权登记在夫妻一方名下。[4] 而第三人一般是通过公司的外观特征来了解、判断公司成员构成的,因此,应本着商法公示主义和外观主义精神来保护第三人,认定公司的股东资格。[5] 基于此,仅具备公示外观的夫妻一方是公司股东,而另一方并无股东资格,也就无法基于股东身份享有对无效决议的诉权。然而,基于夫妻共同财产推定规则,婚姻期间所获股权系夫妻共有财产,应无疑义,进而可以推导出未登记为股东的一方配偶对股权享有利益。虽然理论上和实践中存在部分共同财产说和共同财产说的争论[6],但是都应当承认,就名实不符的股权登记状态,未被登记为股东的配偶并无途径进行更正,因而对该权利外观的形成没有可归责性。[7] 因此,被登

---

[1] 贵州省铜仁市中级人民法院民事判决书,(2016)黔06民终762号。
[2] 参见张凝,前揭书,第283页。
[3] 参见浙江省慈溪市人民法院民事判决书,(2008)慈民二初字第2949号;浙江省宁波市中级人民法院民事判决书,(2009)浙甬商终字第517号。
[4] 参见王涌、旷涵潇:《夫妻共有股权行使的困境及其应对——兼论商法与婚姻法的关系》,载《法学评论》2020年第1期。
[5] 参见李建伟,前揭书,第227页。
[6] 参见缪宇:《夫妻共有股权:形成、管理和处分》,载《社会科学研究》2022年第6期。
[7] 参见缪宇,前揭文,第52页。

记为股东的一方配偶通过决议方式恶意减少夫妻共同财产时,股东配偶的利益殊值保护。同时,虽然在实践中,有法院采取隐名出资的思路理解夫妻共有股权问题[1],而基于前文分析,实际出资人在显名前仅与名义股东存在合同关系,因而并无提起决议无效之诉的原告资格。但是,实际出资人与名义股东之间系合同关系,其利益分配通过合同完成。实际出资人无法直接参与公司治理,与公司决议亦无直接利害关系。夫妻对股权的共有却是基于夫妻共同财产推定规则推导而得,其具有法定性,股东配偶基于该利益享有的法定性亦对处分该股权的决议享有直接利害关系。因此,应当承认股东配偶的原告资格。

(4)董事及高管的配偶。不同于股东的配偶,董事、监事及高管的配偶,不能享有公司决议无效之诉权。在卢某吟诉公司决议纠纷案中,法院认为,董事、董事长及法定代表人的身份,不因其死亡事实而由作为配偶的原告取得[2],董事、高管的配偶如想获得相应身份应当根据有效的公司决议获得任命,否则,不享有公司决议无效之诉权。

(5)股东的继承人。样本中有6例由股东继承人提诉。对于股东继承人是否享有决议无效之诉权,裁判并不统一。有法院认为,"股东的继承人因继承成为公司股东"[3],也有法院认为,"股东的继承人并不能必然取得股东资格,其在未能证明自己股东身份的前提下,无权提起公司决议无效之诉"[4],还有法院认可股东的继承人与涉案决议具有直接利害关系[5]。关于股东继承人可否作为决议无效之诉的原告,须依据公司法及公司章程关于股权继承限制的具体规定进行判断。《公司法》第75条规定,有限公司章程可以限制股东继承人继承股权,据此,如公司章程设有限制,可以排除股东继承人的诉权;反之,自然人股东死亡后,其合法继承人自动取得股东身份,有权提起决议无效之诉。这一立场得到司法实践的支持。河北谷养谷农业开发集团股份有限公司、赵某民公司决议撤销纠纷案对股东继承人是否适格的问题有较为清楚的阐释,法院认为,在公司决议作出前,

---

[1] 参见周游:《股权利益分离视角下夫妻股权共有与继承问题省思》,载《法学》2021年第1期。
[2] 参见上海市青浦区人民法院民事裁定书,(2017)沪0118民初14571号。
[3] 该案中,股东袁某容的父亲和女儿公证放弃袁某容在瑞丰公司股东资格及股东权益的继承权,法院认为袁某容的丈夫蒋某平继承取得袁某容在瑞丰公司股东资格及股东权益。参见湖北省枝江市人民法院民事判决书,(2017)鄂0583民初938号。
[4] 参见云南省高级人民法院民事裁定书,(2017)云民终750号;云南省高级人民法院民事裁定书,(2017)云民终751号;江苏省南通市中级人民法院民事判决书,(2014)通中商终字第0615号。
[5] 参见天津市第二中级人民法院民事判决书,(2016)津02民终6312号;天津市第二中级人民法院民事判决书,(2016)津02民终6318号。

公司章程对股东继承人继承股东资格并未作出限定,依据我国《公司法》第 75 条之规定,股东继承人当然可继承股东资格,进而提起公司决议无效之诉。[1]

总结而言,理论是灰色的,"实践之树"才是常青的。样本案例显示的公司决议无效之诉的原告范围十分广泛,并不限于《公司法解释四》明定的三类主体,公司高管、职工和债权人提诉的案例并不罕见,甚至股东的配偶、继承人也时常在列,公司、公司破产管理人也有出现。这彰显了理论与实践的断层,亟须公司法理论与法律规范的反思与回应。

五、决议无效之诉原告资格认定的新标准构造

公司法理论与司法实务并无对公司决议无效之诉原告的统一判定标准,这导致了原告范围难以廓清。如果能够重构公司决议无效之诉原告资格的认定标准,各类利益相关者之主体适格性判断将不再是"雾里看花"的难题,凡满足构建标准者,可为原告,反之,则不能。

(一)原告资格认定的新标准

公司决议无效之诉原告范围的厘清,以公司决议的效力约束范围明确为前提。尚需指出,法律诸价值的互克性是它们之间关系的主流,如其中的一项价值得到完全实现,就难免在一定程度上牺牲或否定其他价值。[2] 决议无效之诉原告范围的厘清,需要在个体权利救济与公司治理的稳定性维护之间取得平衡。

1. 构建背景:立法推演与实证分析的分歧

前文分析表明,在立法规范、公司法理论与司法裁判实践的三个层面上,公司决议无效之诉原告的认定均未统一。在梳理《民事诉讼法》第 122 条、《公司法》第 22 条及《公司法解释四》第 1 条之后,也仅就"公司股东、董事、监事"作为原告取得共识,但对于除此之外的其他主体仍存在一定争议。在法律未禁止其他主体作为决议无效之诉原告的情况下,需要法院在个案中根据具体情形斟酌确定其是否具有原告资格。

在《公司法解释四》颁布后,部分法院对决议无效之诉的原告范围认定有缩小的趋势,这很大程度上源于《公司法解释四》第 1 条将原告范围限定在"公司股东、董事、监事等",很多法官忽略了条文的"等"字,或者对"等"字采取保守的

---

[1] 参见河北省石家庄市中级人民法院民事判决书,(2017)冀 01 民终 9030 号。
[2] 参见徐国栋:《民法基本原则解释——诚信原则的历史、实务、法理研究》(再造版),北京大学出版社 2013 年版,第 410 页。

解释立场,排除了其他主体的原告资格,至少从数量上来看,司法裁判支持"公司股东、董事、监事"之外其他主体的情形较为少见。比如,职工的原告资格如获支持,是基于其职工股东的身份;再如,公司债权人作为决议无效之诉的原告,在《公司法解释四》颁布前尚能检索到法院的支持判决,而在之后尚未检索到支持判决。当然,受《公司法解释四》施行时间尚短,网上公布案例不全面以及检索未穷尽等原因影响,样本案例的分析未必可靠,但仍具有一定的参考价值。实证分析还发现,对于作为原告最为常见、占比最大的公司股东,仍然需要进一步的类型化分析。缘于股东的身份争议,一些股东身份存疑或者存在身份认定瑕疵的股东,仍然会被一些法院否定原告资格。

与立法推演中具有决议无效之诉权的主体范围相比,司法裁判认可的原告范围缩减的可能原因,一是受无效决议侵害的直接利害关系人并未以决议无效提诉,而是通过其他途径获得权利救济;二是本具有决议无效之诉原告资格的某些主体因对法律规定不甚了解或者误解,未意识到自己享有诉权。

虽然公司股东、董事、监事作为决议无效之诉的法定原告资格得以确立,但这并不意味着公司股东、董事及监事是当然原告,这三类主体起诉时还要满足诉的利益原则。董事、监事还可基于信义义务提起诉讼。法院在审理裁判时,或许是基于对《公司法解释四》第1条所明确列举主体的遵循,在审理中对三类主体并没有进行诉的利益认定,只要认定其身份即直接赋予诉权。在诉讼实践中,被告也极少对这三类主体的原告资格提出质疑,这忽略了各类主体的诉权还受诉的利益原则之限制。公司作为行为主体实施法律行为的过程划分两个层次:一是公司内部的意思形成阶段,通常表现为股东会或董事会决议;二是公司对外作出意思表示的阶段,通常表现为公司对外签订的合同。[1] 实践中,并非所有的公司决议都涉及权利的处分,有些属于事实性记载事项,此种情形下,公司股东、董事、监事等主体的权利并非基于公司决议而受侵害,不存在提起公司决议无效之诉诉的利益。

2.新标准的构建

私法上判断一个请求是否正当,应从请求判决保护的适当性和现实必要性两个方面进行。[2] 对于请求确认决议无效之诉,基于对公司治理稳定性以及个

---

[1] 参见《最高人民法院公报》2011年第3期,绵阳市红日实业有限公司、蒋某诉绵阳高新区科创实业有限公司股东会决议效力及公司增资纠纷案。

[2] 参见[日]兼子一、竹下守夫:《民事诉讼法》,白绿铉译,法律出版社1995年版,第51页。

体权利维护的衡量,对其原告资格的认定应当适用区分原则,即原则上仅公司内部人得提诉,外部人在权益受有损失时还应当在排除其他救济途径后,方可提诉。如此,可在公司正义与效率之间、在维护公司治理稳定与权利救济之间求得平衡,保持司法介入之于公司治理的妥适干预限度。

(1) 以限定在公司内部人为原则。将决议无效之诉的原告原则上限定在公司内部人,主要是为了维护公司治理的稳定性,节制无效决议之诉的提起。由于认识不同以及标准不明确,对各类主体是否属于公司内部人的判定,可能也会存在一定争议。以实际出资人为例,其是否属于公司内部人,取决于股东身份认定采形式标准抑或实质标准。如采实质标准,多数情形下不完全隐名的实际出资人实际参与到公司治理,作为公司内部人应被赋予诉权;但如采形式标准,实际出资人属公司外部人,无权参与公司治理,不得享有原告主体资格。

起诉主体不属于公司内部人的,一般情形下,公司决议不对其权益产生直接影响,例如,以股东会决议批准为前置条件的外部关系,须通过执行公司意思的其他机关(如董事会、董事长)代表公司为一定行为,才能对公司产生相应的约束力,使公司的外部行为产生相应的法律后果。[1] 但是,如公司外部人的权益受侵害之事实与公司决议效力之间存在紧密联系,在起诉主体穷尽其他救济途径仍无法获得救济时,司法介入公司治理势在必行,为维护受害人的权益,赋予其公司决议无效之诉权,也是公司法的使命所在。

(2) 以诉的利益或法定权利义务为基础。提诉人应当对确认公司决议无效之诉享有利益,或者法律规定其有权利或义务,两个要件满足其中之一即可。针对要件一,对公司决议确认无效具有利益,实质上是诉的利益在公司法上的投射,是《民事诉讼法》一般准则在公司诉讼中的适用。《民事诉讼法》作为一般法,司法裁决对决议无效之诉原告资格的审查当然要遵循。针对要件二,具有法律规定的权利或义务,是指法律对特殊主体可能存在某种特定的权利义务安排。法律可以针对没有独立人格的主体赋予其以决议无效之诉的原告资格,如德国法就赋予公司董事会对确认决议无效的原告资格。董事会作为公司法人机关,不具有独立的主体资格,但根据法律的权利赋予,董事会得以提诉。董事会为原告之一,也反向说明了单一董事或监事也只能就与其具有"直接利害关系"的决

---

[1] 参见李志刚,前揭书,第103页。

议提起决议无效之诉。[1] 我国并无相关规定,但也有学者建议将董事会、监事会列入原告范围,因为这样有利于发挥公司机关的相互制衡功能。[2] 我国公司法仅对董事、监事赋予诉权,是基于其对公司的信义义务,其针对某一特定的公司决议可能并不具有诉讼上的利害关系,但为履行信义义务,必须为之;当然,如其本人权益受到公司决议侵害,也得依据直接利害关系原则主张权利救济并提起决议无效之诉。

3. 新标准与现有规则的区别

我国公司法实际上建立了以公司内外部人为界认定决议无效之诉原告的基本规则。《公司法解释四》对包括股东、董事、监事在内的内部人予以明确列举,对于其他人员仅以"等"字作出模糊延展。如此规定的目的,是限制原告范围,避免司法过度干预公司治理。但在公司内部人的列举上,很遗憾地遗漏了一个与列举主体具有明显同质性的关键主体——公司高管。作为公司治理的一项共识,高管被一致认定为公司的内部人。[3]

笔者提出的构建决议无效之诉原告的认定标准,同样也是为了维护公司治理之稳定。公司作为组织体,决议实质上仍属于公司的内部治理范畴,公司外部诸主体提起决议无效之诉多是对"直接利害关系"与"利害关系"存在理解偏差。比较现行法,笔者提出的原告范围认定标准有两大改进:(1)明确将高管列入,这是对现行法规范漏洞的当然填补。(2)明确受公司决议直接侵害的外部人在排除其他救济途径后,也得为决议无效之诉的原告,司法裁判应当根据具体案情斟定其主体资格。质言之,明确规定例外情形的适用标准,当且仅当起诉主体的权益受侵害之事实与无效决议具有紧密联系且不存在其他有效救济途径时,赋予其决议无效之诉权,可以最大限度地保护其利益,实现公司治理公正与效率之间的平衡。

(二)新标准的实证检验

由于司法实践对决议无效之诉原告资格的争议较多,下文仅选取几种典型情形,对上文构建的原告资格认定新标准进行检验。

1. 对公司内部人的检验

(1)正向检验。以郭某等与张某亚公司决议效力确认纠纷案为例,在该案

---

[1] 参见《德国商事公司法》,胡晓静、杨代雄译,法律出版社2014年版,第183页。
[2] 参见金剑锋:《公司诉讼的理论与实务问题研究》,人民法院出版社2008年版,第290页。
[3] 参见杨宽编著:《投资学》,清华大学出版社2016年版,第114页。

中,公司在未告知郭某的情形下通过股东会决议,将郭某所持有的股权转让给他人,并办理了工商变更登记,郭某认为公司决议侵害了自己的权利,向法院提起公司决议无效之诉。[1] 郭某作为公司股东,属于公司内部人,有权参与公司治理并对经营管理中的违法情形提出异议,公司在未告知郭某的情形下擅自转让郭某股权,侵害其权利,郭某具有提起确认决议无效之诉的利益。在此种情形下,郭某满足决议无效之诉原告资格认定的新标准,基于公司内部人之身份以及权利受侵害之事实,有权提起决议无效之诉。

(2)反向检验。以许某宏与泉州南明置业有限公司(以下简称泉州南明公司)等纠纷上诉案为例,本案的主要事实是:许某宏系以2000年8月9日《泉州南明娱乐有限公司董事会决议》违法解除其董事职务为由请求确认该董事会决议无效,根据查明事实,案涉董事会决议作出时,泉州南明公司为中外合资经营企业。香港南明公司可以委派许某宏为泉州南明公司的董事,也可以单方解除许某宏的董事职务。故自香港南明公司2000年8月9日包含解除许某宏董事职务内容的委派书到达泉州南明公司时起,许某宏即不再具有泉州南明公司董事职务。[2] 许某宏以公司决议违法解除自己董事职务为由请求确认无效,法院查明许某宏在公司解除通知书到达时已不再具有股东身份,许某宏不再属于公司内部人,无法提起决议无效之诉。此外,公司决议对许某宏职务身份被罢免的记载,实质上仅为事实性描述,并无解职的决议意志形成,可见许某宏的董事职务罢免与董事会决议无直接关系,没有确认董事会决议无效诉的利益。据此,许某宏不满足决议无效之诉原告资格的认定标准。此外,既然不是该董事会决议解除了许某宏的董事职务,许某宏也无法基于公司法上赋予的信义义务,履行监督职责主张董事会决议无效,不满足具有法律赋予的义务。

2.对公司外部人的检验

(1)正向检验

以慈溪市普高塑料有限公司(以下简称普高公司)与潘某敏与公司有关的纠纷案为例,本案的主要案情是:原告陈某明与被告公司股东潘某江系夫妻关系,潘某江曾持有公司80%的股权,该股权系夫妻共同财产。2005年1月4日,潘某江与妹妹潘某敏成立公司,分别持有80%和20%的股权,2006年12月1

---

[1] 参见北京市第二中级人民法院民事判决书,(2018)京02民终1677号。
[2] 参见最高人民法院民事裁定书,(2017)最高法民终18号。

日,潘某江分别转让给潘某敏60%的股权和弟弟潘某达20%的股权,退出公司。其后,潘某江申请离婚,陈某明对股权转让并不知情。此次股权转让协议,最终被法院确认无效,潘某江也提出撤销离婚申请。2008年1月28日,公司作出增资的股东会决议,其中,潘某敏占75%的股权,潘某江占25%的股权。通过股权转让,公司最终股权构成为潘某敏60%、潘某江25%、潘某达15%。2008年4月15日,公司作出减资的股东会决议,潘某江退出公司治理,潘某敏占70%的股权,潘某达占30%的股权。其后潘某江再次提出离婚申请,其配偶陈某明对上述公司决议等均不知情。普高公司在4个月的时间内,通过增资、减资的方式,操作股东的持股比例,均以剥离被告潘某江的股权为目的。被告潘某江的股权作为其夫妻共同财产,被剥离后必将影响被告潘某江获得依附于该股权的利益,进而损害原告陈某明的利益。[1] 对于陈某明属于公司内部人抑或外部人,存在以下两种可能性。第一种,陈某明属于公司外部人,一方面,潘某江所持股权为夫妻共有股权,但根据商事登记和股东名册显示,陈某明不是公司股东,不属于公司内部人;另一方面,因潘某江持有的股权系夫妻共同共有,陈某明也就股权进行了出资,在一定程度上可视为隐名股东,或者其股权被潘某江代持。在司法实践中,隐名股东权利因显名股东受到侵害,得向显名股东追偿,陈某明依然属于公司外部人。第二种,尽管陈某明不是公司的名义股东,但是,潘某江作为公司股东,对股权处分等行为理应取得陈某明之同意,可初步认定陈某明因股权对公司治理具有一定的期待利益,将其视为无表决权股东。以上两种解释中,第一种更具说服力。有限公司具有封闭性,其他人员在与潘某江进行股权转让或其他交易时,无须查证该股权处分情形是否已经取得了其配偶同意,陈某明作为股东配偶,无法穿透公司封闭性之基础,故倾向于认为股东配偶属于公司外部人。当然,陈某明作为股东配偶,其权益因公司决议受到严重侵害,具有诉之利益。本案中陈某明作为股东潘某江的配偶,其与潘某江婚姻关系破裂,存在离婚纠纷,其时潘某江及其妹妹潘某敏、弟弟潘某达通过公司决议在短时间内进行了股权增资和减资的行为,最终使潘某江退出公司不再持有股权,陈某明对此并不知情。公司增资决议剥离陈某明与潘某江共有的股权,对夫妻共有股权造成不利影响,在一定程度上会对陈某明的合法权益造成减损,陈某明权利受侵害之事

---

[1] 参见浙江省慈溪市人民法院民事判决书,(2008)慈民二初字第2949号;浙江省宁波市中级人民法院民事判决书,(2009)浙甬商终字第517号。

实与公司决议存在紧密联系。在增资决议、减资决议已作出的情况下，陈某明无其他权利救济途径，故应当允许其作为决议无效之诉的原告。总之，通过对陈某明公司外部人身份的认定，以及其权益受公司决议严重侵害且其他方式已经无法对其权利进行救济，仍然可以得出陈某明当为决议无效之诉原告的结论。

(2) 反向检验

以四川太兴房屋开发有限公司(以下简称太兴公司)、卓越置业成都有限公司公司决议确认纠纷案为例进行检验，本案的主要争点是：该案中主要涉及实际出资人是否可以作为公司决议无效之诉的原告。该案中，一审法院认为，太兴公司作为实际出资人，与股东会决议有直接利害关系，可以提起确认公司决议无效之诉。二审法院认为，太兴公司虽作为实际出资人，但并非法律规定的提起公司决议效力确认诉讼的直接利害关系人，与股东会决议不具有直接利害关系，但实际出资人权益受损后亦有相应的司法救济途径。[1] 太兴公司作为公司实际出资人，股东会决议对其被他人代持的股权进行处分，一定程度上损害了太兴公司的利益，太兴公司与公司决议之间具有直接利害关系，满足决议无效之诉原告资格认定标准中诉的利益标准。但太兴公司系实际出资人因而不具备公司内部人身份，作为公司外部人无权参与公司治理，公司法存在对实际出资人的救济路径——实际出资人在利益受损时可以向名义股东追偿，所以实际出资人除提起决议无效之诉外还有其他救济途径。总之，尽管实际出资人与公司决议具有利益牵连，但其利益牵连并不紧密，实际出资人无法突破其作为公司外部人的身份，故无权获得决议无效之诉的原告身份。

(三) 规范表达

公司决议一旦被确认无效，裁判文书的既判力范围不仅及于案件当事人，还涉及未参与诉讼的公司利害关系人，因而对决议无效之诉原告资格的厘定需要审慎进行。就组织法角度而言，公司内、外部关系的区分性原则是解决组织法上争议问题的关键。[2] 笔者提出的以诉的利益和法定的权利或义务为起诉依据，以公司内部人为原告为原则、以外部人为原告为例外，也是遵循了区分性原则。

---

[1] 案情介绍：卓越公司工商登记的股权结构原为孙某贵占40%、孙某占10%、罗某占50%。罗某于2017年1月9日将持有的卓越公司30%的股权转让给了孙某，孙某于2017年1月13日将该股权又转让给了案外人杨某勇，并办理了工商变更登记。卓越公司工商登记的股权结构现为杨某勇80%、罗某占20%。太兴公司与罗某就案涉20%股权存在代持关系，太兴公司为案涉20%股权的实际出资人。太兴公司认为2017年1月13日的股东会决议因侵犯了其优先购买权、知情权、表决权而无效。

[2] 参见李志刚，前揭书，第110页。

基于前文研究,笔者建议将《公司法解释四》第1条修正为两款,分别为:

公司股东、董事、监事、高管,请求确认股东会或者股东大会、董事会决议无效或者不成立的,人民法院应当依法予以受理。

与股东会或者股东大会、董事会决议内容有直接利害关系的其他主体请求确认决议无效或者不成立的,依照前款规定处理。

六、结论

系统梳理《民事诉讼法》第122条、《公司法》第22条以及《公司法解释四》第1条等规定,公司决议无效之诉的原告可以分为两类:一类是法律明确规定的原告,包括公司股东、董事和监事;另一类是未被法律明确规定的原告,需要法院在个案审理中结合具体案情斟酌确定为原告的其他主体。一般情形下,公司股东、董事、监事均可以提起决议无效之诉,如无特殊情况,法院不应否认其原告资格,否则,应当对否认理由进行说理阐述。与之相反,非股东、董事、监事的其他主体原则上不得为决议无效之诉的原告,在符合诉的利益原则或者法律规定权利义务之例外情形下,可以例外地承认其原告资格,但法院应当说理论证。

公司股东、董事和监事享有决议无效之诉的原告资格,并不意味着其对于任何公司决议无效的情形都可以提诉,也需根据诉的利益原则结合具体案情进行个案判断。无论是自益权还是共益权受到决议侵害,股东基于股权作为公司的最终所有人都有权对决议效力提出异议。但对于有特殊情形的股东,其股东资格也有限制,已经退出的股东对持股期间的决议同样具有确认效力的利益;对决议无效之诉权的法益依附股权,股权转让后,在决议作出后的受让股东可以依据受让股权就决议作出时其受到的损害提起决议无效之诉。至于董事、监事、高管提起决议无效的利益来源有二:一是基于其对公司负有的信义义务维护公司利益,二是基于其个人利益受到决议损害享有法益。至于在公司法理论和司法实践中争议较大的职工和债权人作为决议无效之诉的原告资格,虽然原则上笔者并不支持其成为决议无效之诉的原告,但在符合诉的利益原则且无其他救济路径的前提下,其也应该被赋予诉权,方可更好地保护其在组织法上的合法权益。

公司立法有必要提供明确的规范,界定公司决议无效、不成立之诉的原告标准,让人们清晰判断决议无效之诉的原告范围,以杜绝司法实践中的迷思。笔者建议,以是否具有诉的利益或法定权利义务来界定公司决议无效之诉的原告资格,并以公司内部人为原则、以外部人为例外的规则列明决议无效之诉的原告范围。其中,对于诉的利益和法定义务的要件,只需满足其中之一即可,要么原告须具有提起确认决议无效之诉的利益,要么原告具有法定、约定的特定权利义务。诉的利益的提出,乃立足于民事诉讼法对原告资格的一般规定;法定义务的提出,乃基于法律、契约的特别安排,契约主体之间就决议事项及权限如存在特别约定,债权人原则上可通过违约之诉获得权利救济,但在例外情形下,也得主张决议无效之诉。总之,限制外部人提起公司决议无效之诉的原告资格但又不完全禁绝,可以在个体权利救济与公司治理稳定性维护之间维持妥当平衡。

附录:案例相关裁判文书案号索引

1. 最高人民法院民事裁定书,(2014)民二终字第15号。
2. 重庆市第五中级人民法院民事判决书,(2016)05民终1402号。
3. 四川省成都市锦江区人民法院民事裁定书,(2013)锦江民初字第2017号。
4. 江苏省宿迁市中级人民法院民事裁定书,(2015)宿中民终字第01239号。
5. 山东省潍坊市中级人民法院民事裁定书,(2016)鲁07民辖终588号。
6. 四川省成都市中级人民法院民事裁定书,(2018)川01民终1906号。
7. 北京市第二中级人民法院民事判决书,(2018)京02民终1677号。
8. 浙江省慈溪市人民法院民事判决书,(2008)慈民二初字第2949号。
9. 浙江省宁波市中级人民法院民事判决书,(2009)浙甬商终字第517号。
10. 云南省石林彝族自治县人民法院民事裁定书,(2017)云0126民初1525号。
11. 广东省中山市中级人民法院民事裁定书,(2018)粤20民终3245号。
12. 浙江省嘉兴市中级人民法院民事裁定书,(2015)浙嘉商外终字第21号。
13. 北京市怀柔区人民法院民事判决书,(2018)京0116民初2135号。
14. 北京市丰台区人民法院民事判决书,(2016)京0106民初7109号。
15. 天津市南开区人民法院民事判决书,(2017)津0104民初13160号。
16. 天津市第一中级人民法院民事判决书,(2018)津01民终3095号。
17. 广西自治区宁明县人民法院民事裁定书,(2017)桂1422民初1086号。
18. 广西自治区崇左市中级人民法院民事裁定书,(2018)桂14民终28号。
19. 河北省石家庄市桥东区人民法院民事判决书,(2013)东民二初三字第

00146号。

20. 浙江省杭州市中级人民法院民事裁定书,(2017)浙01民终8665号。

21. 山东省烟台市福山区人民法院民事判决书,(2017)鲁0611民初1949号。

22. 广东省佛山市三水区人民法院民事判决书,(2015)佛三法民二初字第198号。

23. 甘肃省正宁县人民法院民事裁定书,(2015)正民初字第594号。

24. 深圳市福田区人民法院民事裁定书,(2016)粤0304民初24460号之一。

25. 北京市第三中级人民法院民事判决书,(2015)三中民(商)终字第01832号。

26. 山东省昌邑市人民法院民事判决书,(2014)昌商初字第715号。

27. 海南省第一中级人民法院民事裁定书,(2017)琼96民终1654号。

28. 黑龙江省牡丹江市中级人民法院民事裁定书,(2018)黑10民终94号。

29. 四川省洪雅县人民法院民事裁定书,(2017)川1423民初21号。

30. 广西壮族自治区资源县人民法院民事判决书,(2018)桂0329民初193号。

31. 四川省凉山彝族自治州中级人民法院民事判决书,(2018)川34民终508号。

32. 河南省新县人民法院民事判决书,(2017)豫1523民初1411号。

33. 四川省普格县人民法院民事判决书,(2017)川3428民初130号。

34. 江苏省盐城市中级人民法院民事判决书,(2015)盐商终字第00093号。

35. 重庆市第二中级人民法院民事判决书,(2012)渝二中法民终字第01670号。

36. 广西壮族自治区南宁市中级人民法院民事裁定书,(2017)桂01民终6872号。

37. 浙江省长兴县人民法院民事裁定书,(2017)浙0522民初6892号。

38. 浙江省湖州市中级人民法院民事裁定书,(2017)浙05民终1670号。

39. 贵州省高级人民法院民事判决书,(2015)黔高民商终字第1号。

40. 山东省东营市中级人民法院民事判决书,(2014)东商终字第45号。

41. 福建省厦门市思明区人民法院民事判决书,(2013)思民初字第7970号。

42. 福建省厦门市中级人民法院民事判决书,(2015)厦民终字第1536号。

43. 新疆维吾尔自治区乌鲁木齐县人民法院民事判决书,(2017)新 0121 民初 312 号。

44. 广东省云浮市中级人民法院民事判决书,(2015)云中法民二终字第 400 号。

45. 重庆市奉节县人民法院民事判决书,(2017)渝 0236 民初 4616 号。

46. 重庆市第二中级人民法院民事判决书,(2018)渝 02 民终 457 号。

47. 北京市第二中级人民法院民事裁定书,(2015)二中民(商)终字第 10273 号。

48. 陕西省武安县人民法院民事判决书,(2015)武民初字第 00922 号。

49. 陕西省咸阳市中级人民法院民事判决书,(2016)陕 04 民终 999 号。

50. 浙江省舟山市中级人民法院民事判决书,(2008)舟民二终字第 43 号。

51. 吉林省长春市中级人民法院民事判决书,(2016)吉 01 民终 813 号。

52. 安徽省宿州市中级人民法院民事判决书,(2018)皖 13 民终 813 号。

53. 江苏省高级人民法院民事判决书,(2008)苏民三终字第 0224 号。

54. 四川省凉山彝族自治州中级人民法院民事判决书,(2016)川 34 民初 26 号。

55. 吉林省延吉市人民法院民事裁定书,(2017)吉 2401 民初 6342 号。

56. 山东省胶州市人民法院民事判决书,(2016)鲁 0281 民初 7913 号。

57. 贵州省铜仁市中级人民法院民事判决书,(2016)黔 06 民终 762 号。

58. 上海市青浦区人民法院民事裁定书,(2017)沪 0118 民初 14571 号。

59. 湖北省枝江市人民法院民事判决书,(2017)鄂 0583 民初 938 号。

60. 云南省高级人民法院民事裁定书,(2017)云民终 750 号。

61. 云南省高级人民法院民事裁定书,(2017)云民终 751 号。

62. 江苏省南通市中级人民法院民事判决书,(2014)通中商终字第 0615 号。

63. 天津市第二中级人民法院民事判决书,(2016)津 02 民终 6312 号。

64. 天津市第二中级人民法院民事判决书,(2016)津 02 民终 6318 号。

65. 最高人民法院民事裁定书,(2017)最高法民终 18 号。

66. 广西壮族自治区南宁市中级人民法院民事判决书,(2015)南市民二终字第 518 号。

67. 重庆市第二中级人民法院民事判决书,(2015)渝二中法民终字第 00465 号。

68. 重庆市第五中级人民法院民事判决书,(2017)渝 05 民终 2131 号。

69. 北京市第一中级人民法院民事判决书,(2014)一中民(商)终字第 7812 号。

70. 天津市高级人民法院民事判决书,(2015)津高民二终字第 0012 号。

71. 辽宁省大连市金州区人民法院民事判决书,(2015)金民初重字第 00082 号。

72. 上海市松江区人民法院民事判决书,(2017)沪 0117 民初 11858 号。

73. 上海市第一中级人民法院民事判决书,(2017)沪 01 民终 15015 号。

74. 山东省威海市中级人民法院民事裁定书,(2016)鲁 10 民终 2501 号。

75. 山东省日照市岚山区人民法院民事判决书,(2014)岚商初字第 43 号。

76. 山东省日照市中级人民法院民事判决书,(2015)日商终字第 96 号。

77. 山东省曲阜市人民法院民事判决书,(2017)鲁 0881 民初 3536 号。

78. 河南省濮阳市濮阳县人民法院民事判决书,(2016)豫 0928 民初 2016 号。

79. 广东省佛山市中级人民法院民事判决书,(2017)粤 06 民终 3077 号。

80. 广东省广州市中级人民法院民事判决书,(2015)穗中法民二终字第 357 号。

81. 四川省内江市中级人民法院民事判决书,(2016)川 1002 民初 1200 号。

82. 四川省乐山市中级人民法院民事判决书,(2015)乐民终字第 1061 号。

83. 湖南省高级人民法院民事判决书,(2018)湘民终 203 号。

84. 广东省东莞市中级人民法院民事判决书,(2013)东中法民二终字第 1171 号。

第七章

有限公司优先认缴权的侵害救济实证研究[*]

【本章导读】 现行《公司法》对优先认缴权的规范较为粗略,导致实践中相关的纠纷层出不穷且裁判逻辑不统一。当事人普遍采增资决议撤销之诉、无效之诉寻求救济,但决议无效的救济路径可能损害公司增资行为的效率与公司秩序的稳定,应该适当限缩可适用的决议无效事由。决议可撤销之诉的适用完善,一是要合理界定可撤销权除斥期间的起算点,对不知情的股东适用"知道或者应当知道股东会、董事会决议作出之日"起算规则;二是立足于组织法的价值立场审慎适用决议可撤销之诉的救济方式。实证研究发现,法官多以民法思维审理股东会决议案件,忽视组织法的特殊性而追求救济个人权利,导致优先认缴权被过度保护。公司法完善有限公司股东优先认缴权规则,一是强化股权信息公示制度,保障股东的知情权;二是完善损失赔偿规则之于优先认缴权的适用。

【本章关键词】 优先认缴权 侵害救济 决议无效 决议可撤销 股权信息公示

一、引言

股东的新股优先认缴权是一个少有学术关注度的研究课题。在域外,两大

---

[*] 本章的合作者是曾庆鸿。同时感谢苏诗瑜同学参与的讨论与提出的修改意见。曾庆鸿,法学硕士,任职于广东恒生律师事务所。

法系均经过漫长的司法实践与理论研究才得以逐渐形成优先认缴权的侵害以及救济制度,我国公司法对此的规定尚为抽象,且缺少专门的法律责任规定,这导致司法裁判中涌现的救济方式较为单一,在某种程度上影响了公司的持续稳定经营。其中,最尖锐的问题是公司在增加注册资本或发行新股时,控股股东利用其优势地位,阻碍部分少数股东对股东会决议的知情权,进而侵害后者优先认缴权的行使。对于有限公司的少数股东而言,因股权缺乏市场流动性,故而相较于股份有限公司,股东的优先认缴权受侵害是一个较为普遍的问题。《公司法》中对于有限公司股东优先认缴权规定的关键缺失,其消极影响已在实务中凸显。如何厘清有限公司优先认缴权的实践难题,提出本土化的规则体系,仍有待实证研究的展开。

二、理论回顾与救济现状反思

(一)优先认缴权的概念及其立法价值

优先认缴权,是在公司发行新股时,原股东可以基于其持股比例优先认缴新股。优先认缴权的上位概念为先买权,《公司法》上存在两种先买权,其一为新股优先认缴权,其二为有限公司股权转让时其他股的优先购买权,分别规定在《公司法》的第34条、第71条。虽然优先认缴权与优先购买权是不同类型的先买权,但并不排除两者具有先买权的一部分共同特征。

优先认缴权维护的法益是原股东既有的法律地位,其保护方式为维持股东的比例性利益,外在功能主要为维持股东对公司享有的比例性支配地位及比例性分配,即股东表决权与财产性权利两者的比例,并进而实现维持公司内部结构稳定的功能价值。具体而言包括以下三个方面:

一是维持表决权比例对股东参与公司经营管理的影响。在有限公司治理中,少数股东可以通过行使表决权、提起临时会议等方式间接参与公司事务、影响公司的决策、监督公司的运作。股东所持有的股权份额与其表决权的行使力度成正比,一定的股权份额能让股东独自提起临时会议与司法强制解散之诉,可见表决权比例的大小对于股东参与公司治理及控制公司具有最直接的关联。如果股东不享有优先认缴权,在公司增资扩股时面对其他股东的压迫或排挤,或者外部第三人的加入,股东的股权份额比例必然会缩小,而对应的表决权也随之减弱。对于多数股东而言,维持稳定的表决权比例有助于其公司控制地位的稳定持续,以及在融资活动中得以对抗外部第三人的介入。

二是维持表决权比例对股东财产性利益的影响。尽管公司的增资扩股并不绝对给优先认缴的股东带来正面收益,也无法保证公司增资后的利润率能与原本的利润率保持一致或比之更高。但从比例的角度来看,不进行认缴的股东收益分配比例会绝对性地下降,而增资后公司的收益变化不在优先认缴权制度的调整范畴。面对公司增资扩股,股东行使优先认缴权比其不行使要更有利于维护其收益的比例性利益。因此赋予股东优先认缴权,防止股东因增资扩股而被迫稀释财产性权利的比例,从而维持股东的财产性利益。

三是维持表决权比例对公司封闭性的影响。在作为封闭公司的有限公司中,股东之间可能存在夫妻、近亲属、亲朋好友等亲密人身关系,进而共同影响对公司的决策。优先认缴权对所有股东的权益起到保护的作用,防止紧密关系之外的股东介入公司治理而使公司内部结构被恶意改变。此时赋予股东优先认缴权,既可保障多数股东,使其无须为其控制地位而处心积虑地排挤其他股东,也可保障少数股东,减少其被多数股东稀释股权比例的可能,从而达到维持公司内部结构稳定的效果。

(二)优先认缴权受侵害的表现形式

基于对实务经验的考察,侵害优先认缴权的形态可以分为四类。

1. 未尽通知义务致股东未参会

该表现形式可以继续细分成"未通知部分股东参会"与"未通知增资事项致股东未参会"。前者以犍为县绿环垃圾处理有限公司、秦某、陈某等公司决议纠纷案为例,被告公司的召集人连续两次在无正当理由的前提下以不通知原告的手段将其排除在增资决议外,事后也未取得原告同意或者放弃的意思表示,法院认为该行为直接侵犯了原告按照各自的出资比例优先认缴新增资本的权利。[1]考虑到在通常情况下,有限公司的多数股东同时身兼执行董事、董事长职位,而份额占比小的股东可能不参与公司经营,抑或与多数股东存在亲密关系进而成为目的一致的行动人,这些因素共同导致控股股东及其控制下的管理层能够故意不通知特定股东参会。后者以深圳泰生房地产开发有限公司、张某展公司决议效力确认纠纷案为例,被告公司在向股东发出该次股东会会议通知时并未列明该次股东会将讨论增资方案的事项,并主张原告作为股东应当知晓增资事宜,法院认为,对于被告的主张,股东会作为公司的权力机关,对保障股东权益具有

---

[1] 参见四川省乐山市中级人民法院民事判决书,(2018)川 11 民终 1387 号。

重要意义,召集人应当尽数列明会议的具体讨论事项,最终认定被告主张没有法律依据。[1] 本案中召集人未列明增资事宜属于通知程序瑕疵的情形,侵害了原告的优先认缴权。

2. 未经合理期限径行认定股东已放弃权利

以南京地下工程建筑设计院有限公司与周某勇公司决议效力确认纠纷案为例,被告公司主张,原告在增资决议中没有表态,属于放弃优先认缴权,法院认为,原告在增资议案的"行使"栏内填写"暂定"二字,并书写文字表明"不放弃行使增资优先认购权",虽然该种填写方式和内容不完全符合表决票要求,但亦表明原告并非放弃优先认缴权,被告公司股东会径行认定原告放弃权利,属于侵害其优先认缴权的行为。[2] 本案中,虽然法院并未进行说明,但在说理中暗含了"行使期限",认为应当给予股东期限考虑是否行权,不能因股东未明确表态而视其放弃权利。

3. 未经法定比例更改认缴条件

以冯某滨与沙某仲等公司决议效力确认纠纷案为例,被告公司经表决权2/3的绝对多数通过增资决议,增资金额由全体在岗股东认缴,法院认为,公司增资的内容符合《公司法》规定,应属有效,同时各股东无论其是否在岗,均有权行使优先认缴权,因为在上述关于认缴的决议内容中仅有在岗股东可以认购新增注册资本,同时亦存在不在岗的股东,故而该决议内容剥夺了被告的优先认缴权。[3] 在我国商事实践中,增资决议的表决与优先认缴权的行使往往是同时进行的,但两者的议决程序应当被区别对待,前者可以经绝对多数表决通过,后者若要作出异于法律的安排,需要符合全体股东同意的要求,否则可能出现增资决议合法而认缴违法的情形。

4. 未召开股东会决议

以佛山市石湾威达斯建材有限公司、谭某湛与公司有关的纠纷案为例,被告公司的法定代表人在没有召开股东会的情形下,径自与外部第三人签订入股协议,法院认为,对于增资程序,公司并未形成股东会决议,而依据《公司法》规定,该事项应当经绝对多数决通过,所以被告公司尚未完成内部的决议程序。对于原告的优先认缴权,被告公司仅有的两位股东之间在公司成立时并未约定优先

---

[1] 参见广东省东莞市中级人民法院民事判决书,(2018)粤19民终10393号。
[2] 参见江苏省南京市中级人民法院民事判决书,(2014)宁商终字第537号。
[3] 参见北京市第二中级人民法院民事判决书,(2020)京02民终7245号。

认缴权,在签订入股协议之前亦未召开股东会决议表决,故而侵害了原告的优先认缴权。[1]

(三)侵害优先认缴权救济之不足

优先认缴权规定于《公司法》第 34 条,该条款仅抽象规定有限公司股东拥有该权利,不仅没有规定权利应当如何行使,也没有规定权利如遭受侵害又将如何获得救济,导致了司法上的连锁反应。

首先,《公司法》赋予股东优先认缴权,使受侵害股东更着重于从公司法规范体系中寻求救济方式。考虑到优先认缴权产生于公司作出增资决议之时,优先认缴权与增资的股东会决议关系密切,侵害优先认缴权往往伴随有瑕疵的股东会决议,故而大部分受侵害人着重以决议的相关诉讼要求作出决议的公司承担法律责任。实践中优先认缴权纠纷的部分判决便是没有依据《公司法》第 34 条,而是更偏重第 22 条,即论述股东会决议是否符合决议无效或者决议可撤销的要件。

其次,绝大多数股东的救济方式为向法院提起决议无效之诉或者决议撤销之诉,但实践中存在"同案不同判"现象。有的法院认为,决议内容侵害了优先认缴权,违反法律、行政法规而确认无效[2] 有的法院认为,未依法通知全体股东参会属于会议召集程序违反法律或者公司章程,原告应当在公司决议作出之日起 60 日内请求法院撤销该决议。[3] 我们认为,法院判决决议无效、可撤销属于裁判思路所蕴含的价值取向不同,前者更注重股东的个人权利救济,尊重个人意思自治,保护的是私法上的诚实信用原则;后者更注重团体意思的稳定,偏向追求商法上的效率原则。两者并无对错之分,只有价值均衡与否之分。若认定决议是传统民法下民事法律行为之一种,侵害他人权利可能导致整个决议无效;若认定决议只处于团体意思形成阶段或属于特殊的法律行为,则并不必然导致决议无效,其可能导致决议可撤销,甚至决议有效。

三、裁判经验的实证分析及发现

(一)样本案例

随着我国社会经济的不断发展与公司治理的不断演化,优先认缴权纠纷案

---

[1] 参见广东省佛山市中级人民法院民事判决书,(2018)粤 06 民终 4818 号。
[2] 参见四川省乐山市中级人民法院民事判决书,(2018)川 11 民终 1387 号。
[3] 参见江苏省高级人民法院民事裁定书,(2020)苏民申 9233 号。

例也在逐渐增加。我们以"优先认缴权""有限公司"为关键字,以"与公司有关的纠纷"与"侵权责任纠纷"为案由,在中国裁判文书网上进行案例检索,案例期间为 2012~2021 年,结果显示,在 2012~2019 年,案例数量一直稳步上升,虽在 2020~2021 年有所下降,这可能主要是新冠疫情的缘故,但整体上仍属于上升趋势。截至 2021 年 9 月 1 日,搜索到的相关案例一共有 167 件,筛除与优先认缴权无关的案例,而经一审、二审、再审后的同个判例将被视为同一样本,共获得 54 例,组成研究样本。如图 7-1 所示,在优先认缴权纠纷案例中,公司决议效力确认纠纷的占比极高(占比 43%),公司决议纠纷比例次之(占比 17%)。

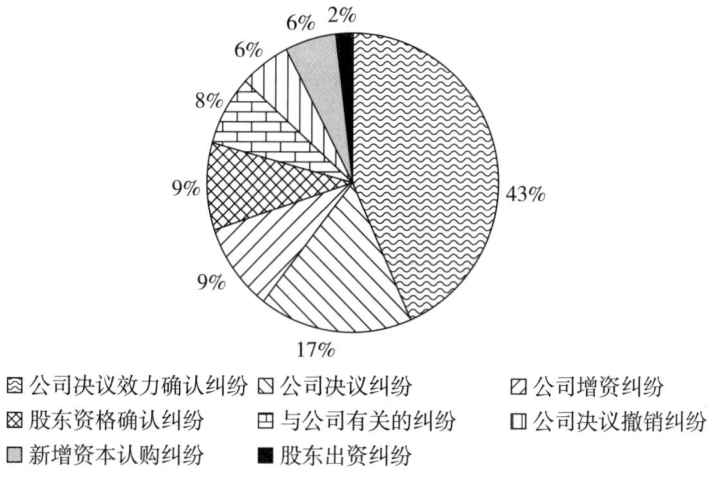

图 7-1 优先认缴权案件的纠纷类型

如图 7-2 所示,在以缘于公司法规定为请求权基础的优先认缴权纠纷中,主要存在 4 种判决结果,其中包括实体法上的确认决议无效(占比 51%)、不成立以及撤销决议(占比 8%),还有程序法上的驳回诉讼请求(占比 41%)。其中,确认决议无效的案例约占 51%,远超另外两个实体上的判决结果,占据最高比例,由此可以反映超过一半的法官认为侵害优先认缴权应属无效,该种路径属于司法实践中对于侵害优先认缴权的主流裁判思路。

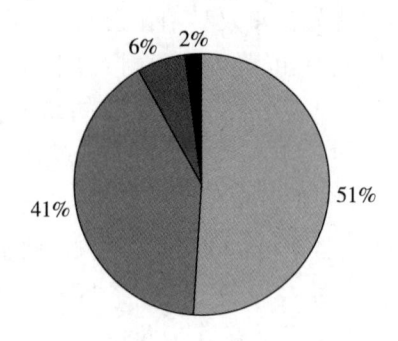

■决议无效 ■驳回诉讼请求 ■决议可撤销 ■决议不成立

图7-2 优先认缴权纠纷案件的裁判结果类型比例

如图7-3所示,在两审终审制度下,当事人不服一审,提起二审且已结案的案件数约占43%,申请再审且已结案的案件数约占9%。此亦体现较多当事人对一审案件的裁判路径及其结果存异议。

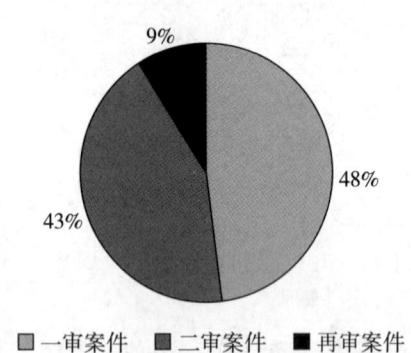

■一审案件 ■二审案件 ■再审案件

图7-3 经历不同审判程序的优先认缴权纠纷案件的比例

如图7-4所示,在法院内部也存在较大分歧,在二审与再审案例样本中,二审与再审改判率高达36%。总体可以反映该类案件判决在法院内部亦存在较大争议。从诉讼成本和时间角度上考虑,诉讼作为最后的救济途径,当事人一旦进入诉讼程序则意味着会花费大量时间和金钱。故而若一审判决能起到定分止争作用,当事人一般不会寻求二审或再审的救济。而该种再审案件改判率意味着上下级不同法院对于该类型纠纷存在分歧,进而导致当事人会把案件纠纷持续到更高级的法院以图获得有利于自己的判决,该种做法较为不利于判决的稳定性和权威性,且有悖于商法上的效率原则,亦凸显了统一司法裁判标准的重要性。

36%
64%

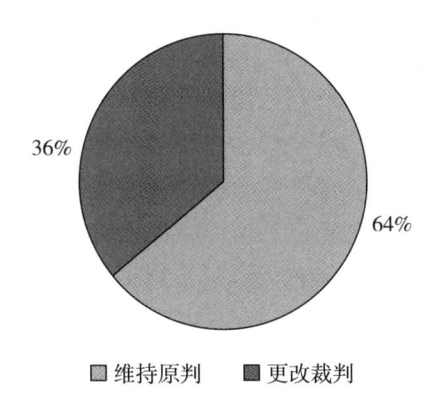

□ 维持原判　■ 更改裁判

图7-4　优先认缴权纠纷案件的改判比率

(二)"同案不同判"的问题展开

1. 通知义务

依据法律适用的"三段论"逻辑,在小前提的层面上,优先认缴权在作出增资决议时产生,增资决议的程序内容作为客观事实,一直是法官在司法实践中最先关注的地方。如图7-5所示,涉及通知义务为数量最多的纠纷情节(占比66%)。

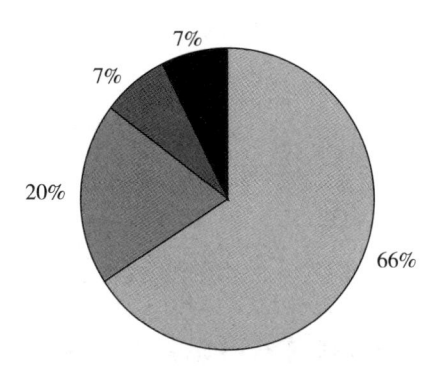

7%
7%
20%
66%

□ 未尽通知义务　■ 合理期限　■ 变更增资形式　■ 未形成决议

图7-5　优先认缴纠纷案件中各类纠纷情节的数量比例

涉及通知义务而被确认无效的案例众多,提取出适用不同法律规范确认决议无效的典型案例进行对比,展现法官对决议效力适用路径的不同观点。

案例1:被告(上诉人)主张公司增资、引入新股东以及认缴增资款的决议,该决议是在公司原股东均无异议的情形下作出,但被告公司无法证明全体股东存在关于不按照出资比例优先认缴出资的约定,另外,被告也无法证明已经通知原告(被上诉人)参加会议,原告主张被告公司实际上并未召开过任何董事会或股东会,也未通知自己开会或选择是否行使优先认缴权。法院认为,优先认缴权是法定的固有权利,原告亦未表示过放弃该次增资的优先认缴权,直至本案二审期间仍表示要求行使优先认缴权。被告公司未履行法定的通知程序致使权利人未能参加股东会,侵害了优先认缴权,该增资内容因违反《公司法》的强制性规定而被确认无效。[1]

案例2:被告主张其曾将增资协议提供给原告审阅,并征求原告的意见,却无法提交证据。原告主张被告私自召开股东会并形成决议,决议上伪造其签字。法院认为,被告应当承担举证不力的法律后果,即被告未通知给予原告对于优先认缴出资的选择权,径行通过了由股东以外的外部第三人认缴全部新增股权的股东会决议,侵犯了原告的优先认缴新增注册资本的权利,违反了《公司法》第34条,属于决议内容违反法律而确认无效。[2] 本案中,法院没有论述《公司法》第34条属于何种规范,对于第22条也是只从文义上理解,因为被告的决议违反了优先认缴权的规定,进而认定决议内容违反了法律、行政法规,符合第22条第1款,所以确认决议无效。该类说理充斥于违反通知义务最终被确认决议无效的类似判决中,甚至存在间隔4年才确认决议无效的案例。[3]

案例3:被告(上诉人)未能证明其就案涉股东会的决议事项充分告知了其他股东,且无法证明未到场股东已经明确放弃认缴。原告(被上诉人)主张被告未履行通知全体股东参加义务,其实质是剥夺了股东表达意见、参与决策的权利以及优先认缴权。法院认为,增资决议关系到其他股东的切身利益,决议通过意味着其他股东享有优先认缴出资的权利。从案涉股东会召开的过程来看,被告无法证明已经通知全体股东,从股东会会议记录来看,作为股东会的提议召开人,两者结合综合判断,被告存在故意排除其他未到会股东表决权的情况,属于滥用股东权利,违反了不得滥用股东权利损害公司或者其他股东利益的规定,由此作出的决议内容损害了其他股东的利益,应属违法无效。[4] 本案的裁判理由与第二种裁判理由相似,法院确认决议是否有效,取决于行为是否违反法律规定,若符合《公司法》第22条的规定,则决议内容因违反法律而确认无效,而本

---

[1] 参见广东省深圳市中级人民法院民事判决书,(2015)深中法商终字第2714号。
[2] 参见广东省广州市花都区人民法院民事判决书,(2018)粤0114民初3534号。
[3] 参见辽宁省沈阳市中级人民法院民事判决书,(2019)辽01民终9013号。
[4] 参见北京市第一中级人民法院民事判决书,(2019)京01民终3825号。

案中是基于违反第20条(滥用权利行为无效规则)导致增资决议无效。

案例4:被告(上诉人)主张增资扩股的召集程序与表决方式违反公司章程或违反法律,但不属于违反法律强制性规定。原告(被上诉人)主张被告未通知其参加股东会,属于非法剥夺其优先认缴权、表决权和股权溢价带来的合法利益,必然导致无效。法院认为,公司在未给予原告是否选择行使优先认缴权的情况下,径行作出股东会决议通过了由除原告外的其他股东认购被告公司全部新增资本的决议内容。原告作为公司股东享有法定的优先认缴权,决议的一系列行为违反原《民法通则》第58条第1款第5项的规定[1],决议内容因违反法律规定而确认无效。[2] 本案的裁判理由与第三种裁判理由具有一定的相似性,区别主要在于讨论决议的效力问题时,法院在依据《公司法》中决议内容违反法律规定而无效的规定前,还依据当时仍然适用的《民法通则》中民事行为无效情形的规定,确认增资决议无效,可见本案法官认为决议行为属于一般民事法律行为,应由法律行为效力规则进行调整。

案例5:被告主张股东会的召集和召开确实存在不规范之处,没有进行书面的通知以及对通知进行备案,但其针对每次的股东会均安排办公室工作人员向原告进行了电话通知,电话通知后原告从未参加过公司的相关会议,也未履行股东职责,对于公司的这种经营模式也是认可的,原告主张本案6次股东会决议是在其毫不知情的情况下表决通过的,决议中为伪造签字,股权被恶意稀释,侵害了其股东权利。法院认为,被告以及在场其他股东连续6次在原告不在场的情况下作出损害其权益的股东会决议,构成恶意串通行为,进而侵害了其优先认缴权,属于违反法律规定的侵权行为。根据原《合同法》第52条第4项之规定,《公司法》中决议内容违反法律规定而无效的规定,确认增资决议无效。[3]

涉及通知义务情节而被撤销决议的案例有2例。以济南市中级人民法院审理的某案为例。被告(上诉人)主张已经口头通知原告(被上诉人),但没有书面通知的证据,股东会议中没有记载相关内容,原告主张被告未按照法律规定提前通知会议召开时间和会议内容,剥夺了其参与决策权、增资优先认缴权。法院认为,若程序瑕疵妨碍股东公平地参与多数意思的形成和获知对其作出意思表示所需的必要信息,应属于对股东程序权利的重大损害,股东请求撤销股东会决议

---

[1] 原《民法通则》第58条第1款第5项规定:违反法律或者社会公共利益的民事行为无效。
[2] 参见湖北省咸宁市中级人民法院民事判决书,(2015)鄂咸宁中民终字第709号。
[3] 参见山东省高级人民法院民事判决书,(2014)鲁商初字第23号。

应予支持。被告公司未通知原告参加股东会,违反了《公司法》关于应当提前15日通知全体股东的强制性规定,导致原告未能参会表达诉求,属于对股东程序权利的重大侵害,撤销股东会决议合法有据。〔1〕 与确认无效的案例1相比,同样是被告无法证明自己已尽通知义务,法院认定其违反强制性规定,因本案符合决议撤销之诉的除斥期间,法院将被告公司的行为定性为《公司法》第22条第2款的情形,属于决议召集程序违反法律、行政法规,判决撤销决议,而并非决议内容违反法律、行政法规而判决确认决议无效,这反映若存在剥夺股东知情权为前提的侵害行为,导致股东客观上难以行使优先认缴权的情形发生,法官更偏爱认定确认决议无效,保证被害股东得到救济,证明法官之间对决议无效的解释路径存在不同观点。

驳回诉讼请求的案例有2例,以南京市高级人民法院审理的某案为例。被告(被上诉人)主张其已经通知原告(上诉人)参加股东会,但无法提供证据证明,原告主张《公司法》提前通知股东参加股东会的法条为强制性规定,其未被通知参会的客观事实应当被认定为违反法律强制性规定。法院认为,被告未能提供证据证明其已依法通知原告参会,故而应当承担不利后果,认定被告未通知原告参会,剥夺了其行使股东表决权的机会。该情形属于股东会的会议召集程序违反法律及公司章程的规定,原告可以自决议作出之日起60日内请求人民法院撤销,而非请求确认决议无效。〔2〕 该案例中,法官将未尽通知义务的情节直接认定为召集程序瑕疵,可以防止公司决议被受侵害个体时隔多年轻易推翻,保护公司经营的稳定性。但是,该类判决的数量可以反映该类观点属于少数派。

2. 合理期限

如前文提及,《公司法》及其司法解释并未规定优先认缴权的合理期限,在提及合理期限中最有代表性的是《最高人民法院公报》案例〔3〕。该案中权利人受通知参加股东会决议,在决议中知悉增资事项,在间隔两年后提起诉讼。一审法院认为,优先认缴权的行使期限,应参照适用异议股东股权回购请求权的期限,以保障交易的安全和公平。二审法院认为,保护优先认缴权应适用两年普通诉讼时效,被告在没有以恰当的方式征询原告意见,以明确权利人是否放弃优先认缴出资权,也没有给予合理期限以行使优先认缴权的情况下,即于同月与外部

---

〔1〕 参见山东省济南市中级人民法院民事判决书,(2020)鲁01民终934号。
〔2〕 参见江苏省高级人民法院民事裁定书,(2020)苏民申9233号。
〔3〕 参见最高人民法院民事判决书,(2010)民提字第48号。

第三人签订《入股协议书》,并于同月变更工商登记,该行为侵犯了原告的优先认缴权,引入外部第三人的增资决议无效。再审法院对于合理期限采一审法院的观点。对于期限的表述,有的法院为"行使期限",有的法院为"合理期限"。虽然两者表述极为类似,但在优先认缴权没有具体行使规则的情形下,使用"合理期限"的表述似更为妥当,因为该权利既无法律规定可以行使的期限,又没在公司章程上予以规定。"合理期限"更能体现法官自由裁量的优先认缴权应当受到法律保护的期限。

除此之外鲜有提及优先认缴权合理期限的其他案例,部分法院的说理仅认定超出合理期限,并无说明期限的长度或者参照适用何种规定。以徐州市中级人民法院审理的某案为例,被告公司注册资本从51万元增至1051万元,原告(上诉人)主张被告没有按照公司章程规定履行通知义务,违反了《公司法》关于提前通知的强制性规定,侵犯了其权利,经查,股东会的召开在2016年3月23日,其在同年5月23日采取诉讼方式主张权利,最终认定已经过了合理期限,这一认定显然不当。被告(被上诉人)主张虽然存在召集程序的瑕疵,但是举证有原告签名的授权委托书以及原告签署不同意的增资决议,证明原告知悉增资事项。法院认为,优先认缴权属形成权,虽然现行法律没有明确规定该项权利的行使期限,但为维护交易安全和稳定经济秩序,该权利应当在一定的合理期间内行使,且由于这一权利的行使属于典型的商事行为,对于合理期间的认定应当比通常的民事行为更加严格,原告明确表示不同意增资扩股,亦未在合理期限内行使自己的优先认缴权利,视为放弃该权利,最终驳回上诉请求。[1] 本案例虽然没有说明合理期限的确切时长,但从查明的事实以及说理中可以表明其判断,法官认为,在知悉增资决议的情形下,行使优先认缴权的合理期限为两个月以内。此外,有的法院认为决议作出之日与起诉之日间隔3年才提起诉讼,属于超出合理期限。[2] 有的法院认为,知悉增资决议却不行使不表态,间隔超过1年,属于超出合理期限。[3]

有的法院则认为,由于没有法律明文规定,应当适用诉讼时效期限,但并未说明理由。[4] 我们认为,权利人在增资扩股决议时向公司发出以实缴比例增资

---

[1] 参见江苏省徐州市中级人民法院民事判决书,(2017)苏03民终1615号。
[2] 参见广东省深圳市中级人民法院民事判决书,(2018)粤03民终14512号。
[3] 参见江苏省无锡市梁溪区人民法院民事判决书,(2019)苏0213民初11136号。
[4] 参见湖南省长沙市岳麓区人民法院民事判决书,(2018)湘0104民初886号。

的意思表示,公司作出相应决议后,对权利人负有交付义务,即仅靠个人改变公司增资扩股的对象,应认定为形成权。对于商事领域的优先认缴权,形成权说简易且高效的行使方式更符合立法目的。由于形成权会使法律关系处于不确定的状态,优先认缴权在行使过程中自应遵从形成权的一般规则:其一,形成权不得附条件或期限。在司法实践中,有股东因要求公司进行估值才进行认缴,并未在决议上签字,随后请求认定公司决议无效,最终其主张未被采纳[1];其二,行使形成权后原则上不可撤回。股东认缴新股的意思表示到达公司时,双方之间即形成新的法律关系,不可任意解除,除非对股东行使优先认缴权行为的效力提出异议;其三,形成权受除斥期间约束,各国公司法对股东在一定期限内不行使优先认缴权普遍视为放弃行使。

同样在说理部分论述到合理期限的案例中,有部分观点认为,应当参照适用股东优先购买权的行使规则,即使公司没有通知权利人开会,股东亦需要关注公司的登记状态。以深圳市中级人民法院审理的某案为例,原告(上诉人)主张,股东会的召开未通知其参会,属于程序违法,且决议内容存在恶意串通损害其股东权利的情形,依据相关规定确认决议内容违反法律、行政法规而无效。法院认为,原告提供的证据不足以证明被告(被上诉人)恶意串通,未通知其开会亦不能视为决议内容违反法律,原告确认决议无效的请求,不予支持;且原告应当知晓股权变更事项,仅主张被告增资决议与登记无效,不主张行使优先认缴权利,恢复原状没有实际价值。同时优先认缴权应参照股东优先购买权的行使规则,股权变更登记是公司对外的公示行为,原告应当知晓股权变更事项,股权变更登记之日至本案起诉之日已接近两年时间,已超过了合理期限,最终驳回上诉请求。[2]

3. 认缴条件

符合该情节的案例仅有 3 例,全部被法院支持诉讼请求,且案情相近,其中 2 例被确认决议无效,以北京市第二中级人民法院审理的某案为例。被告(被上诉人)主张,股东会决议按照法律规定进行召集与表决,决议内容不存在违反法律、行政法规的情形,原告(上诉人)主张,根据《公司法》第 34 条规定,其作为公司股东,对公司新增资本具有优先认缴权。原告从未放弃过上述权利,其未参加

---

[1] 参见广东省深圳市南山区人民法院民事判决书,(2014)深南法民二初字第 425 号。
[2] 参见广东省深圳市中级人民法院民事判决书,(2018)粤 03 民终 18609 号。

涉案股东会不能成为优先认缴权被剥夺的理由。法院认为,对于增资决议的效力,依照法定程序召开股东会,决议增加注册资本,并由全体在岗股东增加注册资本,增资决议2/3表决权通过,属于合法有效的决议。对于认缴的决议内容,实质上增设了条件,客观上公司存在非在岗股东,增资决议未经全体股东同意变更认缴形式的,违背了公司法最基本的关于保护少数股东利益的核心精神,增资决议的内容违反法律、行政法规而确认无效。[1]

而在判决撤销决议的案例中,审理法官认为,在增资决议中,未经全体股东同意改变认缴形式,实质上侵害了优先认缴权,同时也违反股东会决议的表决方式,属于决议表决方式存在瑕疵,判决撤销决议。[2] 该情节的不同判决结果与上文通知义务中被驳回诉讼请求的案例有一定的相似性。在文义解释上两种观点都不乏说服力,但因为关于优先认缴权合理期限的立法存在空白,加上法官对于决议效力解释路径的观点不一,导致了同案不同判现象。

4.会议的形成

符合该情节的案例有3例,其中2例被告无法证明已召开过股东会,决议上签署的是伪造的原告签名,法院认定决议侵害了其他股东或者董事的利益,是严重的程序违法,因欠缺成立要件而不成立。[3] 根据《公司法》第22条规定,可撤销的决议未被法院判决撤销之前,决议仍处于有效状态。因此和决议无效对比,决议可撤销效力显得缓和一些。因为决议可撤销的制度价值主要为保护商事效率和私法自治。让受侵害的利益相关者能够有私权救济的机会,是司法尊重自治的表现。我国股东会决议采"三分法"的体例,因为决议不成立是基于公司实务与概念体系自洽的逻辑需要,其价值取向是为弥合法律行为理论体系的严整而增设。[4] 决议不成立是一种事实判断,而非价值判断,即依据一般法律行为的成立逻辑,判断法律行为效力的有无,应首先考虑的是法律行为是否符合成立要件。

另外1例被告的法定代表人在未召开股东会决议的情形下与外部第三人签订增资入股协议,法院认为,在确认股东会决议和公司对外签订认购协议关系的

---

[1] 参见北京市第二中级人民法院民事判决书,(2020)京02民终7245号。
[2] 参见湖南省长沙市中级人民法院民事判决书,(2020)湘01民终12138号。
[3] 参见山东省潍坊市中级人民法院民事判决书,(2018)鲁07民终3657号;山西省高级人民法院民事判决书,(2015)晋商终字第90号。
[4] 参见李建伟:《公司决议效力瑕疵类型及其救济体系再构建——以股东大会决议可撤销为中心》,载《商事法论集》2008年第2期。

过程中,不能将认购协议的效力强加于股东,不能适用表见代理或越权原则。在擅自增资扩股的过程中,缺乏股东会决议的程序、行为超出股东会决议范围、剥夺其他股东优先认缴权,若不进行纠正和弥补,认购合同应当无效[1]。本案的目标公司仅有两名股东,侵害人可以直接在未召开股东会决议的情况下,与外部第三人签订合同,但因为未经权利人书面同意,导致在客观上与实质上根本不存在决议,法院仅认定了协议无效。

四、优先认缴权侵害救济制度的体系构建

若以救济方式进行区分,《民法典》规定了停止侵害、排除妨碍、消除危险、返还财产、恢复原状、赔偿损失、赔礼道歉、消除影响、恢复名誉9种救济方式,但不是所有的方式都能适用于优先认缴权的救济。首先,在司法实践中,停止侵害适用于正在进行或者仍在延续的侵权行为,而排除妨碍适用于物权受到妨碍或者侵害的情形[2]。优先认缴权并非我国法律规定的物权,排除妨碍这一救济方式不能适用。其次,消除危险是针对损害发生之前已经存在的现实危险[3],在实践中,多数侵害优先认缴权的行为,难以界定侵害前何种行为应认定为危险,所以适用该救济方式的可行性很低。再次,侵害优先认缴权当中,该权利作为无体物亦不构成不当得利而存在利益返还的问题,返还财产的救济方式自然不得适用。最后,针对该权利的侵害行为亦不会损害人格权益,则无须适用赔礼道歉、消除影响、恢复名誉等救济方式。如此,剩下的救济方式还有停止侵害、恢复原状以及赔偿损失。

(一)构建停止侵害的救济方式

1.优先购买权合理期限的启示

上文提及涉及合理期限的优先认缴权纠纷,有的法院认为应当适用股东优先购买权的救济期限,该种思路具有一定的合理性。优先认缴权与股东优先购买权同属于公司领域的先买权,部分法理是相通的。有民法学者认为,优先购买权的行使需要达成两个条件,一是出卖人与第三人订立买卖合同,是为行使先买

---

[1] 参见广东省佛山市中级人民法院民事判决书,(2018)粤06民终4818号。
[2] 参见程啸:《侵权责任法》,法律出版社2021年版,第750~751页。
[3] 参见程啸,前揭书,第753页。

权的时间条件;二是以同等条件表示购买,是为行使先买权的实质条件。[1]《公司法》对决议程序的立法规定主要分为召集程序、表决程序两个方面,对于第一点,在优先认缴权中可以转化为实践中公司作出增资扩股的意思表示时,结合股东与增资决议之间的关系进行分析;对于第二点,虽然未在第34条予以明确,但这是股东平等原则的重要体现,同时也是优先认缴权与优先购买权相近的原因之一。应当说,我国的增资与认缴程序都较为简单,常态是在单次增资决议通过后进行认缴。前文的实证研究发现,侵害优先认缴权多为公司未尽通知义务,即实际控制人以剥夺股东知情权为前置,如此一来,受侵害股东更难发现自身权利受到侵害。正因如此,多数原告偏向主张决议的瑕疵为违反了法律的强制性规定,以图获得没有时间限制的救济。由此分析可知,在原告大概率不知情的优先认缴权纠纷中,决议撤销之诉对于优先认缴权的保护力度较弱。

2. 域外立法例的借鉴

日本早年修订其商法典时,增设了股东对违法行为的停止侵害请求权制度。该停止侵害请求权制度与上文的新股发行停止请求权不同,前者规定在《日本公司法》第360条,意在防止董事会中心主义的治理模式下董事的专权擅断,且需要公司可能遭受难以恢复的损害为要件;后者规定在《日本公司法》第210条,是为保护股东持股比例的制度,只要股东可能遭受损害即可主张。就适用范围而言,一般仅限于违反法律、法规或者公司章程的行为。[2] 传统民法上的停止侵害请求权是基于对民事权利周延性保护的需要而赋予受害人的,就本质而言,是对即将发生的损害或者已经发生的损害进行制止,通过支付较少的费用避免较大的损害发生,符合法律的效率原则。[3]

若从我国《公司法》的立场出发,优先认缴权的核心价值在于维持股东自身的比例性利益,属于自益权。若以常态的决议无效、撤销之诉进行救济,就是以团体性的方式救济个人权利,有违商法上的效率原则。虽然《公司法》并没有关于停止侵害请求权的明确规定,但是优先认缴权作为附随在股东身份上的权利,具有财产利益,《民法典》第125条亦列其为民事权利,并以《民法典》第1167条

---

[1] 参见戴孟勇:《先买权的若干理论问题》,载《清华大学学报(哲学社会科学版)》2001年第1期。

[2] 参见[日]末永敏和:《现代日本公司法》,金洪玉译,人民法院出版社2000年版,第159~160页。

[3] 参见蒋学跃:《论股东停止侵害请求权——以司法救济为线索》,载《法商研究》2008年第5期。

为请求权基础,在增资实施完成之前请求停止侵害,让公司重新依法作出增资决议,取代旧股东会决议。股东还可在诉讼过程中根据《民事诉讼法》第 103 条对公司进行"行为保全",禁止公司继续实施有损优先认缴权的决议。由此,我国法上停止侵害的救济方式可以为优先认缴权提供事前救济。

优先认缴权的实现以增资的股东会决议有效为前置要件。在德国法上,增资分为修改章程、许可决议、签订合同、缴纳出资、申请登记五个步骤。第一步,因为增资涉及修改章程,所以需要经全体表决权的 3/4 比例通过且制作公证文书。[1] 第二步,增资决议中需要确定新股是向股东还是外部第三人发行[2],每一位认缴新股的人都需要在公证人或者认证认缴人处进行认证。[3] 且认缴声明可以在增资决议前作出,同时也可以附带解除条件或者期限,避免在第三步的认缴合同中出现期限不明,导致认缴人出资不清的情况。第三步,公司与每一个认缴人签订认购合同,而后开始对新股的认缴。第四步,认缴人需要履行与新增股份相关的追缴出资义务,且在增资决议登记之前,认缴人不享有履行请求权;若增资决议在登记前被撤销,认缴人只能根据不当得利予以返还。[4] 第五步,公司收到与增加资本相同的金额,将增资结果向商务注册处申请登记,该登记有着实质的法律效果,公司章程的变更应申报商事登记簿,申报时应附具公司章程的全部条文及公证人出具的书面证明,在公司住所地的商事登记簿上登记之前,公司章程的变更不发生法律效力。

相比之下,我国立法由于没有对增资程序以及优先认缴权行使程序的专门规定,造成了优先认缴权在增资决议中一并行使的现象,导致股东难以发现自身权利受到侵害。在实证研究中发现,我国纠纷的情节多以股东被剥夺知情权为前置,且股东普遍在决议通过的很长时间后才向法院提起诉讼,反映出股东不重视或者无法及时了解公司登记状况的事实,此时其在股权变更登记前请求停止侵害的救济方式难以实现。但德国增资程序中的"公示"属性可以成为完善救济制度的方向。上文援引的案例提及,股东应当关注公司的股权变更登记状况,且优先认缴权应当参照适用股东优先购买权的期限要求。理论上两者同属于公

---

[1] 参见《德国有限公司法》第 53 条第 2 款。
[2] 参见《德国有限公司法》第 55 条第 2 款。
[3] 参见《德国有限公司法》第 55 条第 1 款。
[4] 参见[德]托马斯·莱塞尔、吕迪格·法伊尔:《德国资合公司法》,高旭军等译,法律出版社 2019 年版,第 655 页。

司法中的先买权,且优先认缴权可能影响增资决议效力,理应适用期限的限制。此外,在第十三届全国人大法工委公开征求意见的《公司法一草》第35条规定,有限公司应当对股权变更信息在统一的公示系统上进行公示,反映出公示对于公司运行的重要性,该种规则可以与优先购买权的期限规范相衔接,以填补优先认缴权救济制度中期限规定方面的空白。另外,原《公司登记管理条例》第31条要求公司在增资决议作出之日起30日内申请变更登记。若适用决议撤销之诉,可以继续适用其除斥期间。此外,优先认缴权纠纷仍存在适用决议无效之诉的可能,为保护公司的稳定性,优先认缴权应参照适用股东优先购买权的双层期限约束,比如规定自股东知道或应当知道之日起30日内或者自股权变更登记之日起一年内提起诉讼。

(二)构建赔偿损失的救济方式

1. 赔偿损失的重要性

在缺失优先认缴权具体行使规则的现有制度背景之下,相当数量的股东在决议作出之后近一年甚至更长的时间后才得知自己权利受到非法侵害,此时决议撤销之诉的除斥期间早已届满,只能通过决议无效之诉进行救济,实践中甚至存在不少决议作出之日至初次提起诉讼之日间隔数年且请求成立的案件,但此类案件恢复至增资决议之前的操作难度和成本极高。

在确认决议无效或者撤销决议后,需要将已经完成的增资行为恢复至增资前的状态,导致公司需要筹备资金返还出资、变更股东工商登记等一系列程序,不仅会阻碍公司运营,还可能会产生高昂的费用。若侵害优先认缴权的决议一律认为无效,反而无法实现《公司法》的立法目的。《公司法》第22条作为组织法律规范,应当更注重组织秩序与团体意思的稳定,偏向追求商法上的效率原则,所以有部分受侵害股东被法院判决驳回诉讼请求。又如,在前文提及的《最高人民法院公报》案例中,对于损害赔偿请求,法院认为原告既未明确请求赔偿的损失数额,也未提交证据予以证明,最终不予审理[1];又或者存在额外请求赔偿损失的零星案例,但法院认为应该另行起诉[2]。应当说,若以《民法典》第1165条为请求权基础请求赔偿损失,既不会破坏组织体的团体稳定性,也能获得相应的救济。

---

[1] 参见最高人民法院民事判决书,(2010)民提字第48号。
[2] 参见山东省高级人民法院民事判决书,(2014)鲁商初字第23号。

2. 赔偿损失的可行性

优先认缴权作为附随在股东身份上的权利,属于《民法典》界定的股权这种投资性权利范畴。当控股股东恶意损害优先认缴权,应承认控股股东的损害赔偿责任,此时成立控股股东对权利人的侵权之债。在立法上,《公司法》第20条规定股东不得滥用权利,在实践中,侵害其他股东优先认缴权的多数股东往往身兼董事等管理职位,掌召集、主持股东会、董事会之职权,一旦构成侵害其他股东的优先认缴权,权利人存在主张赔偿的可能,此时的侵害主体认定为控股股东、实际控制人。但滥用股权的定义过于抽象,是否全部能够构成侵权行为,还需要做进一步的判断。《民法典》第132条规定,"民事主体不得滥用民事权利损害国家利益、社会公共利益或者他人合法权益"。《〈民法典〉总则编司法解释》第3条规定,"对于民法典第一百三十二条所称的滥用民事权利,人民法院可以根据权利行使的对象、目的、时间、方式、造成当事人之间利益失衡的程度等因素作出认定",其中,"行为人以损害国家利益、社会公共利益、他人合法权益为主要目的行使民事权利的,人民法院应当认定构成滥用民事权利""构成滥用民事权利的,人民法院应当认定该滥用行为不发生相应的法律效力。滥用民事权利造成损害的,依照民法典第七编等有关规定处理"。据此,关于权利滥用行为的后果有二:一是该行为不发生相应的法律效力,意指滥用权利不应当产生行为人追求的后果[1];二是如造成损害的,依照侵权责任的规定处理,也即可以适用侵权损害赔偿。

同时,从公司组织法的救济立场看,控股股东实施的压制行为具有隐秘性,是否属于侵权行为,可以借助德国排除优先认缴权的原则进行理解。在德国,仅有在公司具有紧迫的利益需求,决议基于理智的商业判断,排除股东的优先认缴权给公司带来的好处高于股东的损失,才不认为侵害优先认缴权[2]。在其他个案中,可以适用平等原则进行判断,即受侵害股东是否有意向及有能力认缴,其次是股东的优先认缴权是否因此受到侵害[3]。在过错要件中,优先认缴权作为团体法赋予的权利,其产生于集体经程序作出的行为,若存在法定、章定程序上

---

[1] 参见王利明:《论禁止滥用权利——兼评〈总则编解释〉第3条》,载《中国法律评论》2022年第3期。

[2] 参见高旭军编著:《德国公司法典型判例15则评析》,南京大学出版社2011年版,第119~136页。

[3] 参见[德]托马斯·莱塞尔、吕迪格·法伊尔,前揭书,第654页。

的违反,则认定为过错。若股东不能证明被排除的权利人没有能力认缴出资或者是公司急迫需要,只要存在违反法律或者公司章程中涉及增资决议的程序要求,导致权利人无法正常行使优先认缴权,权利人即有权请求侵权股东赔偿损失。总之,侵权主体是身兼董事身份的股东,侵害行为是未尽股东会召集人的通知义务,过错是违反股东会的程序要求,损害结果是股东无法优先认缴而遭受股权损失,侵害行为与损害结果具有因果关系。至此,可以证明我国立法上存在赔偿损失这一救济方式的规范及其适用空间。

从司法实践经验看,如有多数股东滥用权利侵害少数股东优先认缴权的,往往会有公示董事、高管的"配合",甚至多数股东指示董事、高管为过错行为。现行公司法肯定了董事、高管对于股东的信义义务及其违信责任,且从我国司法实践来看,董事、高管对于公司股东负有信义义务以及违反后的违信责任,早已是一项基本法则。《公司法》第152条规定,"董事、高级管理人员违反法律、行政法规或者公司章程的规定,损害股东利益的,股东可以向人民法院提起诉讼"。这属于股东针对董事、高管直接诉讼的规定,但是该诉讼的请求权基础却在于董事、高管对于股东的违信责任,违信责任的背后则是信义义务。在此基础上,《证券法》第85条规定,上市公司(发行人)虚假陈述的,其董事、监事、高管应当与发行人承担连带赔偿责任,但是能够证明自己没有过错的除外。《公司法解释四》第12条规定,公司董事、高管等未依法履行职责,导致公司未依法制作或者保存《公司法》第33条、第97条规定的公司文件材料,给股东造成损失,股东依法请求负有相应责任的公司董事、高管承担民事赔偿责任的,人民法院应当予以支持。《公司法解释三》第27条第2款规定,原股东处分股权造成受让股东损失,受让股东请求原股东承担赔偿责任,对于未及时办理变更登记有过错的董事、高管或者实际控制人承担相应责任的,人民法院应予支持。《公司法一草》在以上规范的基础上拟进一步规定,"董事、高级管理人员执行职务,因故意或者重大过失,给他人造成损害的,应当与公司承担连带责任"(第190条);"公司的控股股东、实际控制人利用其对公司的影响,指使董事、高级管理人员从事损害公司或者股东利益的行为,给公司或者股东造成损失的,与该董事、高级管理人员承担连带责任"(第191条)。据此,在有限公司股东优先认缴权被侵害的场合下,有过错的公司董事、高管与滥权多数股东承担连带赔偿责任,当为应有之义,也即将提上日程。

3. 损失数额的认定

依据完全赔偿与禁止得利原则,损害赔偿不仅要恢复符合受害人主观利益期望,并以市场价格为衡量依据的"价值利益",更要恢复权利主体对自己具体的权益乃至实际生活目的所拥有的"完整利益"。[1] 与之相对应产生了恢复原状与金钱赔偿两种赔偿方法,然而恢复原状可以借助决议瑕疵诉讼获得救济实现,且正是因为恢复原状容易破坏公司秩序的安定性,所以确认决议无效之诉才需要限缩无效事由,决议撤销之诉需要在特定期限内提出。即使运用民法规范进行补充,依然需要站在公司组织法的立场进行适用,所以在侵权损害赔偿的优先认缴权纠纷中当以金钱赔偿的方法实现救济。

财产损失可分为直接损失和间接损失。由于侵害优先认缴权不仅涉及股权比例的财产性利益,还包括表决权比例的缩减。在计算损失时,表决权的减损是否应纳入损害赔偿的范围属于一个无法避免的难题。从域外司法实践看,在 Gray v. Portland Bank 案中,因为公司没有合理理由拒绝了原告购入新股的要求,最终判决市场价值与股票本身面值差额的金钱赔偿(其中仅包括股价上涨的收益,而没有阐述表决权的价值)。即便到了 Stokes v. Continental Trust Co. 案,法院只是调整成市场价值与决议时认缴新股价格之间的差值。若受侵害股东在公司中的股权比例较小,那么表决权的缩减对其控制能力影响几乎可以忽略。此外,侵权法实际上只是用于认定受侵害股东能否获得补救的工具,法院仅以可能合理的方式为被侵权人提供补救,不代表能对所有的损害给予完善的赔偿。[2] 面对无法量化的控制权损失,应增加裁判的可操作性,不予考虑控制权损失,将损害宜认定为直接损失,若受害股东自愿适用该方式进行救济,应支持其选择。在董某诉上海致达建设发展有限公司等案中,原告没有参加增资扩股,增资完成后其股权比例自原来的15%降至6.3%。该增资并未如同常态下按照公司的净资产额进行,而是按照大大低于当时公司净资产额的公司注册资本进行增资,显著降低了泰富公司的小股东即本案原告所持股权的价值。[3] 一审法院计算的方法是,以被告公司完成增资后当年年底的公司净资产评估值,减去增资额的差乘以原告增资前的股权比例,得出增资前的原告股权价值,再以增

---

[1] 参见程啸、王丹:《损害赔偿的方法》,载《法学研究》2013年第3期。

[2] 参见程啸,前揭书,第30~31页。

[3] 参见张颖:《论有限公司股东权滥用之内部赔偿救济——兼析〈公司法〉第20条第2款的适用》,载《企业经济》2009年第3期。

资后当年年底的公司净资产评估值,乘以原告增资后的股权比例,得出增资后的原告股权价值,最终将前后的股权价值相减的差,即为原告损失。[1] 以此案例为借鉴,对于没有市场价格的有限公司优先认缴权纠纷,可以依据评估值计算被侵权人的损失并进行补偿。

(三)完善恢复原状的救济方式

1. 决议效力的解释路径之辩

此处的解释路径分为限缩解释与扩张解释两条路径。学界通常主张从法律规范的性质入手,有学者主张"强制性标准"标准,即违反法律、行政法规的强制性规定,才会导致决议无效[2],有的学者主张"效力性强制规范"标准,即借鉴《民法典》第153条(原《合同法》第52条第5项)规定,对《公司法》第22条第1款进行目的性限缩解释,在认定公司决议是否无效时,应当以其内容是否违反法律、行政法规的效力性强制性规定为判断标准。[3] 在《公司法解释四(征求意见稿)》中,曾有对决议无效事由进行类型化规定,其中兜底条款规定了决议内容因违反法律、行政法规强制性规定而无效。但对于如何确定"强制性规定"的内涵与外延,学术理论与司法实践中都难以形成定论,需要法官在判决时承担论证说理的责任,但上文实证分析显示不同法院对无效的标准持有不同观点,且在裁判文书中鲜有论证说理,由此造成优先认缴权纠纷中出现了大量违法即无效的裁判。

在公司法规范不足以完善处理纠纷的情形下,有学者主张采用"公司法优先民法补充"的方法,让民事法律行为构建决议的效力体系。[4] 首先,从形式识别方法角度出发,可根据立法所用语言对法条进行识别,判断标准在于是否允许公司各方另行约定。在典型的任意性规定中立法者会以一些标示性语言来表明其性质,比如"可以""由公司章程规定""依照公司章程的规定""全体股东约定的除外"等。对于此类规定,当事人自然可以做出不同于法律规定的安排。根据上述标准对《公司法》第34条进行识别,可以看出该条属于任意性规定而非强制性规定。其次,从实质识别方法角度出发,可根据违反了规定是否损害社会

---

[1] 参见王军:《有限责任公司股东增资优先认缴权解析》,载《金融法苑》2019年第1期。
[2] 参见石纪虎:《股东大会决议内容瑕疵的法理分析——兼论股东大会提案查查的重要性》,载《西南政法大学学报》2008年第3期。
[3] 参见王雷:《公司决议行为瑕疵制度的解释与完善——兼评公司法司法解释四(征求意见稿)第4~9条规定》,载《清华法学》2016年第5期。
[4] 参见钱玉林:《民法总则与公司法的适用关系论》,载《法学研究》2018年第3期。

公共利益对法条进行识别。法律、行政法规虽未规定违反必然导致法律行为无效,但违反该规定如使法律行为继续有效将损害社会公共利益,应当认定该规定属于效力性强制性规定。在优先认缴权纠纷中,受到影响的通常是股东个人利益,不涉及社会公共利益。因此《公司法》第 34 条不属于效力性强制性规定。[1]但是大多数法院在实务中对于侵害优先认缴权的决议采取的是另一种解释路径。

实务界多采扩张解释路径。由于我国公司法规范供给不足,法官在裁判股东会决议效力时,容易转用民事一般法的解释路径。从以往司法实践中看,原先涉及股权转让、股票确权、公司收购、股权回购等方面的纠纷一直被类型化为"合同纠纷""权属纠纷""侵权纠纷"等民事纠纷,并依照民法的规定处理,直到 2007 年前后才将这类案件的案由表述为"与公司有关的纠纷"。[2]结合《民法典》第 134 条[3]的规定,法院认定决议为法律行为,应当符合"意思表示真实、明确"的要求,而侵害优先认缴权的纠纷中,被侵害股东极大部分情况下是被剥夺了作出意思表示的可能。有学者认为适用该解释路径的缺陷在于,将决议行为等同于法律行为,忽视了股东会决议效力来自公司法规定的实质,偏离了决议行为和无效法律行为的本意,容易增加股东会决议无效的案件数量。[4]可见,民事审判观念在我国已经形成传统,商事审判理念尚在形成之中,在此情形下很容易出现混淆合同法规范、民法规范与公司法规范的效果,忽视法律规范立法目的差异的判决。

2. 限缩解释路径的适用

上述两种路径均存在适用民法规范的空间,但前者是借用民法规范填补公司法的模糊范围,本质仍是运用公司法规范;后者运用民法规范时,以民法的立法目的取代组织法,容易造成误判。若对侵犯优先认缴权一律采用确认决议无效的方式进行救济,考虑到公司外部交易以及内部财产的高度流动性,该种裁判思路将在根本上阻碍公司从决议至今的正常经营活动并扼杀商业活力。在上文列明的侵害优先认缴权引起的决议效力纠纷案例中,即使对于相似的情形亦存

---

[1] 参见北京市第二中级人民法院民事判决书,(2019)京02民终3289号。
[2] 参见钱玉林,前揭文,第54页。
[3] 《民法典》第 134 条第 2 款规定:"法人、非法人组织依照法律或者章程规定的议事方式和表决程序作出决议的,该决议行为成立。"
[4] 参见叶林:《股东会决议无效的公司法解释》,载《法学研究》2020年第3期。

在两种裁判,即其适例。如仅通知股东股东会将召开但却未告知增资的有关事项,致使股东没有参加股东会决议,一种裁判观点为侵害了优先认缴权,违反法律的规定而决议无效[1];另一种裁判观点为《公司法》第34条不属于效力性强制性规定,不能确认决议无效。[2] 若认为决议行为可以由民法下一般法律行为的效力规则调整,侵害他人权利可能导致整个决议无效,虽然决议行为在立法上被纳入民事法律行为,但《公司法》和《民法典》在立法目的上各有侧重。《公司法》主要作为组织法,救济更加偏重公司的稳定性与交易效率,《民法典》则更偏重个体权利的救济,在学界也普遍认可股东会决议区别于一般的民事法律行为,所以在涉及决议效力的内部争议纠纷中应优先适用组织法的理念去解释。如公司未尽通知义务与未经一致同意改变认缴条件的案件中,股东无法行使优先认缴权的结果,应认定为股东会的召集程序、表决方式存在瑕疵,属于撤销决议的事由,而非无效事由,避免决议行为背离《公司法》的设计初衷。德国在决议无效事由中设立治愈行为或时间条件,而日本则要求股东在期限内提起新股发行无效之诉。因为我国决议无效之诉并无时间上的要求,所以需要对无效的事由限缩解释至最严格的类型,即违反效力性强制性规定。

(四)现有制度完善的方向

基于以上分析,优先认缴权规则的公司法完善,可以从以下三个方面着手:

一是强化公司股权信息公示制度。现行公司法对于优先认缴权的救济多为间接的决议无效、撤销之诉,前者诉讼没有时间限制,后者有较为严苛的除斥期间限制。在对决议无效之诉适用限缩解释的路径下,优先认缴权纠纷寻求组织上的救济时更多需要决议撤销之诉进行调整,这就对股东对公司的关注程度提出新的要求。长期以来,存在股东不重视公司登记状态的客观现象。一般情况下,当股东知道自己有撤销权时会积极行使自己的权利,否则就要受到权利消极行使的不利后果。现行公司法以决议可撤销之诉的除斥期间"自决议作出之日起"作为起算点,固然有催促权利人积极行使权利、防止决议一直处于可撤销状态从而影响公司稳定性的考虑,但对于被恶意剥夺知情权的股东而言又是不公平的。《公司法一草》已经注意到这个问题,第73条将除斥期间的起算修正为"股东、董事、监事自决议作出之日起六十日内,未被通知参加股东会、董事会会

---

[1] 参见北京市第二中级人民法院民事判决书,(2017)京02民终1451号;江苏省张家港市基层人民法院民事判决书,(2018)苏0582民初188号。

[2] 参见北京市第二中级人民法院民事判决书,(2019)京02民终3289号。

议的股东、董事自知道或者应当知道股东会、董事会决议作出之日起六十日内,可以请求人民法院撤销",消除了此前的立法疏漏。但即便如此,也需要强化股权信息公示制度,强化股东关注公司股权登记状态的意识,督促股东积极行权。

二是完善损害赔偿规则。根据《公司法》第20条,如果有公司股东实施了侵害其他股东优先认缴权的行为,造成了后者利益受损的结果,行为与结果之间具有因果关系,就构成了股权滥用,实际上也是一种侵权行为,此时适用赔偿损失予以救济,为应有之义。《公司法》第20条规定的股东滥用股权的赔偿责任,即为其义。权利人可以依据《公司法》第20条、《民法典》第1165条请求滥权的股东赔偿损失,有过错的董事、高管对此承担连带责任。差额赔偿原则作为债法中损失赔偿额确定的基础方法,不仅适用于合同法领域,同样也适用于侵权责任法等领域。面对案情复杂多变的优先认缴权纠纷,且封闭公司没有公开的交易市场,赔偿数额的计算方式并不能全面救济权利人,但仅因无法完善赔偿而抛弃个体式的救济存在因噎废食的嫌疑,应当采取简单化的操作,可以将损害限定为直接损失。

三是限定《公司法》第22条第1款"决议内容违反法律、行政法规"之内涵,至少对于优先认缴权的救济领域是如此。目前司法实践中为优先认缴权提供的救济方式为决议无效、撤销之诉,但《公司法》第22条第1款决议无效的标准仍不明确,公司组织法的救济应当符合价值追求,以保证公司运作效率与结构稳定为核心,应将股东会决议无效的标准限缩为强制性规定,若过度使用确认决议无效的方式进行救济,使公司自增资行为至确认无效之日法律关系都需要恢复原状,恐与公司法的立法目的背道而驰。

五、结论

优先认缴权是有限公司股东权利束中的一项重要权利。在公司增资扩股时,其对维护股东比例性的利益不被稀释具有重要意义。我国现行公司法对优先认缴权的规范较为简单、粗略,导致实践中相关的纠纷层出不穷且法院的裁判逻辑未能统一。实证研究发现,优先认缴权纠纷的当事人普遍采用增资决议撤销之诉、无效之诉的诉讼途径寻求救济,这一现象有其合理性,但也引人深思。一方面,决议无效的救济路径可能损害公司增资行为的效率,也损害公司秩序的稳定,过多适用隐患甚大,所以应该适当限缩可适用的决议无效事由,减少因侵害优先认缴权而确认决议无效的情形,也有助于防止决议无效之诉背离《公司法》的设计初衷。关于决议可撤销之诉的适用,由于立法上缺乏指引股东及时关注公司股权登记状态,多数案例中的受害股东因知情权被剥夺而错失认缴机会,在受侵害的数年后才得知其权利受侵害并请求救济,但可能面临撤销权除斥期间经过的风险。对此,决议撤销之诉的除斥期间本意是防止决议在不确定的未来被自始无效,却导致对于侵害优先认缴权的救济力度显得尤为薄弱,解决这一问题需要两个措施同时并举。一是合理界定可撤销权除斥期间的起算点,对不知情的股东适用"知道或者应当知道股东会、董事会决议作出之日"起算规则,二是立足于组织法的价值立场审慎适用决议可撤销之诉的救济方式。目前法官多以民法思维审理股东会决议案件,忽视组织法的特殊性而追求救济个人权利,现有救济方式的单一性与法官的审理思维共同导致了优先认缴权被过度保护,容易对公司资本制度及日常经营之稳定带来较大的负面影响。最后,在公司法上构建更加完善的有限公司股东优先认缴权规则可从这两方面入手:一是强化股权信息公示制度,提升股东关注公司股权登记状态的意识,以更好地保障股东的知情权;二是完善损失赔偿规则之于优先认缴权的适用。需要指出,增资虽然是公司组织体作出的团体意思表示,但与之共生的股东优先认缴权却更偏向自益权,为更周延地保护优先认缴权,应明确优先认缴权的直接损失,以增加现实的可操作性,为受侵害股东开拓新的救济途径。

附录:样本案例的主要民事判决书索引

1. 最高人民法院民事判决书,(2009)民二终字第 3 号。
2. 最高人民法院民事判决书,(2010)民提字第 48 号。
3. 四川省高级人民法院民事判决书,(2015)川民提字第 235 号。
4. 广东省佛山市中级人民法院民事判决书,(2018)粤 06 民终 4818 号。
5. 山东省昌邑市人民法院民事判决书,(2017)鲁 0786 民初 2798 号。
6. 浙江省龙泉市人民法院民事判决书,(2018)浙 1181 民初 629 号。
7. 广东省深圳市中级人民法院民事判决书,(2015)深中法商终字第 2714 号。
8. 广东省广州市花都区人民法院民事判决书,(2018)粤 0114 民初 3534 号。
9. 广东省东莞市中级人民法院民事判决书,(2018)粤 19 民终 10393 号。
10. 北京市朝阳区人民法院民事判决书,(2017)京 0105 民初 18220 号。

11. 北京市第二中级人民法院民事判决书,(2017)京02民终1451号。
12. 山东省济南市中级人民法院民事判决书,(2020)鲁01民终934号。
13. 北京市第一中级人民法院民事判决书,(2019)京01民终3825号。
14. 江苏省高级人民法院民事裁定书,(2020)苏民申9233号。
15. 四川省自贡市中级人民法院民事判决书,(2019)川03民终1145号。
16. 四川省乐山市中级人民法院民事判决书,(2018)川11民终1387号。
17. 浙江省金华市中级人民法院民事裁定书,(2021)浙07民终482号。
18. 河南省济源市中级人民法院民事判决书,(2018)豫96民终813号。
19. 浙江省台州市中级人民法院民事判决书,(2018)浙10民终317号。
20. 安徽省合肥市中级人民法院民事判决书,(2017)皖01民终3387号。
21. 浙江省海宁市人民法院民事判决书,(2020)浙0481民初6687号。
22. 湖北省恩施土家族苗族自治州中级人民法院民事判决书,(2017)鄂28民终2315号。
23. 湖北省咸宁市中级人民法院民事判决书,(2015)鄂咸宁中民终字第709号。
24. 山东省高级人民法院民事判决书,(2014)鲁商初字第23号。
25. 江苏省扬州市中级人民法院民事判决书,(2014)扬商终字第00279号。
26. 广东省深圳市中级人民法院民事判决书,(2015)深中法商终字第30号。
27. 安徽省淮北市杜集区人民法院民事判决书,(2014)杜民二初字第00180号。
28. 山东省青岛市市北区人民法院民事判决书,(2013)北商初字第400号。
29. 山东省青岛市中级人民法院民事判决书,(2019)鲁02民终8271号。
30. 山东省高级人民法院民事判决书,(2014)鲁商初字第23号。
31. 山西省高级人民法院民事裁定书,(2015)晋商终字第90号。
32. 湖南省长沙市中级人民法院民事判决书,(2020)湘01民终12138号。
33. 广东省深圳市中级人民法院民事判决书,(2018)粤03民终15488号。
34. 北京市第二中级人民法院民事判决书,(2020)京02民终7245号。
35. 广东省深圳市中级人民法院民事判决书,(2019)粤03民终31745号。
36. 广东省深圳市中级人民法院民事判决书,(2018)粤03民终14512号。
37. 广东省深圳市中级人民法院民事判决书,(2018)粤03民终18609号。
38. 北京市第二中级人民法院民事判决书,(2019)京02民终3289号。

39. 湖南省湘潭市岳塘区人民法院民事判决书，（2020）湘 0304 民初 3291 号。

40. 福建省福州市中级人民法院民事判决书，（2020）闽 01 民终 1663 号。

41. 江苏省太仓市人民法院民事判决书，（2016）苏 0585 民初 829 号。

42. 安徽省繁昌县人民法院民事判决书，（2015）繁民二初字第 00561 号。

43. 江苏省南京市中级人民法院民事判决书，（2014）宁商终字第 537 号。

44. 上海市第一中级人民法院民事判决书，（2019）沪 01 民终 64 号。

45. 广东省深圳市中级人民法院民事判决书，（2018）粤 03 民终 17289 号。

46. 江苏省无锡市梁溪区人民法院民事判决书，（2019）苏 0213 民初 11136 号。

47. 广东省高级人民法院民事裁定书，（2017）粤民申 2090 号。

48. 四川自由贸易试验区人民法院民事判决书，（2020）川 0193 民初 2160 号。

49. 广东省深圳市中级人民法院民事判决书，（2016）粤 03 民终 15045 号。

50. 湖南省长沙市岳麓区人民法院民事判决书，（2018）湘 0104 民初 886 号。

51. 江苏省张家港市人民法院民事判决书，（2018）苏 0582 民初 188 号。

52. 北京市西城区人民法院民事判决书，（2019）京 0102 民初 6567 号。

53. 广西壮族自治区高级人民法院民事判决书，（2016）桂民再 48 号。

54. 北京市第三中级人民法院民事判决书，（2021）京 03 民终 8540 号。

第八章

公司机会认定实证研究：方法与标准*

【本章导读】 公司机会研究的理论视角有四：公司机会规则适用主体应为信义义务人；公司机会规则应与竞业禁止规则相区分；公司机会并非公司财产；公司对公司机会所享有的权利并未被类型化，仅是一种法律利益。从实证分析的角度看，公司机会规则的司法适用存在四类问题：立法模式混淆不清、缺乏统一的认定思路和标准；司法裁判存在公司机会规则与竞业禁止规则相混淆的问题；认定思路以"一步法"为主，存在将"公司机会"与"侵犯行为"相混淆、缺乏对"公司机会"的认定的问题；认定标准存在自由裁量过多、单项认定标准之间的组合方式不统一的问题。从比较法的角度看，美、英对公司机会认定的"两步法"思路值得借鉴，我国可以在"两步法"的基础上将"公司机会"作为认定前提，后优先考察约定认定标准，若无约定则按照法定认定标准裁判。在约定认定标准中应对公司放弃商业机会的约定内容进行适当限制，禁止其概括性地放弃商业机会，并强调信义义务人其他信义义务的适用。法定的认定标准经单项认定标准筛选后形成，首先判断获悉商业机会时是否具备信义义务人身份，其次判断该商业机会是否在公司经营范围内，最后判断公司是否已经采取了具体措施、信义义务人是否利用公司资源获悉该机会。

【本章关键词】 公司机会　竞业禁止　权利属性　认定方法　认定标准

---

* 本章的合作者是唐露小荷。同时感谢林树荣、辛向荣同学参与的讨论与提出的修改意见。唐露小荷，法学硕士，任职于北京中伦律师事务所。

一、引言

公司机会规则起源于英美法[1],本属于管理者对公司忠实义务的具体化[2],渐次发展为控股股东、董事、监事和高管对公司所负忠实义务的具体内容之一。在英美法上,公司机会规则经历了从放任到限制的转变,其间产生了多种公司机会认定标准。[3] 相关的理论研究也从片面强调对公司或信义义务人的保护,演变为公司利益、信义义务人利益和经济效率的衡平。[4] 公司机会规则的核心问题是某一商业机会符合哪种条件才能被认定为公司机会。对此,美国形成了利益与期待标准、经营范围标准、公平性标准等多种成熟的认定标准。我国2005年《公司法》(已修改)引入公司机会规则,粗略规定在第149条第1款第5项,但该规范还未能规定具体的认定思路及标准,难以满足司法实务需要。

本章的研究意图有三:一是尝试提出立法模式修改建议。现行法采用将公司机会规则与竞业禁止规则并列规定于同一法律条文的立法模式,本章将通过实证研究揭示其缺陷,并为《公司法一草》和《公司法二草》的分立立法模式提供理论依据。二是提供更具实操性的认定思路。司法实务认定公司机会的思路存在混乱,表现为在是否分别认定"公司机会"与"侵犯公司机会之行为"的问题上产生混淆,因此有必要对二者加以区分,并纠正不合理的认定思路。三是提出认定标准,弥补立法空白。现行公司法及公司法修订草案中未提出公司机会的认定标准,本章尝试提出明确的认定标准,对单项认定标准进行解释说明,除了学界普遍重视的法定认定标准,公司与信义义务人之间的意思自治也不可忽略,强调当事人的约定与法律规定相结合,可以提出公司机会认定的新思路及标准。

---

[1] See Martin Gelter & Geneviève Helleringer, *Opportunity Makes a Thief Corporate Opportunities as Legal Transplant and Convergence in Corporate Law*, 15 Berkeley Business Law Journal 92, p.95 (2018).

[2] See Martha M. Effinger, *A New Corporate Statute: Adding Explicit Procedures to Maryland's Corporate Opportunity Waiver Provision*, 48 U. Balt. L. Rev. 293, p.293 (2019).

[3] 参见薄守省:《论美国法上的公司机会原则——兼谈大陆法上的竞业禁止》,载《国际商法论丛》2002年第00期。

[4] See Pat K. Chew, *Competing Interests in the Corporate Opportunity Doctrine*, 67 North Carolina Law Review 435, p.436–438 (1989).

二、公司机会规则的基础理论

(一) 义务主体范围

关于公司机会规则的定义,人们的认识大同小异。美国有学者认为,公司机会规则规定了公司受托人未经允许,不得为其自身利益转移和利用应当被视为公司财产的商业机会。[1] 我国学者认为,公司机会准则意为"禁止公司董事、高级职员或管理人员把属于公司的商业机会转归自己利用从中取利",[2] "公司机会理论的基本理念就是如果某一商业机会理应属于公司或者为公司所期待,就为公司所有,董事不得为自己获得或抢夺"[3],或者说"公司含董事在内的工作人员不得将公司拥有的权利、财产利益或者有所期待的机会或者理应属于公司的机会予以侵犯自用"[4]。据此,公司机会规则的适用主体至少包括公司董事和高管,客体是属于公司的商业机会,所约束的行为是侵犯属于公司的商业机会以自用。

我国《公司法》第148条第1款第5项对公司机会规则的定义是,董事、高管不得未经股东会或者股东大会同意,利用职务便利为自己或者他人谋取属于公司的商业机会。可见现行法仅将公司机会规则的义务主体限定于董事和高管,未包括监事、控股股东和实际控制人。但后续出台的《上市公司监事会工作指引》第65条将监事纳入公司机会规则的适用对象[5],《上海证券交易所上市公司控股股东、实际控制人行为指引》(已失效)第2.6.3条规定将实际控制人纳入公司机会规则的适用对象[6]。由此可知,在以上市公司为规范主体的特别法中,监事和实际控制人已经被纳入公司机会规则的适用主体。而在《公司法一草》《公司法二草》中,监事也已经被纳入公司机会规则和竞业禁止规则的主体。

同时,主流学术观点强调,控股股东也应作为公司机会规则的适用主体[7]。我国多数公司的股权结构"一股独大",控制股东不仅可以影响股东大会对重要

---

[1] See Victor Brudney & Robert Charles Clark, *A New Look at Corporate Opportunities*, 94 Harvard Law Review 997, p.999 (1981).

[2] 张开平:《英美公司董事法律制度研究》,法律出版社1998年版,第264页。

[3] 刘俊海,前揭书,第454页。

[4] 蔡元庆:《董事的经营责任研究》,法律出版社2006年版,第13页。

[5] 《上市公司监事会工作指引》第65条规定:"……监事不得利用职务便利为自己或者他人牟取属于上市公司的商业机会……"

[6] 《上海证券交易所上市公司控股股东、实际控制人行为指引》(已失效)第2.6.3条规定:"实际控制人不得利用其对上市公司的控制地位,谋取属于上市公司的商业机会。"

[7] 参见朱慈蕴:《资本多数决原则与控制股东的诚信义务》,载《法学研究》2004年第4期。

事项的决议,还可以实施压榨少数股东、虚假出资、操纵发行价格等滥用控制权的行为,因此其完全有可能滥用权利侵占属于公司的商业机会,公司机会规则应将控制股东纳入约束范围。我们赞同上述观点,但在表述上,应将控制股东分解为控股股东与实际控制人为宜。这样,我们将控股股东、实际控制人、董事、监事和高管认定为公司机会规则的适用主体,并将其统称为信义义务人。

(二)公司机会规则与竞业禁止规则之辨析

公司机会规则的概念是信义义务人不得为了个人利益谋取属于公司的商业机会[1],竞业禁止规则的概念为"法律禁止公司信义义务人自营或者为他人经营与所任职公司同类的业务"[2]。从定义上看,二者确有相似性:相同的适用主体——信义义务人,以及相同的价值取向——保护公司利益。不仅如此,在理论基础上,二者皆属于信义义务人的忠实义务范畴[3],故而在立法上,二者有相同的法律后果,在例外情形上,二者都可以因股东会的同意而被排除适用。[4] 正因为二者之间的诸多相似之处,我国学界及实务界皆有主张,公司机会规则属于竞业禁止规则的一种类型,二者是被包含与包含的关系。[5] 域外的部分大陆法国家、地区也采此观点,立法仅规定竞业禁止规则,而不规定公司机会规则,以竞业禁止规则或忠实义务的一般性规定调整侵犯公司机会引起的争议[6],如德国(详见后文)和我国台湾地区皆然。[7] 然而,公司机会规则与竞业禁止规则间终

---

[1] 参见张开平,前揭书,第264页;李建伟:《公司法学》,中国人民大学出版社2008年版,第447页;蔡元庆,前揭书,第13页。

[2] 施天涛:《公司法论》(第3版),法律出版社2014年版,第441页。

[3] 参见李燕:《透视美国公司法上的董事忠实义务——兼评我国〈公司法〉对董事忠实义务之规定》,载《现代法学》2008年1期;李永ική:《竞业禁止的若干问题》,载《法学研究》2002年第5期。

[4] 参见李领臣,前揭文,第96页。

[5] 参见谢晓如:《公司机会规则研究》,厦门大学出版社2014年版,第18页;梅慎实:《现代公司法人治理结构规范运作论》,中国法制出版社2001年版,第525页;毛亚敏:《公司法比较研究》,中国法制出版社2001年版,第187页;蒋大兴:《公司法的展开与评判:方法·判例·制度》,法律出版社2001年版,第575页;《江苏省高级人民法院关于审理适用公司法案件若干问题的意见(试行)》(2003年)第79条。

[6] 参见李领臣,前揭书,第96页。

[7] 我国台湾地区"公司法"第一章"总则"第32条规定:"经理人不得兼任其他营利事业之经理人,并不得自营或为他人经营同类之业务。"第108条第3款规定:"董事为自己或他人为与公司同类业务之行为,应对全体股东说明其行为之重要内容,并经三分之二以上股东同意。"第209条规定:"董事为自己或他人为属于公司营业范围内之行为,应对股东会说明其行为之重要内容并取得其许可。股东会为前项许可之决议,应有代表已发行股份总数三分之二以上股东之出席,以出席股东表决权过半数之同意行之……"

究存在较大差异,亦有学者主张二者仅为部分交叉关系,属于不同的两个规则,展开的理由是:

1.二者侧重点不同。竞业禁止规则强调对信义义务人从事与公司直接而长期的竞争性活动的禁止[1],当事人是否利用了公司机会在所不问;公司机会规则强调对信义义务人未经许可篡夺属于公司的商业机会以自用之行为的禁止,不关注当事人利用该机会是否会形成与公司稳定的同业竞争。简言之,竞业禁止规则针对的是当事人稳定的营利活动,公司机会规则针对的是当事人在较短时间内实施的、对公司机会的隐瞒和利用行为[2]。因此,信义义务人既可能侵犯公司商业机会而不与公司形成竞争关系,也可能违反竞业禁止规则却不侵犯公司机会。

2.二者的客体认定标准不同。竞业禁止规则中对客体认定的标准较公司机会规则而言更为简单,前者仅限于公司的经营范围,虽然对"与所任职公司同类的业务"的认定存在争议,但仅停留在是否严格按照公司章程或营业执照所载经营范围进行认定方面[3],并未超出经营范围而产生更多的认定标准。公司机会规则中对公司机会的认定标准不仅包括该商业机会是否属于公司的经营范围,根据不同理论,还可以包括公司是否有能力利用该机会、信义义务人是否利用公司资源获取该机会、公司对该机会是否有合理期待等多项标准。

3.二者的排除适用情形不同。竞业禁止规则的排除适用情形少于公司机会规则,前者通常仅以公司章程规定或股东会同意为排除适用情形[4],公司机会规则在此之外还可以有公司缺乏经济或技术能力、公司缺乏所需法律资质、第三人拒绝与公司缔约等多种排除适用情形。

2005年《公司法》修订之际,也有学者提出鉴于公司机会规则与竞业禁止规则的相似性,仅需在"竞业禁止义务之规定的后面加上一款即可"[5]。该观点得到立法采纳,也即现行《公司法》第148条第1款第5项将公司机会规则与竞业

---

[1] 参见侯怀霞,前揭文,第154页。
[2] 参见谢晓如,前揭书,第19页。
[3] 如有论者指出,"仅指公司章程所载公司经营范围内的目的事业,而该营业是否执行或者仅仅载于公司章程则在所不问",参见刘燊、苏义保:《论公司董事的竞业禁止义务》,载《法学探索》1997年第3期。或者"与所任职公司同类的业务"不应仅限于公司章程或营业执照的记载,也应包括执行营业范围之目的事务有密切关系的业务,参见卞耀武等:《〈中华人民共和国公司法〉条文要释》,长春出版社1994年版,第68页。
[4] 参见李领臣,前揭文,第96页。
[5] 参见曹顺明、高华,前揭文,第66页。

禁止规则并列规定,且未作明确区分。这一立法模式可能忽略了公司机会规则与竞业禁止规则间的差异,不利于司法实务中对两规则的区分,易造成两种规则的混淆,所以一直有人建议修法应采将两规则分置不同法条的立法模式。

(三)忠实义务的本质

上述信义义务人对公司均负有信义义务,包括忠实义务和勤勉义务。其中,忠实义务是指"信义义务人在执行公司业务时所承担的以公司利益作为自己行为和行动的最高准则,不得追求自己和他人利益"[1],不得将自己置于自身利益与公司利益相冲突的境地。[2] 若将"不得与公司发生利益冲突"的客体具体到公司机会,则其表现形式即为公司机会规则,即信义义务人不得为了自己的利益谋取属于公司的商业机会,不得与公司进行竞争。

公司法将公司信义义务课以信义义务人群体,意在降低"代理成本"。代理成本理论将信义义务人与公司的关系认定为是代理人和被代理人之间的关系。[3] 公司作为被代理人,希望信义义务人作为代理人能为公司的利益忠实、勤勉地工作,但信义义务人作为自利的"经济人"则倾向于将自身利益凌驾于公司利益之上,由此产生利益冲突。因此被代理人为了避免代理人对自己造成损失,不得不持续监控代理人的行为,抑或向代理人提供充足的报酬、通过满足代理人的利益需求确保代理人不偏离被代理人的利益[4],由此产生的成本即代理成本。新制度经济学认为,代理成本产生的原因是人类理性有限,这导致被代理人无法完全通过代理合同约束被代理人。[5] 因此,解决方法之一就是通过法律对被代理人的行为加以规制,以起到对当事人双方合同空白的补充,由此产生了以法律规定忠实义务和勤勉义务的必要。将这一理论具体到公司机会方面,若公司与信义义务人在代理合同中对公司机会的认定和归属问题未加约定或约定不明,则可以通过法律规定公司机会的认定和归属,以起到补全合同空白的作用。

---

[1] 张民安:《董事忠实义务研究》,载《吉林大学社会科学学报》1997年第5期。

[2] See Simon Witney, *Corporate opportunities law and the non-executive director*, 16 Journal of Corporate Law Studies 145, p.149 (2016).

[3] See Patrick Prestidge, ibid., p.158.

[4] See Lee-ford Tritt, *The Limitations of An Economic Agency Cost Theory of Trust Law*, 32 Cardozo L. Rev. 2579, p.2593 (2011).

[5] See Lee-ford Tritt, ibid., p.2579, 2592.

(四)公司机会的性质

1. 公司机会与公司财产辨析

公司机会是否属于公司财产? 这一问题在国内外讨论已久,至今仍无定论。英美法院普遍将公司机会认定为公司财产,美国伦巴第(Lombard)法官认为,公司机会是一种具有信托性质的财产[1];英国法院经常将公司机会视为公司的财产或资产[2];英美部分学者也认为公司机会属于公司财产[3]。我国也有学者持此观点,有人认为公司机会应属于无形财产[4],有人认为其属于广义物的范畴,有人则认为公司机会属于财产权,其作为机会,起到衔接"财产"和"满足人的需求"的作用[5]。也有学者持反对意见,如美国学者布鲁德尼与克拉克认为公司机会作为利益或期待,不应属于法律上的财产[6]。我国也有学者认为公司机会是获得商业利益或实现商业交易的可能性,其本身并非公司财产,只有完成商业交易获得的结果才是公司财产[7],或者"公司机会既非民法意义上的有形财产,也非无形财产,它不具备一般财产的全部特征"[8]。

在我国民法话语体系里,财产与物的概念密不可分,财产多属于物,公司对公司财产享有物权或准物权,因此判断公司机会是否属于财产,可以从公司是否对公司机会享有物权或准物权入手进行反向推导。对于物权,其属性包括"绝对性"、"排他性"和"优先性"等特征[9],绝对性的含义是行为人得仅凭自己的意思和行为实现权利,无须义务人的积极协助,排他性的含义是权利人得享有排除他人干涉,独占地享有该权利,[10]优先性的含义是"当物权与债权并存时,物

---

[1] 参见张民安:《现代英美董事法律地位研究》,法律出版社2000年版,第404页。

[2] See Paul L. Davies & L. C. B. Gower, *Gower's Principles of Modern Company Law* (6 Rev. Ed. edition), Sweet & Maxwell, 1997, p.615.

[3] See P. Koh, *Once a Director, Always a Fiduciary*, The Cambridge Law Journal, 62 [2003], p. 411; The American Law Institute, *Principles of Corporate Governance: Analysis and Recommendations*, American Law Institute Publishers, §§ 5.05(a)(3)(C) comment (Tent. Draft No. 5, 1986).

[4] 参见冯果,前揭文,第96页。

[5] 参见胡海涛、杨毅:《公司机会规则概念之检讨及其体系性解释》,载《河北法学》2017年第12期。

[6] See Victor Brudney & Robert Charles Clark, ibid., p.1013–1014.

[7] 参见吕来明:《论商业机会的法律保护》,载《中国法学》2006年第5期。

[8] 参见谢晓如,前揭书,第25页。

[9] 参见王卫国:《现代财产法的理论建构》,载《中国社会科学》2012年第1期。

[10] 参见江平主编:《民法学》,中国政法大学出版社2011年版,第221页。

权优先于债权",传统理论认为三者缺一不可。实际上,公司对公司机会并不享有绝对性、排他性的权利,分别分析如下:(1)对于绝对性,公司机会的本质虽为商业机会,但法律将其限制于公司机会规则内,强调公司有权要求信义义务人报告商业机会,且在未经公司同意的情况下排除信义义务人对该商业机会的擅自利用。该过程需要信义义务人向公司报告其获悉的商业机会,公司不具备仅凭自己意志实现其公司机会所享有权益的能力,因而不具备绝对性。(2)对于排他性,由于在公司机会规则中,公司对公司机会享有的权益仅相对于信义义务人而言,并未禁止一切第三人未经公司同意而利用该商业机会,因此不具有排他性。(3)对于优先性,并未发现将公司机会作为债权客体的情况,因此不作讨论。综上,公司对公司机会不享有绝对性、排他性的权利,因此公司对公司机会不享有物权。

对于准物权,其为符合物权基本属性的一类具有特殊性的物权,通常以自然资源为客体,如矿业权、渔业权等。对于准物权,有学者认为可以适当放宽其对物权绝对性、排他性和优先性的要求,只需符合其中一部分即可。[1] 然而公司机会并非自然资源,同时公司对公司机会所享有的权益不具备绝对性、排他性,也无从探讨优先性,因此其不属于准物权。综上,公司对公司机会既不享有物权也不享有准物权,进而可认定公司机会并非物权或准物权的客体,即并非"物",公司机会既然不属于"物",则难以成为公司财产。

2. 公司对公司机会享有的权利辨析

公司机会不属于财产,公司对其也不享有财产权,但仍需探讨公司对公司机会是否享有其他权利,有学者认为公司对公司机会可能享有期待权或优先权。

(1)期待权说。有论者认为,公司对将公司机会转化为现实利益具有期待,因此其应当属于期待权。[2] 该说值得商榷。就期待权的构成要件,一般认为有三:一是民事主体是否已经具备足够多的权利取得条件,以至于该主体在未来取得权利的可能性达到足够确定的程度;二是民事主体在未来取得某项权利的可能性是否足以使得法律有必要对其加以保护;三是能否反映民事主体对未来取得某种完整权利的期待。[3] 至于何种情况才属于标准中所提及的"足够确定",

---

[1] 参见崔建远:《准物权的理论问题》,载《中国法学》2003年第3期。
[2] 参见程胜:《董事篡夺公司机会法律问题研究》,载顾功耘主编:《公司法律评论》(2001年卷),上海人民出版社2001年版,第17页。
[3] 参见王泽鉴:《民法学说与判例研究》(第1册),中国政法大学出版社2005年版,第139页;申卫星:《期待权研究导论》,载《清华法学》2002年第1期。

拉伦茨认为需要达到足以被视为一种财产的程度。[1]

那么,公司就公司机会享有的权益是否符合上述要件?首先,公司机会不属于财产,无法满足"达到足以被视为一种财产的程度";其次,公司机会的表现形式是公司得以排除信义义务人对该机会的利用,但公司能否利用该机会与交易相对人之间形成公司所欲追求的权利义务关系,并非公司机会所涵盖的内容,因此即便公司获取了某项公司机会,其能否实现与相对人的交易远非"足以确定",无法达到需要法律加以保护的程度。由上可见,公司机会不符合期待权的构成要件。不仅如此,如认为公司对公司机会享有期待权,则意味着公司在依据公司机会规则要求信义义务人向其报告公司机会并排除信义义务人的擅自利用前,必须已经与第三人进行磋商,以具备取得公司机会所指向之权利的部分要件。此种要求将过度限缩公司机会规则的适用情形,对公司保护不周,且在信义义务人获悉商业机会后向公司隐瞒的情形下,公司无从知悉该机会,自然无法与第三人进行磋商,此条件必然无法满足。若因此导致公司无法得到公司机会规则的保护,显然不妥。

(2)优先权说。有论者认为,公司机会规则只是赋予了公司优先于信义义务人获知和使用某些机会的权利,因此公司依据该规则享有的权利只是一种优先权。[2] 此观点可能存在牵强附会之嫌。民法中的优先权有其特定含义,并非任何使得民事主体享有优先地位的权利都能称为优先权。"优先权是指特定债权人基于法律的直接规定而享有的,就债务人的总财产或特定动产、不动产的价值优先受偿的权利"[3]。公司对公司机会所享有的权益,并不涉及交易相对人的优先受偿问题,因此不应当认为属于优先权。不仅如此,优先权的立法基础是公共利益、国家利益、社会利益或共有观念[4],而公司依据公司机会规则的立法基础强调微观的个体利益,强调对公司利益保护的同时兼顾信义义务人的利益和资源配置效率。因此二者的理论基础不同,不应混淆。

3.公司对公司机会仅享有法律利益

有学者提出,公司对公司机会仅享有法律利益,并未上升到权利。[5] 这一

---

[1] 参见申卫星,前揭文,第171页。
[2] 参见薄守省,前揭文,第105页。
[3] 崔建远:《我国物权法应选取的结构原则》,载《法制与社会发展》1995年第3期。
[4] 参见申卫星,前揭文,第60~61页。
[5] 参见谢晓如,前揭书,第32页。

观点值得赞同。广义的利益有三种表现形式:狭义利益、法律利益和权利。对于狭义利益,庞德将其定义为"人类个别地或在集团社会中谋求得到满足的一种欲望或要求",公司对公司机会有知悉、利用并排除信义义务人侵害的欲望和要求,因此属于利益。法律利益是狭义利益的一种形式,是从利益体系中剥离出来的、以法定形式存在的利益,即通常所说的合法利益或权益。[1] 公司对公司机会所享有的权益被《公司法》第148条第1款第5项以成文法的形式加以确定并保护,因此属于法律利益。权利是法律与特定利益的结合,是类型化了的利益。[2] 根据上文分析可知,公司对公司机会所享有的权益难以归入任何一种现存权利类型,未经过法律的类型化,因此可以认为其尚未上升到权利的层面。

三、公司机会规则司法认定存在的问题:规范分析与实证检验

(一)公司机会规则在规范层面存在的两个问题:立法模式与认定标准

在2005年《公司法》引入公司机会规则后,证监会和深圳、上海证券交易所出台的数部规范性文件都有关于公司机会的规定,如《上市公司章程指引》(2019年修订,已失效)第97条第1款第6项、《上市公司监事会工作指引》第65条、《深圳证券交易所上市公司规范运作指引》(2020年修订,已失效)第3.1.5条和第4.2.16条、《上海证券交易所上市公司董事选任与行为指引》(2013年修订,已失效)第22条、《上海证券交易所上市公司控股股东、实际控制人行为指引》(已失效)第2.6.3条。

但是,这些规定未能弥补现行《公司法》第148条第1款第5项存在的主要缺陷。第一,在立法模式上,上述部分规定同样存在混淆公司机会规则和竞业禁止规则的问题。虽然该问题在《深圳证券交易所上市公司规范运作指引》第4.2.16条、《上海证券交易所上市公司董事选任与行为指引》第22条和《上海证券交易所上市公司控股股东、实际控制人行为指引》第2.6.3条中得到改善,表现为将公司机会规则单独作为一条加以规定。但《上市公司章程指引》(2019年修订)第97条第1款第6项、《上市公司监事会工作指引》第65条和《深圳证券交易所上市公司规范运作指引》第3.1.5条仍采用与现行《公司法》相同的规定方式,将公司机会规则和竞业禁止规则列入同一法条中。在《公司法一草》《公

---

[1] 参见周旺生:《论法律利益》,载《法律科学(西北政法学院学报)》2004年第2期。
[2] 参见王利明:《关于制定民法总则的几点思考》,载《法学家》2016年第5期。

司法二草》中,这一混淆式的立法模式得到了优化。《公司法一草》第 184 条规定了"董事、监事、高级管理人员不得利用职务便利为自己或者他人谋取属于公司的商业机会",并规定了三种例外情形,此为公司机会规则之规定。第 185 条规定了董事、监事、高管未经报告或决议"不得自营或者为他人经营与本公司存在竞争关系的同类业务",此为竞业禁止规则之规定。《公司法二草》同样采用了此种立法模式和内容。这说明立法者意识到了混淆式立法模式在学理及实务裁判上存在的问题,以及公司机会规则与竞业禁止规则的区别。在公司法修订草案得以通过后,以上数部证监会及证券交易所出台的规范性文件中关于公司机会的混淆式规定也有望改善。

第二,在认定标准方面,《公司法》未明确规定公司机会的认定标准,而该问题在上述规定中也未得到解决,由此导致法官进行判断时缺少法定的统一认定思路和标准。

为了探明司法实践中是否存在上述问题,我们在北大法宝以"属于公司的商业机会"为关键词搜索 2010~2021 年的民商事裁判文书,获得判决书、裁定书计 1610 份,组成实证研究的样本案例。

(二)公司机会规则与竞业禁止规则混淆情况的实证研究

1. 实证研究数据

样本案例有关公司机会规则和竞业禁止规则的裁判文书共 394 份,筛选明确依据《公司法》第 148 条第 1 款第 5 项分析当事人是否违反公司机会规则或竞业禁止规则的裁判文书,计 369 份,以其为样本进行分析可得表 8-1、表 8-2。

表 8-1 《公司法》第 148 条第 1 款第 5 项司法适用情况分析

单位:份

法律适用\事实	侵犯公司机会(百分比)	违反竞业禁止(百分比)	两违法行为(百分比)	合计(百分比)
仅适用公司机会规则部分	10(21.3%)	0(0)	0(0)	10(2.7%)
仅适用竞业禁止规则部分	0(0)	31(11.3%)	0(0)	31(8.4%)
两部分都适用	37(78.7%)	243(88.7%)	48(100.0%)	328(88.9%)
合计	47(100.0%)	274(100.0%)	48(100.0%)	369(100.0%)

表8-2 司法实务中公司机会规则与竞业禁止规则混淆情况分析

类型 统计情况	未混淆	将公司机会规则归入竞业禁止规则	将竞业禁止规则归入公司机会规则	不区分公司机会和竞业禁止规则	合计
数量(份)	89	30	0	250	369
占案件总数百分比	24.1%	8.1%	0	67.8%	100%

2. 司法裁判存在的问题

(1) 引用法律条文不明确

《公司法》第148条第1款第5项的内容,其中"未经股东会或者股东大会同意""利用职务便利为自己或者他人谋取属于公司的商业机会"当属公司机会规则,而"未经股东会或者股东大会同意""自营或者为他人经营与所任职公司同类的业务"属于竞业禁止规则。鉴于这一混合立法模式,为使得裁判文书法律依据准确、减少误解,法官在裁判文书中引用该法条进行裁判时,理应对前后两部分内容属于何种规则进行具体说明。然而根据表8-1可知,排除两种违法行为同时存在的情况,[1]对于47份单纯侵犯公司机会的裁判文书,其中有37份文书引用了该法条的全部内容,并未作进一步说明,占此类裁判文书的78.7%。而在274份有关违反竞业禁止规则的裁判文书中,更有243份裁判文书缺乏具体说明,占比88.7%。综上,在共计280份、占表8-1样本综合总和[2]75.9%的裁判文书中,法官引用了该法条的全部内容,未根据案件具体情况对该法条前后两部分的内容作出说明或加以区分,由此可见,在混合立法模式之下,司法实务中客观存在法官引用法条不明确的问题。

(2) 法律理解存在错误

根据表8-2可知,在表8-1的样本中,有30份案例的法官明确认为《公司法》第148条第1款第5项的前半部分属于竞业禁止规则的构成要件,占表8-1样本总和的8.1%。有理由认为,实务中法官将该法条整体解读为竞业禁止规则或公司机会规则,但此种理解既不符合立法宗旨,也不符合公司法学理。司

---

[1] 在两种违法行为皆存在的情况下,笔者认为,法官对两种违法行为分别进行的论述即可对应《公司法》第148条第1款第5项的两部分内容,因此不能明显表现出缺乏具体说明的现象。

[2] 依据《公司法》第148条第1款第5项裁判是否存在违反公司机会规则或竞业禁止规则行为裁判文书之和,共328份。

法实务中法官存在混淆公司机会规则和竞业禁止规则的问题,应该引发立法者的反思。虽然其间有法官个人业务能力的因素,但主要还是由混合立法模式所致。

将公司机会规则与竞业禁止规则混合规定在同一法条,不仅有碍法律适用,也易造成误导。具言之,法官在引用法律时不作具体说明、缺乏准确性的问题,属于混合立法模式在表述上造成的不便。最高人民法院《关于裁判文书引用法律、法规等规范性法律文件的规定》第 1 条要求法官在引用具体法律条文时整条引用。因此法官在引用《公司法》第 148 条第 1 款第 5 项时,必须引用全文,不得根据案件涉及公司机会规则或竞业禁止规则而间接地、选择性地引用前一部分或后一部分,由此才产生了对法条内容作进一步说明的必要,进而导致在法官未作此说明时,裁判文书的法律依据缺乏准确性、严谨性,易生误解。而公司机会规则与竞业禁止规则本身也的确存在相似性,如立法不采用利于区分两规则的方式,易导致不了解立法背景的法官将该项前、后两半部分误认为共同对公司机会规则或竞业禁止规则的规制,进而造成法律适用上的错误。

如若将公司机会规则与竞业禁止规则分别规定于不同法条,这一痼疾自然迎刃而解。好在这一分立立法模式已在《公司法一草》《公司法二草》中得以体现,《公司法一草》在第 184 条中规定了公司机会规则,在第 185 条中规定了竞业禁止规则,《公司法二草》沿用了这一立法模式。因此,应抓住公司法大修的立法机会,正视现行公司机会规则的不足,总结实务经验教训,结合域外经验,以本土化公司机会规则的构建为未来的公司机会纠纷案件提供更优良的实证法裁判基础。

(三)公司机会认定思路的实证研究

1. 实证研究数据

上述 369 份裁判文书经过进一步筛选,可获得写明公司机会认定标准的裁判文书 123 份。以此为样本进行统计分析可以进一步发现,法官在认定公司机会时存在两种认定思路:第一种是将公司机会与侵犯公司机会的行为单独认定,姑且称之为两步法;[1]第二种是直接认定是否存在侵犯公司机会的行为,不再对公司机会进行单独认定,可以称之为一步法。将样本按照以上两种分类并对

---

[1] "两步法"的提法受启发于沈贵明教授的提法,其原文表述是"我国构建公司商业机会保护机制时,应当避免英美法系的司法弊端,坚定'分两步走'的司法思维"。转引自沈贵明:《公司商业机会的司法认定》,载《法学》2019 年第 6 期。

文书中采用的各项认定标准进行整理,得到附录一和附录二,将附录一、附录二中各项认定标准使用次数进行统计,可得表8-3。

表8-3 各项认定标准使用次数统计

单位:份

方法\分类	1 被告职务	2 机会属于公司经营活动范围	3 被告利用公司资源获悉该机会	4 公司经济、技术等方面能力	5 公司是否具备利用该机会的法律资质	6 公司是否已经与第三人进行磋商或签订合同	7 公司是否为利用机会采取措施	8 第三人意愿	9 公司是否需要该机会	10 被告是否有义务披露该机会	11 被告是否有侵犯行为	12 被告是否对公司造成损害	13 损害与行为的因果关系	14 公司放弃或同意由信义义务人利用	15 商业机会属于公司	合计
两步法	19	17	3	10	2	14	6	7	3	2	17	2	1	4	23	130
一步法	64	30	4	4	2	5	1	1	2	1	75	10	2	10	65	276
合计	83	47	7	14	4	19	7	8	5	3	92	12	3	14	88	406

2.数据分析与问题提出

司法裁判以一步法为主要思路。根据附录一、附录二可知,2010~2021年,采用两步法的裁判文书仅有38份,占样本总数的30.9%。采用一步法的裁判文书有85份,占样本总数的69.1%。可见,裁判者缺乏统一的公司机会认定思路,但多采用一步法。问题是,一步法存在若干明显缺陷。一步法的特征是直接认定"侵犯公司机会的行为",而不单独认定"公司机会",逻辑存在跳跃与混乱。需要追问的是,一步法何以成为主流的裁判思路?假设其在认定"侵犯公司机会的行为"时虽未单独进行认定,但已经包含了对该商业机会是否属于公司机会的判断,倒不失为明智之举。但该假设是否成立,需要进一步分析。事实上,一步法不区分"公司机会"与"侵犯行为",而是将其统称为"侵犯公司机会的行为",这意味着,首先,一步法在列明认定标准时不说明其用于认定公司机会或是用于认定侵犯行为;其次,在结合案例具体分析是否符合认定标准时,一步法不区分公司机会和侵犯行为,而是一并进行具体分析;最后,在结论部分,一步法不对涉案商业机会是否属于公司机会进行说明,而是直接判断当事人的行为是否属于"侵犯公司机会的行为"。由此可见,一步法并不包括对公司机会的有效认定,是一种将"公司机会"与"侵犯行为"混淆的认定思路。具言之,其存在双向混淆不清的问题:

(1)概念混淆。"公司机会"指"属于公司的商业机会",[1]是行为客体。而"侵犯行为"指信义义务人获悉属于公司的商业机会后,未经公司同意擅自利用该机会的行为,属于行为内容,二者间的逻辑关系是,"公司机会"是"侵犯行为"的对象。[2]因此,一步法将行为客体与行为相混淆,存在逻辑上层次不清的问题。

(2)认定标准混淆。采用一步法的认定思路会导致认定标准混淆。认定"公司机会"与认定"侵犯行为"的要件并不相同。附录一、附录二列举了在两种思路下样本中使用的单项认定标准,经分析不难发现:一则,对于"被告职务"这一标准,在认定"公司机会"时强调被告通过其职务获悉涉案商业机会,而在认定"侵犯公司机会的行为"时则强调被告利用职务便利谋取其已经获悉的商业机会;二则,根据既有的学术研究,[3]附录二所列前9项标准[4]均可以作为认定公司机会的标准,而"被告是否有侵犯行为"、"被告是否对公司造成损害"和"损害与行为的因果关系"与认定公司机会无关,"被告是否有义务披露该机会"和"公司是否放弃或同意管理者利用该机会"则以商业机会属于公司为前提,[5]而"商业机会属于公司"则是对"公司机会"的另一表述范式,并非有意义的认定标准。因此,附录二所列第10~15项标准均非认定"公司机会"的标准,而是认定"侵犯行为"的标准。然而在采用一步法的裁判文书中,大部分法官仅对被告是否属于董事、高管进行判断,用以确定是否应当适用《公司法》第148条之规定,并不具体区分被告属于"通过职务便利获悉商业机会"或是"利用职务便利

---

[1] 参见胡海涛、杨毅,前揭文,第121~122页。

[2] 参见沈贵明,前揭文,第185页。

[3] 参见车传波:《公司机会准则的司法裁判》,载《法律科学(西北政法大学学报)》2010年第5期。

[4] 标准即"被告利用职务便利谋取公司机会"、"机会属于公司的经营范围"、"被告利用公司资源获悉机会"、"公司经济、技术等方面能力"、"公司是否具备利用该机会的法律资质"、"公司是否已经为利用该机会进行磋商或签订合同"、"公司是否为利用机会采取措施"、"第三人意愿"、"公司是否需要该机会"和"被告是否有义务披露该机会"。

[5] 参见沈贵明,前揭文,第189页。

谋取已知的商业机会",由此可见一步法在认定过程中并未明确体现出"公司机会"的认定,且混淆了"公司机会"和"侵犯行为"的认定标准。不仅如此,在采用两步法的裁判文书中,使用表8-3前9项标准的次数之和为81次,占两步法文书中各项标准使用次数之和的62.3%;而在采用一步法的裁判文书中,使用前9项标准的次数和为113次,占采用该思路文书中各项标准使用次数之和的40.9%。可以看出,在对用于认定公司机会标准的使用频率上,采用一步法的文书,其使用频率明显低于采用两步法的文书。与之形成对比的是,在"两步法"项下,表8-3所列第10~15项标准的使用次数之和为49,占比37.7%;在"一步法"项下,该6项标准的使用次数之和为163,占比59.1%。显然,采用一步法的裁判文书比采两步法的文书更频繁地使用专用于认定侵犯行为的标准。

总结而言,一步法不仅将认定"公司机会"和"侵犯行为"的标准混淆,还以认定"侵犯行为"的标准为主,其不能有效包含对"公司机会"的认定。鉴于一步法存在的缺陷,司法实务中尚未形成合理的公司机会认定思路。

(四)公司机会认定标准的实证研究

附录一、附录二和表8-3显示,样本涉及单项认定标准的共15项,且呈现多种排列组合。尽管从2010~2021年涉及认定公司机会的案件数量有增长趋势,判例逐步累积,但司法实务中仍未形成统一的公司机会认定标准,且存在如下诸问题:(1)自由裁量产生过多单项认定标准。表8-3包含的15项单项认定标准中,仅有3项来源于《公司法》第148条第1款第5项:一是表8-3第1项"被告职务",对应法条中对被告为董事或高管的要求;二是表8-3第11项"被告是否有侵犯行为",对应法条中的"谋取"行为;三是表8-3第15项"商业机会属于公司",对应法条中的"属于公司的商业机会"。除此之外的12项标准皆产生于法官对自由裁量权的行使,其数量不仅过多,且包含了不应当用于认定公司机会的诸多标准[1]。(2)认定标准的组合方式不一。根据表8-3,不同认定标准的使用次数不同,因此可以推知各裁判文书中使用的单项认定标准必然存在不同。结合附录一、附录二可知,有共计116份、占比94.3%的裁判文书采用多个单项认定标准结合的方式。在单项认定标准种类较多的情况下,不同法官采用的不同方式对其进行排列组合,从15项单项认定标准中衍生出多种认定标准组合。

---

[1] 根据丹宁勋爵的警告,法官行使自由裁量权的目的之一是弥补法律空白,在此得到验证。参见[英]丹宁:《法律的训诫》,杨百揆等译,法律出版社1999年版,第13页。

需要说明的是,虽然根据表8-3,"被告职务"、"被告是否有侵犯行为"及"商业机会属于公司"3项标准的使用频率明显高于其他单项标准,且根据附录一和附录二,该3项标准被组合在一起的频率明显高于其他标准间的组合,但仍不能认为我国审判实务中已经逐步对公司机会认定标准达成共识。此种现象产生的原因是法官在《公司法》第148条第1款第5项中寻求公司机会认定标准的结果,是通过拆解法条的方式获得认定标准的,既非司法实务中达成的共识,也非法条明确规定的认定标准,仅是将一笼统的法律条文拆分为几部分而已,且根据上文,该3项标准中的后两项并非公司机会认定标准,因此可以认为,前述情况的出现仅仅是法官在无法确定公司机会认定标准时采取的保守处理方式,不能因此将其视为统一的公司机会认定标准。

综上,目前司法裁判在认定公司机会的过程中存在单项认定标准种类过多、多种认定标准组合方式不一的问题,严重影响了法律的可预见性和统一性。究其成因,主要是公司立法中公司机会认定标准的缺失,导致法官自由裁量空间过大。因此,公司法对公司机会认定标准作出明确规定可谓迫在眉睫。

四、公司机会认定的比较法经验

(一)美国

作为公司机会规则的起源地之一,美国对公司机会认定问题的研究已有80多年的历史,基于判例法经验和学理阐释产生了多种认定标准,[1]以其产生方式及时间、特征为标准,可以将其现存的认定标准划分为产生于判例法的传统认定标准和新兴认定标准,[2]以及产生于学理的认定标准。

1. 以两步法为主要认定思路

有学者认为,我国公司机会规则存在的立法问题源于对英美立法及学说的借鉴,但英美司法模式其实忽略了公司机会与侵犯公司机会之行为的差异,我国不应照搬之,应当区分认定公司机会与侵犯公司机会的行为。[3] 我们以

---

[1] 尽管某些法案规定了公司成员不得窃取属于公司的机会,如 Rev. Uniform Limited Liability Company Act § 409(b)(1)(C), (g)(1),但这些法案也没有对公司机会进行定义。See Martin Gelter & Geneviève Helleringer, *Opportunity Makes a Thief: Corporate Opportunities as Legal Transplant and Convergence in Corporate Law*, 15 Berkeley Bus. L. J. 92, p.111 (2018).

[2] See Pat K. Chew, *Competing Interests in The Corporate Opportunity Doctrine*, 67 N. C. L. Rev. 435, p.457, 465 (2018).

[3] 参见沈贵明,前揭文,第184~185页。

"usurp"和"corporate opportunity"为关键词,在 Westlaw 网站案例搜索共得到结果 221 份,经过筛选获得有关公司机会认定标准的裁判文书 70 份,以此为样本统计法官是否区分认定公司机会及侵犯行为,结果如表 8-4[1]所示:

表 8-4 美国法院认定公司机会所采认定思路统计

单位:份

区分"公司机会"与"侵犯行为"的文书	不区分"公司机会"与"侵犯行为"的文书
46	24

表 8-4 显示,在美国,确有 34.3% 的法官采用一步法,以认定"侵犯公司机会的行为"或"违反公司机会准则的行为"取代对"公司机会"的认定,但高达 65.7% 的法官在判决书中明确区分了公司机会与违反公司机会规则的行为,并列明了专门用于认定某一商业机会是否为公司机会的标准。据此可以认为,美国法官的主流认定思路为两步法。

2. 产生于判例法的传统认定标准

(1) 利益与期待标准(the interest-or-expectancy test)。利益与期待标准产生于 Lagarde v. Anniston Lime & Stone Co. 案,该案中,原告 Anniston Lime & Stone 公司意图购买一块包含石灰岩矿的土地,该土地的 1/3 权益归属 W. L. Martin,被告 John B. Lagarde 与 Louis D. Lagarde 作为原告公司的董事兼总经理和财务主管,未经原告同意即从 W. L. Martin 手中购得该土地 1/3 的权益以自用于石灰岩开采,[2]该案法官提出,只有在公司对一项商业机会"已经具有了利益,或者该公司根据现有权利对该利益有享有期待"[3]时,该商业机会才属于公司机会。该认定标准并不绝对禁止公司信义义务人从事有益于公司的交易,只防止其获取"公司正需要或正在寻找的财产"[4]。该标准的缺陷一般认为有二:一是对于何种情况下才能认为公司对涉案商业机会享有利益和期待缺乏统一标准,法官行使自由裁量权加以认定导致较大的不确定性[5];二是对公司机会保护范

---

[1] 详见附录一。
[2] See Lagarde v. Anniston Lime & Stone Co., 126 Ala. 496 (Ala. 1900).
[3] Lagarde v. Anniston Lime & Stone Co., 126 Ala. 496, 502 (Ala. 1900).
[4] Burg v. Horn, 380 F.2d 897 (1967).
[5] 参见徐晓松,前揭书,第 100 页。

围过窄[1],该标准只保护公司已经签订合同或与相对人进行了充分协商的商业机会,若在此之前信义义务人利用职务便利谋取该机会,则公司无法依据该标准得到救济,为信义义务人违反忠实义务提供了便利。

(2)经营范围标准(the line-of-business test)。根据经营范围标准,如果一项商业机会处于公司的经营范围之内,则该商业机会属于公司机会。[2] 该标准源于 Guth v. Loft 案,该案中原告为 Loft 公司,被告为该公司的总经理 Guth,在 1931 年前 Loft 公司一直从可口可乐公司采购原浆,但因可口可乐公司拒绝向 Loft 提供足够的优惠,Loft 公司停止了与可口可乐公司的合作并期望寻找可以替代的原浆,1931 年 5 月 19 日,百事可乐公司被裁定破产,Loft 公司的副经理 V. O. Robertson 向 Guth 提议由 Loft 公司采购百事可乐公司的原浆配方以替代可口可乐原浆,百事可乐公司由 Megargel 控制,Guth 与 Megargel 协商后,未经 Loft 公司同意自行购买了百事可乐的原浆配方。[3] 审理法院(以下称 Guth 法院)在前述利益与期待标准的基础上加入了对经营范围的要求,提出如果原告有证据证明下列要素,则可以认定构成公司机会:①所要求的机会是由该企业的既有权利、利益或期待引起的;②机会在公司的经营范围内;③机会对企业具有实际优势。其中第 2 项即经营范围标准。根据 Guth 法院的解释,用以认定公司机会的经营范围并不限于注册登记范围。其认为,"如果公司正在从事某项业务,而涉案商业机会是一项在逻辑上和性质上与公司业务相适应的活动,并且公司具有足够的基础知识、实践经验和能力去追求该机会,且该机会符合公司进行生产经营的合理需要,或可以满足公司扩张业务的要求,则公司可以主张该机会属于公司的业务范围之内"[4]。Guth v. Loft 案之后,亦有法院通过其他方式运用经营范围标准,如分析涉案商业机会是否与其当前或未来的业务存在合理关联[5]、是否符合公司对外宣称的商业目的[6]或者是否与公司现有和未来的活动联系足够密切,以至于信义义务人应当公平地为公司取得该业务[7]。该标准

---

[1] See Eric Talley, *Turning Servile Opportunities to Gold: A Strategic Analysis of the Corporate Opportunities Doctrine*, 108 Yale Law Journal 277, p.292–293 (1998).

[2] See Eric Talley, ibid., p.289.

[3] See Guth v. Loft, Inc., 23 Del. Ch. 255 (Del. 1939).

[4] Guth v. Loft, Inc., 23 Del. Ch. 255, 514 (Del. 1939).

[5] See Kerrigan v. Unity Sav. Ass'n, 58 Ill.2d 20 (1974).

[6] See Ostrowski v. Avery, 243 Conn. 355 (Conn. 1997).

[7] See Rosenblum v. Judson Engineering Corp., 99 N.H. 267 (Supreme Court of New Hampshire 1954).

最大的问题在于,法院和学者虽然认可作为公司机会认定标准的"经营范围"不应局限于公司注册登记的经营范围,却也无法提供其他能够明确划分经营范围的方式,由此导致法官行使自由裁量权时缺乏限制,主观不确定性过大。

(3)公平性标准(the fairness test)。公平性标准产生于 Durfee v. Durfee & Canning, Inc.案,该案中原告为 Durfee & Canning 公司的股东,被告 Chester H. Canning 为 Durfee & Canning 公司的副总经理及采购代表。原告主张被告 Chester H. Canning 未告知公司其在 Pacific Gas 公司担任股东和董事的情况下,作出决定使 Durfee & Canning 公司从 Pacific Gas 公司采购天然气,该行为谋取了属于 Durfee & Canning 公司的商业机会。[1] 审理法院(以下称 Durfee 法院)认为,公司治理原则的基础在于在特定情况下,当作为受托人的董事为了自身利益利用商业机会,而公司利益因此需要得到保护时所产生的不公平。解决这一不公平需要运用道德标准来判断何为公平正义,特别是对一系列事实进行判断。对于什么是公平,Durfee 法院引用了白兰廷(Ballantine)的观点:第一部分涉及公司与商业机会之间关系的标准,包括涉案商业机会是否对公司有特殊价值、公司是否已经就该机会与相对人展开协商、公司是否有能力利用该机会以及受托人是否同意与公司进行交易;第二部分涉及公司与受托人之间关系的因素,包括受托人是否因其职务而获取涉案商业机会、受托人是否被授权代表公司利用涉案商业机会以及受托人是否打算将机会再出售给公司[2]。这些标准不分先后,应当在审理每一个案件时逐一平等地加以判断。公平性标准的问题在于其标准过于模糊,法院和学者无法准确地阐明什么情况下允许信义义务人利用公司机会对公司才是公平的。尽管可以采用白兰廷看似面面俱到的判断标准,但该标准实质上更接近其他单项认定标准的汇编,更有法官认为,其只是"给原本昏暗不清的公司机会原则更添一层混乱"[3]。

(4)米勒两步分析法(Miller two-step test)。该标准产生于明尼苏达州最高院(以下称 Miller 法院)审理的 Miller v. Miller 案。该案中,原告 Oscar M. Miller 为 Waste Mills 公司的股东,其提起股东代表诉讼,主张被告 Rudolph W. Miller 和 Benjamin A. Miller 多次谋取属于 Waste Mills 公司的商业机会。[4]

---

[1] See Durfee v. Durfee & Canning, 323 Mass. 187 (1948).
[2] See Durfee v. Durfee & Canning, 323 Mass. 187 (1948).
[3] Northeast Harbor Golf Club, Inc. v. Harris, 661 A.2d 1146 (Me. 1995).
[4] See Miller v. Miller, 301 Minn. 207 (1974).

Miller 法院分两步对公司机会进行认定,第一步,Miller 法院灵活运用 Guth 法院提出的多项认定标准,[1]认为如果涉案商业机会"与公司现有或将来的经营活动没有逻辑上或其他合理的关联,或者如果公司缺乏经济能力、基本的实践能力和科技能力去利用涉案商业机会,则该机会不应被认定为公司机会"。[2]在第一步,原告负有举证责任。如果涉案商业机会在第一步被认定为公司机会,则进入第二步,用公平性标准对被告在涉案商业机会开发前、中、后阶段行为的公平性进行判断,被告被认定为恶意并不一定导致责任承担,被认定为善意也不必然导致免除责任。在第二步,被告负有举证责任。米勒两步法的特点是在审理之初并不假定信义义务人利用属于公司的商业机会直接导致违反忠实义务,而是认为在某些情况下,被告对公司机会的利用是具有正当性的。[3]米勒两步法为新兴认定标准提供了思路,但本身难谓合理。从逻辑上分析,公平性标准是用于判断一项商业机会是否属于公司的标准。如法院已在第一步认定了该商业机会属于公司,就不需要再用公平性标准进行二次判断,[4]如调整为第一步采用经营范围标准,符合标准的情况下,再用公平性标准进行判断,似乎更为合理。

3. 产生于判例法的新兴认定标准

因为传统认定标准皆过于模糊,法官在司法实务中很难明确分析事实是否与之相符,所以其在判决书中较少解释认定标准、案件事实与结论之间的推理过程,而是在说明案件事实和认定标准后直接宣布结论。这就导致美国各司法管辖区对公司机会的认定几乎达到了不可预测的程度。为了解决这一问题,部分法院尝试提出更为明晰的新兴认定标准。根据侧重点不同,可将新兴认定标准分为以下三种模型。[5]

(1)公司能力模型(corporate capability model)。公司能力模型,从 Valiquet v. First Federal Sav. & Loan Ass'n of Chicago[6]、Lussier v. Mau-Van Development, Inc.[7]和 Quinn v. Cardiovascular Physicians, P. C.[8]等案例中逐渐形成。该

---

[1] See McCabe Packing Co. v. U. S., 809 F. Supp. 614 (C.D. Ill. 1992).
[2] See Miller v. Miller, 301 Minn. 207 (1974).
[3] See Pat K. Chew, ibid., p. 463.
[4] 参见[美]罗伯特·C. 克拉克:《公司法则》,胡平等译,工商出版社1999年版,第191页。
[5] See Pat K. Chew, ibid., p. 469.
[6] See Valiquet v. First Federal Sav. & Loan Ass'n of Chicago, 87 Ill. App. 3d 195 (1980).
[7] See Lussier v. Mau-Van Development, Inc., 4 Haw. App. 359 (1983).
[8] See Quinn v. Cardiovascular Physicians, P. C., 254 Ga. 216 (1985).

模型侧重于判断公司是否具有实际利用涉案商业机会的能力,如果公司不具备利用涉案商业机会的经济、技术等能力或法律资质,则不排除信义义务人对该机会的利用。该模型强调效率,认为如果公司没有足够的能力利用涉案商业机会,则从经济效率出发,不应允许公司继续占据该机会,而应当允许信义义务人甚至其他有能力利用该机会的主体加以利用。

然而该模型的问题在于难以准确判断公司是否有足够的能力。若公司目前经济状况不佳,其可通过增发股票、发行债券、贷款等方式增强经济能力;若公司不具备利用该机会的法律资质,则其可以对自身进行调整以取得相应的资质。其他方面的能力也是如此。因此如果仅凭公司目前的能力状况来判定公司缺乏相关能力,对公司而言要求过于苛刻,并非公平。[1] 不仅如此,信义义务人对公司负有忠实、勤勉义务,其应在公司不具备所需能力时尽力使公司取得之。若法院此时判决信义义务人因公司不具备能力而取得该机会,则无异于减免其忠实、勤勉义务,有违法理。

(2)公司期望模型(corporate expectations model)。该模型是对传统标准中利益与期待标准的完善。在传统标准中,何为享有利益,或者何为对涉案商业机会享有期待是模糊的,但在公司期望模型中,法院提出了多种更为具体的方式加以认定"是否属于公司的合理期待"。根据该模型,如果公司与信义义务人订立合同之初即对商业机会的分配作出了约定,法院应当认为公司仅对约定范围内的机会享有期待;如双方没有明确约定,则法院需要对发生此种纠纷时公司可能与信义义务人作出何种约定进行推测。对此,不同法院有着不同的推测方式。如在 United Seal & Rubber Co. v. Bunting 案中[2],原告为 United Seal & Rubber 公司,被告为原告三位已经离职的董事 Bunting、Keeley 和 Galphin,原告主张被告离职后招揽原告客户的行为侵犯了原告的公司机会,法院认为"合理期待"的范围限于公司已经订立合同的商业机会,本案中被告招揽原告客户的行为并未影响原告与这些客户已经签订合同的履行,因此不予支持原告的诉讼请求。而在 Comedy Cottage, Inc. v. Berk 案中,原告为 Edward Hellenbrand 和 Comedy Cottage 公司,被告 Berk 为 Comedy Cottage 公司的前副总经理,Berk 离职后在 Comedy Cottage 公司经营场所租期届满后与出租人协商租赁了该场所并开展与

---

[1] 参见沈贵明,前揭文,第188页。
[2] See United Seal and Rubber Co., Inc. v. Bunting, 248 Ga. 814 (1982).

Comedy Cottage 公司相竞争的业务,原告因此起诉被告主张其谋取了公司机会。法院认为,如果公司曾经与相对人进行过某项交易,则其拥有对与相同的相对人进行相同交易的合理期待,因此支持了原告的诉讼请求。[1]

(3)披露模型(disclosure model)。从 Nicholson v. Evans, Imperial Group (Texas)[2]、Inc. v. Scholnick[3]等案发展出了披露模型。该模型的特点是强调信义义务人必须向公司披露其所知道的所有可能与公司产生竞争的商业机会,如果信义义务人完成了披露,且公司同意信义义务人对该机会的利用,则法律允许信义义务人利用该机会。若未经披露,则信义义务人不得擅自利用该商业机会。在适用该模型时,传统认定标准中的经营范围标准常被用于判断信义义务人是否有义务将涉案商业机会向公司披露。

该模型的优点有二:一是要求信义义务人向公司披露其获取的商业机会,可以对信义义务人形成有效监督;二是只要公司内部确定了披露程序,法院即可准确地判断受托人是否履行了披露义务,进而准确判断涉案商业机会是否属于公司。但该模型的缺点也是明显的:其一,该模型仅对受托人规定了披露义务,却没有要求公司对此制定明确的规定,如披露的时间、方式和披露的程度等,如果公司没有制定相关规定,信义义务人在向公司披露时便无法确定自己是否全面履行了披露义务,进而可能被法院以披露时间、方式或披露程度不当为由认定其未全面履行披露义务;[4]其二,法院采用该模型会导致其司法管辖区内的公司迫于压力而制定详细的披露程序并监督其实施,增加了时间和金钱成本。

4. 产生于学理的认定标准

(1)布鲁德尼和克拉克方法(the Brudney and Clark approach)。布鲁德尼和克拉克认为,应当区别封闭公司和公众公司,分别采取不同的公司机会认定标准,其中两类公司的区别在于:①受托人与公司利益之间的关系:封闭公司的股东比公众公司的股东更有能力选出代表其利益的受托人。②对受托人的监督程度:封闭公司的股东数量少,人合性强,所以更能对受托人进行有效监督,公众公司则相反。③针对利用公司机会的协商程度:封闭公司的受托人更容易与股东会达成协议,约定其只收取较低的报酬,其余部分以对公司机会的利用加以补

---

[1] See Comedy Cottage, Inc. v. Berk, 145 Ill. App. 3d 355 (1986).
[2] See Nicholson v. Evans, 642 P. 2d 727 (Utah 1982).
[3] See Imperial Group (Texas), Inc. v. Scholnick, 709 S. W. 2d 358 (Tex. 1986).
[4] See Pat K. Chew, ibid., p. 483.

足,公众公司的受托人与公司签订的合同多为格式合同,其通常规定了充足的报酬以支持受托人尽力为公司工作,且公司往往不愿对这种格式合同进行个性化修改。因此,受托人不能以劳动报酬为代价换取公司对其利用公司机会的同意。④受托人可利用公司机会的选择范围:封闭公司通常规模小,经济、法律等能力有限,因此存在很多超出其能力范围的商业机会可以供董事利用,公众公司规模大,经济、法律等各方面能力较强,因此对其而言,各项商业机会都有可能属于其经营范围,因此受托人不得利用任何商业机会。[1]

基于上述区别,有学者认为,对于公众公司,应当绝对禁止受托人对公司机会的利用,而对于封闭公司,则按照以下四点进行判断:①如果该机会与公司经营范围相关,则无论其是否为公司必须,或是否对公司有重要意义,受托人都不得利用;②如果公司对该机会享有利益或期待,则受托人不得利用;③如果公司事先概括地同意或者临时性地对该项商业机会同意受托人加以利用,则受托人可以利用,但如果涉案商业机会对公司而言是免遭损失所不可或缺的,则只有公司明示的、临时针对该机会的同意才有效;④对于前述三项规则之外的公司机会,受托人可以在不披露的情况下加以利用。[2] 需要注意的是,上述观点并非全部属于公司机会认定标准。对于区分封闭公司和公众公司的观点,实际上是对不同类型的公司应否允许受托人利用已经被确认属于公司的商业机会所进行的区分,而并非对不同类型的公司提出不同的公司机会认定标准。

(2)美国法学会方法(the American Law Institute approach)。美国法学会(American Law Institute,ALI)在1994年提出了一种公司机会认定标准,根据该标准,公司机会包括以下四类:①信义义务人发现的与其履行职务相关的商业机会;②信义义务人发现并有理由相信是第三人基于公司能力向其提供的商业机会;③信义义务人利用公司资源获取该商业机会,且其有理由认为该机会符合公司利益;④信义义务人获悉的任何与公司现在或将来可能从事的商业活动有关的商业机会。[3] 以上实际包含了4种单项认定标准:职务便利,第三人意愿,是否利用公司资源以及传统的经营范围标准,其中前3项认定标准较传统认定标

---

[1] 参见[美]罗伯特·C.克拉克,前揭书,第210页;Victor Brudney & Robert Charles Clark, ibid., p.1023。

[2] See Victor Brudney & Robert Charles Clark, ibid., p.1011.

[3] 参见美国法律研究院:《公司治理原则:分析与建议》(上卷),楼建波等译,法律出版社2006年版,第329页。

准更加具体明确,且有准确可行的判断方法,所以便于法院适用。但其并未解决第4项认定标准,即传统的经营范围标准中存在的判断标准模糊的问题。

(二)英国

与美国强调讨论商业机会的归属问题不同,英国强调信义义务人对公司的忠实义务。[1]在大量判例经验的基础上产生了无冲突(no-conflict)规则和无盈利(no-profit)规则。[2] 在《英国2006年公司法》出台前,法院利用无冲突和无盈利两规则对侵犯公司机会的行为加以规制。无冲突规则在 Aberdeen Rail Co v. Blaikie Brothers 案中获得了最典型的定义:任何负有该义务的人都不得参与可能造成其个人利益与其有义务保护的主体利益相冲突的活动。[3] 该规则需要法官判断公司的利益之所在,以确定信义义务人与公司是否存在利益冲突,对法官能力有较高的要求。此后在 Boardman v. Phipps 案[4]中,参审法官的观点皆以无冲突规则为指导,且此后几乎所有公司机会规则案件中,无冲突规则都会得到适用,如在 Bhullar v. Bhullar[5]案中,原告公司经营地产出租业务,被告作为公司董事,发现有与原告所拥有的地产相邻的一处地产出售后,未通知原告,自行购买该地产。法院根据无冲突规则认定被告违反了忠实义务。

无盈利规则的内容在 Regal (Hastings) Ltd. v. Gulliver and Others[6]得到明确阐述:对于董事通过与所任职公司间的关系所获得的财产,董事不得从中获利。与无冲突规则相反,无盈利规则不要求法官判断公司的利益之所在,而是要求法官判断公司机会是否在董事以信义义务人的身份行事时被获取。如果某人以董事的身份获悉该机会,则其为公司机会,董事需要告知公司且不得擅自利用;若非以董事身份获悉该机会,则其不为公司机会,董事可以自行利用。

无冲突和无盈利规则起源于相同的基本原则:董事不得将自己置于个人利益与公司利益相冲突的位置。[7] 但法院逐渐在司法实践中将其区别:当董事利用职务便利侵犯公司机会以牟取私利时适用非盈利规则;当董事个人对公司机

---

[1] See Martin Gelter & Geneviève Helleringer, ibid., p.119.
[2] See Keech v. Sandford [1726] 25 English Reports 223 (CA).
[3] See [1843–60] All ER Rep 249 (quoted in Simon Witney, ibid., p.149).
[4] 该案为英国审理忠实义务和利益冲突的里程碑式的案件,载 https://en.wikipedia.org/wiki/Boardman_v_Phipps。
[5] See [2003] EWCA Civ 424.
[6] See [1942] UKHL 1.
[7] See Simon Witney, ibid., p.155.

会的利用与其忠实义务发生冲突时,适用无冲突规则。无冲突规则强调冲突的存在,而无利润规则不以冲突的存在为要件。然而随着时间的推移,法官和学者发现,非盈利规则阻止信义义务人获利的原因是防止其为了个人利益而忽略公司利益,这与无冲突规则的内涵一致。因此无冲突规则开始替代非盈利规则成为处理公司机会相关案件的常用规则[1]。《英国2006年公司法》第175条对董事义务和无冲突规则作出了更明确的规定,详细内容为:

"第175条　避免利益冲突的义务

(1)公司董事必须避免这样的情形,即他享有或能够享有与公司利益冲突或可能冲突的直接或间接利益。

(2)这特别适用于任何财产、信息或机会的利用(公司是否能利用财产、信息或机会是不重要的)。

(3)该义务不适用于与公司交易或安排相关的利益冲突。

(4)该义务未被违反——

(a)如果情形不能合理地视为可能产生利益冲突。

(b)如果事项已经董事授权。

……

(7)本条任何所称的利益冲突,包括利益和义务的冲突以及义务之间的冲突。"[2]

第175条并未提及无盈利规则,对此英国学界存在两种观点。一种观点认为无盈利规则作为无冲突规则的一种特殊表现形式已经被纳入第175条,另一种观点认为无盈利规则已经被无冲突规则取代而应停止适用[3]。虽然《英国2006年公司法》仍然采用无冲突规则解决公司机会纠纷,但该规则的适用需要分析公司利益之所在,所以司法实务中法官仍不可避免地需要分析涉案商业机会是否属于公司机会。在司法实务中,已经形成了部分认定标准作为先例,例如:(1)涉案商业机会属于公司当前或将来的商业活动;(2)董事在履行职务过程中获取涉案商业机会;(3)利用公司资源获取该机会;(4)董事已受雇为公司利用

---

[1]　See Jens C. Dammann, *Indeterminacy in Corporate Law: A Theoretical and Comparative Analysis*, 49 Stanford Journal of International Law 54 (2013).

[2]　《英国2006年公司法》(2012年修订译本),葛伟军译,法律出版社2012年版,第212页。

[3]　See Simon Witney, ibid., p.151–152, 155.

涉案商业机会。[1]由此可见,英国处理公司机会纠纷案件的思路亦为两步法。

(三)德国

与英美法相比,德国法并未采用公司机会理论,最初也并不使用"公司机会"这一术语,而是通过忠实义务—竞业禁止规则来规制谋取公司商业机会的行为。[2]如《德国商法典》第60条规定:"未经业主的允许,商业辅助人既不得经营营业,也不得以自己或他人的计算进行属于业主的营业部类的交易。"《德国股份法》也规定董事会成员不得经商,不得在公司业务部门为自己或他人的利益从事商业活动。美国逐步完善的公司机会规则理论得到了德国学者的关注,并被学者引入德国。[3]虽然这种引入主要限于学术层面,并未能将公司机会规则确定为成文法,更未能改变德国仍以忠实义务规制谋取公司机会的状况,但仍对德国的立法和司法产生了影响。在立法方面,德国开始将"不得谋取属于公司的商业机会"与竞业禁止相区分。[4]在司法方面,德国法院最终采用了"公司机会"这一术语。如德国联邦最高法院1985年审理的董事谋取公司商业机会一案中,原告为某机械设备生产公司,被告为该有限公司的经理。某工程师向该经理提议共同开设另一同种机械设备生产公司,该经理立即辞职并与该工程师开设了新的公司。联邦最高法院认为,该工程师的提议属于原告公司的公司机会,被告的行为违反了忠实义务。[5]

整体来看,德国立法对公司机会规则的引入较浅,虽然将"禁止谋取属于公司的商业机会"与竞业禁止相区分,但仍绝对禁止信义义务人谋取属于公司的商业机会,并未确定"属于公司的商业机会"的定义,也未引入美国公司机会规则中赋予董事及高管的抗辩权[6]。

---

[1] See Martin Gelter & Geneviève Helleringer, ibid., p.123.
[2] 参见[德]托马斯·莱塞尔、吕迪格·法伊尔:《德国资合公司法》,高旭军等译,法律出版社2005年版,第552~553页。
[3] See Holger Fleischer, *Legal Transplants in European Company Law-The Case of Fiduciary Duties*, 2 European Company & Financial Law Review 379, p.390 (2005).
[4] 《德国公司治理准则》principle 19 (2019版): "The members of the Management Board and Supervisory Board are bound to observe the enterprise's best interests. In all their decisions, they must neither pursue personal interests nor exploit for themselves business opportunities to which the enterprise is entitled. Management Board members are subject to comprehensive non-compete clauses throughout the duration of their appointment。"
[5] See Paul L. Davies & Klaus J. Hopt, ibid., p.38-39.
[6] 参见《德国股份公司法》,贾红梅、郑冲译,法律出版社1999年版,第5页。

(四)比较法经验的总结与借鉴

根据上文可知,美国对公司机会的认定标准最初从判例法产生,后又加入学者观点,其在公司机会认定方面的立法最为完善。英国的相关立法完善程度较低,公司机会认定标准仍在形成中。而德国则并未真正在立法中引入公司机会规则及公司机会认定标准。对比分析以上三国的公司机会认定思路及标准,可以总结出如下共同特征:

1. 认定思路以两步法为主

美英法院处理公司机会纠纷案件时采用的认定思路皆为两步法,因德国未形成公司机会规则,因此无法归类为一步法或两步法,但可以认为采两步法是英美法的典型做法。

2. 认定标准由模糊向清晰转变

以美国为例,法院最初适用传统认定标准,包括1900年的利益与期待标准,1939年的经营范围标准,1948年的公平性标准和1974年的米勒两步法。其特征是仅笼统地提出诸如"利益或期待"、"经营范围"和"公平"等认定标准,但对于何为"利益""期待""经营范围""公平"缺乏具体说明,导致法官裁判时主观任意性较强。而后20世纪80年代在传统认定标准的基础上演化出更为明确的认定标准,包括美国法院创设的新兴认定标准以及美国学者各自提出的观点,[1]这些认定标准中包括了"公司经济能力""法律资质""公司是否与相对人订立合同""董事是否有义务披露涉案商业机会"等具体的单项认定标准,法官可以根据证据更加准确地判断是否符合标准,提高了法律的可预见性。英国亦是如此。英国最初仅根据无冲突规则判断信义义务人是否能够取得公司机会,但没有提出公司机会的认定标准。而随着判例的累积,对公司机会的认定标准也逐步产生。德国虽然没有提出具体的认定标准,但在概念上将忠实义务具体到了"公司机会",并且学理上也将"不得谋取属于公司的商业机会"与竞业禁止相区别,同样体现出由模糊向清晰转变的趋势。

3. 单项认定标准趋于一致

比较美英的法律及学说可以发现,两国通过判例得出的单项认定标准具有一致性。美国的经营范围标准类似于英国判例中的"涉案商业机会属于公司当

---

[1] See Matthew R. Salzwedel, *A Contractual Theory of Corporate Opportunity and A Proposed Statute*, 23 Pace Law Review 83, p.7–10 (2002).

前或将来的商业活动";美国法学会提出的公司机会认定标准中包括"与信义义务人履行职务相关"以及"信义义务人利用公司资源获取机会",英国判例中也有类似的认定标准;美国的公平标准包含了英国的"董事已受雇为公司利用涉案商业机会"。

4. 倾向于采用多项认定标准

该现象在美国得到明显体现。在美国法院和学者提出的 9 种认定标准中,属于单项认定标准的仅有利益与期待标准、经营范围标准、公司期望模型和披露模型。公平性标准虽然以"公平"为标准,但是因为法院对"公平"的认定采用白兰廷的观点,因此可以认为公平性标准间接地包含了多种单项认定标准。不仅如此,即便是上述单项认定标准,法院在适用时也会将其与其他单项认定标准结合。如在 Guth v. Loft 案[1]中,法院同时采用利益与期待标准和经营范围标准,在适用披露模型时,法院仍需要用其他认定标准来判断信义义务人是否有向公司披露涉案商业机会的义务。[2] 因此,美国法院仅适用某一单项认定标准认定公司机会的情况较少,更多的情况是采用多项认定标准的方式加以认定。

5. 借鉴意义

根据上述学说,英、德的成文法绝对禁止信义义务人与公司开展竞争,但未规定公司机会的认定标准,这可能导致公司利益和公司机会的范围被无限放大,信义义务人除非将任职期间获悉的所有商业机会皆无保留地向公司汇报,否则即有违反忠实义务的可能,可将其归为严格标准类型。美国通过确定一系列公司机会认定标准限制了公司机会的范围,允许信义义务人利用标准之外的商业机会,也允许公司主动放弃部分公司机会,可将其归为宽松标准类型。具体借鉴何种标准类型应根据我国国情加以认定。

不同股权集中度的公司,应适用不同类型的公司机会认定标准。在股权较为分散的公司,多数股东不仅不一定能够成为控股股东,其较弱的表决权优势也导致其不一定能够选举出代表自身利益的董事[3],因此严格的公司机会不与多数股东的利益发生冲突。对于少数股东而言,其本身即因持有股份较少而缺乏

---

[1] See Guth v. Loft, Inc., 23 Del. Ch. 255 (Del. 1939).

[2] See Nicholson v. Evans, 642 P.2d 727 (Utah 1982); Imperial Group, Inc. v. Scholnick, 709 S.W.2d 358 (Tex. App. 1986).

[3] See Martin Gelter & Geneviève Helleringer, ibid., p.145.

参与公司决策的积极性[1],严格的公司机会规则能够保护公司利益,有利于其投资期望的实现,也符合少数股东的利益。而且,在股权分散的公司融资主要依靠股东投资[2],严格的公司机会规则不与股东利益相冲突,也不会对公司融资产生不利影响。由此使得严格的公司机会规则在股权分散的国家执行成本较低。但是,在股权高度集中的公司,往往存有明显的控股股东,控股股东利用表决权优势得以选举代表自身利益的董事、监事,因此严格的公司机会规则在阻止董事、监事利用公司机会的同时,可能影响选举该董事、监事控股股东的个人利益。[3] 不唯如此,控股股东、实际控制人本身即信义义务人,也会受到公司机会规则的约束。股权集中公司控股股东的出资对于公司融资而言有重要地位,严格执行公司机会规则可能降低控股股东出资的积极性,造成较大的成本和不利影响。因此对于股权集中的公司,公司机会规则应较为宽松,意味着采取较为宽松的公司机会认定标准。不同于英美的是,我国的公司股权结构属于较为集中型的,常常表现为"一股独大"态势,[4]因此,采取宽松型的公司机会认定标准更符合我国国情,在此意义上美国法的经验于我国而言更有借鉴价值。

对于认定思路,我国司法实务中本存在一步法和两步法两种思路,且前者得到了普遍采用。鉴于一步法在司法实务中造成的概念混淆及认定标准混淆不清的问题,借鉴美国普遍采用的两步法确有合理性。两步法认定思路先判断某商业机会是否构成公司机会,再判断行为人是否实施了侵犯公司机会的行为,逻辑更加清晰、严谨。同时,两步法要求法官对公司机会的认定及侵犯公司机会之行为的认定分别提供明确的说理,有利于完善裁判文书的逻辑分析过程,使其更加有理有据、令人信服,进而提高司法公信力。

在认定标准方面,首先,认定标准由模糊向清晰的转变趋势有利于依法裁判,能够有效降低公司机会司法认定结果的主观任意性,提高可预测性,且有利于提高信义义务人发掘公司机会的积极性,可以促进市场经济中公司机会的有效利用。我国公司法应顺应该趋势,修改认定标准不甚明确的第148条第1款第5项,制定更为明确的认定标准。其次,根据上文可知,公司机会规则的溯源

---

[1] 参见朱慈蕴,前揭文,第105页。
[2] See Martin Gelter & Geneviève Helleringer, ibid., p.145.
[3] See Martin Gelter & Geneviève Helleringer, ibid., p.145-146.
[4] 参见李建伟:《公司制度、公司治理与公司管理:法律在公司管理中的地位与作用》,人民法院出版社2005年版,第118页。

地美、英两国虽然最初用于规制公司机会的法律规定存在较大差异,但时至今日,英、德的公司机会规则已经开始趋向美国,[1]由此同样可以验证美国法的合理性。最后,对于采用单项认定标准或多项认定标准,公司机会的认定涉及多方面利益,仅凭一项认定标准难以平衡,进而无法作出合理认定,宜采多项认定标准。

五、公司机会司法认定之立法完善

(一)立法形式和认定思路的完善

前文指出,现行《公司法》将公司机会规则与竞业禁止规则规定于同一条款,导致司法实务中法官混淆公司机会规则与竞业禁止规则。鉴于两类规则的差异性,《公司法》立法应坚持修订草案第184条和第185条中将两个规则分别规定于不同条款的立法模式。

此外,我国法没有规定明确的公司机会认定步骤,但根据逻辑思路,既然现行《公司法》及其修订草案中只针对"属于公司的商业机会",在公司机会纠纷案件中就应当先对某一商业机会是否属于公司机会进行判断,然后才能判断是否存在侵犯公司商业机会的行为。不仅如此,基于一步法、两步法的优劣对比,对于公司机会的认定,我国法应明确采用两步法的思路,将"公司机会"与"侵犯行为"分别认定。在此思路的基础上,法律还应提出更具实操性的公司机会认定标准以有利于指导司法实践。

(二)公司机会认定标准所涉及的各方利益

多数学者认为,公司机会规则的含义是保护本应当属于公司的商业机会不被信义义务人擅自利用,现行公司法也将公司机会规则规定于信义义务人的忠实义务条款中,强调保护公司利益。但公司机会规则及其所包含的公司机会认定标准,涉及公司、公司信义义务人以及社会公众等三方利益,《公司法》第1条虽将公司合法权益列为首位,但这不影响良好的公司机会认定标准可以做到同时平衡三方利益。

1.公司利益

公司机会认定标准涉及的公司利益有三:一是公司的监督成本,二是公司的缔约成本,三是公司对公司机会享有的利益。

---

[1] See Martin Gelter & Geneviève Helleringer, ibid., p.140.

(1)公司的监督成本。作为利己的经济人,信义义务人倾向于将对其有益的公司机会据为己有,公司则希望信义义务人能够将公司利益置于个人利益之上,公司一般会通过加强内部监督的方式对信义义务人的行为进行约束。如果法律对公司机会认定标准规定较窄,则会导致商业机会被认定为公司机会的可能性下降,此时公司为了维护自身利益,要采取更严格的监督措施,由此导致更高的内部治理成本;若法律对公司机会认定标准规定宽松,商业机会被认定为公司机会的可能性上升,公司便可放宽内部监督措施并减少监督成本,依靠法律所产生的"寒蝉效应"[1]对信义义务人进行约束。

(2)公司的缔约成本。公司可以通过在章程或与信义义务人签订的合同中防止信义义务人对公司机会的侵犯,此类条款的写入可能导致缔约成本的增加,如更长的协商时间,相对人拒绝缔约后另寻其他缔约机会而产生的成本等。为了使当事人不进行此项约定也能有所依据地解决公司机会纠纷,法律规定了公司机会规则。然而,若法律对公司机会认定标准规定较窄,公司可能仍需通过合同对公司机会的范围进行扩张,由此也会增加公司缔约成本;若法定标准过宽,则信义义务人可能会与公司进行磋商,以求通过合同约定限缩认定标准,同样会增加公司的缔约成本。

(3)公司对公司机会享有的利益。公司对公司机会享有获悉、利用并排除信义义务人未经允许擅自利用的利益,在信义义务人侵犯公司机会的情形下,该利益受到损害,我国法律规定的救济途径是将信义义务人谋取公司机会所得收入归入公司,若法律对公司机会认定标准规定较窄,公司利益受损就可能无法获得救济。

2.信义义务人利益

公司机会认定标准涉及的信义义务人利益有二:一是财产权,二是营业自由。目前我国立法及司法实务均缺乏对信义义务人个人利益的考量[2],这里需

---

[1] "寒蝉效应"在法律领域的含义为:当事人因不愿承受法律对某一行为科以的不利后果而放弃实施该行为。其用于法律虽然并未直接禁止当事人的行为,但却对该行为规定了当事人难以接受的不利后果,以此提高当事人实施该行为的成本,进而阻却当事人实施该行为的情形。参见 Monica Youn, The Chilling Effect and The Problem of Private Action, 66 Vanderbilt Law Review 1473, p. 1481 – 1482 (2013)。因为我国现行《公司法》第148条并未规定信义义务人利用属于公司的商业机会而实施的经营行为无效,仅规定其需要将所得收入归入公司,因此可以适用"寒蝉效应"。

[2] 以上提及的95份样本案例分析,发现法院在认定公司机会时确实存在对信义义务人一方的考量,但却集中在其是否有侵权行为,是否利用了职务便利,是否利用了公司资源等方面,极少对涉及信义义务人自身利益的要素,如是否有义务向公司披露涉案商业机会等进行考量。

要进一步厘清的是:(1)信义义务人的财产损失。公司机会争议案件的败诉会对信义义务人造成损失。根据《公司法》规定,若信义义务人败诉,则需将其谋取公司机会所获收入归入公司,此责任将导致信义义务人丧失其所支出时间、资金和技术本应带来的收益,造成个人财产损失。若公司机会认定标准过宽,则提高了信义义务人遭受损失的可能性,打击其发现商业机会的积极性;若法定公司机会认定标准较窄,则信义义务人遭受损失的可能性较小,有鼓励其积极发掘商业机会的作用。(2)信义义务人的营业自由。我国法律并未禁绝信义义务人在任职期间和离职后追求商业机会的行为,根据私法自治的基本原理,信义义务人有在法律不禁止的范围内追求商业机会、从事经营活动的自由,即营业自由。[1]对于属于公司的商业机会,信义义务人未经公司同意不得利用,但对于不属于公司的商业机会,信义义务人享有与公司平等的竞争地位,不仅不负有向公司披露的义务,还可以优先于公司对其进行利用。可见公司机会的认定会限制信义义务人的营业自由。这一问题在大型股份公司中更为明显。此类公司经营所涉业务广泛,依克拉克教授的观点,几乎任何商业机会均可被视为其公司机会[2],因此信义义务人难以明确判断某一商业机会是否属于公司。为了避免败诉而丧失其投入成本,信义义务人可能倾向于放弃对商业机会和个人营业的追求。法定认定标准越宽,对信义义务人营业自由的限制越高;认定标准越窄,对信义义务人营业自由的限制越低。

3. 社会利益

商业机会作为信息资源[3],与人力资源、资金资源和物资资源等经济资源一样需要通过市场进行配置。资源配置效率即资源配置成本与配置收益之比,最理想的资源配置效率是以尽可能小的成本对资源进行配置,获取尽可能大的配置收益。[4]如将信义义务人获取某一商业机会视为市场配置的结果,则将该商业机会认定为属于公司便是国家对市场经济的干预。[5]这种干预并非一直高效。虽然公司可能在资金、人员、信誉等方面较信义义务人更有优势,但不能忽略的是其复杂的组织结构和决策程序带来的限制。公司的组织结构和决策程

---

[1] 参见梁慧星:《民法总论》(第5版),法律出版社2017年版,第39页。

[2] See Victor Brudney & Robert Charles Clark, ibid., p.1002.

[3] See DeLarme R. Landes, *Economic Efficiency and The Corporate Opportunity Doctrine: In Defense of a Contextual Disclosure Rule*, 74 Temple Law Review 837, p.849 (2001).

[4] 参见乌家培:《信息资源与信息经济学》,载《经济学动态》1996年第2期。

[5] See DeLarme R. Landes, ibid., p.875–876.

序受法律限制,公司本身亦有章程等文件对其规制,因此其对商业机会的利用必须遵循特定的决策程序,进而导致缺乏灵活性。在商业机会涉及产品创新或开拓市场时,这一缺陷更加明显,因为对该机会的利用可能与管理层或股东所希望的经营领域不一致,导致来自不同管理者或股东的反对。[1] 相比之下,信义义务人作为个人,其不受内部机构及程序限制,在利用公司机会时可能更有效率。在信义义务人更能有效利用商业机会的情况下,市场将公司机会配置给信义义务人,是符合经济效率的。若此时法律将该机会认定为公司机会,并将其配置给公司,其结果便是公司为了利用该机会投入更多的成本,公司仅占据该机会而不利用或是公司利用该机会但产出较少的收益,此种情况有违"提高资源配置效率"的国家政策。更严重的情况是,若法律对公司机会认定标准规定过宽,则会导致大部分商业机会都有可能被认定为公司机会并因此排除信义义务人的利用,由此导致作为自利经济人的信义义务人因为无利可图而降低发现商业机会的积极性。在"两权分离"和公司组织机构明确分工的情况下,信义义务人的消极行为无法被公司其他成员弥补,因此会导致公司对商业机会的利用率下降。此现象最终会导致已存在的商业机会得不到充分利用,进一步降低了资源配置效率。

(三)公司机会约定认定标准的构建

结合以上分析,特提出公司机会认定的整体思路:先区分"公司机会"与"侵犯行为",将单独认定"公司机会"作为前提;后在法定标准的基础上优先考察公司与信义义务人是否对公司机会的认定标准作出约定,如有,则优先依据该决议或合同约定进行裁判,若无,则依据法律规定的公司机会认定标准进行裁判。下文先对约定标准的内容进行相应分析:

1.合理性、合法性与可行性分析

上述认定标准的特征是在法定认定标准的基础上增加了前置的约定认定标准判断步骤。若当事人双方的约定仅是对法定标准的重复,则无须特别讨论,因此仅对双方约定的认定标准与法定标准不同的情况作进一步分析。此种情况包含两种可能:公司承诺放弃部分法定公司机会,以及信义义务人承诺未经公司同意不利用某些法定标准之外的商业机会。对于后者,可以通过私法自治下公司

---

[1] See Peter F. Drucker, *Innovation and Entrepreneurship*, Harper & Row, 1985, p.1-11; Paul Stoneman, *The Economic Analysis of Technological Change*, Oxford University Press, 1983, p.24-25.

与信义义务人之间的合同约定加以规制,是自然人对自己所享有商业机会的自由处分,适用《民法典》合同编与《公司法》的规定即可,不予赘述。对于前者,则相对复杂。由于公司机会规则属于信义义务人的忠实义务,根据传统公司法理论,忠实义务不得以合同方式加以变更、免除[1],因此有必要说明允许公司放弃部分公司机会的合理性、合法性与可行性。

(1)合理性分析。允许公司通过合同约定放弃部分公司机会的设想,是对美国 corporate opportunity waivers(COWs)制度的借鉴。该制度于2000年由美国特拉华州确立于该州普通公司法[2],后被堪萨斯州等其他8个州[3]借鉴并纳入各自公司法中。美国律师协会公司法委员会也提议修改《美国标准公司法》,使其允许公司放弃公司机会[4]。在特拉华州允许公司放弃公司机会之前,并没有任何法律赋予公司事先通过合同约定的方式放弃其公司机会的权利,公司只能通过以章程限缩其经营范围的方式来限缩公司机会的范围或实现对公司机会的放弃。[5]然而出于便利扩张经营范围的目的,各公司都倾向于章程规定一个广泛的经营范围[6],因此这种放弃公司机会的方式与公司盈利的根本目的相违背,并未得到广泛采纳。20世纪90年代诞生了一批以市场为媒介的新型公司结构,包括资产剥离、风险投资、私募股权和股权分置[7],这些创新导致了母子公司间存在所有权部分重叠、董事会成员部分重叠和业务部分重叠的现

---

[1] See Gabriel Rauterberg & Eric Talley, *Contracting Out of The Fiduciary Duty of Loyalty: An Empirical Analysis of Corporate Opportunity Waivers*, 117 Colum. L. Rev. 1075, p.9 (2017).

[2] See 72 Del. Laws 619 (2000).

[3] See Kan. Stat. Ann. 17-6102(17)(2014); Md. Code Ann., Corps. & Ass'ns § 2-103(15)(LexisNexis 2014); Mo. Rev. Stat. § 351.385(16)(2016); Nev. Rev. Stat. § 78.070(8)(2007); N.J. Stat. Ann. § 14A:3-1(q)(West 2016); Okla. Stat. tit. 18, § 1016(17)(2001); Tex. Bus. Orgs. Code Ann. § 2.101(21)(West 2012); Wash. Rev. Code § 23B.02.020(5)(k)(2016).

[4] See Committee on Corp. Laws, ABA Bus. Law Section, *Changes in the Model Business Corporation Act-Proposed Amendments to Sections 202 and 870 (and Related Changes to Sections 143, 831 and 860) Permitting Advance Action to Limit or Eliminate Duties Regarding Business Opportunity*, 69 Bus. Law. 717, p.721-724, 727-731(2014).

[5] See Cf. Zenichi Shishido, *Conflicts of Interest and Fiduciary Duties in the Operation of a Joint Venture*, 39 Hastings L.J. 63, p.94-95 (1987).

[6] See Gabriel Rauterberg & Eric Talley, ibid., p.9.

[7] See Karen M. Hogan & Gerard T. Olson, *The Pricing of Equity Carve-Outs During the 1990s*, 27 J. Fin. Res. 521, p.528 (2004).

象。[1] 因为母子公司都要求信义义务人对其履行完全的忠实义务,因此无法解决当母公司的信义义务人获悉了可利用的商业机会,母公司作为子公司的控股股东,是否应有义务将该商业机会汇报给子公司的问题。例如在 Thorpe v. CERBCO, Inc. 案[2] 和 In re Digex, Inc.[3] 案中,母公司作为子公司的控股股东,其信义义务人获悉了一收购机会并告知母公司,母公司并未告知子公司的董事会,因此子公司的股东起诉主张母公司谋取了属于子公司的商业机会。在两件案例中,法院皆认定母公司谋取了属于子公司的商业机会,但考虑到母公司作为控股股东,可以通过行使表决权阻止子公司利用该商业机会,法院减少了子公司可获得的赔偿金额。除前述问题外,完全的公司机会规则也会导致兼职董事在对多家公司负有信义义务时,若获悉一可被多家公司利用的商业机会,则该兼职董事向其中一家公司汇报是否构成对其他公司公司机会的侵犯问题。为了解决这些问题,特拉华州在 2000 年《普通公司法》第 122 条项下增加了第(17)款,规定允许公司放弃某种类型的公司机会。[4] 结合我国国情,资产剥离、风险投资、私募股权日益普遍,母子公司间管理层人员部分重叠、经营业务部分重叠的现象也属常态,因此可以推测,我国将同样面临美国曾经面临的难题。同时,考虑到我国也同样存在兼职董事负多重信义义务的冲突问题,[5] 借鉴特拉华州公司法经验对公司机会规则加以完善不失为一种解决方法。同时,公司对公司机会享有利益。允许公司放弃部分公司机会实质是允许其自由处分自己所拥有的利益,尊重了其意思自治,具有合理性。

(2)合法性分析。首先,从法理角度讲。我国法律并不禁止公司与信义义务人约定放弃部分公司机会。根据私法自治原理,公司与信义义务人对此享有合同自由[6],因此公司、信义义务人可以实施该行为。其次,从实证法角度分

---

[1] See Karen M. Hogan & Gerard T. Olson, ibid., p.529-530.
[2] See 676 A.2d 436 (Del. 1996).
[3] See 789 A.2d 1176 (Del. Ch. 2000).
[4] See General Corporation Law tit. 8, § 122(17). (17) Renounce, in its certificate of incorporation or by action of its board of directors, any interest or expectancy of the corporation in, or in being offered an opportunity to participate in, specified business opportunities or specified classes or categories of business opportunities that are presented to the corporation or one or more of its officers, directors or stockholders.
[5] 参见符启林、侯怡:《联锁董事法律义务探讨》,载《海南大学学报(社会科学版)》1999 年第 1 期。
[6] 参见梁慧星,前揭书,第 39 页。

析。现行《公司法》第 148 条第 1 款第 5 项的适用对象是属于公司的商业机会而非所有商业机会。根据该条款,在未经股东会同意的前提下,信义义务人不得擅自谋取公司机会。通过反义解释得出,在经由股东会同意的情况下,信义义务人可以利用公司机会。由此可知,立法者为公司自主处分属于公司的商业机会提供了自由,允许公司放弃公司机会,也允许信义义务人为了利用公司机会而积极与公司进行协商。结合前文论述,公司与信义义务人通过合同条款确定公司机会认定标准的行为可以视为公司对公司机会的自由处置,也可以视为信义义务人积极谋取自身利益的行为,其与公司机会规则条款的立法宗旨相符,具有合法性。

(3)可行性分析。首先,从司法实务分析,与传统仅根据《公司法》规定判断某一商业机会是否属于公司机会相比,在该步骤之前要求法官调查是否存在公司对公司机会的部分放弃,若存在则将该放弃的商业机会排除于公司机会。而这一步骤可能遇到的可行性问题有二:查明是否存在此类放弃的可行性;明确公司放弃商业机会范围的可行性。对于前一问题,公司主动放弃部分公司机会需要董事会制定放弃方案并交股东会批准,未得到股东会批准的放弃对公司不发生效力,而依据《公司法》规定,股东会决议需以书面形式,因此可以依据会议决议查明是否存在公司对部分公司机会的放弃。对于后一问题,为更好地保护公司和少数股东的利益,公司若放弃公司机会,应当明确表示所要放弃的公司机会类型,且不得概括地放弃全部公司机会。因此,明确公司放弃的公司机会范围具有可行性。而从公司角度分析,公司决议放弃部分公司机会,需要董事会提出方案并由股东会批准。在董事会层面,根据信义义务对董事的要求,可以认为公司董事具备足够的商业知识,对公司的经营状况和商业机会需求有充分的了解,可以从公司利益角度出发谨慎而理性地判断是否放弃部分公司机会并制定相关方案。在股东会层面,在有限公司中,股东多兼任董事,[1]因此对公司生产经营状况有充分了解,有能力分析董事会决议的正确性;在股份公司中,存在股份集中的情形[2],普通表决事项仅需取得多数股东同意即可通过,而多数股东往往具备专业知识,了解公司情况,因此有能力分析董事会决议的正确性。由此分析,要求公司以决议形式放弃部分公司机会具有可行性。

---

[1] 参见乔宝杰:《对我国有限责任公司治理结构的反思》,载《政治与法律》2011 年第 8 期。
[2] 参见王保树、杨继:《论股份公司控制股东的义务与责任》,载《法学》2002 年第 2 期。

2. 允许当事人自行约定公司机会认定标准的益处

一是有利于解决业务重叠或信义义务冲突引发的侵犯公司机会问题。对于母子公司业务重叠引发的纠纷，若允许公司与信义义务人自行对公司机会认定标准进行协商，则母公司可以与子公司协商确定母公司需要向子公司报告的商业机会以及母公司可以自行利用的商业机会，避免在母子公司存在业务重叠时母公司利用了可被认定同时属于两者的公司机会而不向子公司报告所引发的侵犯公司机会纠纷。对于兼职董事面临的信义义务冲突问题，允许公司与信义义务人自行对公司机会认定标准进行协商，则兼职董事可在任职前与其任职的各公司约定，各公司可以在一定程度上放弃其公司机会，允许兼职董事将同一商业机会向其所任职的多家公司报告，由此解决信义义务冲突导致的侵犯公司机会纠纷。

二是使得认定标准更加明确。即便是在公司机会规则相对完善的美国，公司机会认定标准所存在的模糊性和不确定性问题仍未能得到完全解决，[1]我国对公司机会制定的法定认定标准也或多或少存在同样的模糊性和不确定性。而若允许双方当事人自行约定，基于双方对公司生产经营、市场经济状况等的知识或经验储备，便可能在双方当事人之间形成比法定标准更周延、明确的认定标准，甚至会采用列举式的方法逐一列举在何种领域内的商业机会属于公司机会。由此可减少因难以明确某些商业机会是否属于公司机会而引发的争议，减少公司和信义义务人分析某一商业机会是否属于公司机会所消耗的时间，降低因机会主义或误解导致增加诉讼成本的可能性，[2]降低信义义务人因将公司机会误认为普通商业机会而承担法律责任的可能性，有利于其与公司建立长期的合作关系，也能有效地对信义义务人起到激励作用。

三是有利于充分而灵活地利用公司机会。该优势更多体现在公司利益方面。允许公司放弃部分公司机会的规定与现行法律相比，不同之处在于允许公司事先放弃部分公司机会，而非等待信义义务人向公司汇报后再行决定。这一时间上的差异使得公司能够更加充分地利用公司机会。首先，利于公司融资。公司可以向意向投资人承诺放弃部分有价值的公司机会，便于投资人利用，以获得投资人的出资。由于投资人往往希望获得未来的某些公司机会，而公司需要

---

[1] See Gabriel Rauterberg & Eric Talley, ibid., p.1117-1118.

[2] See Louis Kaplow, *Rules Versus Standards: An Economic Analysis*, 42 Duke L. J. 557, p. 570 (1992).

在当下获得资金,因此如果不允许公司事先决议放弃某些公司机会,则投资人将承担公司机会出现后董事会违约、拒绝放弃公司机会的风险。为了规避风险,投资人或放弃投资,或减少投资,或试图取得公司的绝对多数控制权,这样不利于公司融资,甚至影响公司的后续发展。[1] 其次,增加公司聘用高质量雇佣管理人员或技术人员的机会。新设立的公司往往受融资能力限制,无力聘请高水平的管理人员或技术人员。但通过允许公司事先放弃部分公司机会,可以让公司与聘用人员约定,由公司放弃部分公司机会供该人员利用,以此为报酬雇佣该人员,这样有利于促进公司的发展。[2] 反之,若不允许公司事先放弃,则纵使公司同意与聘用人员作出合同约定,当未来相应的公司机会出现时,董事会仍可拒绝放弃该机会,[3]使得聘用人员因惮于潜在风险而拒绝接受聘用。

3. 对公司放弃商业机会的限制

私法上的意思自治也受到法律的合理限制,对于公司机会认定标准的合同约定属于当事人自治范畴,自然也需要加以适当限制,展言之:

(1)禁止概括性地放弃商业机会。《特拉华州普通公司法》第122条第1款第5项[4]规定,公司仅得表示放弃某一特定的公司机会或某一类型的公司机会,不得概括性地放弃全部公司机会。美国的公司机会纠纷案件多发生于封闭公司,[5]相应地,我国多发生于有限公司。两类公司具有同质性:规模小,股东人数少,股东常兼职管理职位,[6]股票不公开发行,受证券市场监督少,少数股东退出困难,利益易受多数股东侵害。因此,若允许有限公司概括性地放弃公司机会,则控股股东便可利用其控制权和影响力控制股东会、董事会,致使股东会和

---

[1] See Gabriel Rauterberg & Eric Talley, ibid., p.1114–1116.

[2] See Cf. Simone M. Sepe, *Intruders in the Boardroom: The Case of Constituency Directors*, 91 Wash. U. L. Rev. 309, p.328–29 (2013).

[3] See Benjamin Klein et al., *Vertical Integration, Appropriable Rents, and the Competitive Contracting Process*, 21 J. L. & Econ. 297, p.302–303 (1978).

[4] See General Corporation Law tit. 8, § 122 (17). (17) Renounce, in its certificate of incorporation or by action of its board of directors, any interest or expectancy of the corporation in, or in being offered an opportunity to participate in, specified business opportunities or specified classes or categories of business opportunities that are presented to the corporation or one or more of its officers, directors or stockholders.

[5] See Michael Begert, *The Corporate Opportunity Doctrine and Outside Business Interests*, 56 University of Chicago Law Review 827, p.850 (1989).

[6] See Frank H. Easterbrook & Daniel R. Fischel, *Close Corporations and Agency Costs*, 38 Stanford Law Review 271, p.273 (1986).

董事会同意公司放弃所有公司机会以供控股股东自用,由此损害了公司的独立人格,也为控股股东规避其对公司和少数股东的忠实义务[1],损害公司、其他股东和公司债权人的利益提供了便利。

对于上市公司而言,其负有及时、准确、完整披露其对公司机会认定标准所作安排的义务[2],因此受到公司内部监督机构及外部监督管理机构和证券市场的多重监督,如其法人机关作出决议进行大范围的放弃公司机会,可能会对公司的证券价格产生较大影响。上市公司作出放弃公司机会的决定将面临来自公司内外的多方压力,涉及多方利益,因此其概括性地放弃公司机会的可能性较低。但考虑到我国上市公司股权集中度高的背景,信义义务人损害公司利益的行为普遍存在,股票市场投机性较强而证券市场监管水平较弱[3],外部人所获信息具有滞后性等情况,出于对少数股东和公司债权人的保护,也应当禁止公司概括性地放弃全部公司机会。

(2)其余信义义务仍然适用。允许公司放弃部分公司机会并不意味着信义义务人其他信义义务的消灭。因此,董事会作出放弃部分公司机会的决议必须在充分知情的情况下,为了公司利益,按照"通常合理谨慎的人在相同情形下所应尽到的注意"[4]进行,不得利用自身身份获益;未经公司同意,不得违反竞业禁止义务,不得自我交易。[5] 所以董事会成员不得为了使自己谋取公司机会而作出公司放弃部分公司机会的决议。同理,控股股东、实际控制人同样对公司负有信义义务,不得为了谋取自身利益而利用表决权优势,使股东会、董事会作出放弃部分公司机会的决议。

4.当事人约定公司机会认定标准的具体实施

在公司方面,对于该合同在公司内部的决策程序,应当先由董事会对公司与信义义务人商定的公司机会认定标准进行表决,决议通过后将该方案交由股东会批准。这一程式的设计主要参考特拉华州和马里兰州设立的"公司机会放

---

[1] 随着多数股东滥用权利损害公司、少数股东利益的现象日益突出,各国公司法在构建保护少数股东制度的过程中,逐渐形成了控制股东承担特殊义务的理论。该理论随后发展为所有股东,特别是多数股东对公司和其他股东所承担的诚信义务。而该诚信义务包括注意义务和忠实义务,并以后者为主。参见李建伟:《公司法学》(第5版),中国人民大学出版社2022年版,第359页。
[2] 参见证监会《上市公司信息披露管理办法》第22条。
[3] 参见郝旭光:《中国证券市场监管有效性研究》,载《中国工业经济》2011年第6期。
[4] 李燕,前揭文,第148页。
[5] 参见张民安:《董事忠实义务研究》,载《吉林大学社会科学学报》1997年第5期。

弃"制度[1]。鉴于两州皆规定由董事会作出放弃的决议,[2]且董事会的职能就包括对公司进行经营管理和方案制定,因此应当由公司董事会或执行董事对公司机会放弃制定方案。董事会对此方案进行表决时,与表决事项存在利害关系的董事应当回避,[3]由无利害关系的董事根据章程规定表决通过。而根据我国《公司法》规定,应当由股东会决议是否允许信义义务人利用公司机会,因此董事会或执行董事的决议还应提交股东会批准,与该公司机会放弃存在直接利害关系的董事、股东不应参与表决。[4]

(四)公司机会法定认定标准的构建

1. 单项认定标准的筛选

根据前文列出的12项单项认定标准,此处逐一分析。

(1)获悉商业机会时具备信义义务人身份。公司机会规则既然属于忠实义务范畴,若当事人并非信义义务人,自然不受公司机会规则调整。[5]又因为"公司机会"这一概念仅存在于公司机会规则中,在不受公司机会规则约束的情况下,当事人所知悉的商业机会当然不能认定为公司机会。所以,公司机会的认定强调获悉者的身份,若该机会的获得并非依靠信义义务人的特殊身份,则不属于公司机会。因此有必要对该项认定标准优先判断。需要说明的是,虽然《公司法》将"利用职务便利"作为侵犯公司机会的要件之一,但不应将其认定为公司机会的认定标准,而应将"获悉商业机会时具备信义义务人身份"作为侵犯公司机会的认定要件之一,并强调该项要件应与"在履行职务的过程中获取商业机会"及"利用职务便利取得商业机会"相区别。"具备信义义务人身份"旨在强调当事人在获悉公司机会时,其多个身份中的一个是公司的信义义务人,侧重于事实而不强调获悉机会之时正在处于信义义务人身份之中。而"在履行职务过程中获取商业机会"则恰恰相反,其强调时间——要求信义义务人在处理公司事

---

[1] 该制度允许通过董事会或股东大会作出决议,自愿放弃公司机会规则对本公司的适用,是充分尊重和信任公司自治的体现。See Martha M. Effinger, ibid., p.293-294.

[2] See Martha M. Effinger, ibid., p.308-309.

[3] See Rauterberg, Gabriel V., Talley, Eric L., *Contracting Out of the Fiduciary Duty of Loyalty: An Empirical Analysis of Corporate Opportunity Waivers*, 117 Columbia Law Review 1075, p.1097-1098 (2017).

[4] 参见肖海军、危兆宾:《公司表决权例外排除制度研究》,载《法学评论》2006年第3期。

[5] 参见王肃元:《禁止篡夺公司机会规则的立法完善》,载《甘肃政法学院学报》2011年第4期;陈璟菁,前揭文,第88页。

务之时,即正在处于信义义务人身份之时获悉商业机会。[1] "利用职务便利"标准则是上述两标准的折中,强调的是信义义务人利用其在公司中所任职务,即利用其身份地位、所负责事务等形成的优势或便利条件。[2] 因此,"利用职务便利"不仅包括信义义务人在履行职务的过程中获取的商业机会,还包括信义义务人在工作之外的时间因为其职务所带来的便利获取的商业机会。

关于信义义务人在对公司负有信义义务期间是否对任何时候所知悉的商业机会都有义务向公司报告,存在争议。有学者认为,董事、经理在与执行公司职务无关的时间和场合获得的交易机会不属于利用职务便利获得[3],反对观点则认为,信义义务人在职期间,无论是否处于工作时间,随时都可能利用职务便利取得商业机会。[4] 英国的 Simon Witney 教授认为董事无论全职或兼职,都并非无时无刻不对公司承担信义义务。其仅在处于董事身份时对公司承担该义务,在处于其他身份时不对公司承担信义义务。[5] 美国学者 P. K. Chew 也持相同观点,认为"董事不会将时间、精力、劳动力和积累的才能百分百分配给公司,他们不是一天二十四小时随叫随到"[6]。信义义务人究竟何时获悉某一商业机会,是否利用职务之便利获悉商业机会,是否为了侵犯该商业机会而故意选择在非以信义义务人身份活动的时间获悉商业机会,以及是否在利用职务之便获悉商业机会后以其他信息途径加以掩饰,这些问题实际上难以查明。因此,如果规定信义义务人在非处于信义义务人身份开展活动的情况下获悉的商业机会不属于公司机会,或规定未利用职务之便获悉的商业机会不属于公司机会,会导致信义义务人恶意变更获悉商业机会的时间,或是寻找各种途径掩饰自己获悉商业机会的方式。同时,第三人在已经与信义义务人形成合作关系的情况下,为了继续合作关系以维护自身利益,其本身即具有与信义义务人合作伪造商业机会获悉时间或方式的倾向,因此会对公司一方带来较大的举证困难。[7] 由此可见,

---

[1] 参见李领臣,前揭文,第95页。
[2] 参考最高人民检察院《关于人民检察院直接受理立案侦查案件立案标准的规定(试行)》中对"利用职务上的便利"所作解释:"'利用职务上的便利',是指利用本人职务范围内的权力,即自己职务上主管、负责或者承办某项公共事务的职权及其所形成的便利条件。"
[3] 参见曹顺明、高华,前揭文,第62页。
[4] 参见徐晓松,前揭书,第172~173页。
[5] See Simon Witney, ibid., p.180.
[6] P. K. Chew, *Competing Interests in the Corporate Opportunity Doctrine*, 67 North Carolina Law Review 435, p.448 (1989).
[7] 参见刘霄鹏,前揭书,第176页。

将"获悉商业机会时具备信义义务人身份"限缩于"信义义务人利用职务便利"的观点不仅在司法实务中难以证明，还容易导致法律规避的情况。

同时，由于公司机会规则的实质是禁止信义义务人与公司展开竞争，学者讨论信义义务人是否需要将任何时候获悉的商业机会皆向公司报告的实质意图，是判断信义义务人对商业机会的利用是否会与公司利益发生冲突。因此，在"获悉商业机会时具备信义义务人身份"标准之后还需要通过"机会属于公司经营范围"标准做进一步筛选。而"获悉商业机会时具备信义义务人身份"标准作为多级认定标准的第一级，目的仅在于确定涉案对象为公司机会规则的适用主体，而判断是否与公司利益发生冲突则属处于第二级的"机会属于公司经营范围"标准所需完成的任务。因此，对于本项标准只需要判断当事人在获悉涉案商业机会时是否具备信义义务人身份，无须考虑信义义务人是否在履行职务的过程中获取商业机会，以及是否利用该身份获取涉案商业机会。

(2)该机会属于公司的经营范围。有观点认为，既然我国法律规定公司从事超出经营范围的活动仍具有法律效力，就无须对公司机会作经营范围上的限制，凡未超出法律允许范围的商业机会均得被认定为公司机会。[1] 此种观点过度强调了公司的利益，忽略了对资源配置效率的保护。在商业机会与公司实际经营的业务关系疏远甚至毫无关联的情况下，公司不仅需要经过烦琐的决策程序，还需要调整现有的生产模式和经营业务才能有效利用该机会[2]，且该机会的利用会在董事会、股东会决议中遭受较大阻力，这更延长了公司内部的决策时间。相比之下，信义义务人尤其是作为自然人的信义义务人利用该机会可能既无须烦琐程序，也没有既有产品线和业务需要调整，能够更有效率地利用该机会。此种情况下，从资源配置效率的角度出发，应当将该信息资源配置给信义义务人。不仅如此，根据我国《公司法》第25条和第81条的规定，公司的经营范围需要写入公司章程，因此可以认为，法律要求公司将经营活动限制在章程确定的经营范围内，超出经营范围的经营活动虽然可能仍然有效，但这并非法律所提倡的行为，也不应以此种特殊情况为标准制定后续法律。而且，公司机会规则旨在禁止信义义务人与公司之间发生利益冲突，公司的目的在于营利，其利益也在于营利，但其经营并获取利益的范围应限制在公司经营范围内，因此认为公司机会

---

[1] 参见沈贵明，前揭文，第187~188页。

[2] See Kenneth B. Davis Jr., *Corporate Opportunity and Comparative Advantage*, 84 Iowa L. Rev. 211, p.215-216 (1999).

必须处于公司经营范围内有着合理性。综上,是否属于公司的经营活动范围亦应纳入公司机会多项认定标准中。

对于如何定义公司机会认定标准中的"经营范围",存在多种观点。我国有学者提出"经营范围"应包括与公司经营活动密切相关的各种机会[1],美国特拉华州最高法院在 Guth 案中认为"经营范围"包括"逻辑上和性质上与公司业务相适应的活动",[2] 伊利诺伊州最高法院在 Kerrigan v. Unity Sav. Ass'n 案[3]中认为"经营范围"指与公司当前或未来的业务合理关联等。在我国,通常将公司营业执照记载的经营范围作为认定公司经营范围的依据,实务中也通常根据公司营业执照所记载的经营范围来判断某一商业机会是否属于公司机会。考虑到美国法院对"经营范围"的定义导致法律存在较强的不可预测性,[4] 又考虑到信义义务人作为内部人,对公司的经营需求及经营范围变化有着及时而明确的了解,因此对"经营范围"的认定应当以营业执照记载的经营范围为基础作出有限扩展,具体如下:包括与所记载经营范围相似、相关的经营活动,比如从零售扩展到批发;包括公司为实现其经营范围内的活动所实施的行为,如租赁经营场所、购买原材料、购置仓储或运输设备等活动;包括股东会已经作出的决议内容,即修改章程和营业执照而新增的经营范围。

(3)商业机会是否对公司有独特的价值,其是否为公司发展所必需。首先,该单项认定标准仅出现在美国的利益与期待标准[5]和公平性标准[6]中,我国司法实务和理论学说中并未采纳。[7] 其次,"商业机会是否对公司有独特的价值"并非独立的一项认定标准,而需要细化为更具体的标准进行判断,如公司是否有经济、技术能力利用该商业机会,是否具备相应资质,该商业机会是否处于

---

[1] 参见刘俊海,前揭书,第172~173页;冯果,前揭文,第105页。
[2] See Guth v. Loft, Inc., 23 Del. Ch. 255, 38 (Del. 1939).
[3] See Kerrigan v. Unity Sav. Ass'n, 58 Ill.2d 20 (Ill. 1974).
[4] 如在 Beam v. Stewart 案中,特拉华州衡平法院的审理法官认为,出售公司股份不属于公司的商业机会,一年后在同一法院审理的 In re eBay Shareholders Litigation 案中,审理法官则表示出售公司股份属于公司的商业机会。See Patrick Prestidge, ibid., p.173; *Beam ex rel. Martha Stewart Living Omnimedia, Inc. v. Stewart*, 833 A.2d 961 (2003); *In re eBay Shareholders Litigation*, 2004 WL 253521 (Del. Ch. Jan. 23, 2004).
[5] See Ostrowski v. Avery, 243 Conn. 355 (1997).
[6] See Durfee v. Durfee & Canning, 323 Mass. 187 (1948).
[7] 根据第一章附录,95 份裁判文书中并没有任何一份采用此标准。且笔者在中国知网和北大法宝中查找与公司机会相关的期刊论文共39份,其中也没有任何一位学者采用此标准。

公司的经营范围中,第三人是否同意与公司交易等,其中不乏不应采纳的标准。最后,判断一项商业机会"是否为公司发展所必需",需要分析该商业机会是否可以被其他商业机会替代,以及用其他商业机会替代可能产生的成本是否在合理范围内。这些分析需要专业人员出具相应的报告,且需要具备相应知识和经验的法官根据报告作出判断,要求过高,增加成本过多。综上,该标准不宜纳入多项认定标准。

(4)受托人对机会的利用对于公司而言是否公平,是否使得公司处于不利地位。该项源于美国的公平性标准,前文指出,该项认定标准过于模糊,不仅如此,信义义务人的行为是否公平,是否会使公司处于不利地位,需要通过其他标准进行判断[1],如公司是否已经与商业机会相对人开展磋商,信义义务人是否利用了公司的资源,该商业机会是否处于公司的经营范围等。同时,即便是公司已经为利用该商业机会进行了磋商或信义义务人利用公司资源获取了该商业机会,考虑到公司能力、经济效率以及信义义务人与公司合作等多种因素,仍无法明确判断是否必然对公司不公,或必然使公司处于不利地位。因此该标准具有较强的主观不确定性,不宜纳入多项认定标准。

(5)公司对该机会享有利益或合理期待。如前文所述,"利益与期待"标准作为美国最早出现的传统公司机会认定标准[2],存在过于模糊的问题。为了解决该问题,美国判例法衍生出"公司期望模型",将何为具有利益和期待的标准具体到公司是否已经开始磋商、是否为了利用该机会而采取相应的安排或措施、是否已经与相对人订立合同等。我国法院也经常采用类似的具体认定标准判断公司是否对涉案商业机会享有利益或期待。可见,传统的"利益与期待"标准仅笼统地规定当公司对某一商业机会具有现存利益,或具有从现存利益中产生的期望时,该机会属于公司,[3]但这会导致法官的自由裁量权行使空间过大,判决结果主观随意性过强。[4] 因此,"公司期望模型"中的具体标准更宜被采纳。若公司已经知悉该机会并采取了一定措施,如与第三人进行磋商、订立合同,为获得该机会而投入资金、申请获得相应法律资质、开展相应的生产建设等,则其已

---

[1] 参见薄守省,前揭文,第110~111页。

[2] 参见杨川仪:《美国公司法公司机会原则探析——以美国缅因州东北海岸高尔夫俱乐部诉哈里斯案为例》,载《当代法学》2013年第3期。

[3] See Lagarde v. Anniston Lime & Stone Co., 126 Ala. 496 (1900).

[4] 参见冯果,前揭文,第100页。

经为追求该机会付出了一定的成本,因此对该商业机会属于公司机会享有切实的利益和期待。此时若不将该机会认定为公司机会,则会导致将信义义务人利益置于优先于公司利益的位置,容许信义义务人损害公司的利益和期待,有违信义义务人的忠实义务。并且,既然公司已经完成了一定的准备工作,也有可能比信义义务人更有效率地利用该机会。在优先考虑公司利益,兼顾经济效益的利益权衡思路下,将符合具体标准的机会归入公司机会更为合理。当然,若要求所有公司机会均符合"公司期望模型"中具体的认定标准,则会过度限缩公司机会范畴,可以另设其他与之平行的单项认定标准,符合其中之一即可认定该商业机会属于公司机会。

(6)公司是否具备经济、技术等方面的能力。该标准之下,对于某一商业机会,若公司不具备利用其的经济、技术等方面的能力,则其不为公司机会。但公司机会强调公司优先于信义义务人利用公司机会的利益,并不要求公司能够切实地利用该公司机会。因此,公司是否具备经济、技术等能力对机会加以利用,理论上不应属于公司机会认定标准。[1] 不仅如此,公司的经济、技术能力是可以相应提高的,公司即使在获悉该商业机会时不具备相应的经济、技术能力,也可以通过融资、引进技术人员、购买专利、收购其他公司等方式获得所需的经济、技术能力。因此可以认为,只要公司可以决定自己是否具备经济、技术方面的能力,他人就不应轻易认定该商业机会不能属于公司机会。退一步来说,若将该标准纳入法定公司机会认定标准中,则信义义务人会代替公司判断公司是否具备利用某一商业机会的能力,若其认为公司不具备能力,则将自行利用该机会而不向公司报告,剥夺了公司采取措施获取相应能力的机会。不仅如此,在公司机会纠纷案件中,难以保证法官具备足够的专业知识和经验以衡量公司是否具备获取利用某一商业机会所需的经济、技术等方面的能力,因此即便将该标准纳入法定多项认定标准之中,在司法实务中也存在适用方面的困难。综上,该标准不应被纳入公司机会多项认定标准。

(7)公司是否具备利用该机会的法律资质。从事部分商事活动需要获得行政许可;部分领域还对公司设立了准入门槛,符合条件的公司才能在该领域经营,如要求国有资本持股达到一定比例等。因此,有观点认为,若公司不具备利用商业机会的法律资质,则该商业机会不被认定为公司机会。然而,与"公司是

---

[1] 参见沈贵明,前揭文,第184页。

否具备经济、技术等方面的能力"标准相似,公司所具备的法律资质并不是一成不变的。公司若决定利用某一自身不具备相应资质的商业机会,则可以通过设立子公司、引入国有资本、雇用所需人员、增加注册资本等多种方式使自身获得该法律资质。因此,只有公司可以判断自身是否具备相应的法律资质,故不应将该项纳入法定认定标准导致信义义务人代替公司进行判断,并将自认为不属于公司的机会擅自利用。因此该项不应被纳入公司机会认定标准。

(8)被告利用公司资源取得机会。若信义义务人利用公司的财产、客户信息等资源获取了某项商业机会,则应当认为信义义务人取得该项机会不仅依靠了其在该公司任职的身份便利,还利用了公司的资源作为物质基础,则该商业机会的获取主要以公司的声誉、财产为基础,从公平性角度出发,应当将该机会认定为公司机会。[1] 因此该项可被纳入认定标准体系。需要注意的是,此处的"公司资源"不应仅限于公司财产,还应包括公司员工、商业秘密、商誉等多种类型的综合性资源。[2]

(9)第三人的交易意愿。该要件将第三人是否有意与公司缔约作为认定标准之一,若第三人有意与公司缔约,则为公司机会,若无意与公司缔约,则非公司机会。该要件一方面在取证方面有着极大的困难,且使得被告——信义义务人处于举证方面的优势地位,在增加诉讼成本的同时显失公平;另一方面忽视了公司通过自身行动改变第三人意愿的可能性,不宜作为认定标准。[3] 具体分析如下:

若将第三人的交易意愿作为认定标准,则在公司机会纠纷中,被告信义义务人可以主张第三人并无与公司交易的意愿,因此该机会并非公司机会,信义义务人无须向公司报告即可利用。此时需要法院对第三人的真实意愿进行调查。然而,第三人最初的真实交易意愿难以通过证据证明,且也存在第三人在与信义义务人协商后变更其交易意愿的可能性,甚至由于信义义务人已经与第三人进行了交易,双方存在共同利益,因此二人可能串通作伪证以证明信义义务人拒绝与公司进行交易。[4] 因此在举证方面,信义义务人与第三人处于

---

[1] 参见刘霄鹏,前揭文,第 173 页。
[2] 参见车传波,前揭文,第 71 页。
[3] See William Lynch Schaller, *Corporate Opportunities and The Third Party "Refusal to Deal" Defense: Policy and Practice Lessons From Illinois*, 47 J. Marshall L. Rev. 1, p. 12–13 (2014).
[4] See Matthew R. Salzwedel, ibid., p. 134–136.

同一立场,举证证明第三人拒绝与公司交易较为简单,而原告公司欲作出反证则较为困难。这使得公司在诉讼中处于不利地位,为信义义务人侵犯公司机会提供了便利。

不仅如此,即便第三人最初的真实意愿为拒绝与公司交易,公司仍有机会与其交涉,通过取得资质、改进业务、提供优惠等多种方式改变第三人的意愿并取得该商业机会。在公司决定是否采取措施谋求该商业机会前,无法确定第三人是否在任何条件下都会拒绝与公司进行交易,能够影响并最终决定第三人意愿的只有公司的决议、行动和第三人自身的意志,信义义务人不得仅凭第三人最初拒绝与公司进行交易的意愿便自行谋取该商业机会,也不得代替公司认定第三人在任何条件下都会拒绝与公司进行交易或认定该商业机会不具备成为公司机会的可能性。[1] 因此,为保证公司有机会采取措施追求该商业机会,需要保证公司能从信义义务人处获悉该商业机会,所以无须将该项纳入公司机会认定标准,无论第三人最初的交易意愿如何,都不影响对公司机会的认定,信义义务人有义务将其向公司报告。这一观点在美国法院得到支持,如 Lindenhurst Drugs v. Becker[2]案,被告为 Lindenhurst Drugs 的控股股东之一。Lindenhurst Drugs 欲购买 Ben Franklin store 而与 City Products Corp. 进行协商,初次提案被拒,但 Lindenhurst Drugs 仍试图继续协商。此时被告自行购买了 Ben Franklin store,伊利诺伊州二区上诉法院认为,无论第三人是否愿意与公司进行交易,都必须允许公司在了解相关商业机会的基础上决定是否采取措施争取该商业机会。[3] 同样在 Foodcomm International v. Barry[4]案中,被告作为 Foodcomm(牛肉进口公司)的销售代表,在知悉 Foodcomm 的最大客户 Empire Beef 不愿继续与 Foodcomm 合作后,未将 Empire Beef 仍需购买牛肉的商业机会报告 Foodcomm,而是另行成立公司与 Empire Beef 合作。联邦第七巡回法庭也将其认定为侵犯公司商业机会、违反对公司忠实义务的行为。

(10) 公司是否同意利用该商业机会。在该要件下,若公司同意利用该商业

---

[1] See William Lynch Schaller, ibid., p.15–16.

[2] See Lindenhurst Drugs, Inc. v. Becker, 154 Ill. App. 3d 61 (1987).

[3] If the doctrine of business opportunity is to possess any vitality, the corporation or association must be given the opportunity to decide, upon full disclosure of the pertinent facts, whether it wishes to enter into a business that is reasonably incident to its present or prospective operations.

[4] See Foodcomm Int'l v. Barry, 328 F.3d 300 (2003).

机会,则为公司机会;若公司放弃利用,则非公司机会。根据《公司法》第148条第1款第5项及前文提出的认定思路,若公司在事前、事后表示放弃某种公司机会,确实会转变为信义义务人可利用的商业机会。但从逻辑顺序上分析可以发现,上述所放弃的是"公司机会"而非"商业机会"。实际上,只有在商业机会已经被认定为公司机会的情况下,公司才享有排除信义义务人利用的利益,其同意或利用的意思表示才有意义。因此,"公司对公司机会的放弃"实际上以商业机会属于公司机会为前提,逻辑上不应将其作为认定公司机会的标准,而应当作为信义义务人不得利用公司机会的例外情形,正如《公司法一草》《公司法二草》第184条第2项所规定的董事、监事、高管不得谋取属于公司商业机会的例外情形之一:"已经向董事会或者股东会报告,但董事会或者股东会明确拒绝该商业机会。"

(11)信义义务人是否有义务向公司披露该机会。当某一商业机会被认定为公司机会时,信义义务人才有向公司披露的义务,而非因为信义义务人负有披露义务所以该机会属于公司机会。[1]因果关系不能颠倒。因此,该项标准以商业机会已经被认定为公司机会为前提,不能以此作为公司机会的认定标准。

(12)该商业机会是否属于公司。该项认定标准仅在我国法院的裁判文书中常见,前文已述,这源于《公司法》第148条第1款第5项前半部分的规定。在我国《公司法》未提供明确的公司机会认定标准的情况下,为了依法裁判,部分法官不得已直接引用了法律条文中的"属于公司的商业机会"。在制定公司机会认定标准时,不应将该项纳入其中,否则会造成逻辑循环。

2. 法定认定标准的提出

单项认定标准筛选后,接下来可以对保留的单项认定标准进行排列组合。第一步,判断信义义务人在获悉商业机会时具备信义义务人身份,若否,则该机会不属于公司机会;若是,则进行第二步判断。第二步,判断该商业机会是否处于公司的经营范围,若否,则该机会不属于公司机会;若是,则进行第三步判断。第三步,该步骤包括并列的两项,分别是:(1)公司是否已经采取了具体措施;(2)信义义务人是否利用公司资源获悉该机会。若两项皆不满足,该机会不属于公司机会;若满足其中之一,则应被认定为公司机会。

---

[1] 参见徐晓松,前揭书,第100页;王影丽,前揭书,第180页。

六、结论

现行《公司法》第148条第1款第5项关于公司机会的规定存在较为明显的缺陷有三：一是其将公司机会规则和竞业禁止规则规定于同一条款，由此造成了法律适用的不便，也加重了法官的误读；二是其在内容上未提供公司机会的认定思路，导致司法实务中出现一步法与两步法并存、一步法为主流的现象；三是并未提供明确的公司机会认定标准，导致司法实务中认定标准的混乱。公司法的改良也相应地分为三个方面：一是将公司机会规则和竞业禁止规则分置于不同条款予以规范，这一点已经在《公司法一草》《公司法二草》中获得实现；二是通过实证分析一步法、两步法的优缺点，借鉴英美法的司法实务经验，发现一步法存在的诸多缺陷，建议司法实务采两步法的认定思路；三是参考域内外立法及理论学说，承认当事人的意思自治，提出如下认定标准：在法定认定标准的基础上优先考察公司与信义义务人之间是否存在对公司机会规则认定标准的约定，如有，优先依据决议或合同约定进行裁判；如无，则依据法律规定的公司机会认定标准进行裁判，在该总体标准的基础上，可以对公司的放弃和法定认定标准作进一步讨论。在公司放弃方面，公司放弃公司机会必须经董事会提议、股东会批准，同时公司必须明确放弃的范围或类型，不得作概括放弃。在法定的认定标准方面，在分析我国司法实务中出现的诸种单项认定标准之后，我们提出如下多项认定标准：第一步，判断获悉商业机会时当事人是否具备信义义务人身份，若是，进行第二步判断；若否，则该机会不属于公司机会。第二步，判断商业机会是否处于公司的经营范围，若是，则进行第三步判断；若否，则该机会不属于公司机会。第三步，若满足下列标准之一，则认为商业机会属于公司：(1)公司是否已经采取了具体措施；(2)信义义务人是否利用公司资源获悉该机会，若两项标准皆不满足，则该商业机会不属于公司机会，若满足其中之一，则应被认定为公司机会。当前，我国的公司机会纠纷案件数量正呈现增长趋势，《公司法》第148条第1款第5项的规定已无法满足司法实务需要，适逢《公司法》大修之际，立法者应该正视现行法的不足，并提出恰当的修法方案，司法裁判者也当及时总结实务经验教训，为未来的公司机会纠纷案件提供更优良的裁判服务。

附录一：采用两步法的案件中单项认定标准[1]统计表

序号	案号	被告职务	机会属于公司经营的经营活动范围	被告利用公司经济、技术等资源获悉机会方面能力	公司是否具备利用该机会的法律资质	公司是否经与第三人[2]进行磋商或签订合同	公司是否为利用机会采取改进措施	第三人意愿	公司是否需要该机会	被告是否有义务披露该机会	被告是否有侵犯行为	被告是否对公司造成损害	损害与行为的因果关系	公司放弃或同意义务人利用	商业机会属于公司
1	（2009）海民初字第3189号	1		1											1
2	（2010）一中民终字第10249号	1	1												1
3	（2010）赣民四初字第4号				1	1		1							1
4	（2012）民四终字第15号				1		1				1				1

[1] 本书将仅包含一项认定依据的标准称为单项认定标准，将包含多项认定依据的标准称为认定标准组合。将单项认定标准与认定标准组合统称为认定标准。

[2] 此处的"第三人"指商业机会的内容中所包含的、可能愿意与商业机会的获悉者进行交易的主体。

续表

序号	案号	被告职务	机会属于公司的经营活动范围	被告利用公司经营资源获悉机会	公司经济、技术等方面能力	公司是否具备利用该机会的法律资质	公司是否已经与第三人进行磋商或签订合同	公司是否为利用机会采取改进措施	第三人意愿	公司是否需要该机会	被告是否有义务披露该机会	被告是否有侵犯行为	被告是否对公司造成损害	损害与行为的因果关系	公司放弃或同意信义义务人利用	商业机会属于公司
5	(2012)武侯民初字第1875号	1	1													
6	(2012)苏商外终字第0050号		1												1	
7	(2015)一中民(商)终字第435号															1
8	(2012)穗中法民二终字第1316号	1	1													
9	(2014)徐民二(商)初字第S1182号					1						1				1
10	(2015)沪二中民六(商)终字第32号	1						1		1		1				1
11	(2015)东民二初字第54号						1	1								1

续表

序号	案号	被告职务	机会属于公司的经营活动范围	被告利用公司经济、技术等资源获悉机会	公司是否具备利用该机会方面能力	公司是否具备利用该机会的法律资质	公司是否已经与第三人进行磋商或签订合同	公司是否为利用机会采取改进措施	第三人意愿	公司是否需要该机会	被告是否有义务披露该机会	被告是否有侵犯行为	被告是否对公司造成损害	损害与行为的因果关系	公司放弃或同意信义义务人利用	商业机会同属于公司
12	（2016）沪01民终4102号								1							
13	（2016）京01民终5874号				1											1
14	（2015）海民（商）初字第28440号						1									1
15	（2017）沪0115民初20934号								1			1				1
16	（2016）京0105民初863号				1				1							1
17	（2018）苏05民终8545号				1			1		1		1				1
18	（2018）粤0604民初15627号	1	1				1				1					

续表

序号	案号	被告职务	机会属于公司的经营活动范围	被告利用公司资源获悉机会	公司经济、技术等方面能力	公司是否具备利用该机会的法律资质	公司是否已经与第三人进行磋商或签订合同	公司是否为利用机会采取改进措施	第三人意愿	公司是否需要该机会	被告是否有义务披露该机会	被告是否有侵犯行为	被告是否对公司造成损害	损害与行为的因果关系	公司放弃或同意义务人利用	商业机会属于公司
19	(2018)苏1183民初4154号															1
20	(2017)沪0112民初37091号			1	1											1
21	(2018)沪0120民初19167号	1					1		1							1
22	(2018)苏01民终8075号					1		1				1				
23	(2019)京03民终8727号						1					1				
24	(2019)湘0103民初1509号	1										1				1
25	(2019)湘01民终11537号						1									

续表

序号	案号	被告职务	机会属于公司的经营活动范围	被告利用公司资源获悉机会	公司经济、技术等方面能力	公司是否具备利用该机会的法律资质	公司是否经与第三人进行磋商或签订合同	公司是否为利用机会采取改进措施	第三人意愿	公司是否需要该机会	被告是否有义务披露该机会	被告是否有侵犯行为	被告是否对公司造成损害	损害与行为的因果关系	公司放弃或同意信义义务人利用	商业机会属于公司
26	（2020）沪01民终9247号	1	1	1												1
27	（2020）苏01民终3258号	1	1		1		1						1	1		1
28	（2020）沪02民终9979号	1															
29	（2019）京0105民初59646号	1	1										1	1			
30	（2019）浙03民终4623号	1	1					1					1				
31	（2018）川01民终2370号	1	1									1				1	
32	（2019）赣10民初18号	1	1										1				1

续表

序号	案号	被告职务	机会属于公司经营活动范围	被告利用公司资源获悉机会	公司经济、技术等方面能力	公司是否具备利用该机会的法律资质	公司是否已经与第三人进行磋商或签订合同	公司是否为利用机会采取改进措施	第三人意愿	公司是否需要该机会	被告是否有义务披露该机会	被告是否有侵犯行为	被告是否对公司造成损害	损害行为与因果关系	公司放弃或同意义务人利用	商业机会属于公司
33	（2020）豫13民终760号	1	1									1			1	
34	（2019）沪0118民初17485号	1	1				1									
35	（2020）沪01民终11798号		1				1									
36	（2021）苏04民终2146号	1	1				1		1			1				
37	（2019）京0108民初56307号	1	1				1			1		1				
38	（2021）陕01民终828号	1	1									1	2	1	1	1
合计		19	17	3	10	2	14	6	7	3	2	17	2	1	4	23

注："1"表示是，空白表示否。

附录二：采用一步法的案件中单项认定标准统计表

序号	案号	被告利用职务便利谋取公司机会	机会属于公司经营活动范围	被告利用公司资源获悉机会	公司经济、技术等方面能力	公司是否具备利用该机会的法律资质	公司是否已经与第三人进行磋商或签订合同	公司是否为利用机会采取改进措施	第三人意愿	公司是否需要该机会	被告是否有义务披露该机会	被告是否有侵犯行为	被告是否对公司造成损害	损害与行为的因果关系	公司放弃或同意信义义务人利用	商业机会属于公司
1	（2011）长民二（商）初字第 255 号	1														1
2	（2009）深南法民二初字第 403 号	1													1	1
3	（2011）园商外初字第 0023 号	1										1				1
4	（2011）甬鄞商初字第 590 号	1	1									1				1
5	（2012）沪二中民四（商）终字第 1139 号	1	1									1				1

续表

序号	案号	被告利用职务便利谋取公司机会	机会属于公司的经营活动范围	被告利用公司资源获悉机会	公司经济、技术等方面能力	公司是否具备利用该机会的法律资质	公司是否已经与第三人进行磋商或签订合同	公司是否为利用机会采取改进措施	第三人意愿	公司是否需要该机会	被告是否有义务披露该机会	被告是否有侵犯行为	被告是否对公司造成损害	损害行为与因果关系	公司放弃或同意信义义务人利用	机会属于公司商业机会
6	(2012)浦民二(商)初字第2680号											1				1
7	(2013)苏中商终字第0892号	1										1				1
8	(2013)浙杭商终字第554号	1										1				1
9	(2014)渝二中法民终字第00089号	1		1								1				1
10	(2014)厦民终字第2136号	1										1				1
11	(2014)长中民四终字第04169号	1										1			1	1
12	(2011)穗云法民二初字第841号	1		1								1				1

续表

序号	案号	被告利用职务便利谋取的公司机会属于公司经营活动范围	被告利用公司资源获悉机会	公司经济、技术等方面能力	公司是否具备利用该机会的法律资质	公司是否已经与第三人进行磋商或签订合同	公司是否为利用机会采取改进措施	第三人意愿	公司是否需要该机会	被告是否有义务披露该机会	被告是否有侵犯行为	被告是否对公司造成损害	损害与行为的因果关系	公司放弃或同意信义务人利用	商业机会属于公司利用
13	（2014）东民初字第06210号	1													
14	（2014）西民（商）初字第20342号	1		1							1				1
15	（2014）深南法民二初字第598号	1									1				1
16	（2014）黄浦民二（南）初字第980号	1									1				1
17	（2016）沪02民终2258号	1									1			1	1
18	（2016）粤01民终12147号	1	1								1				1
19	（2016）沪民申865号	1									1				1

续表

序号	案号	被告利用职务便利谋取公司机会	机会属于公司经营活动范围	被告利用公司资源获悉机会	公司经济、技术等方面能力	公司是否具备利用该机会的法律资质	公司是否已经与第三人进行磋商或签订合同	公司是否为利用机会采取改进措施	第三人意愿	公司是否需要该机会	被告是否有义务披露该机会	被告是否有侵犯行为	被告是否对公司造成损害	损害与行为的因果关系	公司放弃或同意信义义务人利用商业机会属于公司
20	(2015)穗云法民二初字第726号	1													1
21	(2016)苏05民终1650号	1			1										1
22	(2015)松民二(商)初字第2289号	1	1									1			1
23	(2015)闵民二(商)初字第2542号	1										1			1
24	(2016)沪01民终5164号	1										1	1		1
25	(2016)冀01民终3776号	1										1			
26	(2016)渝01民终7498号											1			1

续表

序号	案号	被告利用职务便利谋取公司机会	机会属于公司的经营活动范围	被告利用公司资源获悉机会	公司经济、技术等方面能力	公司是否具备利用该机会的法律资质	公司是否已经与第三人进行磋商或签订合同	公司是否为利用机会采取改进措施	第三人意愿	公司是否需要该机会	被告是否有义务披露该机会	被告是否有侵犯行为	被告是否对公司造成损害	损害与行为的因果关系	公司放弃或同意信义务人利用	商业机会属于公司
27	(2015)沪一中民四(商)终字第2098号	1											1	1		1
28	(2015)沪一中民四(商)终字第2317号	1		1								1				1	1
29	(2015)沪二中民四(商)终字第793号	1	1									1					1
30	(2016)京03民终10666号	1	1									1					1
31	(2017)粤19民终8120号	1	1									1					1
32	(2017)鄂01民终623号	1										1				1	1
33	(2016)京0102民初25254号	1					1					1					1

续表

序号	案号	被告利用职务便利谋取的公司机会	机会属于公司的经营活动范围	被告利用公司资源获悉机会	公司经济、技术等方面能力	公司是否具备利用该机会的法律资质	公司是否已经与第三人进行磋商或签订合同	公司是否为利用机会采取改进措施	第三人与公司意愿	公司是否需要该机会	被告是否有义务披露该机会	被告是否有侵犯行为	被告是否对公司造成损害	损害与行为的因果关系	公司放弃或同意信义义务人利用	商业机会归属于公司
34	(2016)沪0117民初20217号	1	1												1	
35	(2015)南民初字第11915号	1	1										1				1
36	(2017)豫0191民初8911号	1										1				
37	(2017)京0101民初14547号	1										1				1
38	(2018)京03民终584号	1										1				1
39	(2017)苏1181民初8951号	1	1									1	1			1
40	(2017)苏0591民初7458号	1										1	1			1

续表

序号	案号	被告利用职务便利谋取公司机会	机会属于公司的经营活动范围	被告利用公司资源获悉机会	公司经济、技术等方面能力	公司是否具备利用该机会的法律资质	公司是否已经与第三人进行磋商或签订合同	公司是否为利用机会采取改进措施	第三人意愿	公司是否需要该机会	被告是否有义务披露该机会	被告是否有侵犯行为	被告是否对公司造成损害	损害与行为的因果关系	公司放弃或同意义务人利用	商业机会属于公司
41	（2017）豫1402民初8599号	1														
42	（2018）豫14民终2144号	1					1					1				
43	（2017）苏0591民初7459号						1					1				1
44	（2018）苏05民终7090号											1				1
45	（2015）沈中民四初字第00251号						1					1				
46	（2017）京0105民初68193号	1										1				1
47	（2017）苏民申3462号	1										1				1

续表

序号	案号	被告利用职务便利谋取公司机会	机会属于公司的经营活动范围	被告利用公司资源获悉机会	公司经济、技术等方面能力	公司是否具备利用该机会的法律资质	公司是否已经与第三人进行磋商或签订合同	公司是否为利用机会采取改进措施	第三人意愿	公司是否需要该机会	被告是否有义务披露该机会	被告是否有侵犯行为	被告是否对公司造成损害	损害与行为的因果关系	公司放弃或同意信义义务人利用	商业机会属于公司
48	（2018）粤0604民初15086号	1										1				1
49	（2017）鲁0112民初4067号	1	1									1				1
50	（2017）赣10民初57号	1										1			1	
51	（2016）沪0117民初20217号	1									1	1				1
52	（2017）京0105民初64794号	1										1				1
53	（2019）京03民终169号	1				1						1				
54	（2018）粤0106民初509号	1										1				1

续表

序号	案号	被告利用职务便利获取机会	机会属于公司经营活动范围	被告利用公司资源获悉机会	公司经济、技术等方面能力	公司是否具备利用该机会的法律资质	公司是否已经与第三人进行磋商或签订合同	公司是否为利用机会采取改进措施	第三人意愿	公司是否需要该机会	被告是否有义务披露该机会	被告是否有侵犯行为	被告是否对公司造成损害	损害与行为的因果关系	公司放弃或同意义务人利用	商业机会属于公司
55	（2019）粤01民终18951号	1														1
56	（2018）浙0110民初16941号	1											1			1
57	（2019）浙01民终7081号	1											1			1
58	（2018）沪0115民初32786号	1				1							1			1
59	（2018）苏0205民初1853号				1				1				1	1		
60	（2019）苏02民终2518号				1								1			1
61	（2019）粤0104民初3668号	1											1			1

续表

序号	案号	被告利用职务便利谋取的公司机会属于公司经营活动范围	被告利用公司资源获悉机会	公司经济、技术等方面能力	公司是否具备利用该机会的法律资质	公司是否已经与第三人进行磋商或签订合同	公司是否为利用机会采取改进措施	第三人意愿	公司是否需要该机会	被告是否有义务披露该机会	被告是否有侵犯行为	被告是否对公司造成损害	损害与行为的因果关系	公司放弃或同意信义义务人利用	商业机会属于公司
62	（2018）粤0111民初11870号	1									1				1
63	（2019）粤01民终528号										1	1	1		1
64	（2018）粤0606民初16405号	1									1				1
65	（2018）沪0115民初79302号	1									1				1
66	（2018）沪0115民初32786号	1									1				1
67	（2019）沪0104民初14268号	1									1	1	1		1
68	（2017）苏1181民初8951号	1									1				1

续表

序号	案号	被告利用职务便利谋取公司机会	机会属于公司经营的活动范围	被告利用公司经济、资源、技术等方面能力获取机会	公司是否具备利用该机会的法律资质	公司是否经与第三人进行磋商或签订合同	公司是否为利用机会采取改进措施	第三人意愿	公司是否需要该机会	被告是否有义务披露该机会	被告是否有侵犯行为	被告是否对公司造成损害	损害与行为的因果关系	公司放弃或同意信义义务人利用	商业机会同属于公司
69	（2017）京0105民初64428号	1				1					1				1
70	（2020）苏05民终10257号	1	1													1
71	（2020）浙04民终2200号	1	1												1	
72	（2019）沪0112民初19312号	1	1								1	1				1
73	（2020）沪0107民初5494号	1	1								1	1				
74	（2020）沪0104民初3417号	1	1								1	1				
75	（2019）沪0109民初24979号	1	1								1	1				1

续表

序号	案号	被告利用职务便利谋取公司机会	机会属于公司的经营活动范围	被告利用公司资源熟悉机会	公司经济、技术等方面能力	公司是否具备利用该机会的法律资质	公司是否已经与第三人进行磋商或签订合同	公司是否为利用机会采取改进措施	第三人意愿	公司是否需要该机会	被告是否有义务披露该机会	被告是否有侵犯行为	被告是否对公司造成损害	损害与行为的因果关系	公司放弃或同意的意思义务人利用	商业机会属于公司
76	(2020)鲁01民终1477号	1														1
77	(2018)粤0307民初21283号	1										1			1	
78	(2019)苏02民终5664号	1	1									1				1
79	(2019)粤0113民初8322号	1						1				1				1
80	(2020)浙0521民初1773号	1	1									1				1
81	(2019)苏0591民初1166号									1		1				
82	(2019)川0115民初4269号		1									1				

续表

序号	案号	被告利用职务便利为公司谋取的机会	机会属于公司经营的活动范围	被告利用公司资源获悉机会	公司经济、技术等方面能力	公司是否具备利用该机会的法律资质	公司是否已经与第三人进行磋商或签订合同	公司是否为利用机会采取改进措施	第三人意愿	公司是否需要该机会	被告是否有义务披露该机会	被告是否有侵犯行为	被告是否对公司造成损害	损害与行为的因果关系	公司放弃或同意信义义务人利用	商业机会属于公司
83	(2020)苏0404民初357号	1		1												
84	(2020)浙0212民初15897号	1														
85	(2020)浙1126民初619号	1										1				
合计		64	30	4	4	2	5	1	1	2	1	75	10	2	10	65

注:"1"表示是,空白表示否。

附录三:有关公司机会认定标准的案件数量统计表

年份	案件数量(件)
2010	3
2011	4
2012	6
2013	4
2014	4
2015	11
2016	15
2017	11
2018	17
2019	19
2020	21
2021	8
合计	123

附录四:美国法院认定公司机会所采思路统计表

编号	案件名	案号	是否区分
1	American Fed. Group v. Rothenberg	136 F. 3d 897 (1998)	否
2	Angioscore, Inc. v. Trireme Med., Inc.	87 F. Supp. 3d 986 (2015)	否
3	Astarte, Inc. v. Pacific Indus. Sys.	865 F. Supp. 693 (1994)	否
4	Bergeron v. Ridgewood Secs. Corp.	610 F. Supp. 2d 113 (2009)	否

续表

编号	案件名	案号	是否区分
5	Borden v. Sinskey	530 F. 2d 478 （1976）	是
6	Butler v. Moore	2015 WL 1409676	是
7	Chapes v. Pro-Pac, Inc.	473 B. R. 295 （2012）	是
8	Committee of Unsecured Creditors of Specialty Plastic v. Doemling	127 B. R. 945 （1991）	是
9	Engenium Solutions, Inc. v. Symphonic Techs., Inc.	924 F. Supp. 2d 757 （2013）	是
10	Horton Grand Saddlery Hotel Joint Venture v. Rose Viewed Recently	64 F. 3d 666 （1995）	是
11	In re Albion Disposal, Inc. v. John M. Smith & Irene M. Smith SSWS	152 B. R. 794 （1993）	是
12	Antaramian Props., LLC v. Basil St. Partners, LLC (In re Basil St. Partners, LLC)	2012 WL 6101914	否
13	Cox v. Hess (In re Big Wheel Holding Co.)	214 B. R. 945 （1997）	否
14	KSPR Hamilton, Inc. v. Chappell (In re Chappell)	2010 WL 986400	是
15	In re Concepts America, Inc.	2018 WL 6841769	是
16	MCC Events Mgmt. v. Milligan (In re MCC Events Mgmt.)	56 Fed. Appx. 426 （2003）	是
17	In re McCalla Interiors, Inc.	228 B. R. 657 （1998）	否
18	Hot Shot Kids Inc. v. Pervis (In re Pervis)	512 B. R. 348 （2014）	是

续表

编号	案件名	案号	是否区分
19	In re South Canaan Cellular Investments, LLC	427 B. R. 85（2010）	否
20	Eng'g Dynamics, Inc. v. Structural Software, Inc.	67 Fed. Appx. 253（1994）	是
21	Island Two LLC v. Island One, Inc.	2015 WL 1026495	是
22	Kuryakyn Holdings v. Ciro	242 F. Supp. 3d 789（2017）	否
23	LCOR Inc. v. Murray	1997 WL 136278	是
24	Le Metier Beauty Inv. Partners LLC v. Metier Tribeca, LLC	2015 WL 7078641	是
25	Crestwood Capital Corporation v. Andes Industries, Inc.	2016 WL 3457952	否
26	Ed Peters Jewelry Co. v. C & J Jewelry Co.	51 F. Supp. 2d 81（1999）	否
27	EDI Precast, LLC v. Carnahan	982 F. Supp. 2d 616（2013）	否
28	Flagship Living Trust for Kittler v. LMA Underwriting Agency, Inc.	2004 WL 7331287	是
29	Genzyme Corp. v. Bishop	460 F. Supp. 2d 939（2006）	是
30	Access Cardiosystems, Inc. v. Fincke（In re Access Cardiosystems, Inc.）	404 B. R. 593（2009）	否
31	Assurance Systems Corp. v. Jackson（In re Jackson）	141 B. R. 909（1992）	是
32	Richard Royce Collection Ltd. v. N. Y. City Shoes（In re N. Y. City Shoes）	84 B. R. 947（1988）	是
33	KEG Techs., Inc. v. Laimer	436 F. Supp. 2d 1364（2006）	是

续表

编号	案件名	案号	是否区分
34	Kische USA LLC v. Simsek	2017 WL 3895545	否
35	Nat'l Sign & Signal v. Livingston	422 B. R. 645（2009）	是
36	Neill Corp. v. John Paul Mitchell Systems	1995 WL 381684	是
37	Nueterra Capital Advisors, LLC v. Leiker	2018 WL 1316940	是
38	Office of Strategic Servs. v. Sadeghian	528 Fed. Appx. 336（2013）	否
39	Penn, LLC v. Prosper Bus. Dev. Corp.	2013 WL 3208567	否
40	Personalized Brokerage Servs., LLC v. Lucius	2006 WL 208781	否
41	PM Servs. Co. v. Odoi Assocs.	2006 WL 20382	否
42	Robinson, Leatham & Nelson, Inc. v. Nelson	109 F. 3d 1388（1997）	是
43	Root Consulting, Inc. v. Insull	2016 WL 806556	是
44	Servicios de Almacen Fiscal Zona Franca Y. Mandatos S. A. v. Ryder Int'l	264 Fed. Appx. 878（2008）	是
45	Shamrock Power Sales, LLC v. Scherer	2016 WL 7647597	是
46	Spangler v. Spangler	451 F. Supp. 3d 813	是
47	United States v. Rodrigues	229 F. 3d 842（2000）	是
48	Subecz v. SRCO Intern., Inc.	1999 WL 342714	是
49	Trans First Holdings, Inc. v. Phillips	2010 WL 11537522	否
50	Tyler v. O'Neill	994 F. Supp. 603（1998）	是
51	Tysons Toyota v. Globe Life Ins.	45 F. 3d 428（1994）	是
52	United Teachers Ass'n Ins. Co. v. MacKeen & Bailey, Inc.	99 F. 3d 645（1996）	是

续表

编号	案件名	案号	是否区分
53	4Brava, LLC v. Sachs	2017 WL 1194195	是
54	Austrian v. Williams	103 F. Supp. 64（1952）	是
55	Cal-Maine Foods, Inc. v. Commissioner	93 T. C. 181（1989）	是
56	Gibbons v. Stemcor USA（In re B. S. Livingston & Co.）	186 B. R. 841（1995）	是
57	In re Drinks Unique, Inc.	2010 WL 3491184	否
58	Geltzer v. Bloom（In re M. Silverman Laces, Inc.）	404 B. R. 345（2009）	是
59	In re Pearl	2017 WL 932951	是
60	Parker v. Miller（In re Reading Broad., Inc.）	390 B. R. 532（2008）	是
61	Stonecraft, L.L.C. v. Slagter（In re Stonecraft, L.L.C.）	322 B. R. 623（2005）	否
62	In re Wilshire Homes Houston, Ltd.	2013 WL 5162077	否
63	Intelldent Corp. v. International Plastics LLC	2013 WL 657671	是
64	Kahn v. Schiff	105 F. Supp. 973（1952）	是
65	Malone v. Kantner Ingredients, Inc.	2013 WL 241708	是
66	Nichols v. Stone	2010 WL 1346422	是
67	Plunkett v. Poyner	2010 WL 3123087	否
68	Sain v. Nagel	997 F. Supp. 1002（1998）	是
69	Treadway Cos. v. Care Corp.	490 F. Supp. 668（1980）	否
70	Triple Five of Minn., Inc. v. Simon	404 F. 3d 1088	是